【增訂本】

# 丘逢甲傳

趙樸初署

徐博東、黃志平・著

■廣東蕉嶺縣逢甲大橋

■丘逢甲先生親自創辦的創兆學校

■廣東蕉嶺縣丘逢甲陳列室

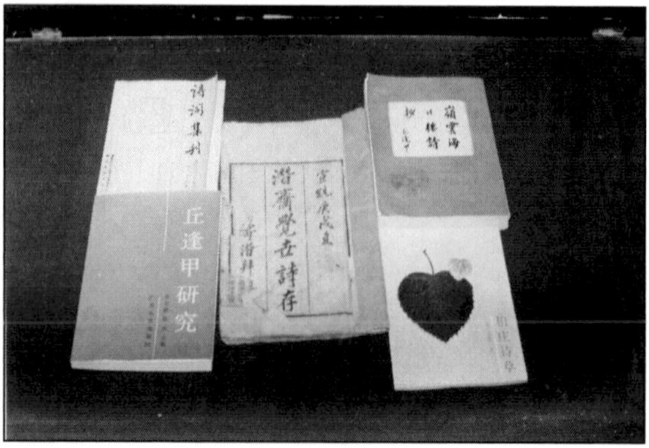


■丘逢甲詩集及相關研究論著

■廣東蕉嶺縣丘逢甲紀念亭

■丘逢甲故居全景

■丘逢甲紀念塑像

■丘逢甲故居正門牌匾（清末翰林溫仲和題）

■丘逢甲故居懸掛的進士牌匾

■心泰平草廬（清代廣東巡撫許振煒題）

■丘逢甲先生四十歲（1903年）時攝於廣州

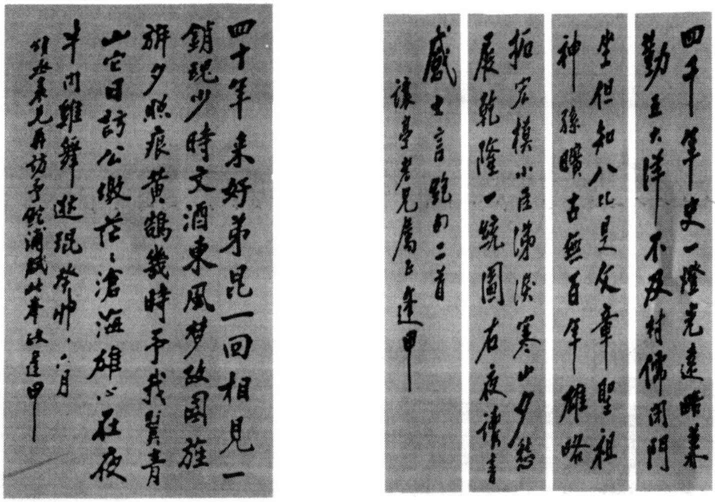

■左：行書律詩　丘逢甲於1903年所書題贈謝頌丞表兄
右：行書條屏　丘逢甲1904年所書

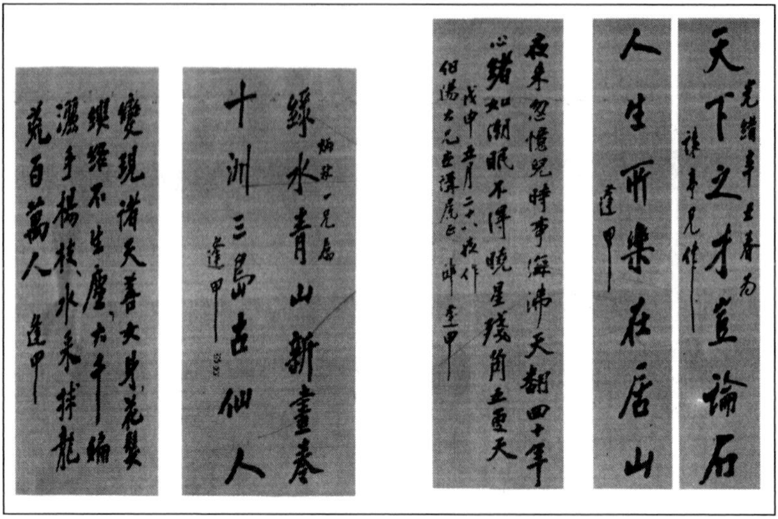

■左：行草立軸　丘逢甲所書
右（左）：丘逢甲行書立軸。著名史學專家史樹青在北京廠甸畫棚所購得，後捐獻給中國歷史博物館。
右（右）：行書立軸　丘逢甲於 1901 年所書。

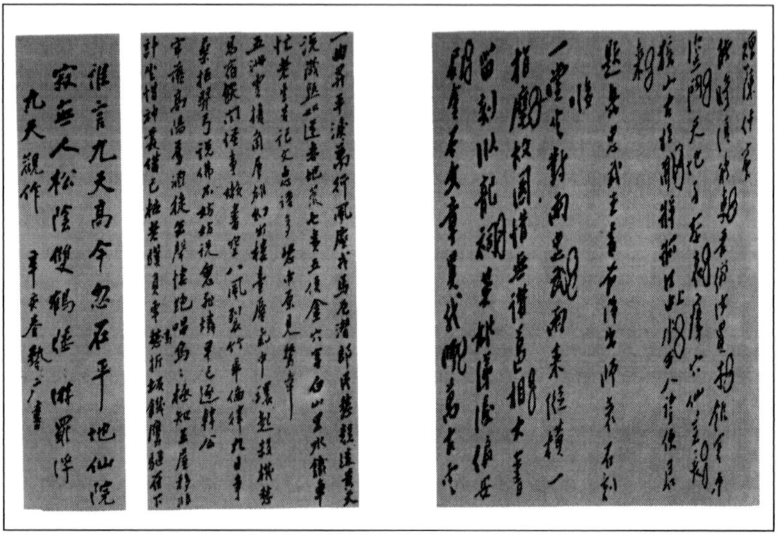

■左（左）：〈行書立軸〉書於 1911 年
左（右）；〈歲暮雜感〉書於 1897 年
右：題岳忠武王書前後出師表石刻　丘逢甲手書

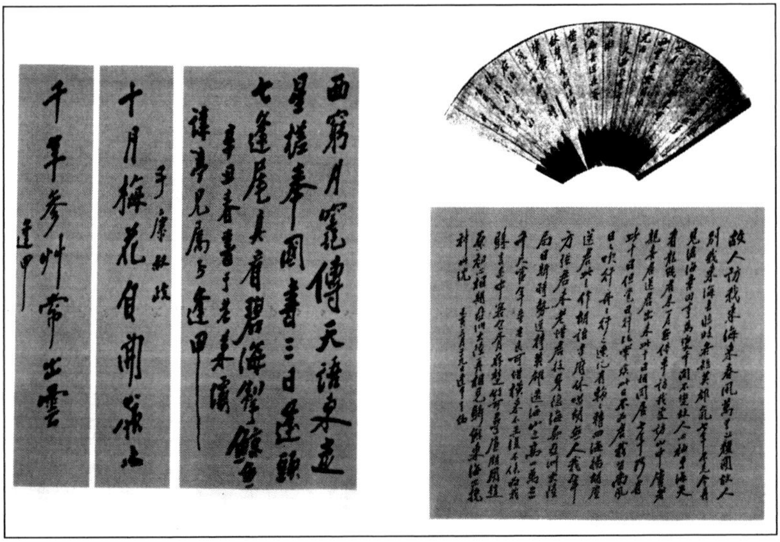

■左：行草立軸　丘逢甲書
　右：丘逢甲墨寶 1902 年 39 歲時作

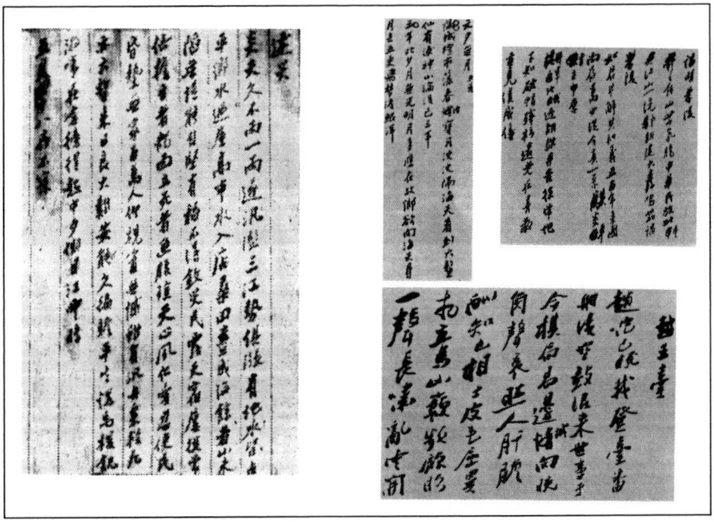

■左：〈述靈〉丘逢甲手書
　右（右上）：〈謁明孝陵〉作於 1911 年冬
　右（左上）：〈元夕無月〉作於 1898 年
　右（下）：〈越王臺〉作於 1910 年

■上：丘逢甲故居培遠堂全貌

■下：丘逢甲故居培遠堂之護龍
——念臺精舍

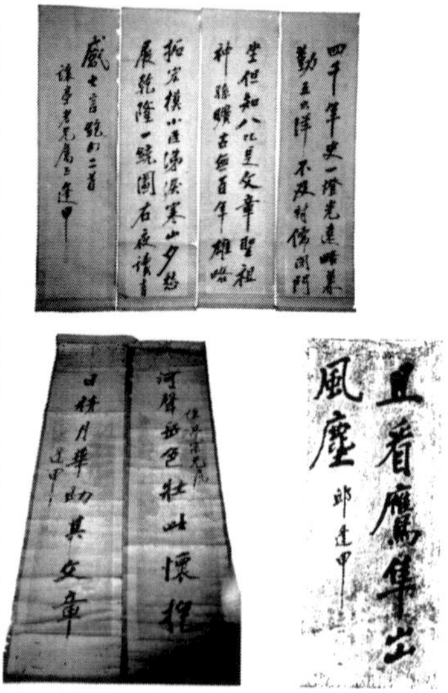

■丘逢甲墨寶

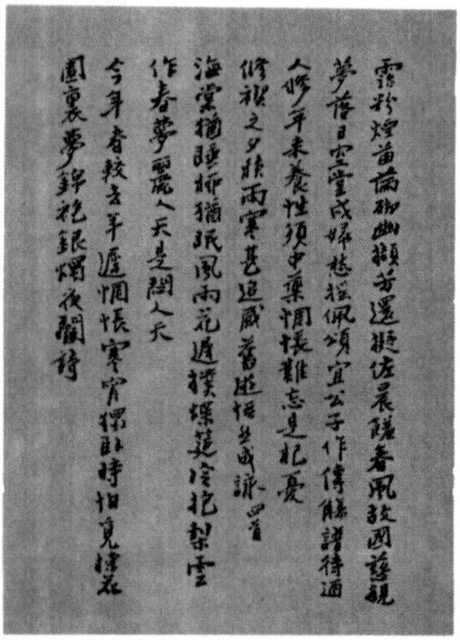

■柏莊詩草　丘逢甲手書

■上：林、吳、邱諸紳籌禦敵（林即林朝棟、吳即吳湯興，邱即丘逢甲）。此畫 1895 年刊於京滬報刊，現藏於中國歷史博物館。

■下：丘逢甲故居培遠堂之護龍
——潛齋（夏同龢狀元書題）

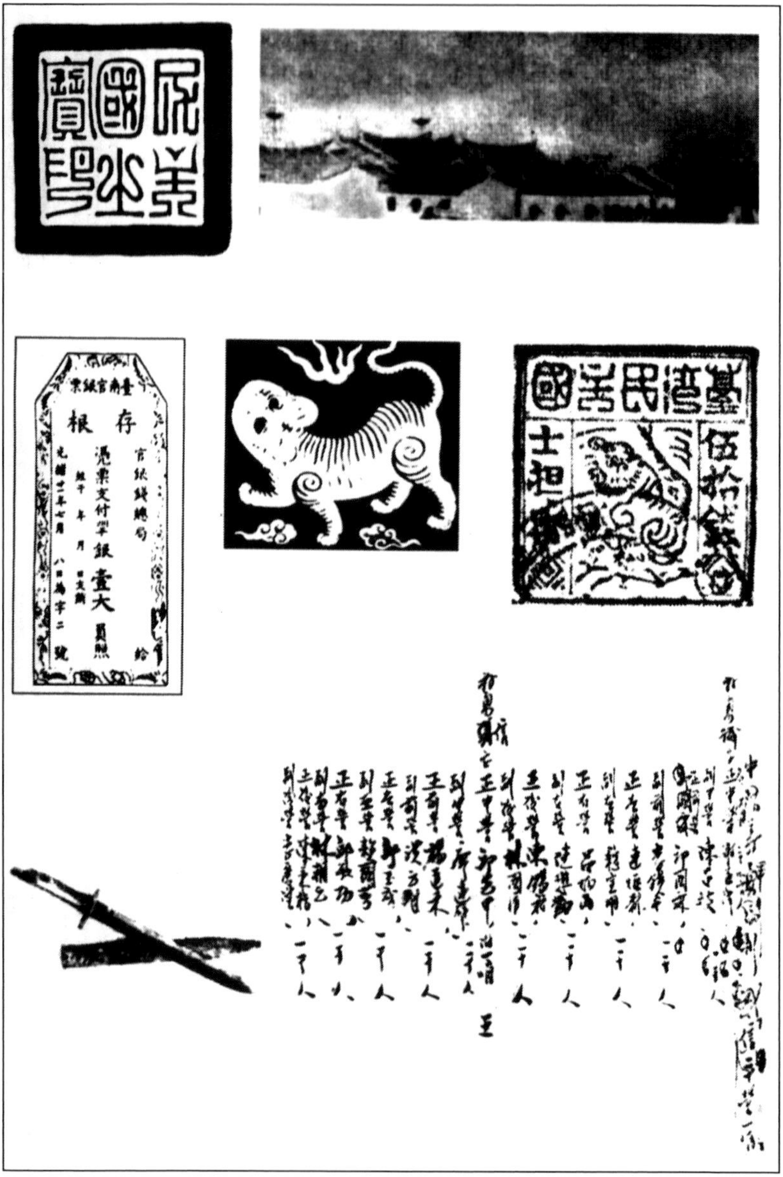


■右上：台灣民主國政府衙門　　左上：民主國國璽
　中左：民主國官銀票　　　　　中中：民主國國旗　　中右：民主國郵票
　下左：義軍繳獲的的日軍刺刀　下右：丘逢甲手書義軍統領名單

■台中市逢甲紀念碑

■台北市逢甲紀念亭

■台灣逢甲大學

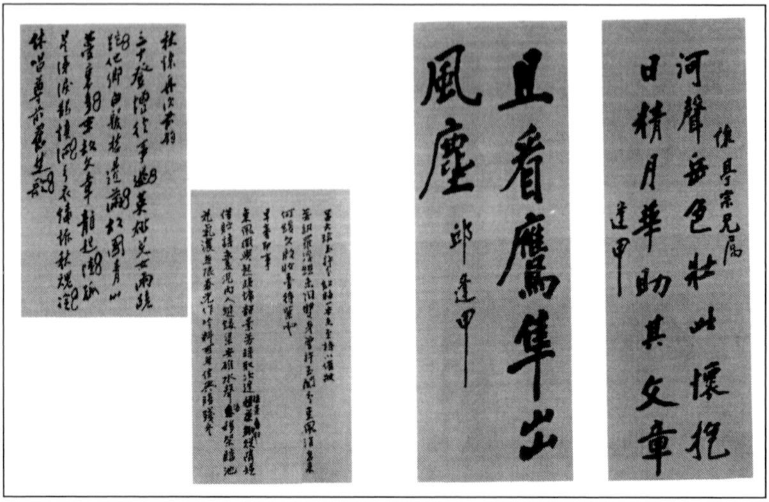


■左（左）：丘逢甲墨寶 1908 年 45 歲時作
左（右）：柏莊詩草　丘逢甲手書
右（左）：丘逢甲墨寶
右（右）：行書立軸　丘逢甲 1907 年所書

■〈春愁〉丘逢甲作於丙申年

增訂本序

# 新版《丘逢甲傳》在海峽兩岸出版有感

喜悉徐博東、黃志平兩位學者合撰的《丘逢甲傳》第四版「增訂本」，在北京與臺北分別推出簡、繁兩種字體的新版本，近期即將問世，對此，我十分欣慰，並表示誠摯的賀意。

丘逢甲（1864—1912）在近代臺灣史上是一位有重要影響的人物，他對近代中國的社會變革也曾起到過積極的作用。清末民初的文史名家梁啟超、黃遵憲、柳亞子、王芸生等都有過肯定的評價，表彰其倡導自主抗日保台衛國的義舉，「頗足表現我中華民族之精神」，讚譽丘為「詩界革命之鉅子」。但由於多種原因，上世紀的中葉，丘氏研究在大陸基本上處於停滯狀態，到七十年代末改革開放後，情況才有所改變。三十多年來，海峽兩岸文史學界對丘氏的研究日益廣泛、深入，取得了許多共識。據悉，二〇〇九年十一月，在廣州舉行了由中山大學與台中逢甲大學聯合主辦的紀念丘逢甲誕生一百四十五周年的學術研討會，與會的兩岸學者對丘氏研究取得的豐碩成果都感到十分振奮，並一致認為，今後不應再糾纏于諸如「挾餉以去」等這類查無實據的所謂「疑點」或「難點」，理應轉向深入探討丘氏思想文化遺產與中華優秀傳統文化的相互關係上來。我覺得兩岸學者的這個共識與建議，非常及時，也十分可貴。

丘逢甲先生辭世將近百年了，然而他留給我們的思想文化遺產卻彌足珍貴。我以為這主要有以下兩個方面。

## 一、「國族至上」的家國情懷

眾所周知，對任何國家民族而言，文化所具有的凝聚力與影響力是最為深刻、穩定而持久的。人類古代文明的發源地不止一個，但只有在黃河流域孕育並融合中華大地其他文明發展起來的中華文明，歷經數千年仍能生生不息，綿延至今，顯現出強大的生命力。中國優秀傳統文化的形成與發展的進程，就是中華民族與中國國家的形成與發展的過程，元（蒙）清（滿）入主中原的結果，進一步顯示出中華文明的多源（元）性，包容性和統一性。臺灣與大陸雖有淺淺的海峽所阻隔，且歷經荷蘭、日本數十年的殖民統治，但其思想文化的淵源、特質與發展播遷，同大陸中華母體文化卻密不可分；臺灣人民的價值取向、思維方式、道德倫理觀念、禮儀民俗、生活習慣等與大陸基本相同，這說明臺灣文化是華夏文化的一個支脈和延伸，並進一步豐富了中華文明。近代臺灣愛國先賢丘逢甲的成長歷程，就是鮮明的例證之一。

丘逢甲出生於十九世紀中期，這時臺灣人口的增長以閩粵移民為主轉變為以當地居民自然生殖增長為主，作為臺灣進入定居社會之後成長起來的一代，他視祖居地「唐山」為「原鄉」，把自己生於斯長於斯的臺灣看作是自己的第一故鄉，畢生懷有強烈的「臺灣情結」和本土意識，但他所接受的仍然是中華傳統文化的教育與薰陶，同樣遵循「國族至上」、「國家興亡，匹夫有責」的先賢古訓，胸有強烈的家國情懷，深知國家統一才能保障社會經濟的穩定發展和黎民百姓的安居樂業。在青年時期的詩作《臺灣竹枝詞》中，他就既歌頌鄭成功率部驅荷復台、「納土內屬、維我國家」的歷史功績，又肯定康熙帝統一臺灣，籌固海防的積極貢獻。他能突破東南海疆一隅的視野局限，從維護國家民族的整體和長遠利益的高度來評史論事，確是卓識過人。

甲午戰敗後的一八九五年，臺灣人民的反割台鬥爭是偉大的正義戰爭，得到大陸民眾和愛國官兵的廣泛支持。割棄臺灣乃腐敗無能的清廷中央封建政府所為。丘逢甲作為一名在籍進士，其身份只是臺灣幾個書院的教師，並非胸有韜略、肩負守土衛國之責的邊陲大吏，更非權柄在握的朝廷重臣，卻能挺身而出，勇赴國難，傾家財組建義軍，面對強敵，率眾奮起抵抗。清廷割台畀日，他「刺血三上書」，憤起抗爭，繼而倡建「臺灣民主國」，力謀自主自救，「明知未著而勢不能不拼而出此者」，這種不計成敗利鈍，不計個人得失榮辱的果敢行動，正是中華民族自強不息、勇以反抗的民族精神的體現。史家王芸生先生說得好：

「當割台之勢不免之時，臺灣有宣佈自主之一幕，其事雖曇花一現，然頗足表現我中華民族之精神，尚勝於不戰而亡也。」

在乙未抗日保台事敗揮淚內渡之後，丘逢甲創作了大量的念台詩篇（「往事何堪說，征衫血淚斑……不知成異域，夜夜夢臺灣」、「春愁難遣強看山，往事驚心淚欲潸。四百萬人同一哭，去年今日割臺灣。」），其愴台之痛，念台之深，可謂字字血淚。他痛定思痛，矢志於興教育才、圖強救國的事業，堅信只要祖國強大就能收復臺灣（「大九州當大一統」、「重完破碎山河影，與結光明世界緣」。）在丘逢甲的心目中，海峽兩岸乃是不可分割的「命運共同體」，謀求國家民族的富強與統一是至高無上的，並時刻把臺灣的前途命運和祖國的強弱興衰緊密地聯繫起來思考，這種卓識是值得後人景仰和重視的。

## 二、「以民為本」，始終以蒼生為念，與時俱進

「仁者愛人」是儒家力倡的最高道德原則，「仁」，集諸德之全，它超越了血緣宗親關係，涵蓋了忠恕，仁愛、孝悌、信義等諸多方面，它是中華傳統文化中的重要內容，歷代先賢都很注重道德倫理的完善與自律。丘逢甲自幼受到父輩儒家思想文化的薰陶，深知仁愛、誠信乃為人處世之本。其父是鄉村塾師，「鄰居皆農家者流」，對台農「春作方忙」之甘苦憂樂深有所感，在青年時代作有《農歌》八首詠之，後又寫〈老番行〉、〈熱風行〉等佳作，對山胞艱辛勞作，卻被迫輾轉流徙的悲苦境況，表達了極大的同情與關注，籲請駐台大吏體恤民生、籌固海防。他躋身科舉仕途的初衷，本是想藉此實現「經世致用」、「報國效時」的理想，但見朝政昏暗、吏治污濁，他不願與蠅營狗苟之徒為伍，也謝絕捐銀「外放」的「勸告」（「家貧何術鑄黃金」，「地瘠何堪再刮皮！」），乞請「以親老告歸」，辭官離京返回臺灣，從事文化教育工作，為建設故鄉臺灣竭盡心智。保台事敗內渡後，他不知疲倦地探索強國復台之路，先是追隨康梁變法維新，後又轉而擁戴孫中山領導的民主革命。晚年他眼見清廷日趨腐敗，列強瓜分豆剖之陰謀得寸進尺，國事日非，中國面臨亡國滅種的嚴重威脅，憂心如焚，寢食難

安。盛夏時節，他捧著友人送來的西瓜，難以舉刀（「金刀欲下躊躇甚，多恐神州似此分。」）友人贈他香米，「甫熟未及餐，已覺香流匙」，驚聞「徐淮被災處，草木無根皮」，而「念此不能餐，北望揮涕洟」。丘逢甲這種憂國憂民的品德情懷，感人至深。進入二十世紀，目睹天災人禍接踵而至，他發出了「處處聞饑復聞亂，年年憂雨更憂晴」的深沉感歎。他本來擔心暴力革命會損傷國脈元氣，貽外敵予可趁之機，後見孫中山領導的民主革命浪潮洶湧澎湃，深得人心，清廷統治集團只知敲骨吸髓，荼毒生靈，無可救藥，遂投身時代洪流，暗護革命黨人，力促廣東和平光復，謳歌民主革命的偉大勝利。由此足見，丘逢甲的「民本思想」是根深蒂固、發自內心深處的。他始終以蒼生為念，只要有利於改善民生，增進人民的福祉，促進國族的統一與富強，他就不斷修正自己的認識，規範自己的言行，努力與時代、人民、歷史一同前進。

丘逢甲先生抗日保台衛國的歷史功業與日月同輝，他興教育才的業績與豐富的詩歌創作也將永存於世，而上述兩點，我認為則是他留給我們的最珍貴的思想文化遺產。今天，我們努力傳承與弘揚中華民族的這些優秀思想文化遺產，格外具有現實意義。

近兩年來，台海和平持續發展，兩岸直接「三通」的實現，特別是「經濟合作框架協定」（ECFA）的簽訂，使兩岸的經貿交流與合作向更廣更深的領域展開，這無疑有助於促進兩岸經濟的繁榮和兩岸同胞的福祉。目前，兩岸關係和平發展正面臨著新的關節點，在已經取得重大進展的基礎上如何進一步推向深化？經濟交流與合作是兩岸關係和平發展的基礎，而文化交流與合作則是兩岸關係和平發展的核心。按照「先經後政，先易後難，把握節奏，循序漸進」的思路，我以為，下一步我們在繼續貫徹落實「經濟合作框架協議」的同時，應當加大力度，採取切實有效措施，進一步推動兩岸在文化層面的交流與合作，在兩岸構建起中華民族在新時代的共同的精神文化家園。值此，新版《丘逢甲傳》在北京與臺北同時問世，應當說這是一種適時的、有益的嘗試。丘逢甲先生是近代臺灣人民的傑出代表，他的生平事功與豐富的詩作，表現了近代臺灣同胞的品格，反映了他們的心聲與訴求。乙未內渡後十七年，他追隨先進社會力量，不懈探索圖強救國復台的真理與道路，體現了近代中國知識份子對光明、進步的追求；他的整個人生歷程，折射出新舊世紀之交主要社會思潮與社會力量的消長與趨勢，具有相當的代表性和社會價值。大陸讀者通過新版《丘傳》，可以感受到近代臺灣同胞勤朴進取的思想品格，和他們歷經的苦難與悲壯的鬥爭；而臺灣同胞則可從丘逢甲先生的人生經歷中，瞭解到大陸同胞同樣倍受列強的欺淩侵略和封建專制統治壓迫的悲苦命運，以及為擺脫這種命運所進行的長期的艱苦鬥爭。歷史昭示我們，兩岸同胞本是休戚與共的「命運共同體」。當前，海峽兩岸面對全球化下的機遇與挑戰，我們應當團結起來，共同為中華民族的偉大復興，為人類文明的進步，做出更大的貢獻。

趁新版《丘逢甲傳》刊行之機，特撰此短文，略抒己見，就教于兩岸方家讀者。是為之序。

唐樹備

2010 年 11 月於北京

# 增訂本說明

拙著《丘逢甲傳》自一九八六年問世以來，先後在海峽兩岸刊行三次，但此書在大陸書市已難買到，隨著兩峽文化交流的日趨熱絡，希望瞭解臺灣歷史的大陸同胞愈來愈多，大型歷史劇《丘逢甲》也正在籌拍之中。鑒於此，在文史界前輩、同仁和廣大讀者的敦促鼓勵下，我們將舊版《丘逢甲傳》加以補正充實，送北京和臺北兩地出版社審定，同時推出繁、簡兩種字體的版本，以備時需。

這次修訂補正的要點計有：

一、依據新發現的史料和近年來學術界的最新研究成果，對傳主的生平、家世的敘述，進行了若干補充修正。比較重要的有：改寫了第三章的第二、三節，補充了傳主參與保皇會密謀庚子武裝「勤王」運動的史實；本書舊版及他人所撰《丘傳》，多把丘氏生母陳掌妹說成是「福佬人家」的養女，現根據新發現的史料，改正為「屏東客籍武舉人陳家的女兒」；關於丘氏出任台灣民主國「副總統」之相關記載與傳聞，新版也增補了考證；此外還補充了由臺灣學者楊護源先生新近發現的丘逢甲一九〇六年出掌廣東總教育會會長後撰寫的〈後陳教育計畫草案條議〉，並對該「條議」進行了評介。

二、對近年來丘氏研究中的某些似是而非的觀點進行了評析。如有人將乙未抗日保台鬥爭，歸結為「一場地域公民保衛鄉土的戰爭」，台灣士民議立自主之舉，亦被視為「中國當權者授意」所致。這是有悖史實、誣辱先賢的不實之辭。本書依據史實，強調指出，武裝抗日保台的主戰場，雖在台灣地區，但舉國上下配合抗爭，千餘舉子「公車上書」，京滬報刊大力聲援，部分駐台官兵與台灣義軍並肩苦戰，甚至捐軀沙場……。所以，乙未抗日保台鬥爭是全體中國人民為維護國家領土主權之完整統一而進行的偉大鬥爭。甲午戰敗，乙未割台，促成近代中華民族的覺醒，對近代中國社會歷史的進程，產生了重大而深遠的影響。

三、改寫了第五章的第三節，對丘詩的藝術特點和丘詩中的「台灣情結」，進行了更為詳細具體的分析。

四、附錄中，〈考評〉一文對丘氏所謂「捲餉內渡」的不實指控，增補了若干重要資料進一步詳加辨析；收入了徐博東撰寫的〈試論1895 年「台灣民主國」的民主性〉一文，以補充正文中有關評論之不足；〈丘氏五代簡表〉擴充為〈丘氏七代簡表〉；增補了台灣出版發表的有關「台灣民主國」和「乙未抗日」研究論著目錄，以供研究者參考。

五、訂正了舊版中的訛錯文字。

這次修訂再版，我們力求更臻完善，但限於水平及史料，肯定仍有不少欠缺與不足，敬希專家讀者給予教正。

感謝大陸前國台辦副主任唐樹備先生為增訂本撰寫序言。

今年恰逢抗日戰爭勝利和臺灣光復六十五周年，謹以本書的再版以資紀念！

徐博東　黃志平

二〇一〇年七月於北京

# 三版自序

《丘逢甲傳》自一九九六年由北京時事出版社二版刊行至今已有七年，受到海內外輿論的重視和海峽兩岸學術界前輩、同仁的肯定與鼓勵，我們在此謹表誠摯的感謝。隨著海峽兩岸經濟文化交流的日益密切和祖國統一大業的日趨明朗，人們渴求瞭解和深入研究近代台灣著名歷史人物丘逢甲的願望與興趣也益顯濃厚。可是，在書市上，此書已經告罄。此外，從本書二版發行以來，兩岸學者研究丘氏的學術活動和科研成果不斷湧現，如一九九六年和一九九九年，台中逢甲大學先後主辦了「丘逢甲與台灣歷史文化」和「丘逢甲、丘念台父子及其時代」兩次學術研討會；二〇〇〇年春，廣東社會科學院與汕頭大學聯合舉辦了「丘逢甲與近代中國」的學術研討會。筆者有幸參加了上述會議，聆聽了與會專家學者的許多高論，受到很大啟發，從中獲取了有關丘氏研究與丘氏佚作的不少資訊與線索。

一九九七年，廣東人民出版社出版了由吳宏聰、李鴻生主編的《丘逢甲研究——一九八四年至一九九六年專集》；花城出版社也刊行了丘晨波主編的《丘逢甲文集》；二〇〇一年冬，湖南岳麓書社推出了廣東丘逢甲研究會組織編校的更為翔實的《丘逢甲集》，……所有這些科研成果與學術活動，都使我們感到不僅有必要也有可能對二版進行修訂與補正，使之接近和滿足社會各界人士的期望與要求。

這次修訂，保持原版的基本觀點、結構框架和文字風格，主要是做了如下工作：（一）對新發現的丘氏佚作進行評介，如《詩畸》中披載的丘氏青年時期所作詩鐘二一五聯和律詩五十首、戊戌〈感事〉五律二十首，以及丘氏庚子南游的詩文與演說辭等。（二）對丘氏生平活動中若干史實與人物關係的變化作出必要的補充與交代，如己亥冬的秘密赴港之行，與丘菽園的交往與疏離。（三）凸顯丘氏在乙未抗日保台中的活動與作用，對近年某些貶損台灣民主國和台灣軍民抗日保台鬥爭的論斷進行考評。(四)訂正舊版中訛錯文字。此次修訂工作，先由黃志平執筆完成初稿，繼由徐博東統一修訂。在修訂過程中，得到學術界前輩、同仁吳宏聰、戚其章、丘晨波、林大椿、李尚行諸位先生的指導與鼓勵，戚先生還惠寄史料，提出中肯意見，鍾敬文老師在生前也指出了舊版的不足。台灣海峽學術出版社王曉波教授、洪宜勇主編等，亦為本書在台灣的出版花費了大量心血。

在此，我們謹致由衷的敬意和誠摯的感謝。

在三版刊行之際，我們十分感念趙朴初、林增平、徐森源三位前輩。趙老曾為本書原版親筆題寫書名，林教授為本書撰序，徐先生(徐博東先父)對本書的寫作曾給予許多鼓勵和支持。現在，他們都先後辭世；在此，我們謹表深切的哀悼。

徐博東　黃志平

二〇〇三年八月於北京

# 修訂版序

今年正值馬關割台一百周年和抗日戰爭勝利、台灣光復五十周年，欣聞時事出版社決定出版由徐博東、黃志平合撰的《丘逢甲傳》（修訂版），我以為這是很有意義的事情，表示衷心的祝賀！

丘逢甲先生（一八六四～一九一二）是近代台灣史上有影響的人物。他出生在國家民族多難之秋，成長于祖國東南海疆前哨台灣。少年時代，丘逢甲的心底就孕育起了憂國傷時、反抗侵略的思想種子。身居台島卻胸懷大志，「以天下為己任」。考中進士後，他棄官回台，銳意桑梓教育，為謀求祖國的富強而努力汲取新的思想營養，呼籲防禦外敵的入侵。甲午中日戰爭初起，他即預感到台灣的危難，於是登高而呼，以「抗倭守土」號召鄉里，「傾家財以為兵餉」，投筆從戎，創辦義軍，以備戰守。馬關割台的噩耗傳來，丘逢甲痛心疾首，拍案而起，「刺血三上書」，率領台灣紳民向清廷憤怒抗爭，堅決反對割讓台灣予日本。當一切努力均告無效，在「無天可籲，無主可依」、「無人肯援」而強敵壓境的危急時刻，丘逢甲又「義不臣倭」，力倡建立以清朝為正朔的「台灣民主國」，與台灣紳民一起奮起自主保台，為反抗日本侵略、維護中華民族的尊嚴和祖國領土的主權，進行了不懈的努力。

事敗後，丘逢甲滿懷悲憤，飲恨內渡祖國大陸，定居廣東。但他並未就此消沉，內渡十七年，始終以「強祖國、復土雪恥」為職志，以「教育救國」為己任，不辭辛勞，長期奔波於潮、嘉、穗等地，積極倡導新式教育，主持創辦過多所學校，為國家民族培育人才，建樹頗豐。晚年，更由贊助維新改良進而同情、支持孫中山先生領導的民主革命，為辛亥革命的成功，作出了貢獻。

丘逢甲先生不僅是著名的愛國志士和進步教育家，而且是一位傑出的愛國詩人。早于青年時代，其詩名即已享譽全台。內渡後，他有感於故土淪喪，報國無門，列強進逼，國是日非，創作了大量愴懷故土鄉親、抨擊時弊和期待國家民族振興、洋溢著強烈愛國主義思想激情的詩篇。他的許多愛國詩篇，催人淚下，感人肺腑，表達了近代中國人民對於外來侵略和本國腐敗政治現實的憂憤與抗爭，為我們認識近代中國的苦難與屈辱，提供了一份生動的教材。丘逢甲在近代詩壇上的地位與成就，是有口皆碑的。本世紀初，梁啟超就極為推崇，將他同晚清愛國詩人黃遵憲同譽為「詩界革命之鉅子」。毛澤東、葉劍英等老一輩無產階級革命家對丘逢甲的詩歌也十分讚賞。記得一九七四年在選舉第四屆全國人大台灣代表團代表時，葉劍英同志接見全體台胞代表，親切地對我們說：「清末台灣有個愛國詩人丘逢甲，你們知不知道？他的詩寫得很好，很感人！」

然而，對於丘逢甲這樣一位頗為值得紀念的愛國人物，長期以來大陸學術界卻甚少有人研究。黨的十一屆三中全會以後，直到八十年代中期，丘逢甲研究才開始活躍起來，學術界相繼發表了一批較有學術水平的論文。徐博東、黃志平在廣泛搜集資料並參考、吸收了海峽兩岸學者研究成果的基礎之上，經過自己的獨立思考和認真探索，撰寫出了第一部評介丘逢甲生平思想和業績的專著《丘逢甲傳》。八年前，當我拜讀到這部著作時欣喜不已，這不僅因為該書作者之一徐博東教授是我看著他從小長大成人的後生，如今他已學問有成，令我欣慰；更因為這部書的問世填補了大陸台灣史研究中的一項空白；還因為這部書有如下幾個特點給我留下了深刻的印象：(一) 結構嚴謹，語言通俗流暢且富有文采；(二) 資料豐富，對史料的考證、鑒別嚴肅認真；(三) 不囿於陳說，敢於觸及學術界歷來有爭議的疑點、難點，提出自己具有獨創性的新見解；(四) 對丘逢甲的評價較為中肯和實事求是。總之，我認為這本書較為全面、系統和客觀地記敘了丘逢甲先生作為一位著名愛國志士、傑出詩人和進步教育家的光輝一生，是一部頗有學術價值的力作。該書出版問世後，受到海峽兩岸學術界的肯定和好評，不是偶然的。現在經過作者的認真修改、補充，吸收利用了近幾年來新發現的史料和學術界丘逢甲研究的最新成果，在原書的基礎上又有了較大的提高，我相信，該書的重新出版，一定會受到學術界和廣大讀者的歡迎。

值本書出版之際，欣記如上感想，為之序。

蔡子民

一九九五年八月於北京寓所

# 原版序：一

畢生為救亡圖存作過重大貢獻的丘逢甲（一八六四～一九一二），是台灣學術界競相研究的歷史人物，近十餘年，至少出版了三本紀述他生平的傳記；而在大陸，卻至今闕如也。這樣一位值得紀念的愛國者，為什麼在大陸長期地受到冷遇呢？推其緣故，大概與五十年代起基於「左」的觀念對他所作的不公允的評價還沒有來得及摒棄有聯繫。就這個課題來說，我們台灣史學界的同行倒是走在前面。好在徐博東、黃志平二位合撰的《丘逢甲傳》（以下簡稱《丘傳》）即將問世，很快就會把我們引為憾事的隱憂給消除掉。

三十多年來，在我們的有關著述中對丘逢甲貶抑較多的，大體集中在他主謀籌建「台灣民主國」這一段經歷上。有的論著指責成立「民主國」是台灣官紳藉以「阻遏」人民抗日力量的措施；有的則稍涉輕薄地把「民主國」譏為「一幕滑稽劇」；有的還或多或少地擺脫不了影射附會的陋習，將「民主國」同前些年囂張一時，至今仍時起鼓噪的「台獨運動」相比附，從而指控為「分裂主義行動」。對這一些頗欠公允的評論，《丘傳》都曾詳加辨析，有所澄清，使我深受教益。

據有關記載，遠在一八九四年黃海海戰失利、日本侵略軍入寇遼東的時候，「逢甲已竊憂之。太息曰：『天下自此多事矣！日人野心勃勃，久垂涎此地，彼詎能恝然置之乎？』」（江山淵：《丘逢甲傳》）他鑒於駐台官兵並不可恃，因而亟起聚集鄉民進行操練，以備戰守。旋因台灣巡撫唐景崧奏薦，得奉旨在台督辦團練。於是，丘更四處奔走呼號，以「守土拒倭」相激勵，一時群起響應，「全台編冊有一百六十餘營」（丘琮：《倉海先生丘公逢甲年譜》），初稱團練，後改稱義軍。為國捐軀的著名義軍將領吳湯興、姜紹祖、徐驤等率領的營伍，都在編冊之中。故丘逢甲在上書唐景崧時自稱「工部主事統領全台義勇」，並非虛言。他在一首詩裡吟哦：「我亦曾驅十萬師」，確屬實事。這都說明，九十年前首倡籌組抗日保台義軍的，是丘逢甲；全台義軍的統領，也是丘逢甲。可是，在我們多數近代史著作或論述甲午 — 乙未台灣人民抗日的論著中，卻不提及這個史實，以致給人們的印象是，台灣義軍浴血抗戰，是分別自發地糾合起來，各自為戰地進行著的。

對丘逢甲「統領全台義勇」的地位不予承認，大概是由於對「台灣民主國」持否定態度的緣故。如果我們將建立「台灣民主國」時的形勢和這個「民主國」的實際意義加以考察，就不難發現，以丘逢甲為首的台灣士紳的這番舉動，是無可非議的。

首先，「台灣民主國」是在清廷決意割讓台灣以乞求日寇罷兵的方針業已確立，屈辱的《馬關條約》業已在煙台換約（一八九五年五月八日）生效之後，於五月二十五日宣告成立的。很明顯，它是為了抵抗日本帝國主義的吞噬，而不是搞分裂。況且，就在同時，「台灣民主國」還曾電奏清廷，聲稱「台灣士民，義不臣倭，願為島國，永戴聖清」。而在分電北京總理衙門、南洋大臣、閩浙總督等的電文裡，就更強調：「台民此舉，無非戀戴皇清，以圖固守，以待轉機。情形萬急，伏乞代奏。」這更表明「台灣民主國」是在清廷已將此寶島割棄不顧，台灣紳民在「無天可籲，無主可依」、「無人肯援」的萬急情況下，基於「以圖固守，以待轉機」的需要而採取的權宜之計。要說「鬧獨立」，「搞分裂」，那也是針對奪得了台灣管轄權的日本侵略者。這倒「鬧」得好，「搞」得對頭。

其次，指責「台灣民主國」的出現「阻遏了台灣人民的抗日力量」，則顯然是缺乏說服力的看法。我們不宜於膠執這樣一種觀念，即認定歷史上任何進步運動，只要有官紳一類人倡頭或插手，必然是起破壞或阻遏作用；並設想人民群眾自發的、漫無統率的反侵略反壓迫的鬥爭可以克敵制勝，獲得成功。只要考察一下馬關訂約之後台灣的局勢，就不難理解，「台灣民主國」的成立，不是「阻遏了台灣人民的抗日力量」，而是有助於穩定人心，組織動員台灣人民進行抗日保台鬥爭。

馬關訂約後，清政府已決意割棄台灣，迭次電諭台灣文武官員克期內渡；台灣文武官員也即時離台或加緊作內渡準備。少量民族敗類經日本特務收買，正施展鬼蜮伎倆，密謀勾引日侵略軍登陸。歹徒痞棍也四出乘機搶劫官私財物。此時，若沒有一個有別於清朝台灣巡撫部院的機構出面倡議抗日保台，號召組編義軍，維持社會治安，則台灣立即陷入一片混亂之中，日軍很快就會在漢奸的引導下踏上台灣；有志抗日保台的人們既無以自保身家性命，也無可依恃，必致風流星散；義軍缺乏統禦，也將此起彼落，難見成效。事實上，「台灣民主國」一成立，就不啻樹起一面抗日保台的旗幟，形成了全台義軍的統率，使台灣軍民增強了信心，迅即開展起抗日保台的戰鬥。所以，儘管「台灣民主國」存在未逾兩旬，但它卻起了集結抗日義軍、開創抗日保台局面的積極作用。

「台灣民主國」成立前後，丘逢甲在台北後路督率義軍籌畫戰守。五月杪，日軍猛攻三貂嶺，因唐景崧指揮失當，險要盡失，後又棄軍內渡，台北旋即告失。丘逢甲急率義軍禦敵，孤軍難支，被迫退守台中一帶。爾後，丘部將領吳湯興、姜紹祖、徐驤等率軍狙擊入侵者於新竹，屢戰不利，餉盡彈絕，所部星散。日寇以丘逢甲首倡保台，故加緊搜捕，務得而甘心。經部屬和家人勸說，丘逢甲遂飲恨離台，輾轉跋涉，返回祖籍廣東鎮平（今蕉嶺縣）。

丘逢甲離台內渡，也曾招來若干訕議。這就未免過於苛求了。無疑，他如果堅持到底，終至壯烈捐生，也許會以比現在更為高大的形象顯露在祖國近代歷史的畫卷上。但實事求是地觀察，丘逢甲內渡也並非消極逃避，而是從部將謝道隆的勸諫：「台雖亡，能強祖國則可復土雪恥，不如內渡也。」（《倉海先生丘公逢甲年譜》）遂與隨從喬裝為婚嫁行列，奉父母內渡。定居鎮平山村後，丘逢甲始終以強祖國復土雪恥為職志，故內渡十七年，一直是席不暇暖地盡瘁于倡維新、興教育的事業，後來並傾向于民主共和，對孫中山領導的辛亥革命偉業，也不乏呵護詡贊的勳勞。同時，又不時將愴懷故土、期待振興的情感，發為心聲，形於吟詠，創作了大量洋溢著愛國主義弦律的詩歌。梁啟超對此曾極為推崇，將他同晚清愛國詩人黃遵憲並列為「詩界革命之鉅子」。所以，就丘逢甲內渡後各方面的建樹而論，不是也理應獲得後人的欽仰嗎？！至於後來有人記載指控丘逢甲內渡時捲帶義軍餉銀十萬兩一事，《丘傳》及台灣學者均已詳加考訂，嚴正辯誣，我這裡就沒有必要再行復述了。

我同意《丘傳》對丘逢甲所作的如下結論：

> 丘逢甲是近代中國歷史上力謀抗日保台的愛國志士、清末有影響的教育活動家、著名的愛國詩人和資產階級民主革命派的真誠朋友。他的生平事蹟和愛國精神，以及詩歌創作，理應得到科學的公允的評價，以利於繼承和發揚中華民族的優秀傳統，從而有益於實現「四化」和祖國統一的神聖事業。

必須指出，前面提到的那些對丘逢甲有失公允、跡近苛求的微詞和評論，也包括我過去的看法在內，實寓有自我糾偏崇實之意，並非自詡高明，譏刺時賢。關於丘逢甲抗日保台的肯定評價，也是讀到近年來發表的有關評介丘逢甲的文章和《丘傳》之後所獲得的教益，理當聲明，以免掠美之嫌。我為《丘傳》寫序，乃因為它是迄今較為翔實、揄揚較為得體的丘逢甲傳記，比起台灣出版的三本同類著作來說，明顯地是後來居上，故特向讀者推薦。當然，《丘傳》若干處敘事說理，尚有待於繼續斟酌推敲；少許文字，也還可精心潤飾。這裡，我就不揣冒昧，代作者致意，敬請讀者批評指教。

林增平

一九八五年十一月于湖南師大

# 原版序：二

丘逢甲是中國近代一位傑出的愛國主義者。他身歷了甲午戰爭、戊戌變法、辛亥革命等重大歷史事件，雖然屢遭挫折和打擊，但愛國之志從不稍衰，為了中國的統一和繁榮昌盛而奮鬥至生命的最後一息。對於近代史上這樣一位頗有貢獻和影響的歷史人物，理應進行更多的研究，並且給予實事求是的評價。

但是，長期以來，丘逢甲的形象在一些有關論著中被歪曲了。在某些作者的筆下，丘逢甲成了一個被否定的歷史人物。這顯然是極不公正的。究其原因，主要是「左」的思想影響所致。正由於此，丘逢甲研究在長時間內很少有人敢於問津，幾乎成了學術界的「禁區」。黨的十一屆三中全會以後，實事求是的學風得到恢復和發揚，學術爭鳴空前活躍，給丘逢甲研究帶來了生機。此後，有相當一批具有新鮮見解的研究丘逢甲的文章陸續發表，就是絕好的證明。

研究任何歷史人物，都應該堅持嚴格的歷史性，把問題提到一定的歷史範圍之內，給予科學的說明。如果不顧歷史人物所處的環境和條件而一味苛求，這種研究方法是不足取的。列寧指出：「判斷歷史的功績，不是根據歷史活動家沒有提供現代所要求的東西，而是根據他們比他們的前輩提供了新的東西。」說得何等地好啊！例如，「台灣民主國」的創建，本是一件具有歷史意義的愛國創舉，根據歷史的觀點進行考察，必然會給以充分的肯定。否則，撇開當時的歷史環境和條件而進行孤立的研究，那就勢必要得出與之相反的結論來的。應該說，以往在丘逢甲研究中之所以會發生種種差錯，與對馬克思主義歷史研究方法的某種程度的偏離，也是有很大關係的。

客觀事實是歷史研究的基礎和起點。章學誠嘗曰：「學為事實而文非空言。」誠為真知灼見之論！丘逢甲研究自不例外。試想：連基本事實都不去弄清楚，就輕易地遽下斷語，怎麼能形成正確的結論？例如，對於「台灣民主國」的理解，有些同志看到「民主」二字，便望文生義，認為是「資產階級民主」。其實，只要認真地查查「台灣民主國」本身的文獻，便可以知道，當時的所謂「民主」，不過是「台民自主」的意思，與資產階級的「民主」概念毫無共同之處。丘逢甲在乙未台灣抗日鬥爭中的地位和表現，也是關係到正確評價丘逢甲的關鍵問題。有些論著，或者抹煞丘逢甲在反割台鬥爭中的積極貢獻，或者否認丘逢甲在台灣抗日義軍中的統領地位，也都是沒有史實根據的。對於丘逢甲的研究，只有建立在堅實的史實基礎之上，才有可能得出符合於歷史實際的結論。

但是，史料並不等於史實。在二者之間劃出等號，這無疑是一種誤解，這種作法實是史學研究的大忌。恩格斯曾經指出，對於歷史資料要「批判地審查」。這告訴我們對於史料必須下一番去偽存真的功夫，才談得上真正的科學研究。「德高而毀來」，不論在歷史上還是現實生活中，是時有發生的事。丘逢甲內渡之後，加在他身上的不實之詞，也是不少的。其犖犖大者，如「捲餉十萬」一案，至今仍聚訟不已。查「捲餉」之說，首見於易順鼎的《魂南記》；而連橫的說法則流佈最廣，他在《台灣通史・丘逢甲傳》中寫道：

> 當是時，義軍特起，所部或數百人數千人，各建旗鼓，拮抗一方。而逢甲任團練使，總其事，率所部駐台北，號稱二萬、月給餉糈十萬兩。十三日，日軍迫獅球嶺，景崧未戰而去，文武多逃，逢甲亦挾款以去，或言近十萬云。

連橫自稱「或言」云云，明謂得自傳聞，怎能視為信史？茲略舉其不實之處言之：其一，丘逢甲任團練使絕無此事，我曾撰〈丘逢甲在台灣任職考辨〉(《汕頭大學學報》一九八五年第一期）指出其非。其二，丘逢甲率所部駐台北一事，亦不確實。實際上，他的防區北起台北後路的南崁，南至台北、台中兩府之間的後壟一帶。其三，所謂「月給餉糈十萬兩」更是捕風捉影之談！當時義軍糧餉不繼，頗為拮据，史有明證。根據丘逢甲寫給唐景崧和全台營務處俞明震的信可知，當義軍佈防台北後路之後，營中所存僅六百兩，後來還是經唐批准借餉一萬兩，才勉強應付了局面。何來「月給餉糈十萬兩」之說？由此看來，僅僅根據一句「或言」，就坐實丘逢甲「捲餉十萬」的莫須有罪名，豈非為不辨析史料所誤？

推倒了加在丘逢甲身上的種種不實之詞這件事本身，就說明了近幾年來丘逢甲研究已經取得了很大的成績。大家開始感到，我國大陸也應該組織出版研究丘逢甲的專著，這個時機已經成熟了。

一九八四年十二月，廣東省召開丘逢甲誕生一百二十周年學術討論會，本人有幸被邀請參加。在會議期間，認識了徐博東、黃志平二位同志。當時，即發現他們對丘逢甲已有相當的研究，而且在掌握史料方面也有很好的基礎。後來，又得悉他們二位正在合作撰寫《丘逢甲傳》一書，不禁為之欣喜不已，便立即去信表示支持，並祝此書早日問世。

目前，《丘逢甲傳》一書業已脫稿。此書之撰寫，歷時四載，數易其稿，作者用功可謂勤矣。《丘傳》的出版，對於大陸學術界來說，正是填補了近代史研究中的一項空白。我相信，此書的問世，無疑會受到學術界的重視和廣大讀者的歡迎。

為紀念丘逢甲的一百二十周年誕辰，我在〈中國近代傑出的愛國主義者〉（《人民日報》一九八五年一月二十一日第六版）一文的結尾曾寫下了如下的話：

> 丘逢甲是一位真誠的愛國主義者，他一生不知疲倦地尋找救國的道路，始終跟隨時代前進。今天，他重興中華民族的願望正在變成現實，但他渴求祖國統一的理想尚有待於實現。[註]海峽兩岸的同胞都非常緬懷這位革命先輩，無限崇敬他的愛國精神，但只有大家共同努力，爭取早日完成他未竟的統一祖國大業，才是對他的最好紀念。

在《丘傳》即將出版之際，願意再把這些話寫在這裡，奉獻給海峽兩岸的讀者。

**戚其章**

一九八六年一月二十二日於泉城

---

[註] 丘逢甲有詩曰：「鬱鬱鍾山紫氣騰，中華民族此重興；江山一統都新定，大纛鳴笳謁孝陵。」

# 目 次

# 第一章　青少年時代

## ——封建科場上的佼佼者

## （一八六四～一八九三）

### 一、家世源流

祖國寶島台灣的地形，猶如一塊巨大的芭蕉葉，東西最寬處為一四〇公里，南北長三九四公里，地跨北回歸線，屬熱帶、亞熱帶氣候，溫度適宜，土地肥沃，物產豐富。中央山脈貫串南北，平原則集中在西部沿海地帶、在中央山脈與西部平原之間，分佈著連綿起伏的若干個丘陵地。其中位於台中至南投一線，向東伸入玉山山脈與阿里山山脈的地段，人們稱之為豐原丘陵地，是台灣本島地形最特殊、物產極為豐富的半山區，著名的「銅鑼灣斷層」就在這裡。在這塊丘陵地上聚居的，有來自閩粵的東渡移民，也有與漢族融合的「平埔人」以及其他少數民族。這裡是中部山地與西部平原相交接的地帶，商貿往來較為頻繁，民風淳樸，文風較盛，盛產鳳梨、香蕉、柑桔和小麥、花生、玉米等農作物。在行政建制上，清季屬福建省台灣府淡水廳管轄。丘逢甲便誕生在這裡。

一八六四年十二月二十六日（清同治三年，甲子，十一月廿八日）午夜，福建省台灣府淡水廳境內的雙峰山區銅鑼灣（今苗栗縣銅鑼灣）星月高懸，萬籟俱寂，人們早已進入夢鄉，只有一戶在李氏家塾設館教書的丘姓人家裡，此刻還亮著燈火。忽然，從屋子裡傳出一陣清脆而響亮的嬰兒啼哭聲，打破了這月夜的靜寂——原來，一個小生命在丘家降生了。這個剛剛哇哇墜地的男嬰不是別人，就是本書的傳主、日後成為中國近代歷史上著名的愛國志士、傑出詩人和進步教育活動家丘逢甲。

丘逢甲在家中排行第二，他的父親叫丘龍章（一八三三～一九一一），又名元寶，字誥臣，號潛齋，時年三十一歲，為人謙和厚樸，是一位靠教書謀生的窮秀才。他共生有十四個兒女，元配妻子胡氏生下長子先甲後不久即辭世。續弦陳掌妹，出生于阿猴（今屏東）武舉人陳家，祖上也是客屬遷台人士。一八六〇年，丘龍章去阿猴萬巒泗溝水「萬和堂」坐館，受人敬重，有幸和陳家結識。長子先甲年幼失母，與陳掌妹結合後，丘龍章返回台中銅鑼灣竹森村李氏家塾教書，再婚後陳氏生的第一個男孩便是丘逢甲[1]。

丘逢甲出生這年，正是甲子年，「甲」是天干之冠，「子」乃地支之首，「生當甲子」，這在封建迷信時代，常被認為是大吉大利的事情。科場失意的丘龍章，見長子先甲（時年八歲）只愛隨祖父學祥公（一八〇〇～一八七二）舞槍使棒、無心讀書，日後怕是很難指望他在文事科場上會有什麼發展；而陳氏頭胎所生的這個男孩，天庭飽滿，地格齊整，耳垂子厚，鄉鄰們都交口稱讚，說這是一副「大富大貴」的好相貌，這使他高興得整夜闔不上眼。心想自己年過三十，今「喜逢甲子」，他熱望這孩子將來能「科甲及第」，像延平郡王鄭成功那樣，今後也能建功立業，耀祖光宗；於是，丘龍章靈機一動，便給孩子取名「逢甲」，乳名喚做「秉淵」[2]。

關於丘逢甲的家世，有人說他「出身望族」，其實不確。他實際上家境寒素，出身于恪守中原華夏文化傳統的愛國世家。

---

1 二〇〇四年冬，廣東省政協主辦了紀念丘逢甲誕辰一百四十周年的學術研討會，與會的臺灣學者、作家、丘逢甲侄孫女丘秀芷女士發表了論文《關於逢甲公之新發現》，有關陳掌妹生平身世的訂正即據丘女士提供的新史料。為了拍攝電視文獻片《丘逢甲》，丘秀芷近年親赴屏東等地考察，並與陳家後人陳焯棋老先生等座談交流，走訪了丘龍章執教的「萬和堂」，在六堆竹田發現了丘念台為當地忠義祠題寫的字匾等。

2 「乳名」又稱「譜名」、「家名」。丘逢甲一生用過的名、字、號較多，早年在台起字「仙根」，又字「吉甫」，號「蟄仙」、「蟄庵」，亦號「華嚴子」，又號「仲閼」。據丘琮《我的奮鬥史》：「仲」字指排行第二，「閼」字系取甲子年的別名「閼逢」之義。丘菽園的《揮麈拾遺》則云：「仙根自乙未內渡，寄籍潮州、嘉應間，自以前守台中，義軍潰散，台島淪倭，志輒鬱鬱不舒，乃更號仲閼，謂人事多所阻閼，未能萌甲而出也。」既而有感於《史記・留侯列傳》中「博浪椎秦義事」，改號倉海君。辛亥光復，思去舊更新，廢其舊名逢甲，即以倉海為名。詩文別署「臺灣遺民」、「海東遺民」、「南武山人」及「痛哭生」等。丘逢甲的名、字、號的更替使用，正曲折地反映出他愛國懷鄉的思想變化歷程。

據有關史料及丘氏族譜記載，以及丘逢甲長子丘琮（念台）的自述，丘氏祖先本屬於中原南遷的「客家人」。所謂「客家人」，是漢族的一支民系，「客」是對原地土著居民而言，也就是「外來人」的意思。而一般「客家人」的家世，多是一部典型的移民血淚史。根據可考資料，自宋、遼、金、元以來，他們一直過著間歇性的移民生活，歷經幾百年的人世滄桑，直到明初，才在南方各省定居下來。長期顛沛流離的徙居生活，迫使他們不得不與險惡的環境搏鬥，隨之養成刻苦耐勞的習慣和勇於開拓進取的精神，並共守一條遺訓：牢記祖宗均因外族侵擾而輾轉南遷，所有後代子孫，不論落籍何處，都應勤耕苦讀，自立圖強，並將定居後的各姓宗祠均以祖居地命之（如丘姓為「河南堂」，賴姓為「穎川堂」，黃姓為「江夏堂」等等）。表面看來，客家祖先由中原南遷只是為了躲避戰亂，實際上反映出他們不願在入侵者面前屈膝苟安的民族意識。客家祖先這種忠貞不二的精神和勤樸耐勞的品格，對他們的後代影響至深，成為一種世代相傳的傳統。在中國歷史上，特別是在民族危機空前嚴重的近現代，「客家人」中湧現出許多著名的愛國人物，[3]便是明證。丘逢甲家族，正是由中原南遷的眾多客家族系中的一支。

丘逢甲的遠祖原居於河南衛輝府的封丘縣，以丘穆為始祖，丘穆的部分後裔曾先後在河南、山東、福建、四川、浙江、江西等地輾轉遷播達五、六十代。宋中葉前再度遷往福建，先定居于邵武府的禾坪，後移居汀州府的寧化縣，直到宋高宗南渡後，丘氏始由甯化徙居上杭。上杭丘氏第八世丘夢龍，是南宋具有強烈民族意識的著名理學家朱熹的再傳弟子，對《易經》頗有研究。此後，丘氏後裔直傳至丘龍章乃至丘逢甲等，皆「篤信程朱理學，一以躬行實踐為主，故諸子出而任事，堅苦能耐，毅然不避艱險，由其家教然也。」[4]這種說法看來有一

---

[3] 日本學者山口縣造說：「翻開數百年之中國歷史，沒有一次政治變動是與客家人無關的。其中最顯著的例子，當推洪秀全領導的太平天國革命，幾乎全部參加的將領，都是客家人；其次是孫中山領導的革命，除了其本人為客家的後裔外，其他主要幫手，亦有許多是客家人。」（見《客家與中國革命》）著名英籍作家韓素英自認是由粵遷川的客家人的後裔，說客家人一向刻苦勤勞，對中國思想文化發展起過重要作用。（見香港《文叢》一九八一年第三期）。

[4] 據清丘氏敬業書室輯錄：《宋代以前上杭丘氏直系世系表》及丘復：《潛齋先生墓誌銘》。

定道理。丘夢龍之子丘文興，是南宋民族英雄岳飛的重孫女婿，嫻六韜，諳兵略。南宋末年，他率鄉里子弟追隨文天祥起兵抗元，入幕參與軍事。五坡嶺之役，文天祥兵敗被俘，丘文興收集殘部，隨即舉家移居廣東梅州石窟都（明置鎮平縣，即今廣東梅州市蕉嶺縣），其父丘六十郎（夢龍）即為鎮平丘氏之始遷祖。此後，丘文興隱居山林，改名創兆，[5]建「相公祠」和「宋思亭」，祭祀民族英雄文天祥，「以寄遺民之思，其後代子孫雖有學行，但終元不仕。」[6]丘氏先祖這種忠君愛國、抗擊異族侵擾壓迫的光榮事蹟，在丘逢甲思想成長過程中顯然產生過很大的影響。例如，在青少年時代，他寫有〈讀《宋史・岳忠武傳》作〉，對岳飛精忠報國的事蹟與蒙冤受害的遭遇，深表景仰與同情；乙未內渡後，他親自主持修訂丘氏族譜，為先祖創兆公作家傳，對先輩們的愛國業績，特別給予記載褒揚，並把自己創辦的族學命名為「創兆學堂」，以激勵和啟迪後代，效法前輩報效國家民族。此外，他畢生寫有許多謳歌岳飛、文天祥的名篇，經常憑弔或領頭整修潮嘉等地的文天祥紀念物，以先賢的愛國精神自勵。這些事例表明，中華民族愛國愛鄉的光榮傳統對丘逢甲確有很深的影響[7]。

丘創兆舉家遷粵之初，人丁並不多，到了第五世丘均慶那一代之後，鎮平丘族才逐漸昌盛起來，他們和許多先後南徙的客家人一起，聚居在粵東這塊貧瘠狹小的山區地帶，交通不便，可耕地本就有限，人口一繁衍，他們不得不謀求向外發展。到了清乾隆中葉，丘逢甲的曾祖父丘仕俊（第十八世祖，一七五六～一八二八）便偕同鎮平縣的一批客家人，漂洋過海，又向台灣遷徙。

台灣與中國大陸的交往關係，早就見於史傳，三國時，孫吳即派將軍衛溫、諸葛直率部開拓經營台灣。但是，由於自然環境的阻隔和歷代封建統治者實行閉關自守的短視政策，台灣的開發卻是很晚的事情。直到南宋時期，台灣才正式歸入我國版圖，當時也只是在澎湖建造軍營，屯兵常年戍守，編戶管轄。元代，則在澎湖正式設巡檢司。到了明代，

---

5 丘文興晚號「冰蘖老人」，著有《冰蘖集》及《易說》，今佚。廣東嘉應州、福建汀州一帶丘氏家族學堂，多以「創兆」命名。

6 據丘逢甲：〈宋徵士參少保丞相信國公軍事創兆先生家傳〉。

7 據初步統計，丘氏《嶺雲海日樓詩抄》中，歌頌、懷念岳飛、文天祥的詩作有數十首，如〈和平里行〉、〈淩風樓懷古〉等。

進住台灣本島的大陸移民也還不多。自鄭成功率眾趕走荷蘭殖民者、收復台灣之後，閩粵沿海的漳州、泉州、潮州、嘉應州一帶，才有大量移民湧入台灣。清王朝為了對付鄭氏政權，曾經採取「瀕海遷界」的防範政策，將沿海三五十里的居民強行遷進內陸的「界」內。鄭氏政權被滅後，清政府為防止台灣人民的反抗，繼續頒佈許多「上諭」和法令，嚴禁大陸居民渡台謀生。但由於經濟和政治兩方面的因素，新的移民台灣的高潮已勢不可擋，因而台灣收入清代版圖後不久，即有數以萬計的閩南、粵東沿海貧苦人民不顧嚴刑峻法，成群結隊湧入台灣。丘仕俊便是在這種情況下，於乾隆中葉東渡台灣的。到丘逢甲這一代，丘家在台灣謀生勞作已有四代、近百年的歷史了。一八九五年（乙未）秋，抗日保台事敗，丘逢甲被迫奉親內渡，又遷回粵東鎮平定居，所以他在〈廬山謠答劉生芷庭〉一詩中說：「東遷四世過百載」，是符合歷史事實的。

從上述丘逢甲家世的衍播變遷情況，可以看出台灣與大陸在血緣、歷史、文化等各個方面都有極其密切的關係，再一次說明了台灣同胞是中華民族不可分割的組成部分這一無可辯駁的客觀事實[8]。

丘逢甲的曾祖丘仕俊遷台時，台灣西部平坦肥沃的土地已被開發殆盡，沿海平地大都有早期來台的福建漳、泉移民定居，粵東客家人遂到接近山胞水源充足的內地半山區謀生。丘家落腳的是舊屬彰化的一個叫東勢角的地方（今台中縣東勢鎮）。當時，彰化轄屬各地雖有不少居民，但是接近山區的東勢等地，仍然是草萊之區，罕有人煙，是平地人與山胞交換貨物的場所，也是疾病流行最厲害的地方。同時，由於那時山胞和漢人相處不很融洽，官府則伺機挑撥漁利，彼此常發生鬥殺事件。所以，由大陸遷台的漢人，大都視山區地帶為畏途，不敢輕易涉足。然而，丘仕俊卻不顧忌這些，他體格強壯，武藝高強，據說他會祖傳拳術，練就一身好本領，尤其擅長一把大刀，自信可以確保安全，毫不猶豫地到東勢落腳。丘家在東勢定居後，辛勤拓殖，並設館授徒，教習武藝。他的三個兒子（學舉、學觀、學祥），不僅學得父輩拳技，且內外功兼修，

8　「慎終思遠，不忘祖宗」，幾乎成了臺灣同胞普遍遵守的「族規」。以臺灣丘族為例，他們每年祭祖時，祖先靈位上寫有「河南堂」三字。他們說，看到祖先靈位上的「河南堂」這三個字後，就更確定自己是中華兒女了。（參見丘秀芷：《剖雲行日——丘逢甲傳・後記》，臺北，一九七八年版）

膂力過人（傳說丘學祥能在七尺長的木杆末端兜起一桶水）。丘家父子秉性純樸剛正，喜扶弱抑強，好打抱不平，故以俠義名聞一方。這樣，經過兩代人的墾殖經營，丘家擁有的田產漸增，家境日寬，終於在東勢這個半山區站穩了腳跟，並和鄉鄰、山胞建立起了和睦相處的友好關係。

從遷台的第三代起，丘家才有子弟轉向文事。丘學祥（一八〇〇～一八七二）是丘仕俊的第三個兒子，娶妻羅氏，也生下三個男孩。長子元珍、次子元珠皆繼承祖父輩衣缽，墾荒習武；唯獨幼子元寶（即丘逢甲之父丘龍章）秉性斯文，他見父兄們因防盜習武，常常弄得皮開肉綻，遍體鱗傷，內心痛楚，乃違忤父意，放棄家傳武學而轉習文事。經過十幾年的寒窗苦讀，到咸豐六年（一八五六年，丙辰）總算考中了秀才，後又被選拔為貢生。三年後，他去福州參加鄉試，但很不幸，名落孫山不說，連陪同他赴考的大哥元珍也因口生惡癰，病死在福建平潭的一個小島上。丘龍章懷著十分痛疚的心情回到台灣，這時家境已不容他再習舉業，從此他不再求取功名，做起「自食其力」的塾師先生來了。在封建時代，教書生涯是很清苦的，鄭板橋寫的一首自嘲詩說道：「半饑半飽清閒客，無鎖無枷自在囚。」由此可以想見其中況味了。丘龍章先後應邀到客家人聚居的阿猴、苗栗、豐原等地坐館，「往來南北，家無常處，生計困苦，斷炊常虞」，[9]過著一般鄉村塾師的清朴生活。

這時，丘龍章的父親丘學祥已從東勢轉到葫蘆墩（今台中豐原）經營布莊，生意尚好，家境小康。一八六二年（同治元年），當地發生戴潮春農民暴動，布莊不幸被焚，家業盡散，丘學祥乃舉家避遷到淡水廳銅鑼灣莊，丘龍章則在當地李氏家塾教書。不久，戴潮春案漸平，丘學祥帶著孫子丘先甲回彰化東勢角重振家業，而丘龍章和陳掌妹夫婦則仍留銅鑼灣生活。兩年後，丘逢甲便出生在這裡。

丘龍章待人忠厚謙和，信奉孔、孟、程、朱之學，學識淵博，熱心桑梓教育、教化青年，鄉人尊稱他為「潛齋先生」，他撰有《覺世詩存》，勸導世人要「恤孤憐貧」，「救難濟急」，切莫「損人利己」，「倚富壓貧」或做「唆人爭訟」這類缺德事。六十一歲生日時，其門人弟子戚友謀為其壽，丘龍章聞訊遊山避之，「戒家人無得備觴宴」，後又

---

[9] 據丘琮：《岵懷錄》。

命家人統籌宴客費需，轉購一批切中時疫之藥品、棺木，分施「近鄉之貧而疾病老死者」。丘龍章的立身處世之道，對丘逢甲影響甚大。一八九四年春重刊《覺世詩存》時，台撫邵友濂為之作序，說：「雒誦之餘，乃知仙根所造，就得力于家學淵源者遠。」丘潛齋不僅「以朱程為宗儒而有俠氣，能赴人之急」，且能「識微見遠，輒能預料後事於前」，是一位關心國事民瘼、具有愛國心的封建知識份子。一八七四年（同治十三年，甲戌），日本出兵侵犯台灣南部牡丹社地區，占琅嶠。當時，不少台人對新起遠東的蕞爾小國日本頗為輕視，而丘龍章卻萌生了憂慮，說：「終為台患者，其日本乎？」一八八四年（光緒十年，甲申），法軍進犯雞籠（今基隆），台灣軍民拒守經年，法軍不能得逞，台人也有輕視者，丘龍章則說：「觀敵一封港則不得出入，無海軍則台不可守，明甚。」[10]此後事態之發展，果然應驗了丘龍章當年的估計。一八九四年夏，中日甲午之戰初起，他焦慮萬分，認為「台灣乃中國東南七省屏藩，台灣一旦不保，中外之局不堪設想」，極力支持丘逢甲「傾家財以為兵餉」，組織義軍抗日保台，「一門子弟能干戈者盡令從戎」，並諄諄告誡他們要「協心軍事，上答君師，下保鄉井。」[11]中日馬關簽約後，又支持丘逢甲倡謀自主，說「事固不可為也，聊盡此心耳」，在戰事失利的情勢下，他甚至暗備毒藥，準備在萬不得已之時率家人服毒殉國。台灣淪陷後，丘龍章痛心疾首，「知中國非變法不足圖強，而教育國民尤圖強之本」，於是他不顧年事已高，仍「躬任督率」，積極鼓勵和協助丘逢甲創辦新學與族學。據說他平日「手不釋卷，于朝章國政，言之尤能原原本本。性雖和易，而每言國事至關大得失處，忠憤之氣勃然不可遏，蓋其忠孝性生，老而彌篤。」而丘逢甲的生母陳氏，則是地道的客屬勞動婦女，秉性勤樸耐勞，待人誠摯，「精明仁厚，有古賢婦之風。」[12]

一八六四年，丘逢甲就出生在這樣一個具有濃厚愛國愛鄉思想、生活上則保持清樸風尚的鄉村塾師的家庭裡，從小受到較嚴格的生活磨煉和良好的思想薰陶，這對他日後的事業和人生道路，都產生了積極有益的影響。

---

10　據溫仲和：《恭祝中憲大夫誥臣丘先生七十壽序》。

11　據丘琳輯：《丘逢甲信稿》，原載《近代史資料》，一九五八年第三期。今收錄《丘逢甲集》七二五頁。

12　據丘復：《潛齋先生墓誌銘》及丘琮：《怙懷錄》、《倉海先生丘公逢甲年譜》。

## 二、「東甯才子」與環境、時代

丘逢甲的啟蒙教育，是由他的父親丘龍章在家庭中完成的。他在一九〇八年寫的〈題崧甫弟遺像〉一詩中說過：「以父為之師，讀書同一堂」，並注明「予與弟皆未更他師」。丘逢甲自幼天資聰穎，讀書過目不忘，據說兩歲起，丘龍章就抱著他指著李氏祠堂大門上的「孝」、「悌」等字，教他辨識；稍長，又有意讓他隨著私塾裡的大孩子們背誦《三字經》、《千家詩》這類當時常見的兒童教材。有這位秀才出身的仁愛父親的刻意點撥和薰陶，小逢甲的學識進步很快，他「六歲能詩，七歲能文」，讀作日不輟，[13]現在人們能看到的丘氏最早詩作，是他九歲時寫的兩首七言詩。頭一首題為〈學堂即景〉，詩曰：

三落書房菊蕊開，玲瓏秀色滿園堆；
兒童掃徑塵埃地，灌者觀花影上來。

丘龍章見孩子年方九歲就能把學堂前菊花盛開的景色描寫得如此真切具體、琅琅上口，心裡真有說不出的欣喜。為了檢測孩子的文思才氣，他又叫孩子以〈萬壽菊〉為題，用「冬」字韻再寫一首。丘逢甲靜思片刻，提筆寫道：

采見南山歲幾重，古色古香豔秋容；
愛花合為淵明壽，酒浸黃英晉萬鍾。

丘龍章見孩子聰穎異常，文思敏捷，悟性極高，且勤奮好學，愈加喜愛，要求也格外嚴格。丘逢甲在十四歲考中秀才之前，丘龍章不論走到哪里，總要把他帶在身邊，利用一切機會對孩子進行啟迪教育。外出遊覽，便結合景物，給他耐心講解祖國的歷史文化和先賢故事。民族英雄鄭成功也是甲子年（一六二四）生，他驅荷復台的歷史功績永垂青史，台灣民眾家喻戶曉，丘龍章即以這位愛國先賢為榜樣，啟發孩子要樹立強固的民族意識，學習他力挽狂瀾、造福社會的可貴精神，在

[13] 據丘瑞甲：《先兄倉海行狀》。

孩子稚幼的心田裡播下了盡忠報國的思想種子（丘逢甲曾有詩云：「我生延平同甲子，墜地心妄懷愚忠」）。這種聯繫實際、注重啟發的教育方法，起到了潛移默化的作用，使丘逢甲從小便能接觸社會，瞭解世事人情，突破閉門苦讀、五穀不分的局限，眼界較寬，知識面較廣。一方面，寶島瑰麗的山川勝景、眾多的文物古跡、質樸的風土人情，陶冶了丘逢甲的思想情操；另方面，也使他對於民間的疾苦、稼穡的艱難以及中華民族的悠久歷史文化，都有較為具體深刻的瞭解與認識。

一八七二年冬天，丘學祥年老病逝，丘龍章遵照父親臨終遺言，攜家小離銅鑼灣回東勢定居。次年春，丘龍章去彰化縣魏家設館授業，後去三角莊（今台中神岡）繼續他的教書生涯，丘逢甲亦隨父前往就讀。

三角莊是文風鼎盛的地方，當地望族呂炳南家，築有「筱雲山莊」宅院，其樓台花木，至為壯麗，且藏書甚豐，凡前代新頒行之書，及清代校正群籍，與老莊諸子、唐宋以來諸大家詩文集，乃至歐、顏、柳、蔡金石文字之類，可謂應有盡有，據說達數萬卷之多。[14]在呂家坐館的是廣東嘉應州（今梅州市）舉人，名叫吳子光，字芸閣。這位吳老先生學識淵博，弟子眾多，為人狂狷篤學，著有《一肚皮集》凡十八卷、《經餘雜錄》凡十二卷、《三長贅筆》凡十六卷以及《小草拾遺》等，與丘龍章交誼甚洽。丘逢甲因而得以常常隨父出入呂家，很快便與呂家的汝玉、汝修、汝誠三兄弟（時稱「海東三鳳」）結為好友，同拜吳子光為師。此時的丘逢甲可謂如魚得水，他如饑似渴地借閱了呂家的豐富藏書，大大擴展了知識面，彌補了家學之不足。呂炳南祖籍福建詔安縣，三個兒子均比丘逢甲年長；但吳子光很快發現丘逢甲年紀雖幼，可是勤勉聰敏，出語不凡，其才氣與豪情非常童可及，甚為喜愛，格外悉心指教。課餘，丘逢甲常偕呂家昆仲外出攬勝訪幽，一起賦詩唱和、切磋磨勵。呂家在岸裡社還建有一座「文英書院」，並組織了一個文學小團體叫「文英社」，丘逢甲曾參加文英社課藝，他寫的〈繼而有師命〉，文筆奇麗，被評為第一名，其評語曰：「起比反排，頗饒韻致；中比對面，重勘下局；後比旁面，輕敲下句。竟體照下而不侵下，恰是五字題文。」[15]不久又參加文蔚社比賽，他引古論今，

---

[14] 參見臺灣鄭喜夫編：《吳芸閣先生年譜初稿》。
[15] 參見台灣鄭喜夫編：《民國丘倉海先生逢甲年譜》。

指出：「文固非一人之私事，而天下人之公具也。」「能文者，必非粗鄙凡俗之人也。」這篇題為〈君子以文〉的文章又獲選第一名，評語為：「立言典雅，考據精詳」，受到大家的稱讚。丘逢甲少年時代的習作，除這兩篇課藝文章外，尚有〈龍山寺序〉等四篇流傳至今。

到一八七五年，丘龍章的父親、大哥、二哥都先後去世，母親年老，為了便於照顧一家老小和嫂侄，他由彰化三角莊轉到離東勢較近的新伯公劉氏家塾教書。這裡學童較多，虛齡十二的丘逢甲也隨父來到這裡教讀。他一邊用功刻苦讀書，一邊幫助父親「課童」，居然當起「小先生」來了。教讀之餘，還協助母親操持家務，看顧幼小的弟妹。劉氏家塾地處東勢角東南方的半山區，交通不便，消息閉塞，求知欲極強的丘逢甲便常抽空去三角莊呂家串門，繼續借閱呂家藏書，與呂家兄弟交流讀書心得，縱談時事。那時，港滬出版的報刊不時有人輾轉傳來，雖說已是「舊聞」，卻也令他們耳目一新，瞭解到海內外發生的許多事件，攝取到書本上少有的新鮮知識。少年丘逢甲，已不滿足於山鄉生活的狹小圈子，他渴望能夠早日到外部世界去走走看看，看看外邊究竟是什麼樣子。

一八七七年（光緒三年，丁丑），丘逢甲虛齡十四。恰逢這一年台灣府所在地台南舉行院試，他躍躍欲試，一再懇求父親讓他前去應考，鄉鄰好友見孩子聰敏異常，也從旁慫恿，丘龍章便懷著「試試看」的心理，虛報孩子十六歲，親自送他去府城應考。從東勢到台南，步行要走六七天，父子兩人曉行夜宿，翻山涉澗，到第三天上午進入諸羅（今嘉義）縣境。逢甲畢竟年幼，體力不支，雙腳起泡，實在走不動了，丘龍章只好背起孩子趕路，正好遇到丘龍章的同年老友黃明修，兩個老秀才多年不見，今日偶然路遇，便高興地閒聊起來：

「背著孩子到哪裡去呀？」黃明修關切地問。

「帶他到府城去應試。」丘龍章照實回答。

「年紀這麼小，怎麼好讓他去報考呢？」黃秀才不免有點詫異。

「他喜歡參加，就讓他去見習見習吧。」丘龍章微笑著說。

「果真有才學，那我就出個對子給你對對，好嗎？」黃明修彎下腰笑眯眯地說。他想起丘龍章剛才背著孩子走路，便用「以父作馬」為上聯，要丘逢甲對答，這顯然是有意打趣。

丘逢甲聽罷，略加思索，便以「望子成龍」回對下聯。黃明修聽了，內心驚服，禁不住哈哈大笑起來，連連點頭稱讚，隨即把丘氏父子請到家中盛情款待一番，盡歡而別。又走了三天的路程，他們才來到府城台南。

台南是台灣開發較早的地方，它歷史悠久，文化發達。一六六二年，鄭成功率眾趕走荷蘭殖民者，收復台灣後，台南改名「承天府」；子鄭經登基，更名「東寧」；孫鄭克塽降清後，又改稱「台灣府」。直到一八八五年（光緒十一年，乙酉）台灣單獨建省之前，它都是全台政治文化的中心。府城內外，名勝古跡甚多，如赤崁樓、安平古堡、開元寺、延平郡王祠、鄭氏家廟、孔子廟、五妃廟、法華寺、竹溪寺，還有同治年間興建的「億載金城」……，數量之多，可謂全台各縣市之冠。它們是勞動人民智慧勤勞的結晶，中華文化的藝術珍品，也是台灣人民英勇抗擊外國入侵者的歷史見證。

趁著考期未到，丘龍章領著孩子四處遊覽。丘逢甲早就嚮往這座歷史古城，初來乍到，顧不得旅途的疲勞，跟隨父親飽覽了眾多的名勝古跡，留心察看府城的人情世態，大大開闊了眼界，長了許多見識。赤崁樓，本為荷蘭殖民者侵台時所築，原叫「普羅門遮城」，台人稱之為「紅毛城」或「菁仔城」，鄭成功當年復台，最先攻克的就是這座樓宇。安平古堡，舊名叫「熱蘭遮堡」，建于明天啟四年（一六二四年），是台灣城的遺跡，它依山面海，形勢險要，堡內有地下室和深井。當年荷軍總頭目揆一曾在此負嵎頑抗，一六六二年元月廿五日，鄭成功率部一舉攻克，迫使揆一無條件投降，從而結束了西方殖民者佔據我國神聖領土台灣多年的歷史。「開闢荊榛逐荷夷，十年始克復先基」，鄭成功寫的〈復台詩〉，同它的作者一樣，彪炳青史，永受後人景仰。延平郡王祠，則是後人祭祀鄭成功及其部將的廟宇，它是在原「開山王廟」的基礎上擴建的；「開山王廟」又稱「開山宮」，本係鄭成功為紀念隋武賁郎將陳稜訪台活動而建。一八七四年，船政大臣沈葆楨和福建巡撫王凱泰採納台儒蔡國琳等的建議，上疏清廷，奏請建立延平郡王祠，將鄭成功列入祀典，以表彰其「納土內屬，維我國家」的功績，並追謚「忠節」，供後人永祀。延平郡王祠佔地達九千四百餘坪，紅牆碧瓦，雄偉壯觀。祠前石牌坊上「忠肝義膽」四個大字在陽光下熠熠放光，祠內香煙繚繞，一派莊嚴肅穆的氣氛。「五妃墓」（現為「五妃宮」），為紀念明甯靖王朱術桂的五個妃子殉節而建。一六八三年（清康熙二十二年），鄭克塽宣佈歸順清朝，朱術桂決心以身殉明，他的五個妃子也一同殉節，死後合葬于台南魁鬥山，人稱「五妃墓」……。

台南豐富眾多的歷史人文景觀，使少年丘逢甲沉醉其中，勾起他無限感慨和崇敬之情：他登臨赤崁樓頭，步入安平古堡隧道，尋覓當年先輩們浴血奮戰的歷史足跡；他觀賞「億載金城」的落日霞飛，深情撫摸閃著青光的斑駁古炮；他佇立在栩栩如生的鄭成功像前，久久不願離去。少年丘逢甲禁不住自豪自歎、感慨萬千，他彷彿看到了當年硝煙彌漫、火光沖天的鏖戰情景；似乎聽到了先輩們衝鋒陷陣、視死如歸的喊殺聲；一股熱血湧上心頭，崇敬先賢、愛國愛鄉之情油然而生，他渴望也能像鄭成功那樣，為國家民族建功立業，報效社會，並以自己能同鄭成功一樣在甲子年降生而自感榮幸。

府城台南比東勢半山區自然熱鬧繁華得多。市井里巷中，店鋪作坊鱗次櫛比，人頭攢動，熙來攘往，叫賣聲不絕於耳。然而，透過這繁華喧嚷的表面，丘逢甲也看到了不少令人不愉快的景象：仕女們爭妍鬥豔，教堂鐘樓上傳來陣陣悶雷般的聲響，信徒們虔誠膜拜，紛亂雜遝、煙霧彌漫的煙館賭坊，更叫人噁心氣悶，不少人染上煙賭嗜好，變得骨瘦如柴、面無血色，有的甚至墮落到典妻賣女的地步……。耳聞目睹府城的這些積弊陋習，少年丘逢甲心頭不禁升起一種莫名的惆悵和朦朧的隱憂。這些在他稍後寫成的〈台灣竹枝詞〉、〈典衣賣書〉、〈老妓〉、〈戒煙〉、〈五妃墓〉等詩作中，都有不同程度的反映。

應考那天，丘龍章的心情比他自己當年入闈考試還要忐忑不安，一大早就把丘逢甲叫了起來，左叮嚀右囑咐，直把兒子送進學政衙署考棚。當時應童子試，按規定要寫一賦、一詩、一詞。是科賦題為〈窮經致用賦〉，要求考生以題中五字為各段的韻，撰寫一篇策論。丘逢甲在首段以漢代名儒董仲舒為例破題：「君不見董江都之力學也，生涯經史，雨風磨礱，半窗月白，一盞燈紅。正其誼而不謀其利，明其道而不計其功。初曾治遍春秋，會心獨遠；後果見諸事業，應用無窮。」緊接著，論述「專經」、「精學」、「致用」，末段以「旋看大用有期，直上淩雲之賦」作結。

詩題是〈賦得「天容海色本澄清」，得清字七言八韻〉，丘詩八句是：

偶然信步上高城，一片空明入望平；
只覺天容真潔淨，但看海色最澄清。
微雲散後鵬收翼，巨浪低時雁有聲；
遍覽乾坤偕眾士，春風得意馬蹄輕。

詞牌為《調寄西江月・窮經致用》，丘詞是：

興起八叉手健，吟成七步才雄。更兼經史滿懷中，只覺大材適用。欲布知時甘雨，願乘破浪長風。他年位若至三公，定有甘棠雅頌。[16]

上述丘賦主題鮮明，舉例恰當；詩則才思橫溢、意境闊大；詞雖有年少氣盛、自命不凡之嫌，但亦頗有氣魄，才志過人。不到一小時，丘逢甲便交卷出場，考官謝怡吾甚為驚詫，以為是猜中考題事先背熟了的，便要他以〈試場即景〉為題，用「殊」字韻再作五言六韻一首。丘逢甲趁文思如湧，一揮而就：

奕奕神童像，千秋說晏殊；
詩因曾作矣，題詩試他乎。
胸裡雖成竹，毫端恐合符；
筆開花在手，春暖墨留壺。
舊樣添新樣，今吾即故吾；
一經遴選出，聲價重皇都。[17]

謝怡吾看了，覺得這考童才志過人，出語不凡，不可小視，自己也不禁技癢，依「清」字韻作和詩一首，並揮筆在丘逢甲考卷上寫上評語：「語無泛設，筆有餘妍，論亦老當……童奇必發，此見其端」，[18] 內心裡異常高興。

這時，恰逢是科主考官、福建巡撫兼學台丁日昌親臨考場巡視，得知這個交卷最早的考童名叫「丘逢甲」，詩、詞和策論都寫得很不錯，

---

[16] 據臺灣手抄本《丘倉海先生詩文錄》。見《丘逢甲集》第五頁。
[17] 同注 16。
[18] 同注 16。

就有心親自測試他的才學，便命人把他叫來，以「甲年逢甲子」為上聯，要他對答。丘逢甲也是「初生之犢不怕虎」，在巡撫大人面前沒有一點慌亂。他沉思片刻，心想今年是丁丑年，主試學台又姓丁，於是靈機勃發，應聲而出：「丁歲遇丁公」。丁日昌聽罷，大為欣喜，接著命人擺下紙筆墨硯，以〈全台利弊論〉為題，要丘逢甲應試，想用這個題目來難一難他，進一步測試他的才志。丘逢甲平素留心國事，知識面又較廣，他成竹在胸，「疾書二千余言，文不加點。」文章還沒寫完，丁日昌便迫不及待地湊前觀閱，連連贊曰：「奇童！奇童！」這時日已中天，丁學台命設宴款待丘氏父子，「午後卷完，通場交卷者尚寥寥也。」當日考場放門時，道府諸官入見，丁日昌手持丘逢甲試卷向他們展示，官員們亦同聲贊曰：「奇童！」丁當即宣佈：丘逢甲為是科院試第一名，並贈「東甯才子」印一方，以資鼓勵。「東寧」乃台灣之別名，「東甯才子」也就是「台灣才子」的意思。從此，「東甯才子」丘逢甲的美譽便在台灣士林學子中傳揚開了。

丘龍章這次帶丘逢甲到台南府應試，本意只想讓孩子去開開眼界，見習練膽，沒料到竟真的會金榜題名、初試得志，成為台灣有史以來最年輕的第一名秀才。上自巡撫、學台、道府官員，下至同年友好、村鄰鄉親，人人稱羨，個個刮目相看，心裡著實是甜滋滋的。丘龍章為自己有這樣一個聰敏爭氣的兒子而感到興奮欣慰，期冀著孩子日後科場連捷、榮歸故里的輝煌前程。丘逢甲自己當然也是春風得意、躊躇滿志，他暗下決心：今後要更加勤勉用功，不辜負父親的一片苦心，長大了，做個有出息的人。

誠然，如果丘逢甲生逢盛世，他今後的人生道路也會像封建時代的許多知識份子那樣，通過科舉應試博取功名，躋身仕途，走上為封建統治階級效忠賣命、光宗耀祖的既定道路。況且，按他少年時代顯露出來的才氣和抱負，經世致用，「位至三公」，或許不是沒有可能的。然而，時代不同了，中國的封建專制制度經過漢唐的鼎盛時期之後，至清代中葉已進入沒落衰敗的階段，十九世紀後半期急劇上升的民族矛盾，新的社會階級鬥爭的情勢，以及台灣地區特殊的社會歷史環境，所有這一切，都促人思考，催人醒悟，使丘逢甲這個聰慧早熟的飽學少年，在生活、思想、志趣、人生價值取向等方面，都相應地發生了重大變化。

丘逢甲出生前二十四年（一八四〇年，道光二十年），資本主義英國的大炮首先轟開了清王朝閉關鎖國的大門，強迫清政府簽訂了中國近代史上第一個不平等條約——《南京條約》。從此，獨立的封建的中國，一步步地淪為半殖民地半封建的中國，中華民族同外國侵略者的矛盾，上升為中國社會的最主要矛盾。一八五一年，洪秀全領導的太平天國運動像火山一樣爆發了，反抗烈火燃遍了大半個中國，形成了近代中國人民的波瀾壯闊的反帝反封建鬥爭的第一次高潮；一八五六年，英法侵略者趁中國內戰，再次發動侵華（鴉片）戰爭，迫使清政府簽訂了《天津條約》和《北京條約》，攫取了更多的權益。

一八六四年，恰逢丘逢甲出生這一年，堅持了十四年之久的太平天國革命運動，終於被中外反動派的聯合進攻所絞殺。受到沉重打擊的清王朝，為了維持搖搖欲墜的統治，對外實行所謂「以夷制夷」的妥協賣國政策，一再屈服于外國侵略者的壓力，由此釀成了日益嚴重的邊疆危機。一系列不平等條約相繼簽訂，愈來愈多的國家民族權益被出賣。中外反動勢力加緊勾結的結果，大大加速了中國社會半殖民地化的過程。九十年代中期以後，割地狂潮迭起，瓜分大禍迫在眉睫，中華民族面臨著亡國滅種的嚴重威脅，救亡圖存成為全中國各族人民最為緊迫的歷史任務。

青少年時代的丘逢甲，就生活在這種風狂雨驟的動盪年代和國家民族的多難之秋。而他出生、成長的近代台灣的社會政治環境，與同時期的祖國大陸相比較，又還有其具體突出的歷史特點。

由於台灣物產豐饒、戰略地位十分重要而又孤懸海外，因此，它受西方殖民者的直接禍害更深更早。從十六世紀起，荷蘭、西班牙老牌殖民者都曾先後入侵和佔據台灣。鴉片戰爭後，列強更是處心積慮，妄圖霸佔，以獲得入侵中國大陸和控制東南亞的一塊跳板。例如，一八六八年，英國發動「樟腦戰爭」，在台獲得了采運樟腦、傳教、居住及治外法權等權益；一八六七年，美國也曾利用「羅佛號」商船事件，企圖佔據台灣；一八七四年，日本派兵侵犯牡丹社，脅迫清政府簽訂《台事專約》，索銀五十萬兩……。為此，中華民族同外國侵略者之間的矛盾，在台灣地區表現得格外尖銳突出，台灣同胞反抗外敵的鬥爭也就顯得愈加英勇悲壯，受到的鍛練更多，養成了一種冒死「打拚」、不計成敗的特殊「蠻勁」，往往成為近代中國人民反帝鬥爭的先聲。在無數次的抗敵鬥爭中，民族英雄鄭成功始終是鼓舞和感召台灣人民浴血奮戰的一面光輝旗幟，他的愛國精神，驅荷復台的鬥爭事蹟，在台灣民眾中，家喻戶曉、世代相傳，這種以熾熱的愛國愛鄉感情為基礎的中華民族的向心力和凝聚力，在寶島台灣表現得格外突出和深固。

從經濟文化的角度來看，台灣雖說是中國大陸不可分割的一部分，但其經濟文化生活直到一六六二年鄭氏復台之後，才真正邁入封建制的門檻。一六八三年，台灣重新納入中央政權統一管轄之後，大批閩粵居民東渡遷台，帶去了大陸較先進的生產技藝，經過幾代人的拓殖經營，到十八世紀末、十九世紀初，台灣人丁大增，社會生產力和商品經濟才得到比較顯著的發展，其中制糖業尤為發達，「及至乾嘉之際，貿易絕盛，北至京津，東販日本，幾為獨攬。」但鴉片戰爭後，台灣的經濟結構受到西方資本主義的猛烈衝擊，鴉片大量輸入，洋貨洋米充斥市場，台米台糖備受排擠打擊。一八六三年起，西方列強根據他們在《天津條約》和《北京條約》中所攫取的特權，也在台灣推行半殖民地的海關制度，並設立了各種洋行、公司，逐步控制了台灣的進出口貿易。與此同時，西方傳教士也湧入台島，大肆販賣精神鴉片。外國資本主義的經濟文化侵略與滲透，固然破壞了台灣自給自足的封建自然經濟結構，但同時也給台灣資本主義因素的生長和發展，造成了某些客觀條件和可能。特別是一八八五年台灣單獨建省後，首任台撫劉銘傳注意台灣防務和各項經濟文化建設，銳意興辦洋務。到九十年代前後，台灣的煤礦、鐵路、造船、電信以及機器製造業等相繼出現，並有了一定的規模。此外，還設立新式學堂、鼓勵墾殖、整理財政等，使台灣經濟文化的發展比內地多數省區更為迅速，較多地受到西方思潮和資本主義物質文明的影響，而封建主義的生產關係及其意識形態的統治，相對來說，則不及祖國內陸那樣漫長和根深蒂固。

上述政治、思想、經濟、文化等各方面的特點，形成了近代台灣的一種特殊的社會歷史環境。生長在這種獨特環境中的許多知識份子，一方面，他們自幼受到台灣人民強烈的民族意識的感染薰陶，對祖國的危難和社會矛盾的認識更為敏感深切和直接具體，往往少年時代就在心田裡孕育起憂國傷時、反抗侵略的思想種子，及早懂得「已無夷夏界，何處說防邊？」的嚴峻形勢，立志勤修苦讀，亟盼大用有期，報效國家民族。另一方面，前述台灣的社會歷史特點與地理環境，又使他們較多較早地受到外來思想文化的影響，較易擺脫封建思想文化對他們的束縛，睜開眼睛看世界，思考和探索救國救民的真理。事實也確實如此，玉關烽警，時代的急風驟雨，人民抗敵鬥爭的歷史洪流，給幼負大志、憂國傷時的台灣知識份子施行了一次次的戰鬥洗禮，滌蕩了他們身上的泥汙塵垢，磨煉和砥礪了他們的節志情操，使他們在不同程度上傾向和接近了人民，從而發出了時代的強音，成為人民思想感情和切身利益的表達者和代言人。而「東甯才子」丘逢甲，正是近代台灣這類愛國知識份子中的一位傑出代表。

## 三、聯捷進士，服務桑梓

科舉制度是隋唐以來封建社會選擇官吏人材的一種制度，各朝要求不盡相同。按照明、清兩代的規定，讀書人要想躋進官僚階層，首先得參加「童試」，應試者不論年齡大小，皆稱為「儒生」或「童生」；錄取入學後稱為「生員」，又名「庠生」，俗稱「秀才」或「茂才」，取得秀才資格，方可參加正式科舉。正式科舉分「鄉試」、「會試」、「殿試」三級。鄉試每三年在省城舉行一次，稱「大比」，因通常是在陰曆八月舉行，故又稱「秋闈」，考中者稱「舉人」，其第一名稱為「解元」，第二名稱為「亞元」。會試則在鄉試後的第二年春天於禮部舉行，故又稱「春闈」，考中者稱為「貢士」，第一名稱「會元」。殿試則由皇帝親自主持，只有貢士才有資格參加，分「三甲」錄取，一甲三名賜進士及第，第一名稱「狀元」，第二名稱「榜眼」，第三名稱「探花」，合稱「三鼎甲」。二甲賜進士出身，第一名稱「傳臚」。三甲賜同進士出身。只有取得進士資格，才能被任命為中央機構的部屬成員或地方的行政官吏。三年一科，落第不甘心者，可以一考再考，考中了的躊躇滿志，沿著秀才——舉人——進士的階梯，一級一級往上爬。但這類「幸運兒」畢竟數量有限，絕大多數的讀書人往往是「操童子業，久不售」，直考到皓首頭禿、背彎齒落，連「秀才」的資格也未取得的不在少數。這種考試制度的內容與方法延續到明清時期，大都陳腐無用，嚴重禁錮人們的思想才智，誘使許多青年書生，終年鑽在故紙堆中，咿唔吟哦，整日沉浸在「春風得意馬蹄疾，一日看盡長安花」的榮華富貴夢中，白白耗費了寶貴的青春。

丘逢甲虛齡十四，便院試奪魁，這在一般人的心目中，一條飛黃騰達、平步青雲的宦海功名之路已經向他敞開了，這自然引起世人的矚目。其時，阿罩霧（今台中霧峰）的首富林文察提督家得到消息，興匆匆地派人來丘家提親，要把十二歲的女兒許配給丘逢甲。丘龍章考慮到孩子年紀尚小，功名未就，雖礙於情面，不便拒絕，但還是婉求推遲這樁兒女親事。不久，林家女兒不幸病卒，這門親事也就作罷。

正當丘氏父子名噪士林之際，丘家卻連遭不幸：丘逢甲祖母羅太夫人因年老體衰，帶病操持家務多年，拖到一八七八年，終於去世；逢甲的母親陳氏，近年來連生弟妹（樹甲、瑞甲、貞兒、恩兒），丘龍章又經常外出，無暇顧家，孩子既多且小，婆婆死後，繁重家務全由陳氏一人承擔，到第二年春天，也不幸病逝，葬于大宛山（又名大員山、酒桶山）。丘龍章連年喪母喪妻，身心憔悴，幾個未成年的孩子驟然失去母親的照料，不是嗷嗷待哺、繞膝啼哭，便是沉靜不語、戚惑不安，全家籠罩著一片慘澹淒涼的氣氛。這時，長子丘先甲已遷往廍子坑墾荒，丘逢甲雖身為二哥，早慧知世，但也不過是個十五、六歲的少年，一旦失去慈母，心情異常悲痛，自然也無心舉業。閩撫丁日昌此時因病乞休，行前致書丘家，希望丘逢甲隨他到他的家鄉潮州讀書，進一步深造，足見丁日昌對丘逢甲的器重，但丘家也只得婉言謝絕。丁憂期間，他依制在家守孝三年，每當看到母親親手栽植的菊花，便不由得勾起他對慈母的回憶，禁不住潸然淚下。丘逢甲一生都十分懷念母親，寫有許多思念母親的感人詩篇，在乙未內渡初寫的二首〈菊枕詩〉中，丘逢甲追敘了兒時的歡樂生活，抒發了他對慈母的深切懷念之情。今錄一首如下：

繄余昔齠齔，嬉戲慈母旁。
開園種秋菊，寒花映書堂。
殷勤慈母心，采菊縫枕囊。
祝兒蠲宿疴，祝兒好容光。
垂垂手中線，宛宛生清香。
人生嬉戲時，此境安可常。
堂北萱草花，萎謝驚秋霜。

峨峨大宛山，阡表齊瀧崗。
前年菊花時，登高作重陽。
墓門一瞻拜，宰木塞煙蒼。
去年菊花時，奔走為戎裝。
枕戈待旦心，力籌保鯤洋。
今年菊花時，故園成戰場。
不及哭墓行，寸草心徒傷。
空山此高臥，哀淚沾秋裳。

顯然，純樸、勤勞、善良、仁厚的母親，對少年丘逢甲產生過潛移默化的良好影響。

丘龍章見全家哀傷，孩子幼小，決定改換一下環境，便在陳氏病逝後的第二年（一八八〇年），舉家遷到離長子先甲墾荒地較近的彰化縣翁子社（一稱王子社，今台中縣東勢至豐原間的一個村落）丘氏家塾教書。

遷居後不久，丘龍章的一個朋友介紹了一位姓楊的台灣姑娘給他做續弦。兩人見面後，情投意合。可是，按當地的舊習，是反對年輕女子嫁給年紀大的客家人做填房的，女方家長及其同宗大都極力阻撓這門親事，丘家也有親友擔心會因此招惹是非，暗中要丘逢甲勸阻父親。丘逢甲卻頗不以為然，他不但沒有附隨流俗之見，相反地，還主動去找當地官紳商量，請他們出面幫助，積極為父親奔走操辦。父親續弦後，幼小的弟妹有了繼母照料，丘逢甲對楊氏也十分尊重孝順，一家人相處得和和睦睦。從此，他才從家庭哀痛中擺脫出來，心緒漸趨平靜，繼續潛心攻讀，同時佐父教書。他和三弟樹甲相依為伴，同三角莊呂家兄弟保持密切交往，多次與他們結伴出遊，飽覽寶島的旖旎風光。有時也帶著弟弟外出郊遊，去瞻仰鐵砧山上的「忠烈祠」和「國姓井」（皆鄭成功復台紀念物），以愛國先賢的英雄事蹟來激勵自己，並藉此瞭解風習民情，增長了不少見識。在台灣流傳的丘氏早期若干詩作，如〈月華〉、〈竹溪寺〉、〈法華寺〉等，反映了他這個時期的生活與情趣。

一八八三年，丁憂期滿，丘逢甲迎娶生員廖賡芳的女兒為妻。也就是在這一年的年底，中法戰爭爆發。次年八月，戰火燃及台灣，法國軍艦兩度炮擊基隆港，並進據基隆、澎湖，進犯淡水和台北，封鎖台灣海峽，企圖據台後進一步入侵中國大陸。台灣軍民在福建巡撫兼督辦台灣防務大臣劉銘傳[19]的指揮下，英勇抗敵，重創法軍，侵略者終未得逞。一八八五年三月，愛國老將馮子材率軍在中越邊境的鎮南關大敗法軍；與此同時，劉永福率領的黑旗軍也在西線臨洮一帶獲得重大勝利，扭轉了整個中法戰局。消息傳到巴黎，引起法國統治集團的巨大震動與恐慌，茹費裡內閣被迫倒台。可是，正當抗法鬥爭勝利在望的關鍵時刻，可恥的清政府竟向戰敗的法國求和，簽訂了賣國的《天津條約》。法國不勝而勝，中國不敗而敗。法國佔領越南後，把觸角伸向我國的雲南、廣西，英、日、俄等東西方列強則伺機覬覦西藏，染指新疆，圖謀佔我東北。一時間，四處燃起了報警的烽火，邊疆危機空前嚴重。

這一幕幕怵目驚心的事實，使身居台島的青年丘逢甲受到極大刺激，他痛恨列強的侵淩，尤感國事之多艱。國家的前途，民族的命運，時時縈繞在他的心頭，令他擔憂，促他思索。從此，他更加留心中外事故和西方文化，注意涉獵西方著作的譯本，瞭解西方資本主義的政治經濟制度，試圖從中找到一條有助於民富國強的新路。

中法戰後不久，一八八五年秋，丘逢甲首次橫渡海峽，去省城福州投考舉人。初試不第，他在福州稍事遊歷後，即返回台灣繼續攻讀。正是這一年十月，清廷宣佈台灣改建行省，調劉銘傳為第一任巡撫。不久，在中法戰爭時期因自請出關、招撫劉永福歸順清廷、立有軍功的唐景崧，[20]升任台灣兵備道，不久兼任台灣省學台。唐景崧本出身翰林，頗有文才，喜歡舞文弄墨，到台任職後，自然是免不了去四處遊訪，攬勝采風，結交文人雅士。有一次，他外出時看到有吟詠風土人情的《台灣竹枝詞》百首，頗感新豔可喜，探明係出自「東甯才子」丘逢甲的手筆，立即派人請丘來官邸敘話。一席交談，使唐感到這個

---

[19] 劉銘傳（一八三六～一八九六），安徽肥西人，字省三，號大潛山人，鎮壓太平天國和捻軍起義時，所部「銘軍」乃李鴻章淮軍主力之一，曾任直隸陸路提督。一八八五年十月，臺灣建省，調任臺灣首任巡撫，對開發臺灣多所建樹。一八九一年稱病離任，卒於家。著有《劉壯肅公奏議》等。

[20] 唐景崧（一八四一～一九〇三），廣西灌陽人，字維卿，又作薇卿，同治進士，選庶吉士，改吏部主事。一八八二年自請赴越，會同劉永福黑旗軍抗擊法國侵略軍，戰後晉升福建臺灣道道員，一八九一年遷臺灣布政使，一八九四年署臺灣巡撫。著有《請纓日記》等。

年輕人出語不俗，才志過人，甚為欣喜，當下就收丘逢甲為帖拜弟子。此後，唐、丘兩人便結下終生不解之緣，丘一直把唐奉為「恩師」和「知交」。

《台灣竹枝詞》是丘逢甲二十歲時的作品，留傳至今的尚有四十首。僅從現存的這四十首來看，確是膾炙人口，不可多得。它融敘事、抒情、議論於一爐，語言樸實，內容清新，對台灣的史地風情、時世習俗，都有具體生動的描述，台灣學者譽之為「敘事純實，論史精確，允稱佳構。」這些竹枝詞反映出青年丘逢甲廣博的知識、獨到的見解，以及他對社會民情的細緻觀察力與感受力，為我們今天理解丘逢甲早期思想發展和近代台灣的某些特點，提供了可貴的資料。它的主要內容，大體有以下幾個方面：

有反映台灣人民與祖國大陸同胞密切的淵源關係的，如：

唐山流寓話巢痕，潮惠漳泉齒最繁。
二百年來蕃衍後，寄生小草已深根。

有敘述台灣山系與祖國大陸一脈相連的，如：

烽頭烈焰火光奇，南紀崗巒仰大維。
寄語佛泉休太熱，出山終有凍流時。

有表現台灣與大陸的經濟文化生活交往關係的，如：

相約明朝好進香，翻新花樣到衣裳。
低梳兩鬢花雙插，要鬥時新上海妝。

有謳歌民族英雄鄭成功驅荷辟台的歷史功績的，如：

黑海驚濤大小洋，草雞親手辟洪荒。
一重苦霧一重瘴，人在腥風蜑雨鄉。

有肯定清康熙帝統一台灣，鞏固海防偉業的，如：

自設屏藩障海濱，荒陬從此沐皇恩。
將軍不死降王去，無復田橫五百人。

有披露鴉片氾濫給台灣人民身心帶來危害的，如：

罌粟花開別樣鮮，阿芙蓉毒滿台天。
可憐駔儈皆詩格，聳起一雙山字肩。

有慨歎洋教盛行、造成台灣世俗風習的衰敗演變的，如：

門闌慘綠蜃樓新，道左耶穌最誘民。
七十七堂宣跪拜，癡頑齊禮泰西人。

此外，還有描繪寶島的旖旎風光和氣候特色的詩篇（如：「浮槎真個到天邊，輕暖輕寒別有天。樹是珊瑚花是玉，果然過海便神仙。」），或反映山胞生活習俗的佳作（如：「番社瞳曨曙色開，槍雷箭雨打圍回。黍罌酒熟朝餐早，手擘奇柑煮鹿胎。」）。有的重在抒發作者的思想感情和淩雲壯志（如：「一劍霜寒二十秋，大王風急送歸舟。雄心未死潭邊樹，夜夜龍光射斗牛。」）。

《台灣竹枝詞》鮮明地反映了青年丘逢甲熾熱的愛國愛鄉的思想感情，顯示出他淵博的史地文化知識與嫻熟的藝術表現力；他既歌頌鄭氏驅荷復台的偉績，又肯定康熙帝統一祖國的大業，評價客觀公允，確實難能可貴，卓識過人。

一八八七年，丘逢甲的三弟樹甲（崧甫）才十四歲，也獲全台童子試之冠，作〈蘆中人賦〉、〈貨殖傳書後〉等，得到劉銘傳、唐景崧的讚賞。兼管學政的唐景崧命丘逢甲偕弟去他主持的台灣最高學府——海東書院深造，請進士施士潔擔任主講，新竹鄭鵬雲、安平汪春源、葉鄭蘭等也在一起學習，攻舉子業，唐並延丘逢甲入幕佐治文書。唐景崧本是翰林出身的文人，藏書極豐，其藏書樓有「萬卷樓」之稱。丘逢甲成為唐的幕客之後，有機會在唐的官邸裡再次博覽群書。這次的讀書機會，比他少年時代在三角莊呂家「筱雲山莊」時更為難得，更為重要。這不僅因為此時的丘逢甲已是有相當閱歷和學識、具有更強的獨立思考能力的青年人了，更因為唐景崧是個與張之洞關係密切、主張學習西方、思想較為開明的洋務派官員。他收藏的圖書種類繁多，既有民間不易看到的官方典冊文書，也有許多介紹西方的譯著。丘逢甲鑽進「萬卷樓」中，廢寢忘食，「于古今中外朝聞國政，及百家小說，無不覽，亦無不記。」[21]由此，學識更有長進，「景崧有所疑，問之，答如響。」丘逢甲很重視研讀介紹西方的譯著，「兼習中西時事」，結合中國的國情，探悟新的道理。不久，寫成〈中國學西法得失利弊論〉。據丘逢甲的好友丘菽園說：該文「洋洋萬言，能會中西之通」，唐景崧閱後，甚為讚賞。[22]丘逢甲這篇讀書心得雖早已散佚，今天我們已無法得知它的具體內容，但僅從丘菽園透露的「信息」，可知丘逢甲經過一番苦讀和思索，思想已日趨成熟。他開始放眼世界，渴望朝廷能夠學習西方，革故鼎新，振興國勢。一八八七年，台南舉行府試，其策問題為〈何以安置餘勇〉，丘逢甲獲第一名。丘逢甲在文中針對內地來台的散勇日多，有舍業而嬉，甚至危害治安的情況，提出了「十大便利」的妥善措施：「於後山未開荒之地，按名分界，各給牛種以安置之」；「劃區建省，大拓規模，得遊勇以實荒地，幅員得以日廣，而行省可以永設……」；「授之境土，不致窮餓」；「寓兵于農」關鍵在於「經理得人」、「統禦得法」；若「得人得法，天下無事不可為矣。」從這一時期的言行來看，丘逢甲的思想政治傾向與洋務派較為接近。

唐景崧對丘逢甲的才學十分賞識，曾手書一幅楹聯相贈：「海上二百年，生此奇士；腹中十萬卷，佐我未能。」[23]丘逢甲對唐景崧請纓出關、抗法衛國的行動也推崇備至，曾為唐的《請纓日記》作序，終生銘感唐的知遇之恩。

台南道署中有座「斐亭」，唐景崧派人修葺一新，自撰一聯書於亭上，聯曰：「聽百丈濤聲，最難忘鐵馬金戈，萬里遊蹤真臘棹；揮滿堂豪翰，果然是錦袍紅燭，千秋高會斐亭鐘。」公務之餘，唐景崧常邀僚屬在亭內舉行「文酒之會」，「台人士之能作詩者，皆禮致之，扢雅揚風，蜚聲壇坫。」[24]丘逢甲兄弟倆自然也是「文酒之會」的座上客。自此，丘逢甲與台灣中上層人士的交往漸漸增多，有機會與各地名士學子結為詩友，見聞日廣，才識俱進。

儘管得到唐景崧的獎掖提攜，但丘氏兄弟畢竟年資尚淺，出身寒素，又兼丘逢甲生性耿介，丘樹甲則沈鬱內向，他們不善交際，更不

[21] 丘菽園：《揮塵拾遺》。
[22] 丘菽園：《揮塵拾遺》。
[23] 丘菽園：《揮塵拾遺》。
[24] 丘逢甲：《柏莊詩草》

懂官場中的八面玲瓏之術。何況在某些人眼中，他們是年少得志，才氣傲人，十幾、二十歲出頭，就受到高官鴻儒的禮遇器重，與撫藩、道台大人同席宴飲、賦詩唱和，日子一久，自然不免惹人妒忌。丘氏兄弟不久便意識到這一點，他們不願介入官場士林糾紛，無意追名逐利，遂向唐景崧告假省親，於一八八七年底，離開台南，回到彰化翁子社。

一八八八年（光緒十四年，戊子）夏天，丘逢甲第二次去福州應鄉試，這次他考中了舉人，榜列第二十八名，[25]是科主考官為黃體芳和呂佩芬。好友呂汝修也同榜中式。俗話說「有窮秀才，無窮舉人」，丘逢甲載譽歸台後，家境漸漸變得寬裕起來。一則因為有錢人家都爭著以優厚待遇禮聘他去任教；二是有志科場的童生常以禮敬請他批改詩文；三則大凡鄉間有婚喪喜慶，事主皆厚禮請丘逢甲出面主持，以增光彩。但丘逢甲對這類客套應酬頗感厭煩，儘量避免參加。同年底，他收拾行裝，準備赴京會試。邀約同行的有三角莊的呂汝修和台南的許南英（現代小說家許地山之父）。他們於次年二月起程，渡海峽，轉滬濱，遇黃恩（字子惠）與之同舟北上；出吳淞，越黃海，入津門，一路看不盡的北國海上風光，別有一番情趣。舟次山東登萊間，四顧茫茫，水天一色，蓬萊仙境似乎隱約可見，丘逢甲浮想聯翩，感懷古人氣節，作〈書感〉一首以抒懷：

魯連恥帝秦，田橫羞臣漢；
海上懷古人，登舟發浩歎。[26]

北上途中，儘管一路舟車勞頓，他們仍注意觀察各地風土人情、社會世態。祖國的錦繡河山，中華民族悠久的歷史文化，強烈地吸引著這幾個來自海島台灣、躊躇滿志的青年書生。然而，沿途見到的許多社會弊習卻增添了他們的隱憂。他們動身時節，新正剛過，在「消遣」的名義下，人們吸食鴉片，狂賭濫歡，流離乞討者，亦隨處可見。各地主事者不僅置若罔聞，甚至參與其事，從中漁利。丘逢甲頗為感憤，由此他認識到：煙、賭兩害實乃招致國衰民窮、誘人墮落的罪惡淵藪。

經過個把月的顛簸，他們於三月抵京，四月入貢院會試，六月發榜，中式第八十一名貢士。是科總裁為禮部右侍郎廖壽恒和

[25] 據臺灣存丘逢甲「文魁匾」。
[26] 丘逢甲《柏莊詩草》。

宗室昆岡。緊接著參加殿試，中己丑科三甲第九十六名進士。[27]由吏部引見親政不久的光緒帝之後，丘逢甲被授以工部虞衡司主事。[28]應試時所作策論，洋洋灑灑，十分得心應手。十二年後，他回憶起己丑年三月初八夜試時的情景，曾作詩一首追憶道：

十二年前此夜中，白袍人正試南宮；
驚心胡馬蹂春甸，矯首孤羆憶故叢。
何日掃塵迎警蹕，當時入彀枉英雄；
萬言策在嗟無用，冷對山堂燭淚紅。

丘逢甲到工部簽到不久，即援例以親老告歸，決意回台從教[29]。此後，他多次謝絕入仕，終其一生，也只不過是掛有「工部主事」的虛銜而已。本來，科場聯捷，欽點主事乃是封建時代許多知識份子夢寐以求的榮耀，而丘逢甲卻棄官回台，歸里從教，這種非常舉動，決不是丘逢甲年輕粗莽，一時的心血來潮，而是經過他深思熟慮後所作出的重大抉擇。

那麼，丘逢甲作出這一抉擇的內在原因是什麼呢？對此，他自己曾賦詩說過：

蹤跡何曾敢陸沉，不能朝市且山林；
除官崔烈嫌銅臭（時有勸捐升改外者），閉戶袁安任雪深。
親老怕濃遊宦味，調高難作入時音；
尋常車馬長安客，孤負平生出處心。

直到乞歸三年之後，他還賦詩追述自己當年棄官歸台的原因與心態：

吟罷長安及第花，便依南斗望京華；
醫貧已誤三年艾，澆俗難憑七品茶。

27　據丘逢甲信稿及《明清進士題名碑錄索引》。

28　據台中豐原丘逢甲自立之「進士紀念碑」，碑上鐫明「工部主事」。連橫：《臺灣通史・丘逢甲傳》作「兵部主事」，實誤。

29　關於辭職離京回台的情況，丘氏有如下自述：「光緒己丑科會試中式進士，引見後，以主事用，簽分工部學習，到部後，乞假回台。」見一八九六年九月四日（清光緒二十二年七月二十七日）《兩廣總督譚鍾麟責巡撫許振禕會銜奏內渡工部主事丘逢甲呈請歸籍片》，原件存中國第一歷史檔案館，今轉引自汪叔子《關於丘逢甲內渡歸籍的一件檔案史料》，汪文原載《嶺南文史》，收入中國人民大學編印的《近代史研究資料》一九九八年第十期。

萬里勸行良友箚，五更入夢早朝車；
此身匏系成何益？目斷東風海上槎。

惆悵牙琴操里音，此生終恐誤山林；
未酬車馬題橋願，空抱江湖戀闕心。
親健固容成遠志，家貧何術鑄黃金？
賣文自悔生涯拙，桃李門前春又深。[30]

顯然，「親老」只不過是丘逢甲「告歸」的藉口，「家貧何術鑄黃金」，不滿官場的烏煙瘴氣，不願與權奸顯貴和蠅營狗苟之徒同流合污、魚肉人民，這才是他棄官歸里樂於從教的真正原因。當時，首任台撫劉銘傳正力推興台新政，他盼望回故鄉參與興台、建台的大業而貢獻才智心力。

另外，我們結合丘逢甲旅京期間的生活行蹤和有關詩作，也不難看出他當時的淡泊心境和真正意向。

北京乃元明以來六百多年的帝都，也是古代幽燕俠義之士出沒活動的地方，有過興旺發達的鼎盛時期，被視為全國政治文化中心和「首善之區」。可是，近五十年來，清政不綱，國勢日弱，洋人勢力直逼京師，津門竟為外商踞用。第二次鴉片戰爭（一八六〇年，庚申）期間，京畿失陷，就連皇家禁苑圓明園也被英法聯軍焚劫一空，咸豐帝倉皇出逃，以至病薨在熱河避暑山莊……。歷歷往事，在丘逢甲心底勾起了痛苦的回憶和憂傷的思緒。在下楊的下斜街寓所裡，他來回踱步，苦苦思索，回想自己這次入京應試，本來滿懷著對朝廷的期望和匡時濟世的熱忱，但沿途數千里所見，滿目瘡痍，儘是民窮吏虐、世風日下的衰頹景象；京師所聞，又多是漢人受抑、權臣顯宦營私傾軋、腐敗昏庸的各種醜事，內心憤懣而又失望，曾作〈北平守〉一詩以示慨歎：

老作北平守，不侯殊可哀；
安知漢丞相，須用下中材。

丘逢甲寓京期間，恰逢黃遵憲也在京待職，[31]經溫仲和介紹，[32]得以初識。黃遵憲雖比丘逢甲年長十六，但兩人都喜愛詩文，志趣相投，

---

[30] 丘逢甲《柏莊詩草》。
[31] 黃遵憲（一八四八～一九〇五），字公度，別號人境廬主人，廣東嘉應州（今

又是嘉應州客家同鄉，遂一見如故，終生結下深摯友誼。趁發榜日期未到，京城內外一片明媚春光，丘逢甲便邀約黃遵憲、溫仲和、許南英、呂汝修等幾位好友，結伴四出遊覽，一來為開闊眼界，增長知識；二來也是想藉此聯絡情感排悶解憂。他們或到琉璃廠書坊漫步，選購些善本古籍字畫；或去郊外探勝訪幽，領略帝都眾多的名勝風光。但是，誠如古語所說：「舉杯澆愁愁更愁」，參觀遊覽歸來，更增添了丘逢甲心頭的鬱悶憂思和淒傷之情。

北京朝陽門外的黃金台，相傳係戰國時燕昭王所築。當年燕昭王為了重振國勢，擊退強鄰的入侵，聽取學者郭隗的建議，築台置金，招賢禮士，延攬人材。時隔二千多年，「金台夕照」四個大字依舊赫然在目，但時尚卻已大變。如今，士人舉子不遠千里來到京城，不再是勤王濟世，圖強救國，而只是為了攀附權貴，獵取高官厚祿，像燕昭王那樣求賢若渴的國君已難找到了。古跡猶存，世風迥異，撫今追昔，丘逢甲不禁思潮滾滾，感慨萬千，特作〈黃金台〉一首，詩曰：

聞道昭王此築台，依然懸格待奇才；
年年車馬燕山道，不為黃金客不來。[33]

正是出於對官場生活的反感和朝政不綱的失望，丘逢甲才改變了企圖藉助科場及第、躋身仕途、經世致用的初衷，決意辭官歸里，返台教讀。正如他自己所說：「地瘠何堪再刮皮？」「宦味何如詩味濃？」何況，「方今四洋畢達，五大在邊，瀛海終非無事之時，天下正急需人之日」，[34]與其留在京城同那些貪官污吏、蠅營狗苟之徒為伍，倒不如回到故鄉去服務桑梓、教化青年，為開發民智做些有益的事情。「桃李門前春又深」，即表明了他此時的人生價值取向。於是在獲准告歸後，

---

梅州市）人。舉人出身，近代傑出的愛國詩人、外交家和政治改革家。先後出任清政府駐日、英、美等國的公使館參贊或總領事，為保護華僑利益、促進中外文化交流，作出過重大貢獻。九十年代積極參加戊戌維新運動，協助湘撫陳寶箴推行新政。變法失敗，被革職回鄉。著有《人境廬詩草》、《日本雜事詩》、《日本國志》等。

32 溫仲和（一八四九～一九〇四），字慕柳，號柳介，廣東嘉應州松口人。丘逢甲同科進士，曾任翰林院檢討，晚年主編《光緒嘉應州志》，著有《求在我齋集》等。

33 參見《丘逢甲集》第三十二頁。

34 丘逢甲：〈《請纓日記》序〉

他七月便離京，取道潞河，出津門，經大沽，越黃海，順便遊覽了滬濱的靜安寺等古跡，沿東海岸泛舟南下。一路風平浪靜，見到江南的碧水青山，丘逢甲的心情重又豁然開朗，猶如飛出了籠的鳥兒，不禁放聲歡唱起來：

過盡吳山過越山，閩山指顧海雲間；
雙輪一日三千里，不待風潮送客還。[35]

丘逢甲返抵台灣，先去台南拜謝了唐景崧。唐十分高興，作詩慶賀他的及第榮歸：「一年不見丘才子，今日登門（一作相逢）喜欲狂。滄海魚龍神變化，秀才文字憶商量。聽濤亭上燈如昨，覓句堂前（為唐府內文士詩會處）酒再香。從此詩人須破例，勳名待出水曹郎。」[36]

丘逢甲已聯捷進士，且有「工部主事」名銜，唐景崧要他參與政事，這本是名正言順的喜事，但丘逢甲卻婉言謝絕。在唐邸住了二十多天之後，他還是執意請回彰化省親，臨別作詩一首向唐景崧辭行：

一第歸來海外天，程門重立興悠然；
秀才風味依舊在，猶似春燈問字年。[37]

辭官歸里後，丘逢甲應邀到台中衡文書院、台南崇文書院和嘉義羅山書院擔任主講，年中往來各書院間，南北奔波，不辭勞苦，熱心於培育青年、啟迪民智的工作。他提倡招收高山族子弟入學，這在當時實屬難得。黃遵憲在英國倫敦聞訊，於一八九〇年作〈歲暮懷人組詩〉，給予褒揚，詩曰：「赤崁城高海色黃，乍銷兵氣變文光。他年番社編文苑，初祖開山天破荒。」[38]在教學中，丘逢甲根據自己的體驗和對世事的觀察分析，大膽改革教學內容與教學方法，他不再重視八股括帖之類的東西，只是略課應試文藝，把主要精力用於介紹中外史地和當今時事，傳播西方新知識新思潮，勸閱報章，引導青年放眼五洲，關心國事和民族前途，他自訂了一批書刊，如香港的《德臣報》

[35] 同注32。
[36] 丘菽園：《揮麈拾遺》。
[37] 據丘秀芷：《剖雲行日——丘逢甲傳》，臺灣出版。
[38] 黃遵憲：《人境廬詩草》卷六。

（中文版）、上海《申報》、《字林西報》和《天津時報》等，並撰文評介國內外大事，警醒國人關注時局，鼓吹革新除弊，謀求富國強兵之路。在丘逢甲的悉心引導教育下，近代台灣湧現出一批有志氣有抱負的熱血青年，他們後來成為反割台鬥爭中的一支中堅力量。

赴京會試這段經歷，對丘逢甲的思想發展無疑產生了重大影響。他對朝政的昏敗、列強的進逼，以及民瘼世態的瞭解，比以前廣泛和具體了。他棄職返台，毅然選擇了興學育才的教育救國之路，這件事本身說明：丘逢甲此時已能夠把個人的職業、前途同國家民族的命運聯繫起來思考，標誌著他的愛國主義思想已初步形成；在教育實踐中，他摒棄陳腐的八股括帖，引導青年吸收新知識新思潮，以求報效國家民族，這又說明丘逢甲的思想傾向，已開始由洋務派向維新派方面逐步轉變。

一八九〇年，得到戚友弟子的資助，丘逢甲買下了台中大埔厝（今潭子、神岡一帶）的一座宅院。這宅院面山臨水，草木明瑟，景色幽美，中有一株古柏，挺拔蔥郁，引人注目，丘逢甲遂為新居取名「柏莊」，奉親舉家遷入，上體親老成家，下教諸弟成學。唐景崧得知柏莊地處鄉間僻野，看出丘逢甲還是無意仕途，曾賦詩表示惋歎：「幕賓麗比瘦蓮紅，更有門生壓海東。新得柏莊疑傲我，山林終恐誤英雄。」[39]但他不為所動，仍安心於桑梓教育。唐景崧為「柏莊」書額，台南知府唐贊袞書聯榜其門：「經傳絳帳多來學，屋繞青山好著書。」丘逢甲取《黃庭經》中「閒暇無事心太平」句，節「心太平」三字，請唐贊袞為書齋題額。

丘逢甲在教讀之餘，喜愛栽花植樹。台南、台中一帶，三冬無雪，四季常花，在他的庭院裡總是一片蔥綠，生意盎然。春夏是桃李爭芳、蘭香撲鼻；秋冬則桂菊相伴，或有臘梅、水仙作陪。每到春和日麗或秋高氣爽的好時光，他邀約友好和三弟樹甲一起踏青遠足，登高攬勝，陶醉於寶島的河川風物之中，寫下了〈瀛壖八詠〉等讚美台島旖旎風光的組詩聯句，對大自然的造化奇觀、佳境勝景，給予生動的描繪，從中可見一斑：

---

[39] 據丘秀芷：《剖雲行日——丘逢甲傳》。

**東溟曉日**

朝曦瀲灩擁東溟，射出毫光萬點星；
瀛海扶桑真咫尺，燭龍從此好長眠。

**安平晚渡**

紅毛城外海天浮，萬里征帆一望收；
好是月平風定後，有人天際識歸舟。

**瑤峰晴雪**

山意晚生寒，陰嶺雪微積；
尋梅曉出城，雲間一峰白。

**雙溪漁火**

欲覓漁村路，雙溪薄暮天；
西風明滅影，紅出荻花邊。[40]

一八九一年（光緒十七年，辛卯），台灣省會遷往台北，唐景崧升任台灣布政使司，離台南赴台北履新。[41]唐在台南時，常在署內澄懷園舉行詩文酒會，邀約海東書院山長施士潔主持，其時宦遊之士，如福建的王毓菁、郭名昌，江蘇的陳鳳藻，江西的羅大佑，廣東的梁維嵩，以及台灣文士汪春源、林啟東、黃宗鼎等，皆常赴會。唐到台北後，又在署內設「牡丹吟社」，參與者多達百數十人。丘逢甲自然也是這兩個詩會的重要成員。據說唐母亦能詩，每一題成，或由其主評甲乙。大家公認：論功力，乃施士潔最深；若論才氣，則當推丘逢甲。影響所及，台人士競相為詩，極一時之盛。由此，丘逢甲的詩名譽滿全台，「台灣詩學為之一興」。[42]唐景崧在署內結詩社會友，將文士所作詩文彙刊成冊，書名《詩畸》，其中收有丘逢甲所作詩鐘、律詩多首。

青年丘逢甲在才識與詩藝方面的成長進步，在《詩畸》中有充分的展現。該書於一八九三年初版於台北，內收社友五十五人的作品。

---

[40] 見《丘逢甲集》第四十至四十四頁。
[41] 一八九一年，劉銘傳稱病告歸，邵友濂接任台撫後，省會遷往臺北。
[42] 連橫：《臺灣通史》。

明人張自烈《正字通》云：「井田為正，零田不可耕者為畸。」唐遂以「詩畸」名書。書中前八卷為詩鐘，後兩卷為律詩。詩鐘，俗稱嵌字對聯，即隨意抽取平仄二字，分置於七字句中，限時完成。清人徐兆豐《風月談餘錄》中說：「構思時以寸香縷上，綴以錢，下承盂，火焚縷斷，錢落盂響，雖佳卷亦不錄，故名曰詩鐘云。」「詩鐘」是古人做詩的基本功夫訓練之一，其規甚嚴，唐景崧歸納為八條，不僅限時完成，且按嵌字的不同位置而分別稱為鳳頂格（第一字），燕頷格（第二字）、鳶肩格（第三字）、蜂腰格（第四字），鶴膝格（第五字），鳧脛格（第六字）和龍尾格（第七字），此外還有分詠格，合詠格和籠紗格等。所抽取的平仄二字，詞性不同，要求用典貼切……。這些對參加者都是嚴格有益的訓練。唐景崧是個詩鐘迷，他自言「與閩中諸君子鏖戰數日，於車馬酒食日不暇給中而從容樂為，其所嗜如此。」詩鐘對聯的內容不見得有多大價值，其目的是使參加者溫習格律、熟用典故、活躍文思。至於律詩，往往是數人同做一題，限韻完成，如〈逢舊識妓〉，限先、尤、咸韻，五人同題作詩六首，詩中所述並非源于作者個人的親身經歷，不能視為分析作者思想品格與生活實踐的依據和佐證。

在詩社活動中，丘逢甲勤奮好學，成績突出，所作詩鐘二一五聯、律詩五十一首，為他人的二、三倍。那時，時局還比較平靜，詩中所詠多係小人物、小事件，但從中可看出作者對老伶、老妓、逃婢這類下層社會人物的憐憫同情和熱愛自然、評史論事的思想見解。

一八九二年，在唐景崧等人主持下，《台灣通志》的編纂工作正式開始，丘逢甲受聘兼任採訪師，主要「負責採訪鄉土故實，於是，補輯紀略，多出自其手筆。」[43]近年來，丘逢甲因元配夫人廖氏連生二子皆早夭折，由表兄謝道隆作伐，娶葫蘆墩呂家女兒（名隋珠）為如夫人，兩年後，生下男孩丘琮，內渡後命字「念台」，這是後話。

棄官從教、家居鄉間的清樸生活，以及從事《台灣通志》採訪師的工作，使丘逢甲有較多機會接觸下層，對民間疾苦有了進一步的體察。教讀餘暇，丘逢甲常漫步山野，走訪村寨，看望鄰里村民，關注農家的勞作辛苦與清樸生活。在桃符更新、大地回春之際，他與村民

---

[43] 陳彰：《丘倉海先生的生平志事與詩文》，臺灣出版。

同樂，替大家書寫吉慶春聯，禱祝蒼天風調雨順、賜福人間，他用樸素淺白的語言，記敘農家的習俗情趣，先後寫有〈早春即事〉、〈早春園居〉、〈種菜〉、〈農歌〉等篇什。今選錄四首如下：

爆竹聲中歲琯更，照完虛耗待春耕；
農家共上封人祝，戶戶春聯寫太平。

種罷春田學種魚，魚經珍重等農書；
秧針漸綠魚苗出，春水桃花二月初。

未逢驚蟄已聞雷，雨足春田接熟梅；
早稻欲花春事晚，飯香先入夢中來。

等閒休負好春光，也送兒童上學堂；
領略農家真事業，孝經先講庶人章。[44]

柏莊距原住民同胞聚居的中部山區不遠，山胞的生活習俗，丘逢甲幼時即聽父兄講過，今有機會就近親察探訪，增進了對他們的瞭解。原住民同胞是中華民族大家庭中的一員，世代生活在台灣，與東渡遷台的閩粵移民共同開發寶島，抗擊外敵的入侵，作出過不可磨滅的貢獻。可是，在歷代封建統治者眼裡，他們是「化外之民」，備受歧視。有些駐台官吏，甚至蓄意製造糾紛，挑起矛盾，從中漁利，這勢必激起山胞的強烈反抗。上層統治者為緩和矛盾，成立招墾局，設廳辦理「番務」。但是，那些奉派來台「理番」、「撫番」的官員，大都趁機肆意搜刮勒索，慫恿械鬥，迫使山胞不得已退入中部深山，過著輾轉流徙、刀耕火種的淒苦生活。對山胞的這種悲慘境況，丘逢甲極表同情，曾作長詩以記之。全詩如下：

**老番行**

中路岸里等社，歸化最早，于諸屯中亦最有勞績。後以侵削地垂盡，多流移入埔里社，安故居者僅矣！今聞設廳來，番業又日蹙，流移將無地，是可哀也；作此以告當道之言撫番者。

---

[44] 參見《丘逢甲集》第八五頁。

牛困山前逢老番，為人結束能人言。自云舊住麻薯屯，播遷以來今抱孫。二百年前歸化早，皇威震迭臨台島。雞羽傳書麻答少，鹿皮納稅必丹老。獵罷山中並業農，長官無役不相從。諸戎犄角微勞著，個霧擒餘捦骨宗。指屈當年設屯始，會稱天地狐鳴起。渡海平之福貝子，海侯相助賊魄褫。惟番嚮導功狗比，一百二十巴圖魯。愛番趫捷樂番使，旋預梯航集上都，八旬聖壽效嵩呼。誰知斷髮紋身狀，曾入先朝王會圖。聖恩賜土歸來日，耕鑿相傳薄納租。百餘年來時事異，奸民夥番占番地。堂上理番雖有官，且食蛤蜊知許事！況乃屯糧亦虛額，中飽年年歸黠吏。故業蕭條眨眼中，社番十戶九貧窮。新居未免謀遷絳，名論真宜驛徙戎。故山蒼蒼慘將別，舉家移向生番穴。仍占鳥語作耕獵，更驗桐花定年節。銘刻天朝累代恩，未敢殺人持寸鐵。偶出山前過故居，巢痕畢掃增嗚咽。山風吹髮遽衰禿，若識生平定耄耋。方擬桃園世世居，誰請鑿空張騫說？玉斧應知畫界難，重關山險啟泥丸。所欣岩穀殘年日，猶得威儀拜漢官。官威難弭漢民奸，又占山田啟訟端。日久深山無甲子，風生小海有波瀾。眼看番地年年窄，覆轍傷心話疇昔。方今全山畢開闢，更從何處謀安宅？番丁業盡為人役，空存老朽溝中瘠。況聞撫番待番厚，生番日醉官中酒。同沐天家浩蕩恩，老番更比諸番久。可憐為熟不如生，衰落餘年偏不偶。夜半悲呼山月暗，哀思難向青天剖。我聞此語為興嗟，台民今亦傷無家。開山聊藉五丁力，豈皆薦食為長蛇？山田弓丈則下沙，賦重應比山前差。長官終有廉來日，故業可復安桑麻。此歌聊向春山詠，東風開遍番樣花。[45]

從〈老番行〉一詩可以看出，丘逢甲對台灣原住民的生活、習俗、歷史等都頗為瞭解，他充分肯定山胞拓殖寶島的艱辛勞績，對他們備受歧視、盤剝的淒苦生活和瀕臨絕境的悲慘情狀，滿懷深摯的同情，給予具體的描述，籲請主持理番的廳府官員，能真正體恤民間疾苦，解救他們於水火之中。可以說，〈老番行〉是丘逢甲早期詩作中最富人民性的代表作之一，詩人恤民愛民之心以及力促民族和睦友好之情，

[45] 參見《丘逢甲集》第八三頁。

洋溢於字裡行間，讀來感人肺腑，這和他倡導招收山胞子弟入學的感情，是完全吻合一致的。

台灣孤懸海外，「天高皇帝遠」，來自大陸的官吏，大都把赴台任職視為「肥缺」，混上二三年撈上一筆就走，難得有幾個願為開發寶島、籌固海防費心盡力的清正人物。各級駐台官吏巧立名目、貪贓枉法、中飽私囊的醜事，較大陸各地尤甚，搜刮手段也更為狡詐多樣。對此，台民早就議論紛紛，丘逢甲也時有所聞，曾憤作〈去思詞〉等予以辛辣鞭撻，其中兩首這樣寫道：

子規聲裡使君歸，原草初長馬正肥；
剜肉醫瘡無限淚，春風吹遍萬民衣。
千箱百篋運脂膏，飽掛歸帆意氣高；
豈是鬱林無石載，宦囊已足壓波濤。[46]

對那些吸吮民脂民膏的貪官污吏，丘逢甲鄙為「蠅」、「蠍」之流，曾作〈蟲豸詩五十首〉加以諷喻，並「以為閱世龜鑒」書贈三弟樹甲共勉。這類詩作寫得犀利或含蓄，其批判鋒芒仍一目了然。如：

蠅：善為驥尾附，能使雞聲亂；
　　鑽營不到處，賴有冰在案。

蜚蟲：臭惡不可耐，強來登客床；
　　　故為遲拙相，陰毒更難防。

蝗：所過無完田，千里成赤地；
　　農夫不敢傷，額間有王字。

蚓：白項疑吳兒，黃泉埒廉士；
　　心肝爾全無，朝暮歌不已。[47]

這些詩作與丘逢甲乙未內渡後寫的〈蟲豸詩〉(見《詩抄》卷十一)一脈相承，鋒芒直指殘民自肥的污濁吏治和腐敗的社會現象，反映出他

[46] 參見《丘逢甲集》第八九頁。
[47] 參見《丘逢甲集》第一〇三至一一三頁。

鄙棄官場醜惡的鮮明感情和剛正清樸的思想品格。一八九二年，唐景崧奉命入京覲見，丘逢甲認為這是向朝廷反映台民輿情的好機會，特作詩送行，在「引」中表明意在「志實」，熱望恩師能趁此行「為民請命」，奏請朝廷籌保海防，推行廉政，俾使利國安民。詩的後半部分這樣寫道：

……公行毋遲留，台民方望澤。陽城在門久，敬輸謀野獲。延英行入對，應念治安策。聖主問蒼生，殷勤屢前席。在台請言台，願公寫肝膈。民窮復元氣，吏酷除遺螫。餘事籌海防，老謀褫夷魄。青陽和始布，白著弊先革。金湯鞏天險，膏雨蘇地脈。鴻飛待公歸，早釋憂勞責。送公惟尊酒，報公有竹帛。

這時，清王朝中央統治集團日趨顢頇腐敗，唐景崧等作為邊疆行政大吏，也難以扭轉這種頹勢。目睹社會積弊日深，吏治醜聞有增無已，主政者卻無良策，丘逢甲自感有一種莫名的惆悵與愁苦時襲心頭，在〈撥悶〉一詩中，他曾寫道：

漫將棖觸話前塵，撥悶閑抽百感身；
留與窮愁作吟料，天公原不薄詩人。

詞客傷心賦罷時，空倉雀鼠替啼饑；
人前無處緘愁苦，說與韓陵片石知。

在〈談兵〉一詩中也說：

箐雨巒煙築將台，窮荒山學五丁開；
空陳充國屯田策，枉用張騫鑿空才。
螻蟻穴中勞撻伐，螳螂車畔費招徠；
年來入告都成例，紙上談兵又一回。[48]

誠然，丘逢甲的愁悶與隱憂有著深刻的社會歷史原因。他感歎國事多艱、民氣不振，他不滿社會弊習的深固頑劣，極目所見，繩營狗苟、追名逐利之徒和守舊無能的老朽官僚佔據要津，勵精圖治的新興

[48] 參見《丘逢甲集》第八八頁。

力量在哪里？怎樣才能富國強兵、免受外敵侵擾？他聯捷進士後的九十年代，國際上險惡的政治風雲對古老中國愈趨不利。這時，西方列強加緊了對殖民地、半殖民地國家人民的掠奪與控制，它們彼此爭奪勢力範圍與原料產地的摩擦與爭鬥日趨激烈；而政治經濟十分腐敗落後的中國，正是它們爭奪的重點對象。「壓城海氣晝成陰，洋舶時量港淺深。」[49]古老中國的大地上空陰霾密佈，神州海岸妖氛四起，中華民族面臨生死存亡的嚴重威脅。蒿目時艱，丘逢甲不禁發出深沉的慨歎：「風月有天難補恨，江山無地可埋愁。」「孤島十年民力盡，邊疆千里將材難。」[50]此刻，他愈加懷念民族英雄鄭成功，在憑弔台南延平郡王祠時，他先後援筆書寫了兩幅楹聯，其中的一幅是：

由秀才封王，主持半壁舊河山，為天下讀書人別開生面；
驅外夷出境，開闢千秋新世界，願中國有志者再鼓雄風。[51]

在台中葫蘆墩媽祖廟內，也有丘逢甲書寫的對聯：

慈愛在人間，屹島蠻花同被澤；
濟施滿天下，梯山航海盡沾恩。[52]

這些楹聯，再次表達了丘逢甲報效社會民族的志向，說明在日益嚴重的民族危機和社會矛盾的刺激下，丘逢甲的愛國思想進一步得到發展，並已進入基本成熟的階段。此時，他雖隱身鄉間，專心教讀，但渴求報國效時之情志卻熾熱而強烈，猶如火山爆發前的岩漿在地下積聚、運行、奔突。他自書中堂一幅：「且看鷹隼出風塵」，也就是說，他在等待時機，聚積力量，一旦時代和社會需要，就將像雄鷹那樣展翅奮飛，去搏擊狂風濁浪，為國家民族效命疆場！

---

49 參見《丘逢甲集》第一三三頁《臺北秋感》。
50 丘逢甲：《柏莊詩草》。
51 據《臺灣名勝楹聯》（中國民間文學出版社出版，顧平旦等主編）及《臺灣雜談》（林其泉著，四川人民出版社出版）所載，鄭成功廟聯為唐景崧、丘逢甲合撰，文字上稍有不同，一作：由秀才封王，主持半壁舊河山，為天下讀書人頓生顏色；驅外夷出境，開闢千秋新世界，語國中有志者再鼓雄風。
52 據傅錫祺（鶴亭）「己卯秋」一九三九年重書「丘逢甲舊撰」聯語。民間傳抄稿「屹島閩花當被澤」，或作「屹島蠻花同被澤」。

# 第二章　血與火的洗禮
## ——抗日護台的愛國志士
## （一八九四～一八九五）

正當丘逢甲在台灣積極從事桑梓教育、培植青年士子的時候，一場戰火在朝鮮半島熊熊燃燒起來了。一八九四年七月，中日甲午戰爭正式爆發，年屆三十的丘逢甲接受了他一生中最為嚴峻的血與火的考驗。如果說，在這之前，從事桑梓教育是丘逢甲愛國思想的初步實踐，那麼可以說，乙未年的抗日護台，則是丘逢甲愛國思想最重大的一次實踐。在短短的一年時間裡，他創辦義軍、刺血上書、倡導自主保台、親率義軍抵抗日本侵略者的武裝割佔，由此而譜寫了他生命史上最光彩奪目的一頁，成為近代中國歷史上值得一書的愛國志士。

### 一、投筆從戎，創辦義軍

日本原本和中國、朝鮮、越南一樣，是遭受西方列強侵略和欺侮的封建國家。一八六八年，新興的日本資產階級，聯合一批具有資本主義傾向的地方軍閥，發動了一次自上而下的重大改革——「明治維新」，建立了以明治天皇為首的地主、資產階級聯合專政，從此，日本走上了軍國主義的道路，積極推行對外侵略擴張政策。

明治天皇在「御筆」信中公開叫囂，要「以武力開拓萬里波濤，佈國威於四方」。日本軍國主義分子秘密制定了一個征服中國和世界的所謂「大陸政策」，把侵略矛頭首先針對中國的台灣和朝鮮，加緊擴軍備戰。叫囂「北則割據中國東北之領土，南則掠取中國之台灣」，「永鎮皇國之南門」。到十九世紀九十年代初期，日本已建立起一支擁有六萬三千名常備兵、戰時可達二十三萬人（包括十餘萬的後備隊）的陸軍，以及排水量達六萬餘噸的海軍艦隻，不斷舉行陸海軍的聯合演習。一八九三年五月，成立了負責籌畫和指揮作戰的「戰時大本營」，並派出大批間諜特務潛入中國和朝鮮，竊取情報，秘密繪製軍用地形圖，為發動大規模的侵朝侵華戰爭作好了多方面的準備。

一八九四年五月，朝鮮爆發了「東學黨」領導的農民起義。朝鮮政府無力鎮壓這場聲勢浩大的起義，請求清政府出兵援助。日本政府認為有機可乘，一面在國內進行秘密的戰爭動員；一面照會清政府，誘使中國出兵朝鮮。緊接著日本藉口保護僑民，突然派出重兵，搶先佔領了從仁川到漢城一帶的軍事要地。七月二十五日，日本海軍在朝鮮牙山口外的豐島海面偷襲中國的運兵船；同日又出動陸軍四千多人，悍然向駐紮在漢城附近牙山的清軍發動進攻，由此挑起了對中國的不宣而戰。

戰爭爆發的消息很快傳到了台灣，沿海已經戒嚴，平素就十分關心國事的丘逢甲全神關注著戰局的發展變化。憑著多年來對中外形勢的觀察瞭解，他深切地預感到台灣將面臨的危難，憂心忡忡地對友人說：「天下自此多事矣！日人野心勃勃，久垂涎此地，彼詎能恝然置之乎？」遂首先倡議，集各鄉人民加強訓練，以備戰守。[1]

鑒於戰事緊迫，倭氛日惡，清軍在朝鮮前線接連失利，這時，一向疏於海防的清政府才想起了台灣戰略地位的重要，於當年七月急忙飭令福建水師提督楊岐珍、廣東南澳鎮總兵劉永福酌帶兵勇渡台。會同台撫邵友濂籌辦台防事務；同時命令太仆寺卿林維源（字時甫，號冏卿，台灣淡水人）督辦團防事務。林維源係台灣首富，清廷任命他負責督辦團防，實指望他籌借軍餉而已，並非真要其組織台灣民眾防範日本的侵略。林維源奉旨後，僅「報效土勇兩營，自備糧餉」；[2]怕花費更多的資財，便上奏清廷說：「台灣團防就緒」。因此，委派林維源督辦團練，徒俱虛名，毫無成效可言。

這時，清軍在前線戰敗的消息接踵而來，繼牙山、豐島慘敗後，平壤丟失、黃海失利，戰火很快燒到了鴨綠江邊，遼東告急，旅大吃緊……。丘逢甲聞訊，如坐針氈，整日寢食不安，在柏莊住所的書房裡、庭院中來回踱步。他料定台島勢必難逃戰禍，可是環顧台防，守

1 江山淵：《丘逢甲傳》。
2 據《大清德宗景皇帝實錄》。

備十分薄弱，駐軍僅數十營，約三四萬人，[3]且多係外省兵勇，七拼八湊，派系嚴重，互不相統；更兼平日紀律鬆弛，缺乏訓練，除台南劉永福的黑旗軍和台中林朝棟的土勇之外，其餘實在談不上有多少戰鬥力，台灣一旦告急，這些兵勇怕是很難靠得住；至於奉旨督辦團練的林維源，則更屬敷衍了事……。想到這些，丘逢甲心情愈加沉重，猛然間，他抬頭看到自己親筆書寫的中堂：「且看鷹隼出風塵」，一股熱血從心頭湧起，他想到自己平生的抱負，此時不再施展，更待何時？於是他下定決心，投筆從戎，以岳飛、文天祥、鄭成功等歷代民族英雄為榜樣，不惜毀家紓難，肩負起保家衛國的重任。

這一年八月間，布政使唐景崧受命幫同台撫邵友濂辦理台灣防務。丘逢甲徵得恩師唐景崧的同意後，於是年中秋前後，「傾家財以為兵餉」，開始著手招募義勇，舉辦團練，進行訓練。[4]丘逢甲此舉得到父親丘龍章的全力支持，「一門子弟能干戈者，盡令從戎。」[5]為舉辦團練，丘逢甲傾注了自己的全副心血，他不辭勞苦，到處奔走，「曉以大義，動以利害」，發動台灣青壯年踴躍從軍。每到一地，便召集鄉親們說：「吾台孤懸海外，去朝廷遠，不啻甌脫，朝廷之愛吾台，曷若吾台民之自愛！官兵又不盡足恃，脫一旦變生不測，朝廷遑復能顧吾台？惟吾台人自為戰，家自為守耳。否則禍至無日，祖宗廬墓之地擲諸無何有之鄉，吾儕其何以為家耶？」[6]丘逢甲以詩文飲譽全台，考中進士後，他有官不做，棄職還台，服務桑梓，多年來主講台中、台南等處書院，門生弟子及詩友遍佈各地，無論在士林，還是在一般民眾之中，

---

3 當時臺灣駐軍情況大致如下：首任台撫劉銘傳留下的原淮軍四十餘營約存二十余營（其餘皆被邵友濂裁撤）；月底，楊岐珍帶淮勇五營，劉永福帶廣勇二營（後擴充為八營）渡台；另有台南總兵萬國本部四營，台中林朝棟土勇十營，候補道楊汝翼招募的湘勇一五〇〇名。直到十月中旬，唐景崧接替邵友濂署理巡撫後，才又派出親信攜銀二十萬兩赴粵招募散勇數千人，倉猝成軍。估計全台當時約有三、四萬不同派系的駐軍。

4 丘逢甲始辦義軍的時間歷來說法不一，其實丘氏兄弟的詩作中即有記載，丘氏內渡後所作《菊花詩》曰：「去年菊花時，奔走為戎裝。枕戈待旦心，力籌保鯤洋。」其三弟樹甲也有一首七律稱：「當日防秋真畫餅，今宵覓句費登壇」，自注云：「客歲隨家兄辦全台義軍，于中秋前後辦起。」據此，可知丘逢甲始辦義軍當在甲午年（1894）中秋前後，約八、九月間。

5 丘復：《潛齋先生墓誌銘》。

6 同注1。

丘逢甲都享有相當高的聲望和號召力。如今國難當頭，強敵進逼，台事危急，丘逢甲又帶頭捐資舉辦團練，以「守土拒倭號召鄉里」，這種愛國義舉正符合廣大台灣同胞的內心願望，所以他登高一呼，立即引起各界民眾的強烈反響。誠如江山淵所說：丘逢甲慷慨激昂的演說，「一字一淚，言未已，已哽咽不能成聲，聽者咸痛哭，願唯命是聽。」[7]因此，丘逢甲任事後，台灣的團防工作才大見起色，一時間從者如流，愛國忠勇之士群起回響，很快就組織起一支人數眾多的團練隊伍。據唐景崧一八九四年十月二十八日（陰曆九月三十日）奏稱：「「臣于聞之初，即商邀在籍工部主事丘逢甲遴選頭目，招集健兒，編伍在鄉，不支公帑，有事擇調，再給糧械。現台灣府所屬四縣已挑集一萬四千人，編為義勇二十六營，造冊前來。南北兩府，並令丘逢甲一體倡辦。該主事留心經濟，鄉望式符，以之總辦全台義勇事宜，可以備戰事而固民心，於防務不無裨益。」[8]為台灣義軍的籌建與組成，丘逢甲傾注了大量心血，他在一八九八年致丘菽園的信中回憶道：「弟自甲申（一八八四）後，即知孤台難守，故常謂須台人能自為戰，而後萬一可保。於是極意聯絡各路人心，台人信之者雖僅十一，而莫不知其有保台心。故奉命督辦義軍，一呼而十萬眾應。番酋盜魁，願轉軍籍，亦平日空言之微效也。」[9]中日初戰，割台之議未起，丘逢甲對中外形勢即有此清醒的認識和估計，並未雨綢繆，設計保台方案，其遠見卓識，確實難能可貴。

十月中旬，與唐景崧素有矛盾的邵友濂被清廷內調湖南，唐景崧奉命署理台灣巡撫，隨即奏准清廷，於十一月間正式委派丘逢甲「招募義勇，以備擇調」，並將「團練」改稱「義軍」。在丘逢甲的積極組織和發動下，各地義軍人數與日俱增，「自十月初（陽曆十一月）招募迄歲晚，全台報成軍者約五六十營。次年春，編入者號百四十營之多」，[10]聲勢浩大，號稱有十萬之眾。各軍以誠、信、靖、壯、捷、敢、良、勁等十六字為符號，一般每字統轄五營，每營三六〇～五〇〇人不等，

---

7 同注1。
8 見《清季中、日、韓交涉史料》（六）：《總理衙門收署臺灣巡撫唐景崧文》。
9 《丘逢甲集》第七五九－七六〇頁，湖南岳麓書社，二〇〇一年出版。
10 思痛子：《台海思痛錄》。

設一管帶。營單位又依據戰鬥力分為中、前、左、右、後各營，合五營為一作戰單位：有時又將各營加編為正副兩營，合十營為一作戰單位。下面即係丘逢甲親自手訂的誠、信兩字義軍編制表：

中路義軍「誠」、「信」二十營一哨編制[11]

| 義勇「誠」字： | | 義勇「信」字： | | |
|---|---|---|---|---|
| 正中營：謝道隆<br>副中營：陳昌岐 | 一千人 | 正中營：丘先甲<br>副中營：廖連璧 | 一千人 | (附一哨王啓明二百人) |
| 正前營：丘國霖<br>副前營：李鎭安 | 一千人 | 正前營：楊道東<br>副前營：洪方魁 | 一千人 | |
| 正左營：連炬森<br>副左營：魏宣明 | 一千人 | 正左營：丘玉成<br>副左營：賴國芳 | 一千人 | |
| 正右營：呂炳山<br>副右營：陳懋勤 | 一千人 | 正右營：丘敏功<br>副右營：林朝元 | 一千人 | |
| 正後營：陳錫範<br>副後營：林國清 | 一千人 | 正後營：陳秉幹<br>副後營：李廣升 | 一千人 | |

義軍的基本成份是當地的農民，其中又以粵東遷台的「客家人」居多。各營首領，大多為秀才以上出身的愛國知識青年，其中有不少是丘逢甲的門生子弟或親朋摯友，如吳湯興、徐驤、姜紹祖、謝道隆、丘國霖等，皆係義軍的重要統領。丘逢甲的哥哥丘先甲是「信」字營統領，三弟丘樹甲是全台義軍營務處幫理，「丘門三傑」，一時在全台義軍中傳為佳話。

義軍重要統領吳湯興、徐驤等，是粵東鎮平遷台的客家人後裔，與丘逢甲既是同鄉又是師生。關於丘逢甲與他們的密切關係，洪棄父[12]在他寫的《瀛海偕亡記》（一名《台灣戰紀》）一書中有如下記述：

---

11　該編制表係當年丘逢甲創辦義軍時親手撰寫，近年為丘氏後裔發現，手稿原件現存廣東蕉嶺縣丘逢甲陳列室。但對照丘琳所輯《丘逢甲信稿》，「誠」、「信」兩字義軍，後來實際僅成軍各三營。據此可推斷，該編制表可能系丘逢甲創辦義軍之初的成軍計畫，並未完全實現。

12　洪棄父，名攀桂，學名一枝，又字月樵，乙未改名繻，彰化鹿港人，生員。乙未年曾與丘逢甲同倡抗日保台，失敗後潛歸鹿港，杜門不出，潛心著作，一九二九年卒。著有《寄鶴齋詩集》，《寄鶴齋詩文集》、《寄鶴齋駢文集》、《八州遊記》、《八州遊草》、《中東戰紀》、《中西戰紀》及《瀛海偕亡記》等書，合刊為《洪棄父先生遺書》。

「初，湯興負意氣，遇逢甲統義勇營，慷慨自請，聞李鴻章割棄台灣，則憤激作大言。逢甲亦鼓舞之，意氣益勃勃。逢甲故粵籍，湯興亦粵籍，聲類相翕。逢甲遂引見唐總統，總統方急時事，逢甲言無不應，即給湯興統領關防。湯興歸，則大會鄉人盟誓，益作大言勵鄉氓。鄉氓亦粵籍，咸不願屬倭，聽其言無不悅，則各搜器械，具糈糧，備應用。湯興乃作義勇衣，樹義旗，置親兵，列營號，出則擁護而行，其意氣壯甚。」「徐驤、姜紹祖二人亦粵籍，亦苗栗縣庠生」，「吳湯興與徐、姜各據一方，事事先期約。」[13]

義軍籌建之初，司令部設在台中丘逢甲的住居柏莊。司令部成立之日，各地義軍首領雲集柏莊，除會商戰略外，還舉行了氣勢雄壯的祭旗儀式，以表達台灣人民同仇敵愾、抗倭守土、誓與侵略者血戰到底的堅強意志。由於地域闊散和交通不便的關係，丘逢甲雖然名義上為全台義軍統領，但實際上只能親率中路義軍中的一部分，其餘大部分義軍雖屬丘逢甲節制，但基本上是自成一個獨立的作戰單位，自募兵勇，自籌糧餉，因而各地義軍的成軍時間以及人數的多寡也不盡相同。到乙未年春，台中一帶共招募義軍三十七營，[14]「統領體制在諸將上，與撫軍往來文牘悉用照會。營制與湘、淮諸軍異，與土勇亦相徑庭。營官不領薪水，逢甲月支公費數百金，無事安居，有事候徵調。」[15]誠如丘氏所述：「義軍者只有軍籍，而其人均在田間聽調者也。」[16]可見，初期的台灣義軍並無嚴格的組織形式，與清軍也保持一定的獨立性，唐景崧交給丘逢甲義軍的任務也只是「專防中路，兼任籌餉。」[17]

正當丘逢甲在台灣殫精竭慮創辦義軍、嚴防日寇侵略的時候，前方清軍在李鴻章失敗主義的支配下，戰事迭連失利，繼續全線潰敗。

---

[13] 轉引自阿英編：《甲午中日戰爭文學集》。不過該史料把吳湯興協辦義軍說成在「聞李鴻章割棄臺灣」、唐景崧被推任「臺灣民主國總統」之後，則不確。

[14] 丘琳輯：《丘逢甲信稿》。原載北京《近代史資料》，今收入《丘逢甲集》第七二五——七四八頁，湖南岳麓書社，二〇〇一年出版

[15] 思痛子：《台海思痛錄》。

[16] 《丘逢甲集》第七六〇頁。

[17] 同注13。

一八九四年十月下旬，日軍分兩路向中國進犯。十月底，安東（今丹東）、九連城、寬甸、海城等戰略要地也相繼丟失；十一月，大連、旅順落入敵手。次年二月，威海衛軍港陷落，北洋艦隊全軍覆沒……。清廷驚恐萬狀，決定授予李鴻章以「商讓土地」的全權，赴日本談判乞和。中國戰敗已成定局。

此時，台灣局勢愈趨緊張，甲午年冬，日本前文部大臣井上毅則向內閣總理大臣伊藤博文建議迅速派兵佔領台灣。他說：「世人皆知朝鮮主權之必不可爭，而不知台灣佔領之最可爭。……佔有台灣者，可能扼黃海、朝鮮海、日本海之航權，而開闔東洋之門戶焉。況與沖繩及八重山群島相聯，一臂所伸，以制他人之出入乎？若又此一大島而落入他人之手耶，我沖繩諸島亦受鼾睡之妨，利害之相反，不啻天壤。」並說，「若失此機會，二三年之後，台島必為他一大國所有矣，不然亦為中立不可爭之地矣。」[18]一八九五年二月下旬，唐景崧得到消息說：「倭中集議：其相欲攻台南，由恒、鳳或後山進兵；其君欲攻北京，由山東進兵。」於是，他急忙「飭各路嚴加防範」，同時考慮到省垣後路空虛、遂正式命令丘逢甲統帶義軍，北上防守台北後路，其防區規定北起南崁、南至台北、台中兩府之間的後壟一帶。[19]

丘逢甲接到命令後，迅即集結隊伍，率部北上，勘察佈置防地，以備戰守，並將義軍司令部設在離南崁街四里許的尖山（一名元帥山）元帥廟內。他寫信向唐景崧表明心跡說：「此次將出，家父訓以弟兄協心軍事，上答君師，下保鄉井。警報日迫，有能效力之處，均不敢辭也。」並說：「義軍之出，可惜太遲，其間不無人才，皆未練習，勇丁善槍者雖多，將來止能使人自為戰，未可云節制之師，此時唯有以寬禦眾，結以恩義而已。」[20]

按理說，清軍應當是保衛台灣的主要力量，可是，唐景崧卻剛愎自用，聽不進不同意見，「動輒與僚屬齟齬」，致使將帥交惡，嚴重地削弱了台灣的防禦力量。唐景崧署理台灣巡撫後，自守台北，留劉永

---

[18] 轉引自鄭喜夫編：《民國丘倉海先生逢甲年譜》，臺灣出版。

[19] 據丘琳輯《丘逢甲信稿・上中丞》內稱：「防地在中北之交，而到中路有大甲、大安溪之阻。」以往不少論著稱丘逢甲義軍駐守台中，實不知前後有變化使然。

[20] 同注14。

福黑旗軍守台南。劉永福曾親往台北，主動與唐景崧會商全台防務事宜，他針對駐台清軍的弊端，提出「裁去老弱，添補精壯」的中肯意見，並表示願意留駐台北，協助唐處理軍務。唐卻「疑劉有異志，頗相猜忌，不肯假以事權」，一口加以回絕。[21]丘逢甲得到消息，甚為焦慮，他知道「景崧雖然號知兵，而防敵禦寇遠不逮永福。全台形勢盡集於台北，台南非其比。台北失，足以牽動台南；台南失，未足以牽動台北。」他擔心唐景崧無劉永福相助，台北恐將不守。而台北一破，台南也勢必「孤守無能為矣」。[22]於是，他激于愛國保台的熱情，親自趕往台北。請謁唐、劉，極力調解兩人之間的意見，以阻劉永福南行。可是，儘管他「焦唇敝舌，繼之以泣，景崧終堅持不為動，二軍遂分。」丘逢甲出而歎曰：「其殆天乎」[23]隨後事態之發展，果不出丘逢甲之所料。

唐景崧不僅剛愎自用，且徒有「知兵」之名。丘逢甲率部到防不久，尚未佈置就緒，三月二十五日，日軍突然攻佔了澎湖，台灣海峽陡然升起了戰爭的煙雲。唐景崧慌忙命令丘逢甲分出兩營義軍，駐紮澎湖對面的台南布袋嘴一帶。假如照唐景崧的命令執行，那麼義軍就須分紮三處：一在南崁，二在後壟，三在台南布袋嘴，由北至南，相隔近五百里之遙。丘逢甲反對這一毫無道理的調動，寫信通過俞明震[24]向唐景崧轉述他的不同意見：「義軍初出，其調度、訓練均須逢甲一人親自任之，如相隔太遠，亦難得力」，何況「勢太不聯」，「布子太散，亦非勝著之棋。」[25]丘逢甲說得很有道理，唐景崧無法批駁，只好收回成命。於是，丘逢甲義軍仍然駐紮在台北後路的南崁、後壟一帶。

為了佈置防地，制定出穩妥可靠的防禦作戰方案，丘逢甲身先士卒，事事親自為力，備極辛勞。他說：「人言已難盡信，地圖亦未可憑，以言者、繪者不必皆知兵事者也」，「此事如作文認題，須切己體會。」

---

21 易順鼎，《魂南記》。
22 同注1。
23 同注1。
24 俞明震，字同甫，又字恪士，號觚庵，浙江山陰人（一作順天宛平人）。光緒十年進士，官刑部主事。甲午戰起，調台幫辦防務，為唐景崧幕中要員。乙未內渡，宦遊江南，後赴甘肅任蘭州道。著有《觚庵集》。
25 同注14。

為此，他脫下長衫，穿上短衣，以帕裹首，連日頂風冒雨，舍車徒步，跋涉於山野之間，親自查勘地形，走訪當地村人漁民，以至「積受寒濕，痰飲感發，心緒煩悶」，也在所不顧。由於丘逢甲注意親赴實地調查勘測，他對防區的各種情況瞭若指掌，「雖倉卒受命，尚覺佈置從容。」[26]

在治軍方面，丘逢甲也有其獨到之處，鑒於局勢緊迫，士卒猝集，來不及進行訓練，加之所率兵勇「皆鄉里子弟」，「將領多門下諸生」等實際情況，他採取了「訓多於練」、「教以大義」的治軍方法，著重樹立廣大義軍將士同仇敵愾、衛國保台的信心和決心。他日夜巡視義軍各部，深入士卒，問寒問暖，與將士們同甘共苦，以鼓舞士氣。他說：「受命倉卒，恐旦夕有警，止能使人自為戰」，「書生初出治軍，止能辦到『臨事而懼』四字……唯逢甲望輕才拙，誓與士卒同甘苦，借結人心，故帕首短後衣，日周旋健兒間，覺羽扇綸巾、名士風流如在天上矣。」[27]在丘逢甲這種愛國愛鄉精神的感染和激勵下，台灣義軍廣大將士，「其心尚為團結」，「每與細繹高論，尚能心領神會」，而且「營中氣習尚少，與百姓亦甚相安」，[28]始終保持著嚴明的紀律和高昂的抗敵鬥志。

自三月下旬澎湖失陷後，日本軍艦不斷在沿海遊弋、窺探台灣防務情況，形勢日趨緊張。丘逢甲預見到戰事已迫在眉睫，飭令各營義軍保持高度警惕，嚴防奸細潛入，隨時準備抵禦日寇的可能入侵，並接連向台北的唐景崧及時報告所在防區的敵情動向：

> 四月十七日（陰曆三月廿三日）：「十九夜有輪船在南崁港口放電燈二鐘許，係皆北向南；二十一、二日均有一二輪船自南向北；本日有一輪在黑水洋，有一黑色輪，無旗，駛向紅土山約二里許……。」

> 四月十八日（陰曆三月廿四日）：「昨夕戌刻，因丘國霖報稱：倭輪近岸泊，又探有奸細在漁寮等處，當往查拿等語。當

[26] 同注 14。
[27] 同注 14。
[28] 同注 14。

即飛報，想已達覽。旋通傳各營，一律預備開仗，並飭分哨往援丘國霖，且派本營得力弁勇馳往搜拿奸細。……現在米價騰貴，兵食維艱，又船尚出入。則稽查奸細為難，可否一律禁止之處，統乞察奪。」

四月二十一日（陰曆三月廿七日）：「本日據丘國霖報稱：已刻有白色三桅輪船在南崁港口黑水洋邊停半鐘，又駛近紅土山約七、八里許停一鐘。即往北行，不知何輪……。」[29]

儘管丘逢甲如此竭心盡力，為拱衛省垣後路扎扎實實地做了許多工作，然而並沒有得到唐景崧應有的鼓勵與支持。對於丘逢甲所請事項，唐往往不予置答，甚至有「連上四書，未蒙復示」的情況。各軍待遇，「初謂事同一律」，不分親疏，但實際上卻厚此薄彼：「查張鎮所統八營，委營務處三人，稟報亦未奉駁」；「又楊道所統三營，其營務處即由院委並給薪水。」可是，丘逢甲以全台義軍統領的名義，薦舉贊助義軍頗為得力的舉人余紹賡來營幫理營務處，「奉批無准駁語」；另一協助丘逢甲創辦義軍「贊助之力為多」之人，雖「前蒙委幫辦義勇事宜」，但唐卻不批領薪水。對此，丘逢甲甚感為難，他認為：「同一薪水，由營自給與由憲給，則受者之感奮自殊」，故對各路義軍統領的「維繫之法，非加以憲札不可。」他提醒唐景崧說：「如使全軍贊助之人紛紛告退，則逢甲一人難獨自辦理，叢脞必多」，「亦自立足不住耳」。[30]

更有甚者，義軍武器彈藥的供應既無專人負責，也不積極調撥。丘逢甲一再寫信向唐景崧呈報：「軍中一切應用之件，種種未齊，戰事又在旦夕，思之焦慮」，「孤軍分紮要地，勢難徒手而戰」，「軍中一切應用之具，十缺三四，領又不能即得，若事事告吾帥，又嫌煩瀆，自顧不知所云」。面對這種種為難情形，丘逢甲「思之不能成寐」，不禁感歎說：「貧如禁體作文章，不意今日帶兵，還是窮書生本色生涯也。」義軍到防好久，唐景崧才撥給「前膛舊炮四尊，其一已斷，餘均生銹，並不可用」，丘逢甲不得已拒絕接受。經一再請求，到後來，唐景崧雖

[29] 同注 14。
[30] 同注 14。

撥給了少量舊式槍炮，但大都是早該淘汰了的武器，而且彈藥也極不全。於是他只好再次去信向唐景崧呼籲：「現在倭輪尚在停泊，已預備開仗。此間屢請快炮未得，所運來紅毛炮又極笨，費盡氣力始到防營，又尚未領得子藥。是開仗所恃惟槍，快槍已不准領，壞又不准換，營中之槍本不敷用，現在槍彈每人僅有百顆，唯有仰懇吾帥速飭運彈來營以備用。」他將「種種為難及焦急情形」上報，得到的卻是「令自設法」的批覆。他不禁「惭駭交併」，只得再三哀求說：「逢甲千氣萬力不能得者，往往吾帥一言得之。如俯念孤軍分紮要地，勢難徒手而戰，仍請速飭備齊軍械，勿雜壞槍，克期運往後壟……。」[31]由此可見，義軍武器彈藥質差量缺到了何種程度！至於糧餉、軍裝等項，義軍也極為奇缺。丘逢甲就是在這種極端艱難困苦的情況下，苦心經營，終於在很短的時間內編成了十營義軍，其中，他自帶五營，為「誠」字三營、「靖」字一營、「捷」字一營；其兄先甲帶「信」字三營；另有「良」字二營，由進士陳登元分節。[32]

丘逢甲在台積極佈防之日，正值李鴻章在日本馬關乞和之時。談判伊始，丘逢甲就密切注視著和談動向，當他獲悉在三月二十八日中日雙方簽訂的《停戰協議》中，竟不把台灣列入停戰範圍之內時，便敏銳地預感到了台灣有被李鴻章出賣的可能。他斷然表示：「如當國者真有棄台之意，竊願舉所有義旅，共保危疆！」丘逢甲明知義軍防守台北後路任務艱巨、餉械缺乏，但仍不失信心，他致書唐景崧說：日軍「若窺台北，基、滬重兵所在，必不敢來，計非南崁，必在後壟。……而此二處皆逢甲弟兄所分防地，如佈置早定，自可無慮。」但同時他也委婉地表示了自己對台北清軍的擔心：「但使諸將協心，能與防地共存亡，倭寇雖凶，未必即能全占台省。」[33]也就是說，只要台北防線的清軍能夠守住陣地，不會貽敵以可乘之機，他所統帶的台北後路義軍儘管力量單薄，也定能堅守到底。

丘逢甲的擔心後來不幸成了事實。台北清軍雖「風聚雲屯」，「兵力不謂不厚」，但派系嚴重，軍紀蕩然，腐敗不堪言狀；加之大敵當前，

---

[31] 同注 14。
[32] 同注 14。
[33] 同注 14。

唐景崧漫無主張，不能知人善任，朝令夕改，調度無方。例如，抗法名將林朝棟本駐紮基隆後路險要獅球嶺，因被提督張兆連猜忌，張連向唐景崧進讒，林遂被唐調往台中；滬尾海防要塞守將本為知府朱上泮，唐景崧先易為提督李本清，旋改派提督綦高會，不久又換提督廖得勝，「特兩月間，滬尾凡三易將。」[34]如此胡亂調動，搞得將領間各存疑慮，離心離德。於是諸軍「各自為統，呼應遂以不靈，甚至與居民相尋鬥，視法紀如弁髦。」[35]與日軍稍一接觸，迅即土崩瓦解，致使駐守台北後路的丘逢甲部頓時陷入孤軍作戰的危險境地，不能不歸於失敗。

## 二、刺血上書，反對割台

一八九五年四月十七日（乙未，三月廿三日），李鴻章代表清政府在日本馬關（今下關）春帆樓簽訂了喪權辱國的《中日馬關條約》。條約規定：中國不僅要向日本交付二億兩白銀的巨額「賠款」，還要把遼東半島、台灣全島及所屬島嶼、澎湖列島「永遠讓於日本」。上述割讓之地的中國居民，兩年後「尚未遷徙者，均宜視為日本臣民。」同時規定：條約批准互換後，「兩國立即各派大員至台灣，限於本約批准後兩個月內交接清楚。」[36]

消息傳到國內，舉國大嘩。這年正值北京會試，康有為、梁啟超聯合各省在京會試的一千三百多名舉人，上書光緒皇帝，要求清政府拒絕批准《馬關條約》，遷都再戰，變法圖強。台灣籍舉人尤為激憤，他們聲淚俱下，聯名上書都察院，強烈抗議清廷「棄地畀仇」，堅決表示「如其生為降虜，不如死為義民」，「台灣軍民必能捨生忘死」，誓與日寇血戰到底，呼籲清政府切勿割棄台灣。[37]上海出版的《申報》，發

---

34 姚錫光：《東方兵事紀略・臺灣篇》。
35 同注10。
36 見《清季外交史料》卷一〇九。割讓遼東半島觸犯了沙俄侵佔我國東北領土的野心，因而引出一場俄、德、法「三國干涉還遼」事件，日本侵略者不敢得罪三國，被迫同意中國以三千萬兩銀子「贖回」遼東。
37 據《清光緒朝中日交涉史料》卷三十九。

出了「我君可欺，而我民不可欺；我官可玩，而我民不可玩」的憤怒呼聲。許多愛國知識份子還用詩歌等文藝形式，表達他們對清廷賣國醜行的強烈抗議。[38]在全國各階層人民一致抗議的影響和推動下，清政府中的一些主戰派官員也紛紛上書清廷，反對割台讓日。一場前所未有的中國人民反侵略、反賣國的愛國運動迅速形成高潮，震盪著神州大地。

條約簽訂的當天，台灣各地即已通過外國洋行，獲悉馬關已在簽約，並有割台條款，同時風傳日本已派出兵輪「即日來台」。消息雖然一時無法證實，但這時正在南崁坐鎮佈防的丘逢甲卻十分重視，立即通知義軍各營「一律預備開仗」，同時致書唐景崧說：「如議和者竟有割台之舉，默察台地情形，必至內亂。此時無繩尺之可拘，倘有英雄者出，但使封疆大臣中有能隱助以軍火，即足集事，餉則不必問矣。」丘逢甲在信中還婉轉地規勸唐景崧：「浩劫茫茫，未知天心何屬，於此令人思鄭延平一流人不置！」[39]希望唐景崧值此國難當頭的關鍵時刻，能以民族英雄鄭成功為榜樣，挺身而出，衛國護台，建立萬世不朽之功業。

「城頭城頭擂大鼓，蒼天蒼天淚如雨，倭人竟割台灣去。」[40]第二天，割台噩耗得到證實，人們奔相走告，「若午夜暴聞轟雷，驚駭無人色，聚哭於市中，夜以繼日，哭聲達于四野，風雲變色，若無天地」，[41]其悲憤程度可想而知。丘逢甲聞訊，怒不可遏，當即刺破手指，血書「抗倭守土」四個大字，以示抗敵保台的決心。隨即邀集當地紳民集會抗議，並以「工部主事、統領全台義勇」的銜名，率領全台紳民上書責問清廷：

> 和議割台，全台震駭。自聞警以來，台民慨輸餉械，不顧身家，無負朝廷。列聖深仁厚澤，二百餘年，所以養人心正士

---

[38] 如鄒增祜在《聞和議訂約感賦》中寫道：「元戎甘割地，上將竟投戈。……向來無一策，富貴只求和。」其他如：「傷心地竟和戎割，太息門因揖盜開」；「臺灣省已歸日本，頤和園又搭天棚」等詩句聯語。見阿英編：《甲午中日戰爭文學集》。

[39] 同注 14。

[40] 黃遵憲：《臺灣行》。

[41] 江山淵：《徐驤傳》。

氣，為我皇上今日之用，何忍棄之？全台非澎湖之比，何至不能一戰？臣等桑梓之地，義與存亡，願與撫台誓死守禦。設戰而不勝，請俟臣等死後再言割地，皇上亦可以上對祖宗，下對百姓。如倭酋來收台灣，台民唯有開仗！謹率全台紳民痛哭上陳等因。乞代奏。[42]

與此同時，丘逢甲飭令各營義軍將士加緊備戰，防範奸細，嚴陣以待，隨時準備抗擊來犯之敵。

四月十九日（陰曆三月廿五日），唐景崧接到總理衙門關於割讓台灣的電示。電文中，清政府極力為其割台罪行辯解：「割台係萬不得已之舉。台灣雖重，比之京師則台灣為輕。倘敵人乘勝直攻大沽，則京師危在旦夕。又台灣孤懸海外，終久不能據守」云云，可謂一派胡言！同時還恬不知恥地聲稱：「交割台灣，限兩月，餘限二十日。百姓願內渡者，聽；兩年內，不內渡者作日本人，改衣冠。」[43]電文內容傳出，台灣同胞憤怒至極，掀起了更大規模的抗議浪潮。台北市民率先鳴鑼罷市，大批紳民扶老攜幼，湧入巡撫衙門，向唐景崧痛哭泣陳，並電約台中、台南各地紳民共同挽留唐景崧和劉永福等固守台灣。他們宣告：藩庫內餉糧不准運走，製造局不准停工，台灣各項稅收應全部留供抗日之用。全台義勇個個義憤填膺，奮袖出臂，磨拳擦掌，誓與日本侵略者決一死戰！

唐景崧在台事危急、前任台撫邵友濂內調的情況下，臨危受命，接任署理台灣巡撫，為籌畫台防、反對日本侵略起了一定的作用。可是他畢竟志大才疏，在這緊要關頭，不僅不善於因勢利導，把台灣軍民高昂的抗敵情緒引向正確的軌道，甚至無法駕馭部屬，穩定局勢。結果，叛亂首先在台北清軍中發生。發動叛亂的禍首叫李文奎，此人原係直隸保定的一名遊匪，從淮軍渡台，先充任撫轅親兵，後任中軍什長，因違犯軍令，曾兩次被其上司、中軍副將方良元責革，遂懷恨在心，暗中勾結黨羽，伺機報復。

---

42 《清季外交史料》卷一〇九、一一〇、一〇一。轉引自王芸生：《六十年來中國與日本》（三）。

43 俞明震：《臺灣八日記》。

四月二十二日（陰曆三月廿八日）午後，唐景崧的女婿余某內渡，李文奎邀集黨羽十餘人，公然在光天化日之下，半道持刀搶劫余某的行裝，並膽敢追殺勇丁直趨撫署轅門。方良元得報，急忙出面喝斥李文奎，李竟乘方不備，揮刀將方砍斃。這時，隱藏在中軍內部的李文奎黨羽乘機鳴槍造反，企圖闖進撫署殺害唐景崧，幸虧提督楊歧珍聞訊，及時率兵趕到，才將亂黨驅散，但無辜百姓卻因此而死傷不少。

事變平息後，唐景崧不但沒有嚴懲罪魁禍首李文奎，反以「安撫」為名，將其提升為營官加以重用。這時，正在南崁的丘逢甲得到消息，「深以為憂」，他專程趕往台北，力勸唐景崧「嚴肅紀律，雷厲風行，殺一儆百。」[44]但唐景崧自以為處置高明，對丘逢甲的正確意見不予採納。唐景崧這種不分是非的錯誤處置釀成了嚴重後果，此後，「軍士遂欺景崧之無能，浸驕不可制，至是益紊亂無紀律矣！」[45]

丘逢甲到台北後，和唐景崧、俞明震等官紳們一起，共同籌畫保台方案。恰逢這個時候，傳來俄、德、法三國列強出面干涉還遼的消息，這使他們產生了很大的幻想。他們認為，當前首要而最緊迫的問題，是力爭刪除割台條款。於是採取了以下兩個主要步驟：一是試圖爭取列強出面干涉，迫使日本放棄割占台灣；二是要求清政府收回割台成命。

早於四月十七日條約簽訂的當天，唐景崧即已電奏清廷，提出與英、俄等國結盟，「請各國從公剖斷」的保台建議。他說：「必不得已，查外國近來或聯二三國為同盟密約，我可急挽英、俄為同盟，許其保遼、保台，即以賠倭之款與英、俄；或請各國從公剖斷，不可專從李鴻章辦法。」[46]

四月二十七日（陰曆四月初三日），唐景崧致電總理衙門，進一步提出將台灣密界各國為租界的主張，大意是：台灣多煤，基隆、宜蘭金礦且多，擬照煙台、上海例，以全台界各國為租界，各徵地段開礦，中國收其稅，彼此利益均沾，全台收益繁盛，各國亦必互禁侵擾。[47]

---

44 同注1。

45 同注1。

46 《臺灣唐維卿中丞電奏稿》。

47 同注42。

這時，正值王之春出使歐洲，路過巴黎，唐景崧又相約張之洞分別去電給王之春，請他設法與法國政府密商保台事宜，並以台灣為質。與此同時，丘逢甲等人也上書清廷，懇求清廷「請諸國公議，派兵輪相助。」此前，台北紳民就曾環請英國駐台北領事設法，「擬以台灣歸英國保護，將煤、金兩礦並茶、腦、磺各稅酬之，懇其轉達駐京英國公使。」[48]

唐景崧、丘逢甲等台灣官紳「病急亂投醫」，幻想英、法等國列強能夠「拔刀相助」，出面護台，其動機固然不能一概否定，但這種辦法假如實現，台灣縱然不落入日本強盜的魔掌，也必然成為英、法等國的殖民地。但是，由於外國列強之間矛盾重重，互相牽制，儘管他們很想乘人之危，實現多年來夢寐以求的攫取我國寶島台灣的野心，但始終沒有敢貿然出面進行干涉。因此，台灣官紳們希冀列強援救保台的幻想終於落空。

在懇求列強干涉保台的同時，唐景崧、丘逢甲等人還再三泣奏清廷，企圖說服清政府能回心轉意，收回割台成命。

四月二十八日（陰曆四月初四日），丘逢甲齧血上書，代表全台紳民向清廷痛陳曰：

> 萬民誓不從日，割亦死，拒亦死，甯先死於亂民手，不願死於倭人手。現聞各國阻緩換約，皇太后、皇上及眾廷臣倘不乘此時將割地一條刪除，則是安心棄我台民，台民已矣，朝廷失人心，何以治天下？……[49]

同一日，都察院代遞台灣籍戶部主事葉題雁、翰林院庶吉士李清琦、舉人汪春源、羅秀惠、黃宗鼎等人的呈文，表示「全台赤子誓不與倭人俱生」，「與其生為降虜，不如死為義民」，「但求朝廷勿棄以予敵，則台地軍民必能捨死忘生，為國家效命。」與此相配合，唐景崧則以「民變」為辭，反覆電奏清廷，提請清政府考慮到割台將引起的嚴重後果。

[48] 同注18。
[49] 同注42。

早於四月二十日（陰曆三月廿六日），條約簽訂的第三天，唐景崧就曾電奏曰：「土勇數十營，誓願與戰；撤時斷不肯繳軍裝。日人登岸，民必殲之。崧力不能禁，請設法告日：不可遽遣人來，來或被戕，官不任咎；此時官自難保，焉能保人。……民急思亂，何事不為！並恐劫他國洋行、殺洋人、毀教堂，廣開釁端，此後一日有一日之變矣！」[50]

李文奎叛亂事發當日，唐景崧立奏清廷：「棄台大眾歎嗟，亂民已起。本日午刻，省城搶劫，砍斃撫標中軍方良元，槍斃平民十餘人。現距交割之期尚遠，且未撤營，亂已如此；撤營後，必至全台糜爛，官員恐難保全。」[51]

四月二十八日（陰曆四月初四日），丘逢甲齧血上書的同一日，唐景崧同時上奏曰：「台民不願歸日，尤慮亂起。朝廷一棄此地，即無王法，不能以尚未交接解之；文武各官不能俟日人至而後離任。官既離任，民得自逞；不獨良民塗炭，各官亦斷難自全。鹽為養命之源，無法管理，萬民立困；此一事，即萬難處。」[52]

在不到一個月的時間裡，丘逢甲先後三次齧血上書，領銜率領全台紳民要求清廷廢約再戰，而唐景崧、俞明震等在台官吏，也連連電陳籲懇，哀告清廷收回割台成命。這一片泣奏之聲，連光緒帝師翁同龢也為之動容，他在日記中寫道：

> 得台灣門人俞明震、丘逢甲電，字字血淚，使我無面目立於人世矣！[53]

唐景崧、丘逢甲等人的泣奏也確曾一度打動過具有愛國之心的青年皇帝光緒。四月二十八日，在接到唐景崧的電奏之後，他曾下旨曰：「本日又據唐景崧電稱紳民呈遞血書，……台民誓不從日，百方呼籲，將來交接，萬難措手。著李鴻章再行熟察情形，……詳籌挽回萬一之法，迅速電覆。」[54]

---

[50] 同注 46。
[51] 同注 46。
[52] 同注 46。
[53] 《翁文忠公日記》冊三十四。
[54] 同注 42。

可是，光緒畢竟軟弱無權，不能左右政局。兩天後，李鴻章回奏：「若令鴻為改約另議，適其決裂興兵；為大局計，不敢孟浪！」[55]公然把光緒皇帝的「聖旨」給頂了回去。主戰而吃了敗仗的光緒皇帝從此再也不敢吭聲了。

反割台鬥爭的怒濤一浪高過一浪，李鴻章生怕再這樣拖延下去會發生變故，動搖他在清政府中的權勢和地位。恰在這時，他又接到駐英、法公使——他的親信龔照瑗的密報，說是張之洞指使王之春正在巴黎和法國政府密商保台之事，這使得李鴻章益加感到事機緊迫，遂急忙和美國侵略分子科士達[56]密謀策劃，並以科士達代表李鴻章，到京出席軍機處會議，用欺騙和恐嚇手段，催迫清廷從速批准《馬關條約》。五月二日（陰曆四月初八），光緒皇帝被迫「用寶」，批准了《馬關條約》；五月八日（陰曆四月十四日），李鴻章急令伍廷芳在煙台與日本交換經兩國政府批准的條約文本，《馬關條約》遂正式生效。

這樣，唐景崧、丘逢甲等台灣官紳們希望清廷收回割台成命的幻想，也終於破滅！台灣人民的反割台鬥爭由此而進入了新的階段。

## 三、力倡自主，義不臣倭

煙台換約之後，割台已無可挽回，台灣官紳們的種種努力遂告失敗。換約消息傳來，丘逢甲悲憤交加，禁不住失聲痛哭，對眾人說：「余早知有今日矣！雖然，台灣者吾台人之所自有，何得任人之私相授受？清廷雖棄我，我豈可復自棄耶！」面對著這種「無天可籲，無主可依」的千古奇變，丘逢甲寢食俱廢，悲憤之餘，他反復地思索著今後的對策。連日來，他邀集林朝棟、陳季同[57]等官紳們商量辦法，設想著各

[55] 同注42。

[56] 科士達（一八三六～一九一七），又譯為「福士達」，美國侵略分子，曾任國務卿，馬關談判中，由美駐華公使田貝推薦，被清政府聘為李鴻章的法律與外交顧問。

[57] 陳季同，字敬如，福建閩侯人。曾任清廷駐德、法、比、奧、丹、荷諸國參贊、代理駐法公使，通曉英、德、羅馬、拉丁數種文字，熟諳國際事務，尤精法國政治及拿破崙法典。一八九五年春，台事緊急，唐景崧邀其赴台，

種可行的保台方案。這時候，曾任駐外公使館參贊多年的陳季同，提出了「民政獨立、遙奉正朔、拒敵人」的主張，[58]眾官紳聽後都頗受啟發，認為此策可行，表示贊成。因為根據萬國公法：「民不服某國，可自立民主」，何況「全台生民百數十萬，地方二千餘里，自立有餘。」[59]暫時脫離清廷而自立，既可對內加強號召，對外爭取援助，又不致給日寇以口實，使清廷為難。當然，在座的每一個人心裡都很明白：這樣做就意味著要違抗朝旨，畢竟事關重大，非同小可。為慎重起見，大家還是一再權衡利害，未敢貿然從事，草率定議。不過，局勢緊迫，瞬息萬變，日寇進攻在即，已容不得他們過多的猶豫徘徊了。

可是，這個時候唐景崧還不肯放棄對列強和清政府的幻想，仍在一味作無效努力。煙台換約的第二天，他還致電總理衙門，「懇請總署密詰法使，迅速派員來台晤商，遲恐民變，無從挽救。再，以法獨保台，不如請各國公保為善。」第三天，他再次電奏清廷：「法有阻台之說，不知確否？……中、日已和好，可否將台民不服情形，請旨飭下總署邀同各國公使與日本商一安民之策？此等慘狀，各國當亦見憐。」云云。[60]

與此同時，唐景崧還接連給他的「恩師」張之洞去電，請張代為設法。然而唐景崧的苦苦哀求，換來的卻是清廷的一盆冰水。五月十一日（陰曆四月十七日），清政府覆電說：

> 時勢所迫，勉從其議。其大要約有兩端：一則戰不可恃，二則進迫京師，利害攸關，視台尤重。一則台無接濟，一拂其情，勢必全力並攻，徒損生靈，終歸淪陷。……貴署撫體察實在情形，不可因一時義憤而激……。[61]

總之，還是那幾句陳詞濫調：中國終歸是打不贏日本的，切不可因一時之義憤，以台灣一隅而危及京師大局。值得注意的是：在這份

---

任副將，是唐幕中智囊人物之一。

[58] 陳衍：《閩侯縣誌・陳季同傳》。

[59] 轉引自陳漢光著：《臺灣抗日史》，臺灣出版。

[60] 同注42。

[61] 同注10。

電報中，清政府實際上已向唐景崧作了暗示：台灣一旦開仗，清廷將不允許大陸予以增援和接濟。可恥的清政府後來果然是這樣做的。

唐景崧接到上述電報後，抄示台民，立即激起台灣同胞的強烈憤慨。他們撰寫了痛責賣國賊李鴻章、孫毓汶、徐用儀三人的檄文，[62]在全台各地張貼散發，並出資分別寄送大陸出版的《申報》、《滬報》、《新聞報》等報館，請各報用大字刊登於報首，予以聲討。檄文中說：「我台民與李鴻章、孫毓汶、徐用儀不共戴天」，無論在何處遇到，「登時悉數殲除」，「以為天下萬世無廉恥賣國固位者得罪天地祖宗之警戒！」[63]

連日來，台民洶洶，群情激憤，丘逢甲等人也加緊進行自主保台的醞釀準備工作，一再勸說唐景崧出面主持自主抗倭大計，但唐景崧仍然猶豫未決。五月十三日（陰曆四月十九日），德國領事派人向唐探詢洽商保台事宜，這下又喚起了唐景崧對列強的幻想。他立即電奏清廷，請求「飭駐德使臣，向德外部商阻割台，並由總署向德使籌商。且言請法不請德，恐德難以為情，似非邦交所宜：唯添請德國，于大局似有益無損。」可是，次日即收到張之洞來電，告知唐景崧曰：「頃聞法使告總署：護台罷議，並請撤王使等語。」[64]法國政府已明確態度，拒絕出面保台，並等於將王之春趕出了法國。唐景崧閱完電報，如同被當頭打了一記悶棍，這才稍稍清醒了一些，勉強同意了丘逢甲等人的懇求。於是，五月十五日（陰曆四月廿一日），以丘逢甲為首的台北紳民們在籌防局集議，然後公集撫署遞呈，請唐景崧暫攝台灣政事，同時以全台紳民的名義，電稟總理衙門及各省大吏，公開宣佈自主保台。電文如下：

> 敬稟者：
>
> 台灣屬倭，萬姓不服，迭請唐撫院代奏台民下情，而事難挽回，如赤子之失父母，悲慘曷極！伏查台灣為朝廷棄地，百姓無依，唯有死守，據為島國，遙戴皇靈，為南洋屏蔽。唯須

---

[62] 孫毓汶、徐用儀時任清廷軍機大臣，主張割讓臺灣，批准《馬關條約》。

[63] 同注 59。

[64] 同注 18。

有人統率，眾議堅留唐撫台仍理台事，並請劉鎮永福鎮守台南。一面懇請各國查照割地紳民不服公法，從公剖斷，台灣應作何處置，再送唐撫入京、劉鎮回任。台民此舉，無非戀戴皇清，圖固守以待轉機。情形萬緊，伏乞代奏。全台紳民泣叩。[65]

從該電文內容可以明白看出：以丘逢甲為首的台灣紳民雖公開聲言要脫離清廷而自立，但其戀戴祖國之情，卻溢於言表，且目的在於「圖固守以待轉機」。次日，唐景崧亦電奏曰：

台民知法不足恃，願死守危區，為南洋屏蔽，堅留景崧、劉永福。經反復開導，再三力拒，無如眾議甚堅，臣等雖欲求死而不得。至台能守與否，亦唯盡人力，以待轉機。此乃台民不服屬倭，權能自主，其拒倭與中國無涉。[66]

清廷接到全台紳民及唐景崧的電稟後，感到事關重大。當即電諭在天津的李鴻章，「台灣難交情形，已可概見」，並再次命其「熟籌辦法」。兩天之後，李鴻章覆奏清廷說：接伊藤來電，日本新任台灣總督樺山資紀已於五月十七日起程赴台，且「詞意甚為決絕」。接著，他進而恐嚇清廷：「此事恐開釁端，並連累他處，務祈慎重籌辦，大局之幸。」[67]

清廷本已成驚弓之鳥，經李鴻章這一嚇，果然十分奏效，從此再不敢存一絲挽回之想，死心塌地割棄台灣了。於是，為「免致懷疑藉口」，清政府一面「著李鴻章飭令李經方迅速往台與日使妥為商辦，勿稍擔延貽誤」；一面又電告唐景崧，「著即開缺，來京陛見。所有文武大小官員，著即陸續內渡」，以表示「中國並無不願交割之意」。[68]

事情已經到了這步田地，台灣官紳們終於完全絕望了。五月二十一日（陰曆四月廿七日），丘逢甲、陳季同、林朝棟、陳儒林[69]等再次

[65] 見王芸生著：《六十年來中國與日本》（三）。
[66] 同注 65。
[67] 同注 65。
[68] 同注 65。
[69] 陳儒林，字泮漁，號藻堂，臺灣淡水廳大龍峒（今臺北市大同區）人。光緒五年恩貢，乙未內渡後任壽甯教諭，亦曾任內閣中書教諭。

集議，一致認為事機緊迫，不能再繼續拖延，正如丘逢甲在一八九八年向丘菽園憶述的：「迫為自主，此猶夷然，明知未著而勢不能不拚而出此者。」[70]於是自立民主之策乃最後確定。大家共議：推唐景崧為總統，定國名為「台灣民主國」，並具體討論了建國工作的各項事宜，分頭佈置，聯絡籌辦。

一八九五年五月二十五日（光緒廿一年乙未五月初二），是「台灣民主國」誕生的日子，也是台灣同胞被清政府可恥出賣後奮力掙扎，以期扭轉乾坤的一天。面對著狂風惡浪與暗礁險灘，四百萬台灣同胞無所畏懼，懷著對祖國的赤忱之心和對侵略者的切齒仇恨，歃血誓師。他們不計成敗利鈍，決心以實際行動來抵制喪權辱國的《馬關條約》，並準備同膽敢入侵的日本侵略者決一死戰！

「台灣民主國」雖然是在強敵進逼的情況下倉猝誕生，但成立儀式卻十分莊嚴隆重。五月初二日這天上午，台北萬民空巷，人們紛紛湧上街頭，奔走相告，扶老攜幼，喜氣洋洋，熱烈慶賀新生抗日政權的誕生。丘逢甲率林朝棟、陳儒林等紳士群眾數千人，以鼓樂為前導，一路群情激昂，浩浩蕩蕩地來到巡撫衙門，向首任「台灣民主國」總統唐景崧恭獻國旗、國璽和總統印章。國璽係金質，上刻：「民主國之寶印」；總統印章亦係金質，上刻：「台灣民主國總統之印」；國旗為藍地黃虎旗，高八尺、長一丈。為了設計這面國旗，充分而準確地表達出四百萬台灣同胞不甘臣服倭寇、永遠嚮往偉大祖國的赤子之心，連日來，紳民們絞盡腦汁，頗費了一番心血，幾易其稿，才最終確定了設計圖案：它參照清朝的青龍旗，龍在天上，虎在地下，以示尊卑之分；「虎首內向，尾高首下」，[71]以示臣服於清朝。這時，唐景崧身穿清朝袍服，手捻朝珠，神情嚴肅地從撫署中緩緩走了出來，接見了以丘逢甲為首的紳民代表，他首先望闕行三跪九叩大禮，表示向清廷謝罪，然後才北向受任總統職。此時此刻，唐景崧萬感叢集，他想到自己科舉及第，萬里請纓，出生入死，宦海半生，好容易才從一個區區吏部主事升任署理巡撫，正當前程似錦之際，卻偏偏趕上這甲午風雲、千古奇變，雖殫思竭慮，反復辯爭，卻一無所成。如今欲內渡而不能，

---

[70] 《丘逢甲集》第七五八頁，湖南岳麓書社，二〇〇一年出版
[71] 同注34。

圖固守則前途未卜、凶多吉少，實在是左右為難、如履薄冰，一生功名，大有付之東流之虞！……想到這裡，唐景崧不勝悲痛，竟控制不住自己的感情，當著眾多紳民之面放聲大哭起來，連事先想好了的幾句就職演說，也沒能顧得上講，便由丘逢甲等人匆匆扶入後堂去了。

唐景崧就任總統後，宣佈改年號為「永清」。在當時，人們還不可能有把「國家」與「皇朝」分開的科學概念，「中國」和「清朝」、「大清國」在人們的心目中實際是同義詞，因此，「永清」既可理解為「台灣永遠隸屬於清朝」，也可以解釋為「台灣永遠隸屬於中國」。同設計藍地黃虎旗的意圖一樣，取「永清」這個年號，鮮明地表達了台灣同胞眷戀祖國之情。

按照預定計劃，推舉劉永福為大將軍、丘逢甲為義軍統領[72]。「台灣民主國」還宣佈改巡撫衙門為總統府，總統府下設三個機構：改布政使司為內務衙門，以刑部主事俞明震主之，對外稱內務大臣，其關防文曰：「台灣承宣佈政總理內務衙門關防」；改籌防局為外務衙門，以前駐法參贊、副將陳季同主之，對外稱外務大臣，其關防文曰：「台灣總理各國事務衙門關防」；改全台營務處為軍務衙門，以禮部主事李秉瑞主之，對外稱軍務大臣，其關防文曰：「台灣軍務衙門關防」。上述諸大臣對內不稱「大臣」而稱「督辦」，所有應辦事宜，即著該衙門悉心核議，呈請撫台核奪。其餘地方民事，仍由道、府、廳、縣照舊辦理。撫台於外洋各國稱「台灣民主國大總統」，而于本省文武屬員仍

---

72　關於丘逢甲在「臺灣民主國」的任職，歷來眾說紛紜，計有：團練使、內務卿、大將軍、副總統，以及副總統兼大將軍、義軍統領諸說。戚其章撰有《丘逢甲在台任職考辨》一文，辨之甚詳，可信，今從戚說。戚文刊于《汕頭大學學報》一九八五年第一期。又，今廣東蕉嶺縣淡定村丘逢甲故居存有「華表」一柱，上鐫「四品京堂、工部主事、臺灣民主國副總統、廣東省諮議局議長丘逢甲立」等字樣。據年過丘氏侄孫丘晨波回憶：此華表系丘逢甲去世後不久，由其弟丘瑞甲、丘兆甲出面建立，本豎于丘氏族祖墓墳之側，他們用已故兄長名義立「表」，有藉此光宗耀祖之意。但丘任「副總統」之說，並非空穴來風。乙未內渡後，丘逢甲曾向父、弟憶及：臺灣紳民議立「民主國」，擁唐景崧任「總統」之時，唐推薦丘逢甲出任副職，是為了有利於臺灣紳民協力抗日，亦便於唐「相機自處」，但議立副職之事須由新成立的臺灣省議會決議公示，當時情勢危急，人心惶惶，議員難產，議長林維源堅辭不就，故丘逢甲出任「副職」之事，僅系口傳，未見法定文書記錄在案。但台民固知此議，一九一五年，江山淵撰《丘逢甲傳》時即稱丘為「副總統」，丘弟立「表」所稱與江傳之記述相符。

照銜相稱。[73]由此可見，台灣民主國的官制，主要是迫於形勢的需要，「或改一下衙門的名稱，或對外變一下官員的職稱，並不意味著原先的封建衙門發生了根本性質的變化。」[74]

與此同時，還決定任命遊說使一員，由道員姚文棟擔任，前往北京向清廷報告「台灣民主國」建立的情形和宗旨，以期取得清廷的諒解和支持。另外，又確定設上、下兩議院，公推林維源為議長（林堅辭未就，以認捐銀一百萬兩而罷），本擬上、下議院共計推選議員八十四名（上院廿四名，下院六十名），但當場推選出來的，僅有陳雲林（拔貢）、洪文光（稟生）、白其祥（街董）和許冀公等數人。於是，「台灣民主國」宣告正式成立，炮台升黃虎旗，鳴禮炮十一響志賀；各國駐台洋商、兵艦亦都鳴炮、升旗，以示慶賀。[75]

台灣民主國成立後，向中外發佈了一系列重要通電和文告，把台灣「自立為國」的經過、目的和對清廷以及其他各國的態度等等，都說得清清楚楚。這些通電和文告，無疑為我們今天研究和認識台灣民主國，提供了彌足珍貴的史料，其要點分別摘錄如下：

（一）以台灣紳民的名義發給清政府的十六字電報：「台灣紳民，義不臣倭，願為島國，永戴聖清。」[76]

（二）唐景崧給清廷的電奏：「臣景崧欽准開缺，應即起程進京陛見。唯臣先行，民斷不容，各官亦無一保全；只可臣暫留此，先令各官陸續內波，臣當相機自處。台民前望轉機，未敢妄動，今已絕望，公議自立為民主之國……。伏思倭人不日到台，台民必拒；若炮台仍用龍旗開仗，恐為倭藉口，牽涉中國。不得已允暫視事，將旗發給各炮台暫換，印暫收存，專為交涉各國之用。一俟佈告各國，並商結外援，嗣後台灣總統，均由民舉。遵奉正朔，遙作屏藩。」[77]

（三）唐景崧給各省大吏的通電：「日本索割台灣，台民不服，

---

[73] 據胡傳：《臺灣日記與稟啟》，轉引自戚其章：《關於臺灣民主國的評價問題》。
[74] 戚其章：《關於臺灣民主國的評價問題》。
[75] 同注 18。
[76] 據王炳耀：《甲午中日戰輯》（三）。
[77] 同注 65。

屢經電奏不允割讓，未能挽回，台民忠義，誓不服倭。……不得已允暫主總統，由民公舉，仍奉正朔，遙作屏藩，商結外援，以圖善後，事起倉卒，迫不自由，已電奏並佈告各國。能否持久，尚難預料，唯望憫而助之。」[78]

（四）唐景崧以「總統」名義曉喻全台的文告：「照得日本欺淩中國，大肆要求；此次馬關議款，於賠償兵費之外，復索台灣一島，台民忠義，不肯俯首事仇，屢次懇求代奏免割，總統亦奏多次。而中國欲昭大信，未允改約，全台士民不勝悲憤。當此無天可籲，無主可依，台民公議，自立為民主之國。……唯是台灣疆土，荷大清經營締造二百餘年，今須自立為國，感念列聖舊恩，仍應恭奉正朔，遙作屏藩，氣脈相通，無異中土。」[79]

（五）以台灣紳民的名義佈告中外：「日本要索台灣，竟有割台之款。……今已無天可籲，無人肯援，台民唯有自主，推擁賢者，權攝台政。事平之後，當再請命中朝，作何辦理。倘日本具有天良，不忍相強，台民亦願全和局，與以利益。唯台灣土地政令非他人所能幹預，設以干戈從事，台民唯集萬眾禦之。願人人戰死而失台，決不願拱手而讓台！……如各國仗義公斷，能以台灣歸還中國，台民亦願以所有利益報之。」[80]

除此之外，「台灣民主國」還發行過《獨虎圖》郵票及官銀票、股份票等。[81]

從上述台灣民主國由醞釀到成立的經過情形，及其成立後所發佈的一系列通電、文告內容和有關措施，充分反映了以丘逢甲等為代表的台灣同胞無比熾熱的愛國愛鄉感情和不甘臣服日本侵略者的堅強意志。他們在「無天可籲，無主可依，無人肯援」的十分艱難困苦的險惡情勢下，決心不計成敗，為捍衛祖國領土的完整統一和中華民族的尊嚴而決一死戰！

---

78　同注 65。

79　同注 65。

80　同注 65。

81　據黄昭堂：《臺灣民主國研究》，東京大學出版會，日文版。

## 四、抗日事敗，揮淚內渡

台灣民主國成立後，台灣軍民士氣大振，嚴陣以待，決心以自己的血肉之軀抵抗日寇的武裝割占。然而，事實證明，被丘逢甲等台紳們擁上總統寶座，付以重任，寄以厚望的唐景崧，並不是真正值得信賴的領袖人物。值此台島危急之秋，雖然他很想施展一下自己的抱負，抗日保台，建功立業，以傳下千古不朽的美名。但是，他也很明白：違抗朝旨，畢竟風險太大，無異於拿自己的前程作賭注。因此，這時候唐景崧陷入了極度矛盾的心理狀態之中，處處留有餘地。他表面上敷衍台民，答應留台抗日，骨子裡卻沒有抵抗到底的信心和決心。早在民主國成立之前，他在給清廷的電奏中就一再表明：「臣雖知不可為，而屆時為民挽回，不能自主」（四月二十八日電奏）；「台能守與否，亦唯盡人力，以待轉機」（五月十六日密奏）；民主國成立的當天，他更向清廷暗中表白自己不得不暫時留台、不能「進京陛見」的「苦衷」，表示「當相機自處……俟事稍定，臣能脫身，即奔赴宮門，席藁請罪。」在給各省大吏的通電中也說：台灣民主國「能否持久，尚難預料。」

果然，台灣民主國成立的當天，唐景崧就下令所有文武官弁限於五月二十七日（陰曆五月初四）以前內渡，留者倍薪，去者聽之，逾時始求去者以軍法論處。本來，清廷雖早於五月二十日即有「內渡」之令，但大多數官吏尚未成行，唐景崧的「內渡」命令一下，立即掀起了一股內渡逃跑之風。這就勢必在政治上造成權力真空，各級地方行政機構立即陷入無人負責的半癱瘓狀態，嚴重地影響了各地軍民的抗敵情緒和備戰工作的順利進行。

各級地方官吏相繼內渡後，台灣民主國趕忙採取了相應的補救措施，先後任命了一批新的地方官吏以填補空缺，重新形成了台灣抗敵政權的新體制。

當時，台灣防務情況大致如下：沿岸雖無海軍協防，僅有海岸炮台十四座，但陸軍為數不能算少，據說有百營之眾，以每營三百五十人計，總兵力當在三萬五千人，再加上各地團練義軍，估計不下七八萬眾。兵力配備：唐景崧自守台北，張兆連守基隆一帶，綦高會守滬尾一帶，劉永福黑旗軍守台南一帶，袁錫中守埤南一帶。[82]武裝彈藥方面：其時火藥庫計儲炮藥及土藥約四萬餘磅（一說四百餘萬磅，疑誤），毛瑟槍彈二百八十餘萬顆。步兵多用單、連發毛瑟槍及抬槍等，炮隊多用德制克式炮；炮台則多用英制安式炮，其次為舊式前裝炮。[83]糧餉方面：當時全台歲入正、雜各項計銀三百七十餘萬兩。藩庫尚存銀四十餘萬兩（一作六十萬兩）。[84]這些人力物力雖不能說充足，更談不上雄厚，但若能很好地組織和使用，應該說是足以有效地抵抗日本侵略者的進攻的，起碼也不致失敗得這樣快和這樣慘。然而，事實證明，丘逢甲等台紳們過於相信唐景崧了。由於唐景崧的軟弱無能，指揮失當，調度無方，致使全台精華之區的台北，率先失陷，危急時刻，他又一走了之，終於釀成了無法挽回的嚴重後果。

歷史現象是如此地錯綜複雜、千奇百怪，高尚與無恥、偉大與醜惡往往同時並存、交織在一起，鮮明地展現在人們的面前。

正當台灣同胞醞釀成立台灣民主國，同仇敵愾，厲兵秣馬，誓死捍衛祖國神聖領土台灣、抗擊日寇武裝侵略的時候，清廷派出的「割台專使」李經方，卻正在幹著無恥的賣國勾當。六月一日（陰曆五月初九），李經方抵達淡水，懾於台灣人民反割台鬥爭的憤怒呼聲和強大威力，他未敢登岸，隨即在日本軍艦的護衛下轉赴基隆口外的三貂澳洋面。次日，李經方與樺山資紀在日艦「西京丸」上會晤，草草訂立了交接台灣的文據，其開列交接清單如下：

（一）台灣全島、澎湖列島之各海口及各府縣所有的堡壘、軍器、工廠及屬公物件；

（二）台灣至福建海線應如何辦理之處，俟兩國政府隨後商定。[85]

就這樣，可恥的清政府把祖國的神聖領土台灣、澎湖及其所屬四百萬骨肉同胞一古腦兒交割出賣了！可是，具有光榮愛國鬥爭傳統的

---

[82] 同注 59。
[83] 同注 59。
[84] 同注 34。
[85] 同注 65。

台灣人民決不答應。於是，一場氣吞山河、英勇悲壯的武裝反割台鬥爭就此拉開了戰幕！

早於五月二十九日（陰曆五月初六日），台灣民主國宣告成立的第五天，日本侵略軍即已開始發動進攻。這天下午，日軍先以一部分軍艦佯攻基隆西南的金包里，陸軍主將北白川宮能久親王率領的主力近衛師團第二聯隊，則在三貂角的澳底（今台北貢寮）、鹽寮一帶登陸。澳底港深，可泊巨輪，原本駐有楊歧珍防營，楊率軍內渡後，僅有總兵曾照喜統帶的兩營土勇駐守。曾軍皆係新募，「成軍甫三日，遇敵不敢戰」，[86]日軍輕而易舉地登陸成功。澳底至基隆約五十華里，天險三貂嶺為必經之路，唐景崧命吳國華率所部廣勇七百人前往扼守，吳延至次日才率四百人出發。唐復令營官包幹臣隨後增援，包幹臣素來畏敵喜功，「逢甲知之稔，阻景崧不可用，景崧不聽。」[87]

日軍佔據澳底後，冒雨向三貂嶺推進，竟無一兵一卒把守，遂不戰而佔領三貂嶺天險，隨即向基隆後路要地瑞芳逼進，途中恰與吳國華軍遭遇。吳軍奮力衝殺，日軍頗有傷亡。可是，這時前來「增援」的包幹臣卻為與吳國華爭功而兩軍在陣前發生火拼，隨後竟都置敵軍於不顧，而相繼退去。

六月一日，俞明震親往前線督師，提督張兆連、陳得勝等軍與日寇在瑞芳激戰數日。據日方記載：「敵人的抵抗意外頑強，或僅僅以數十名前來逆襲，或單獨潛伏房屋、竹叢中，待我通過後加以狙擊……我方死傷較多。」[88]後因陳得勝不幸戰死，張兆連身負重傷，餘軍敗退，日軍才佔領瑞芳，逼近基隆。

六月三日上午，日軍向基隆要塞發起總攻。守軍奮力抵抗，激戰四小時，終因力量懸殊而告失陷。

基隆陷落後，通往台北的軍事險要僅剩獅球嶺和八堵兩處，形勢陡然危急。俞明震急返台北，苦請唐景崧親往八堵督師，死守獅球嶺。若能如此，戰局或許尚有轉機。可是，平素高談闊論以「儒將」自詡的唐景崧，早已失去中法戰爭時期的進取精神，他畏葸怕戰，不敢前

---

86 同注43。
87 同注1。
88 見《中日戰爭》（六）：《臺灣抗戰日方資料》。

往，僅派出中軍副將黃義德率護衛營往紮八堵，同時急電遠在台中的林朝棟率軍北援。

獅球嶺本屬道員林朝棟所部十營土勇的防地。林係抗法名將，一八八四年，他跟隨劉銘傳在此地據守，大敗法軍，立下戰功，「所部將士皆前隨征之人，地勢險要甚悉」，[89]「且訓練有法，頗負時望。」[90]如果這時仍由林朝棟所部據守獅球嶺，即便最終無法固守，起碼也可給日軍的猖狂攻勢以沉重打擊，並可為固守台北、穩定人心爭取時間。可是，只因其所率土勇與唐景崧的親信廣勇發生摩擦，唐景崧便聽信讒言，先已將林朝棟遠調台中。這時，林朝棟在台中得到唐景崧的告急電，急忙「拔隊援台北」，[91]但已鞭長莫及，行至後壟，聞台北已經失陷，唐已內渡，遂收兵回返台中。不久，他發餉遣散部眾，內渡漳州。林朝棟身為統兵道員，在台北失陷之際，未能力挽狂瀾，不戰自退，爾後又棄軍自渡，其行為固不足取，但從中也可看出唐景崧不能知人善任、團結各軍將士所帶來的嚴重後果。

再說中軍副將黃義德，此人平日即為人狡詐，非愛國敢戰之才，卻頗得唐景崧寵信。他受命前往八堵後，尚未與日軍接仗，即匆匆率軍返回台北，謊稱「獅球嶺已失，大雨不能紮營，且敵懸六十萬金購總統頭，故乘火車急馳回城，防內亂」云云。[92]這時，丘逢甲尚在台北，他當面怒斥黃義德貪生怕死的可恥行徑。唐景崧也明知黃畏敵欺罔，但卻默然而「莫敢詰其實」。[93]結果，日軍未放一槍即佔據了天險獅球嶺。六月四日，黃義德中軍又以索餉為名鬧市，致使台北秩序大亂。「逢甲請斬義德以謝台民，並嚴懲一二亂兵為首者，以厲其餘，景崧不敢從。」丘逢甲歎曰：「禍患之來，迫于眉睫，尚不能整飭軍紀，徒畏葸遊移，坐令其嘩變，天下事尚可為乎！？」[94]到這時，丘逢甲才看出唐景崧實乃無能之輩，台北已危在旦夕，他趕忙返回南崁元帥廟，部署義軍，準備迎戰。

---

[89] 吳德功：《讓台記》。
[90] 同注43。
[91] 同注89。
[92] 同注43。
[93] 同注1。
[94] 同注1。

丘逢甲走後，俞明震考慮到台北週邊險要盡失，無法固守，力勸唐景崧退守新竹，與林朝棟、劉永福等軍會合，以圖再舉，但唐景崧不予採納。當夜，前敵潰兵湧進台北，秩序益加混亂，李文奎佯稱請唐景崧出戰，率潰兵闖入撫衙搶劫，並縱火焚房。混亂中，唐景崧慌忙化裝出逃，匿於德國洋行，隨後潛至滬尾，六月六日（陰曆五月十四日），乘坐德國輪船「鴨打號」逃往廈門，完成了他的「相機自處」。同日，漢奸辜顯榮和美國《紐約先驅報》記者德威伯遜等先後前往日營，歡迎日軍進駐台北。本來日軍攻佔基隆後，聽說台北有防兵萬人，未敢輕進，得到雜貨商辜顯榮向日軍密報，知台北巡撫逃走，基隆至台北間的鐵路、橋樑、電線未受損，且無兵勇巡查，[95]於七日不戰而進佔台北，比預定計劃提前了二十天時間。從五月二十九日澳底登陸至六月七日佔領台北，日軍僅用了九天的時間，損失最大的是，攻佔基隆後，火藥庫被潛伏在裡邊的一名中國士兵引爆，當場炸死炸傷日軍二百餘人，這位不知姓名的愛國士兵當場被捕，英勇就義。

事實說明，日軍之所以能如此輕而易舉地佔領基隆、台北，並非由於日軍的英勇善戰，而是由於唐景崧的軟弱無能、剛愎自用。在關鍵時刻，他不肯採納俞明震、丘逢甲等人的正確主張，以致有險不守、坐失戰機、軍紀蕩然、不戰自亂，使台北地區的抗日力量和廣大軍民的高昂士氣得不到合理的使用和正常的發揮。台北淪陷後，大量餉械軍火物資落入敵手，散兵遊勇四竄淫掠，從而更增添了台中、台南地區保境安民、抗擊日本侵略軍的困難。

消息轉到南崁軍中，丘逢甲悲憤欲絕，他大哭不止，痛斥其「恩師」唐景崧曰：「吾台其去矣！誤我台民，一至此極！景崧之肉其足食乎！？」[96]

日軍既占台北，旋即乘勝沿鐵路南犯。恰在這時，南崁義軍的友鄰部隊、駐紮台北後路的總兵余得勝，竟率所部五營人馬無恥投敵。[97]丘逢甲不顧自己勢孤力單，毅然率義軍「伏於途而擊之，顧日軍勢張

95 見《丘逢甲集》附錄，第九四七頁。
96 同注1。
97 見香風外史：《征台顛末》，據戚其章：《甲午戰爭後保衛臺灣之戰》。

甚」，[98]眾寡難敵，勢不能支，遂不得不飲恨率軍退往台中武巒山一帶，[99]並隨即設義軍司令部於大埔厝柏莊，繼續籌畫南北義軍抗戰事宜，協調指揮吳湯興、徐驤、丘國霖等各路義軍前敵作戰。[100]

六月十一日（陰曆五月十九日）丘逢甲義軍主要將領之一的吳湯興，在苗栗邀集新竹、苗栗二縣紳民，祭旗誓師，圖謀北上，收復台北。當日，姜紹祖、徐驤、丘國霖、吳鎮洸、胡阿錦諸路義軍及駐防新竹的清軍提督簡茂林兩營，原林朝棟部屬謝天德等營皆前來誓師，共推吳湯興為首，「設大鼓、築高架掛之，旗幟整齊，軍容甚壯。」[101]吳湯興列營祭旗，望北而誓曰：「是吾等效命之秋也！」[102]眾皆感奮，願為抗敵而效命。因為吳湯興所統義軍皆來自新竹、苗栗二縣，故稱「新苗軍」，新苗軍的誓師北上，開始了台灣人民武裝抗日保台的新階段。

新苗軍開抵新竹，探知日軍已經南侵，遂屯駐離新竹城北二十五華里的大湖口（今湖口）。其時，日寇分東西兩路齊頭並進，東路沿山路而行，經大科崁（今大溪）至龍潭坡（今龍潭）；西路順大道而行，經桃仔園（今桃園）、中壢、楊梅壢（今楊梅）至大湖口。吳湯興探悉，也將新苗軍分作兩路迎戰：一路由徐驤統領，迎擊東路日軍；一路由吳湯興自統，抗阻西路來敵。

六月十三日（一說六月十七日），東路徐驤所率義軍進至龍潭坡，適與日軍相遇，展開激戰。當地三角湧、三峽莊人民群起參戰，配合義軍「四面包裹，殺聲連天，日本大佐櫻井氏一隊六十名覆沒，餘軍不支，悉走山林間。」[103]次日，西路吳湯興所率義軍也在楊梅壢與日寇偵探小隊相遇，雙方激戰一時許，日軍敗退，三十名運送彈藥的日軍，只剩兩名逃回。吳軍暫退回大湖口紮營。這時，丘國霖所部七百人也趕到大湖口，與吳湯興會合。六月十七日，吳軍自大湖口再次出

[98] 同注1。
[99] 丘逢甲曾有詩記此事云：「當時痛哭割臺灣，未肯金牌奉詔還；倉葛哀呼竟何補？全軍難保武巒山。」武巒山，在台中。見《嶺雲海日樓詩抄》卷七。
[100] 據丘念台：《我的奮鬥史》。
[101] 同注18。
[102] 連橫：《臺灣通史》。
[103] 洪棄父：《臺灣戰紀》。

戰，預伏于大道兩旁，「西路日軍適至，相遇，各開炮火。日軍恃眾，唯發排槍，彈如雨下，鮮命中。吳軍多山民，善狙擊，彈無虛發，日軍仆者相續，遂大敗退。」[104]這一仗日軍傷亡慘重，被義軍擊斃數十人，日軍急調炮兵增援，用猛烈炮火轟擊大湖口，義軍才被迫後撤。據日方戰史記載：大湖口之戰中，義軍所表現的英勇無畏精神，與台北方面官軍之混亂潰敗情狀，有雲泥之別。

新苗軍的戰績，極大地鼓舞了台中地區各縣民眾的抗日士氣，同時也使一些地方官吏改變了觀望態度，開始籌備戰守。大湖口之戰後不久，台灣、彰化、雲林、苗栗四縣官紳在台灣知府黎景嵩的主持下，召開會議，決定設籌防局，籌集款項，招募土、客勇共七千人，編成「新楚軍」十四營，以湖北人副將楊載雲為統領，開赴前線與新苗軍配合作戰；並准撥苗栗縣錢糧為義軍糧餉，發給軍裝，台中義軍因此而士氣大振。

可是，這時駐守新竹的提督簡茂林以及新竹知縣王國瑞卻經不起日軍進攻的嚴峻考驗，率軍內渡，日寇不戰而得新竹縣城，進佔新竹的日軍才不過一千多人，立即陷入新苗軍和新楚軍的層層包圍之中，失去了與台北日軍主力的聯絡。新竹日軍派出一個五人小隊試圖與台北取得聯繫，為義軍捕殺；台北日軍司令部派往新竹的隊伍也為義軍中途阻截，損失慘重。這時，如果黎景嵩能聯合台南的劉永福黑旗軍，集中台灣、台南兩府的抗日力量，並請具有豐富經驗的劉永福全面主持軍事，則收復新竹指日可待，戰局尚有轉機。然而，黎景嵩卻過高地估計了自己的力量，更不願與劉永福分功，致使收復新竹之戰功敗垂成。

七月十日（陰曆閏五月十八日）凌晨四時，進攻新竹的戰鬥打響，新苗軍和新楚軍按預定計畫分東、西、南三路同時攻城，但因日軍早有戒備，各軍在敵人的優勢炮火轟擊下，雖前仆後繼，奮勇衝殺，仍久攻不克。其後，雙方為爭奪城東二華里的十八尖山展開了空前猛烈的激戰，「日軍憑山發槍，我軍先後奮迅爭上，奪其山，自山上發抬槍，彈丸及城中。日軍則發大炮，我軍伏避炮，十八尖山復為日軍據。我軍或從山后東徑擊其腰，日軍復退下山。一上一下，如是者數次。」[105]

---

[104] 同注 103。
[105] 同注 103。

激烈的爭奪戰一直持續到晚間八時，新苗軍和新楚軍彈藥告罄，無法再戰，不得不撤退。是役，姜紹祖被日軍俘獲，但日軍並不認識姜，這時姜紹祖的部下有一義勇被俘後自稱是姜紹祖而英勇就義，姜才設法得以逃脫，後在彰化八卦山戰鬥中壯烈殉國。

收復新竹之戰失利後，新苗軍因苗栗知縣李烇克扣糧餉而與李發生糾紛，未能抓住戰機再次採取收復新竹的統一軍事行動，致使困守新竹的日軍得以喘息，固守待援。

台中丘部義軍的英勇抵抗，迫使日軍司令部放棄了在安平登陸、南北夾攻的原定計劃，轉而集中優勢兵力由北至南進行陸路攻掠。[106]沿途各地義軍如大科嵌的江國輝、三角湧的蘇力、龍潭坡的黃娘盛等，各率部襲擊南侵日軍，他們以土銃、長槍、大刀為武器，利用熟悉的地形，出沒無常，打得日寇暈頭轉向，膽顫心驚。在大科嵌，坊城支隊八百九十餘人被圍六日，糧盡彈竭，傷亡慘重；在大安寮，山本騎兵小隊除三名生還外，其餘全部被殲。日軍驚呼：「掃蕩者反被掃蕩！」「台北、新竹間，人民就是士兵，其數不得而如，破壞鐵路，割斷電線，皆他們所為，見我兵寡則來襲，見我兵眾則遠遁入森林中。」[107]「不論何時，只要我軍一打敗，附近村民便立刻變成我們的敵人。每個人，甚至年輕婦女都拿起武器來，一面呼喊著，一面投入戰鬥。我們的對手非常頑強，一點也不怕死。」[108]面對台中人民的頑強抵抗，日本近衛師團長北白川宮能久親王在日軍《訓令》中這樣寫道：

> 北部台灣的中國殘兵，雖已完全掃蕩淨盡，但從台北至新竹的鐵路線南方，大姑陷（即大科崁）河西岸一帶，尚充滿著不服我皇化的敵兵。他們對我優勢的軍隊即以所謂簞食壺漿出迎，巧裝良民；對小部隊即予奇襲。……因為，大姑陷附近的土民，屬於台灣島中最獰惡（應讀作「最富於反抗」）的客家種族，殊非平常手段所能濟事。但是，倘若因此即任其跳樑，

[106] 據喜安幸夫：《臺灣島抗日秘史》及稻坦其外：《北白川宮傳記》。
[107] 東洋堂：《風俗畫報》臨時增刊：《臺灣征討圖繪》（二），轉引自陳碧笙：《臺灣地方史》。
[108] 竹越與三郎：《臺灣統治志》，轉引自陳碧笙：《臺灣地方史》。

不但對將來全島的施政會引起莫大的弊害，對眼前即將南進的師團兵站亦難免屢受危險威脅。[109]

當時的《東京日日報》所登載的有關戰報也說：

「大姑陷、三角湧、中壢地方的土民屬所謂的客家種族，從來為台灣第一的獰猛人種，因此，他們反抗我皇師，極盡頑梗跳梁，並非無因」，「士兵本來是當地的愚民，因而每戰必頑強抵抗，這點是和中國的傭兵不同的。」[110]

上述史料說明，丘逢甲所部台中各路義軍的頑強阻擊，有效地挫敗了侵台日軍妄圖迅速南進的狂妄計畫，同時也為劉永福固守台南贏得了一段極其寶貴的時間。由於日軍損失慘重，進展遲緩，迫使他們不得不一再向國內求援。直到七月中旬以後，日本派出台灣副總督、陸軍中將高島鞆之助和第二師團長乃木希典，統兵二萬增援台灣，台灣戰場上的軍事形勢才發生轉變。此後，侵台日軍仰仗其優勢兵力和精良的武器裝備，轉守為攻，大舉反撲，各路義軍雖頑強抵抗，重創敵軍，但餉械奇缺，孤軍奮戰，終究無法扭轉戰局。內渡後，丘逢甲本人在回顧這段義軍抗戰的史實時，曾這樣寫道：

方事之殷也，唐北劉南，民部守中，則敝統也。時則王靈已去，人心大動，撫內未定，而敵已北來。唐督戰不全負也。餉械本絀，而均屯北；已而淮部首變，北軍乃潰，餉械一空，而敵遂據北矣。中部馳援，半道遇敵。旬月之戰，雖不大挫，而終莫支，則軍火缺也……。[111]

經過近一個月激烈戰鬥的丘逢甲義軍，傷亡慘重，不少重要將領相繼陣亡，餉竭彈盡，各部星散，柏莊司令部亦被日軍縱火焚毀。這時，丘逢甲的舊友、營務處幫辦呂賡虞（汝玉）經不起考驗，叛變投

---

109 同注 88。

110 同注 88。

111 丘逢甲：《致丘菽園》，作於一八九八年四月二十九日，刊於七月十六日新加坡《天南新報》，原題為《臺灣丘仲閼工部自潮州寓書本館主人》，見《丘逢甲集》第七五九頁，湖南岳麓書社出版，二〇〇一年。

敵，[112]並散佈丘逢甲「挾十萬餉銀潛逃」的流言，以圖掩飾其降敵劣跡。謠言傳開後，所部多逃亡，軍心渙散，號令不行，而「日軍復以台灣自主事為倉海所首倡，嫉之甚，嚴索之。」[113]丘逢甲進退維谷，知事已不可為，不得不帶領少數親信躲藏于深菁窮谷之間，與日寇相周旋。當時，他設想去台南與劉永福會合，圖謀再舉，但「道中梗，不能行。而台北已陷諸城邑，聞台南義聲，咸躍躍思奮，倉海復與之約，定期起兵圖恢復，為日軍所偵知，防備周密，無隙可乘。」[114]既而丘逢甲欲率眾入山死守，與台共存亡，隨從皆泣阻，「以為徒死何益？」這時，「誠」字營統領、好友謝道隆力勸說：「台雖亡，能強祖國則可復土雪恥，不如內渡也。」[115]丘逢甲的父親丘龍章聽說有人提出內渡大陸的主張，初頗不以為然，他贊同丘逢甲入山固守的意見，並要他「切勿顧慮家人的安全」，同時又在枕頭箱裡暗藏了鴉片煙膏，「準備于必要時自殺殉國，」[116]及至向他反覆說明：「返回大陸，是為的圖謀恢復台灣的長久打算，並非從此終止抵抗」，這才使他寬下心來，並轉而出面相勸丘逢甲內渡。[117]丘逢甲仰天歎曰：「死，易事也，吾將效曹沫復魯仇焉！」[118]遂決定內渡祖國大陸。

於是，丘逢甲通知各地義軍自由抗戰或內渡，「不限部勒」。隨後，他奉父母及親信部將謝道隆等一行約三、四十人裝扮成婚嫁隊伍於乙未年六月初四日（西元一八九五年七月二十五日）晚，急行至台中大雅鄉上楓村張曉峰家。張是謝道隆的門生，世代經商行醫，其時由丘氏父母作主，把剛滿十六歲的逢甲三妹丘玉許配給張，共籌內渡的妥善辦法。六月初五日，搭乘張家「源發」商號提供的木帆船，自台中塗葛堀港啟航，行經大肚山時，遭土匪「紅炮」秋猛一夥劫掠，幸由張家協助，方得內渡祖國大陸。其時已是七月末梢（陰曆六月上旬，

---

[112] 丘逢甲有詩云：「人情易翻覆，交舊成鬼蜮」，即記其事。見《嶺雲海日樓詩抄》卷二：《重送頌臣》。
[113] 同注1。
[114] 同注1。
[115] 丘琮：《倉海先生丘公逢甲年譜》。
[116] 同注100。
[117] 同注100。
[118] 據丘秀芷：《剖雲行日——丘逢甲傳》，臺灣出版。

是年有潤五月），距唐景崧六月六日（五月十四日）內渡已近兩個月的時間。臨行之際，丘逢甲遙望家山寶島，想到她即將淪為異域，慮及鄉親父老同胞正慘遭日寇鐵蹄的踐踏，心如刀絞，怒火中燒，禁不住潸然淚下，他滿懷悲憤，自命「海東遺民」，揮筆寫下了〈離台詩〉六首[119]，痛斥李鴻章之流的賣國罪行，表達他戀念家鄉父老的深情和渴求台灣回歸祖國的強烈願望。其中兩首這樣寫道：

宰相有權能割地，孤臣無力可回天；
扁舟去作鴟夷子，回首河山意黯然。

捲土重來未可知，江山亦要偉人持；
成名豎子知多少，海上誰來建義旗？[120]

滾滾的東海狂濤，載著丘逢甲一行漸漸遠離了這硝煙彌漫的多難寶島，消逝在茫茫的西天邊際，然而，丘逢甲的一顆赤子之心並沒有離去，它永遠地留在那裡，和四百萬被出賣的台灣同胞的心臟一起跳動，時刻關注著他們的生活與鬥爭！

---

[119] 關於丘逢甲乙未內渡的時間、地點和寫作《離台詩》六首的背景與經過，臺灣學者張明正先生曾作詳細的考證。丘氏內渡的啟航點，世人多指為台中梧棲港，實為塗葛堀港，此港在一九〇五年出版的《臺灣全島圖略》中，標明位於大肚溪出口之北側，是當時台中最大貿易商埠之一。一九一二年因受山洪爆發和海潮倒灌的夾擊而被淹毀。丘氏一行於乙未年六月初四日夜急行至台中大雅鄉上楓村，叩開張家「學海軒」私塾的大門，徹夜難眠，積憤難遣，索箋未得，便在《增補全圖足本本草備要》一書的後頁空白處，倉卒題寫《離台詩》六首，詩稿交妹夫張曉峰收藏。張明正先生在抗戰勝利後還見到過丘詩原稿。張氏考證文章題為《丘逢甲進士內渡與燒紅炮考》，原載台中逢甲大學編印的《丘逢甲與臺灣歷史文化學術研討會論文集》（一九九六），收入廣東人民出版社出版的《丘逢甲研究》（一九九七）。

[120] 詩中，「宰相」系指李鴻章；「鴟夷子」：即范蠡，他輔佐越王勾踐滅吳國，封「上將軍」，後乘船渡海而去，自稱「鴟夷子皮」。

# 第三章 銳意新學，培育英才
## ——進步的教育活動家
## （一八九六～一九〇五）

### 一、內渡之初

一八九五年八月初（清光緒廿一年乙未六月中旬），經過數天的海上顛簸，丘逢甲一行三、四十人平安抵達福建泉州。連續幾個月的繁劇憂勞，本已使他身心憔悴，上岸後，丘逢甲觸景生情，想到家國破碎、骨肉分離、壯志未酬，勞頓之餘，氣急攻心，竟連日嘔血數升，臥床不起，不得不滯留泉州，延醫調治。這時，日本侵台頭子樺山資紀派了一名海軍少將跟蹤而來，[1]求見遊說丘逢甲。這位「說客」先是假惺惺地對丘逢甲的愛國義舉表示「敬意」，隨後便提出諸如金錢、地位之類的種種「保障」和優待條件，企圖拉攏丘逢甲率領部眾回台定居。日寇此舉，顯然試圖利用丘逢甲在台灣的聲望，以破壞和瓦解台灣同胞正在進行的抗日運動，以利於鞏固他們在台灣的殖民統治。丘逢甲看穿了日寇的險惡用心，當即嚴詞拒絕，「就連替日本做說客的人，也給訓了一頓。」[2]

半個月以後，丘逢甲病勢轉愈。這時，三弟樹甲、四弟瑞甲及家小也另途安抵泉州，全家先後會齊，遂離泉州，動身返粵，乘船經廈門轉汕頭。其時，一些義軍部屬也相繼來汕，大家相見，不覺愴然淚下，悲喜交加。他們旋即乘船離汕，溯韓江而上，在一個夕陽西下的

---

1　據丘念台：《我的奮鬥史》。丘秀芷：《剖雲行日——丘逢甲傳》作「海軍大佐」。

2　據丘念台：《我的奮鬥史》。

傍晚，一行近百口人抵達潮州。踏上故鄉的土地，目睹眼前的山山水水，丘逢甲思緒重重，感慨萬千，一種痛疚、憤懣、思念、哀愁而又迷惘的複雜感受襲上心頭。他佇立在船尾柁樓上，耳聽江水的陣陣嗚咽，遠望被雲山阻隔的故土台灣，不禁思潮滾滾，口占一詩曰：

抱江城郭夕陽紅，百口初還五嶺東。
關吏釣鼇疑海客，舟人驅鱷話文公。
九秋急警傳風鶴，萬里愁痕過雪鴻。
獨倚柁樓無限恨，故山回首亂雲中。

丘逢甲在台創辦義軍、倡導抗日自主的義舉，早已聞名海內，因此，丘逢甲一行的回歸，受到粵東父老的熱烈歡迎。一些潮州紳商張羅著為他買下北門外的一座宅院，請他們居住；嘉應會館和鎮平會館也都熱心集資為丘逢甲置業安家。但丘逢甲的父親丘龍章一向不願多受人惠，更慮及子孫受沿海商埠奢糜風習的影響，遂婉言謝絕了父老鄉親們的盛意，命丘逢甲暫寓鎮平會館，自己則攜家小先回鎮平祖籍。[3]

丘逢甲在潮州小住幾日，見到了闊別多年的同年好友溫仲和。丘、溫兩人於一八八九年（光緒十五年己丑）春在京城會試時初次相識，他們一同考取進士，結伴漫遊京師，建立了真摯的友誼。爾後，丘逢甲棄職返台教讀，溫仲和則先在翰林院供職，後來也去職返粵，擔任了潮州金山書院的主講。七年來，人世滄桑，天各一方，如今在潮州重逢。兩人格外高興，丘逢甲曾有詩記敘此事，說：「七載春明別，重逢五嶺東。共驚鬚鬢改，暫喜笑言同。」

這時已是八月下旬，秋意漸濃，正值南國晚稻揚花的時節，丘逢甲乘船離潮，動身返歸鎮平祖籍。舟入梅州境後，蕭蕭秋雨自天而降，但見巍峨挺拔的陰那山、銅鼓嶂在茫茫雨霧中時隱時現，仰望雲空，行行秋雁鳴叫著冒雨飛向南海過冬，逆水而上的篷船越灘繞礁，緩緩行進，舵工的槳篙聲和秋雨擊打船篷的滴答聲匯成一片，天空陰晦得不見一絲陽光。此情此景，又使丘逢甲心頭平添了一層莫名的哀愁：

---

3 據曾養甫：《丘逢甲事略》及丘秀芷：《剖雲行日——丘逢甲傳》。

淒絕天涯雁叫群，秋江一棹入斜曛。
陰那山色雲中現，篷辣灘聲雨裡聞。
隔嶺樹疑孤塔露，得風帆帶亂峰奔。
平生去國懷鄉感，只合江頭醉十分。

幾天後，船到梅州松口，丘逢甲一行捨舟登岸，改走陸路，九月中上旬（陰曆秋分前夕），終於回到了祖籍鎮平印山村。[4]

印山村居民大多是丘逢甲的同宗親屬。當年，丘逢甲的曾祖丘仕俊就是從這裡東遷台灣出外謀生的。光陰荏苒，不覺已歷四代、年逾百載，故居的小木長成了參天大樹。如今，丘逢甲一家老少渡海歸來，同宗兄弟伯叔莫不歡喜異常。可是，丘仕俊東渡時留下的幾間老屋，早已是「半廢為圃蕪不治，故釘遺瓦存者僅」了，丘龍章攜家小到達時，已不得不暫借鄰村同宗房舍擠住，丘樹甲曾為此作詩云：「主人半畝聊分住，歸客全家食且貧。」及至丘逢甲與部屬抵村、人口驟然增加，借住的房屋更不敷用，丘逢甲只得另想辦法，帶著妻室兒女和部分隨從寄寓在鎮平縣城東四里許的東山村烏石山房。後來，黃遵憲得知丘逢甲一家內渡初的這種困頓境況，深表同情，曾賦詩一首寄贈，以示慰勉：

滄海歸來鬢欲殘，此身商榷到蒲團。
哀弦怕聽家山破，醇酒還愁來日難。
繞樹烏尋誰屋好，銜雛燕喜舊巢安。
朝朝曳杖看山去，看到斜陽莫倚欄。[5]

借屋居住終非長久之計，丘逢甲和父親、兄弟們商量，決定另擇新址築廬定居。同宗父老建議他們到離印山村以西六、七里外的廬山造屋安住。

廬山山麓座落著一個環境十分幽美的小山村，俗名「探地村」，這裡離鎮平縣城約二十華里。出縣城先向北行七、八里，便見層巒疊嶂、樹木森森。折向西北山崗，沿著一條狹長的石板小道蜿蜒而入，峰迴路轉，大約走上個把小時的光景，頓覺豁然開朗，眼前顯現出一塊方

---

4　即今廣東省梅州市蕉嶺縣文福鄉白湖村。
5　見黃遵憲：《人境廬詩草》卷十。

圓不過一、二平方公里的山間小盆地，這就是「探地村」。據當地老人回憶，因鎮平城西北一帶山巒重迭，素多匪患，官府派人入山坐探，常居此地，故名「探地」。探地村四周群山環抱：西面是主峰廬山，又名「松光峰」，卓立雲表，蒼然秀色；東望軍山，又名「君山」，宋末丘創兆率領勤王之師便打此山經過；南傍猶如騰空嘶鳴的天馬山；北側為玉華、金簡諸峰。四山松竹交翠，山頂雲霧繚繞，鬱鬱蒼蒼，蔚為壯觀。盆地中間，一條清溪潺潺流過。溪邊，一株已歷三百餘年的桂花樹，高大挺拔，濃蔭畝許，「亭亭如車蓋」。村落中聚居著丘、劉、陳、郭等姓約二、三十戶人家，他們除了耕種門前屋後的幾畝薄田之外，農閒時節，就靠上山樵採墾殖來維持生計。這裡常年山青水秀，四時鳥語花香，民風淳樸而又遠離城鎮喧鬧，恍若世外桃源、人間仙境。丘逢甲為心泰平草廬上廳所撰楹聯，正概括了淡定山居的自然景觀和他選擇此地築廬定居的本意初衷：

西枕廬峰，東朝玉筆，山水本多情，耕、讀、漁、樵俱適意；
南騰天馬，北渡仙橋，林泉皆勝境，用、藏、出、處盡隨心。

他曾賦詩道：

群山忽豁見山門，幽絕溪山是此邨。
雞犬雲中仙氣在，衣冠田舍古風存。
桂生前代成尊宿，松占高峰長子孫。
不必桃花千萬樹，已教人作武陵源。

是年初冬，他們買下了廬山腳下的一片古姓廢墟，決定在這裡營造新屋。

在父老鄉親們的熱心幫助下，次年春，廬山新居開始營建（「丙申之春吾廬實經始，買山更在光緒乙未之初冬」），同年夏草創，丘氏一家喬遷新居。丘逢甲覺得「探地」村名太俗，且與自己此時的「淡泊明志」、力求內定的心境不符，遂諧音改村名為「淡定」（「山村易名曰淡定，劉子妙解為之詞」）。這座山居共建有三、四十間平房，它仿照客家人喜歡聚族而居的「圍龍屋」式樣設計營建。上堂中供祖宗牌位，兩廂為臥室或書房，後面半圓形的房屋則是廚房、雜間。正門門口有一塊畝許大的池塘。丘逢甲給新居取名為「心太平草廬」，名其堂曰：「培遠堂」，他自書門聯云：「培成國器，遠大家聲」。又云：「培栽後進，遠繼先芬」。上廳中堂對聯曰：「地勢據贛閩粵之交，山水清雄，環百里自成小聚；族居自宋元明以降，淵源宏遠，從二十世再數初遷」，點明了新居所在地理環境和家族渡台返粵的歷史變遷。後又請潮州知府李士彬和編修吳道鎔（玉臣）為其兩側書房題額：右為「念台精舍」，左為「嶺雲海日樓」。並以「蟄庵」、「潛齋」分額丘氏父子會客之小客廳。丘逢甲常常諄諄告誡子侄們說：「台灣同胞四百萬，尚奴於倭，吾家兄弟子侄當永念仇恥，勿忘恢復。」[6]

內渡之初，丘逢甲的心境是頗為愁苦而矛盾的。他蟄居山鄉，更村名為「淡定」，取廬名曰「心太平」，其實，這正表明他的內心深處，既不恬淡，也不平靜。其時，丘家處境異常困難：合部屬及家小近百口，用費浩繁，買山造屋後，餘資無幾，坐吃山空，經濟拮据。但這些都在其次，更令他氣憤的是，義軍叛將呂賡虞捏造的所謂丘氏「捲餉潛逃」的流言謗語，這時也傳到了粵東山鄉，鎮平縣的一些土豪劣紳企圖借機脅詐，他們朋比為奸，聯名誣告丘逢甲，說他守台抗日是「違旨作亂」，應予「嚴拿懲辦」云云。一時間，「進士造反」之說轟傳鄉里。不久，又獲悉義軍故部吳湯興、徐驤、姜紹祖、丘國霖等均已在台壯烈殉國。噩耗傳來，丘逢甲悲痛不已，他具文湖廣總督張之洞，請他轉奏朝廷，予以撫恤表彰，卻被張置若罔聞……。所有這些，都使丘逢甲備感世態炎涼和人情冷暖之可憎。

儘管如此，丘逢甲父子一直恪守儒家理念與中華傳統道德之風範，處處身體力行，注意教育子侄後輩。丘龍章乙未內渡時年逾六十，丘逢甲去汕頭、廣州從事政教活動，逢寒暑假必回鄉省親，常陪侍老父在山麓行走覽勝，晚上要求兄弟及晚輩到父親房舍（潛齋）裡聚談問安，如遇嚴冬，丘逢甲替老父先暖好被窩。到了年節喜慶日子，培遠堂正廳及兩側，掛滿族祖及先賢的畫像，率全家幼小先跪拜祖先，再拜長輩，長輩則勉勵後輩應勤奮上進，善待友鄰……據丘晨波（應柏）先生憶述，這種洋溢著儒家仁愛思想的家庭文化教育之風，延續了許多年。

---

6　丘琮（念台）：《怙懷錄》。

在乙未內渡初期，丘逢甲應丘族長老之請，共同議定用下列十六個字作為鎮平丘姓裔孫排行字輩的順序：

耀武振文，英雄應運，
濟世安民，環球一統。

從中可以看出丘逢甲熱望裔孫尊祖敬宗、尚武崇文、匡時濟世、報效國族、共創太平世界的美好願望。內渡之初，他還寫有許多述懷感時之作，抒泄自己胸中的不平和怨憤。如：

「人間成敗論英雄，野史荒唐恐未公。」
「渡江文士成傖父，歸國降人謗義師。」
「人情易翻覆，交舊成鬼蜮。」
「湛身難訴遺民苦，殉義誰彰故部賢？」（謂部下吳、徐、姜、丘諸將領）
「歸來誰與話酸辛，滿目茫茫劫後塵。」
「末俗囂淩欺客戶，長官尊重薄流民。」
……

這時，丘逢甲更號「仲閼」，一則他排行第二；二則借此隱喻「人事多所阻閼，未能萌甲而出」的心境。[7]為了排遣胸中的積憤和愁悶，乙、丙年間，在親友們的陪同下，丘逢甲遊覽了長潭、鎮山樓、仙人橋、興福寺等鎮平縣境的許多名勝古跡。歷盡人間滄桑和世事顛頓的丘逢甲，如今置身於這遠離城囂的野寺空谷、青山綠水之間，胸中的鬱悶與愁思頓覺消除了不少，內心深處油然萌生了一種脫離塵世、欲遁空門、逃禪結仙的消極念頭，希圖尋求人與自然的和諧，從中獲得精神的解脫與心靈的寧靜淡泊。遊覽鎮平八景[8]之一的「仙橋飛渡」歸來，他觸景生情，賦詩一首曰：

海上歸來意愴然，石樑重自認秦鞭。
一庵斜日墜紅葉，萬嶂秋空開碧蓮。

---

7 據丘菽園：《揮塵拾遺》。
8 鎮平八景為：金城雄鎮，玉匣穿流、桃溪春色、長潭夜月、天馬騰空，文峰插漢、花詰晴嵐、仙橋飛渡。它們分佈于八處幽雅勝地，自出天然，各具特色，引人入勝。

家近洞天宜入道，人經浩劫欲逃禪。
松楸古墓枌榆社，早結仙家未了緣。

正由於丘逢甲內渡之初有這種厭世脫俗的想法，他才選中了地處深山、環境清幽的淡定村作為全家的定居之所，想效法陶淵明，隱居山鄉，了此餘生。這時寫的〈山居詩〉五首，真實地表露了他乙、丙年間的這種心境：

我本山水人，深知山水意。
卜居山水間，山水發靈秘。
維水不厭清，毋為濁流累。
維山不厭深，毋為俗士至。
夢中古桃源，思之輒心醉。
奇遭此佳境，一往快夙志。
撫琴入泉韻，布席落嵐翠。
靜言養生理，中歲慰憔悴。
平生墜世網，每憶魂猶悸。
固宜古賢人，棲遲樂衡泌。

然而，這種「欲覓山林寄此身」的歸隱念頭，並沒有長久地支配丘逢甲的思想言行。他生在台灣、長在台灣，對台灣故里鄉親素有深摯難割的感情，雖遠離了瞬息萬變的抗日烽火戰場，但內心仍時時掛念著台灣人民的抗日鬥爭：

往事何堪說，征衫血淚斑。
龍歸天外雨，鼇沒海中山。
銀燭鏖詩罷，牙旗校獵還。
不知成異域，夜夜夢台灣。

更何況他自幼就立下了報效國家民族的大志，如今國恨未雪、家仇未報、壯志未酬，他內心無論如何也不能真正平靜恬淡，每與友人言及往事，「唯翹首仰天，連發歎聲。」[9]嶺南的山川風習，本與台島

[9] 同注7。

無大差異，當他沐浴在明月清暉或目睹秋雁南飛之時，便不由得勾起去國懷鄉的幽幽情思，備感飄零離亂之痛。逢年過節或春回大地之際，丘逢甲胸中的萬斛春愁更是難以排遣，請看如下詩作：

春愁難遣強看山，往事驚心淚欲潸。
四百萬人同一哭，去年今日割台灣！

——《春愁》

天涯雁斷少書還，夢入虛無縹緲間。
兵火餘生心易碎，愁人未老鬢先斑。
沒蕃親故淪滄海，歸漢郎官遁故山。
已分生離同死別，不堪揮涕說台灣。

——《天涯》

這種憂國懷鄉的濃重愁思，竟使得詩人視覺迷幻，白晝恍如陰天，他想起自己投筆從戎、泣血請纓的歷歷往事，夜難成寐、淚水斑斑：

愁雲極目晝成陰，飛鳥猶知戀故林。
破碎河山收戰氣，飄零身世損春心。
封侯未遂空投筆，結客無成枉散金。
夢裡陳書仍痛哭，縱橫殘淚枕痕深。

——《愁雲》

丘逢甲自恨補天無術，他假借責怨上蒼和神仙來發洩自己對西后專權和朝政不綱的強烈憤懣：「誰實操天權，得毋失厥綱？」「天雞不能雄，牝雞代為鳴。」「諸仙果神通，坐視果何意？」（〈雜詩三首〉）正是這種深沉的憂國懷鄉之情和自幼立下的報國效時之志，使丘逢甲認識到：「中年學道時偏早」，「一庵待死伴枯禪」是沒有任何實際意義的，自己肩上還擔負著「復土雪恥」的歷史重任，切不可頹唐、沮喪。他在〈村居書感次崧甫韻〉一詩中說：

乾坤蒼莽正風塵，力挽狂瀾仗要人。
豈有桃源堪避世？不妨蔬水且安貧。

天閶遼阻愁呵壁，時局艱危痛厝薪。

只恐南陽難隱臥，中原戎馬待綸巾。

由於食齒浩繁、謀生不易，內渡後第二年，丘逢甲的家兄丘先甲及摯友謝道隆和跟隨他多年的族人丘春第等，都不得不相繼離開鎮平返回台灣。他們的回歸，不免勾起了丘逢甲的陣陣心酸。尤其是和他相處多年、患難與共的好友謝道隆（頌臣）的離去，引起他極大的悲傷，數日內，他連作〈送頌臣之台灣〉、〈古別離行送頌臣〉、〈重送頌臣〉等篇什，為朋友送行。詩中，丘逢甲滿懷信心地向台灣父老鄉親反復表達自己「復土雪恥」的決心（「十年如未死，捲土定重來。」），同時也語重心長地向他們提出了誠摯深切的期望（「為言鄉父老，須記漢官儀」）。

可以說，內渡之初，丘逢甲一度期求歸隱山林、逃禪結仙，只不過是他報國無門、壯志難酬、愛國熱情被壓抑、扭曲的一種心理反映。其實，他身隱而心不隱，身居「名山」而心在塵世。為了探望親朋故舊，並與省垣社會名流取得聯繫，尋求他們的理解和支持，一八九六年五月下旬，在淡定山居落成之後，丘逢甲動身前往省城廣州。途中，他先後在梅州、潮州、汕頭、香港等地作了短暫的逗留。

在潮、梅等地，丘逢甲憑弔了當地為紀念文天祥、韓愈、劉元城、馬發等著名歷史人物而修建的一些名勝古跡，如梅州的鐵漢樓、淩風樓，潮州的金山、韓文公祠等，[10]寫下了十多篇懷古詩。在這些詩作中，丘逢甲表達了對歷代先賢的仰慕和欽敬之情，同時結合自己的身世際遇，借古喻今，抒發了他憂國憂民的愛國情懷。如〈淩風樓懷古〉：

依舊危城隱霧中，麗譙殘榜署淩風。

逃亡君相成行國，破碎河山失故宮。

地似西台宜痛哭，客歸南嶠愴孤忠。

欲移卦竹栽千本，遍灑天涯血淚紅。

---

10　鐵漢樓，遺址在今梅州市內，民國時被毀。宋元符元年，御史劉元城（安世）遭權奸迫害，貶居梅州。元城剛直不阿，不以險阻動心，設「梅城書院」招徒講學，開拓梅州文教，蘇軾譽之為「鐵漢」。明時，邑人特建「鐵漢樓」紀念之，現梅州市仍有「元城路」。

在梅州，丘逢甲還愉快地會晤了闊別八年之久的當地名流梁國瑞；[11]在潮州、又意外地見到了好友王曉滄等人。[12]

途經香港，丘逢甲目睹這塊淪為英國殖民地已有半個世紀的海島，感情上受到極大的刺激，曾賦詩曰：

海色不可極，西風吹鬢絲。
中朝正全盛，此地已居夷。
異服魚龍雜，高巢燕雀危。
平生陸沉感，獨自發哀噫。

他聯想到台島的淪陷，祖國的危難，禁不住發出了「熱血苦難消」的深沉感歎。

丘逢甲平生第一次到廣州，在這裡大約逗留了近三個月的光景，他飽覽了省垣眾多的名勝古跡，如越王台、鎮海樓、九眼井、鮑姑祠等，自然也少不了去觀賞著名的珠江風景。然而，撫今追昔，他心情愈發痛苦和哀愁，眼前所見，是「滿目江山海氣陰」，「珠江風月漾胡塵」，值此列強環伺、國勢衰危之際，達官顯貴們卻依然是「江頭日日呼畫船，珠歌翠舞年復年」，「醉死夢生恣行樂」，全然不顧國家的安危、人民的死活。這種腐敗頹靡的世事情狀，使丘逢甲感到悵惘和失望，不由得暗自歎息：「金湯空抱籌邊略，觴詠難消弔古愁」，禁不住淒然「自灑英雄淚」，發出了「獨撫乾坤發長嘯」的悲憤呼聲。

滯留廣州期間，丘逢甲還先後拜訪了廣東巡撫許仙屏、翰林院編修劉葆貞、菊坡書院山長梁詩五等粵省大吏和社會名流，[13]並得到了他們的同情和信賴。

---

11 梁國瑞，號輯五，梅州人，官光祿寺。一八八九年，丘逢甲赴京會試時與之相識。

12 王曉滄，名恩翔，梅州鷓鴣凹人，清拔貢生。一八八六年，丘逢甲首次赴閩鄉試時與之相識。

13 劉葆貞，名可毅，清光緒十八年壬辰科會元。梁詩五（一八四三～一九一一），名居實，又字仲遂，梅州白土堡人，光緒十五年恩科舉人。詩文出眾，曾主講廣州應元、菊坡等書院。後任廣州羊城書院山長，任教各地書院凡十四年，門生甚眾。後得旗籍門生欽使楊晟保奏，以參贊隨節出洋，先後旅居日本、德國、比利時凡八年，曾兼任駐日本長崎領事，具有維新思想，力促丘逢甲創辦「嶺東同文學堂」，後結為兒女親家。

這裡，簡介一下丘逢甲與許仙屏的交往。

許仙屏，名振褘（一作禕），江西奉新人，同治二年進士，授翰林院編修，曾任江寧布政使、東河河道總督等職，賑濟徐淮災民、清除河工積弊，頗有成績。光緒廿一年（一八九五年），調任廣東巡撫，主張廢止厘金、節用民力，為人正直，官聲較好。因此，丘逢甲到廣州後，特往撫署求見，而許仙屏對於丘逢甲的詩才和乙未抗日護台義舉也早就十分敬佩。於是，兩人一見如故，相遇甚得。當許得知丘逢甲的困難處境後，深表同情，這時，恰好鎮平劣紳聯名控告丘逢甲「違旨作亂」，要求官府「嚴辦」的狀紙呈遞到了撫署，許仙屏閱畢，憤然揮毫，將這份訴狀判為「挾私誣害」，予以嚴厲駁斥；並邀約刑部侍郎廖壽恒（一八八九年丘赴京會試時，廖任是科總裁），聯名上奏朝廷，陳述丘逢甲抗日護台的良苦用心和義烈舉動，請求朝廷予以褒揚錄用。可是，不久之後，朝廷批覆的「諭旨」，卻是「歸籍海陽」[14]。

丘逢甲本不願為官，因此，對於朝廷不予錄用並不在意，但這一冷冰冰的批覆，卻意味著朝廷對他在台灣的抗日自主之舉至今仍耿耿於懷，很不滿意，這使丘逢甲的情緒受到極大的打擊。從此，他「雄心消盡閒情在，四海無家獨賣文」。是年秋天，他懷著滿腔的積憤與憂怨，含淚離開廣州，重返粵東山村。臨行，許仙屏依依送別，並應丘逢甲的請求，為其淡定新居題寫了「心太平草廬」匾額，同時手書「掃除萬事付諸命，卓犖高才獨見君」楹聯一幅相贈。這幅楹聯和匾額，至今仍完好地保存在廣東蕉嶺縣淡定村丘逢甲故居。

廣州歸來，丘逢甲開始了他的又一重要的人生旅程。

## 二、講學潮汕

由省垣返回淡定山居不久，是年（丙申）冬，[15]丘逢甲遵照朝廷旨意，辭別雙親，帶著妻室兒女，離開山城鎮平來到南海之濱的潮

---

14　海陽，漢揭陽縣地，晉置海陽縣，因南濱大海，故稱「海陽」，明、清皆為廣東潮州府治。民國廢府，改海陽為潮安，現為潮州市，今市東尚有海陽故城。

15　據丘逢甲《將之南洋留別親友》一詩云：「五載金城客閉門」，丘自注曰：

州，在西門魚市巷租賃了一座宅院安頓下來。潮州瀕臨南海，是當時廣東繁華的對外商埠之一，經濟文化較為發達，素有「海濱鄒魯」之稱。歷史上，這裡湧現過不少名人雅士，外來的名賢在開拓、推動潮汕文化發展方面，也起過不可磨滅的作用。例如，唐代著名文學家、哲學家韓愈治潮僅八個月，他關心民瘼，為民除害，努力開啟民智，傳播中原先進文化的業績，為潮汕人民世代稱頌。他們把流經潮州城的河流稱為「韓江」，城東的筆架山改稱「韓山」，並在山上修建了韓文公祠，以紀念他的功德。而到了近代，對推動潮汕文化發展作出過重大貢獻、並為潮汕人民所感念的，則首推丘逢甲了。在清末民初編撰的《潮州府志》中，有關丘氏在潮汕辦學的記述文字就有多處。

初來潮州時，丘逢甲閒居無事，心情鬱悶。這時，唯有金山書院主講的老友溫仲和常在教學之餘來魚市巷探望，這給丘逢甲予很大的精神安慰。「患難識真朋」，處在逆境中的丘逢甲，對溫仲和從內心深處十分感激。爾後，他們兩人過從日密，相互引為知己，庚子年又同在潮汕地區積極創辦新學，成績斐然，高名並峙。一九〇四年（光緒三十年甲辰），溫仲和在家鄉梅州松口病逝，丘逢甲甚為悲痛，親往弔唁，為其撰寫〈墓誌銘〉，並作〈溫慕柳先生像贊〉一文，深切懷念他們之間的深摯情誼。文曰：

> 同科者數以千計，同甲者數以百計，唯君與予，論交最摯。人海京師，為相見始；桑海歸來，為相知始。人皆予誚，君獨予慰。浮沉十年，韓山韓水。過固相規，善亦相譽。予自命尹，君自命惠；惟予知君為狷者，唯君知予為狂士。狂狷趣殊，道實相濟。……自君之亡，鬱鬱誰語？茫茫四海，誰復知己？冥冥九天，相見夢寐……。

從這篇〈像贊〉，可以看出丘、溫兩人交往之深，感情之摯。

---

「五載金城，由丙申至庚子五年間居潮州」，可知。見《詩抄》卷七。一般論著皆稱丘氏于丁酉（一八九七年）始寓居潮州，實誤。

光陰似箭，轉眼已過丁酉年（一八九七年）的春節。這年春天，經溫仲和推薦，潮州知府李士彬親自出面，延聘丘逢甲擔任潮州韓山書院的主講。[16]

從事教育、培植青年，本是丘逢甲的夙願和專長。早在乙未以前，他就曾在台執教多年，頗有建樹，只是由於甲午戰爭的爆發，台灣的危難，才迫使丘逢甲不得不中斷了他的教書生涯，肩負起倡導自主保台的重任。內渡後，強烈的愛國感情促使他不甘就此終老林泉。在痛定思痛之後，他愈加感到興辦教育、啟發民智、培育英才，實乃富國強兵、挽救危亡、實現「復土雪恥」願望的根本途徑。據丘琮回憶，丘逢甲曾對他說：

> 台灣自劉銘傳任巡撫，鐵路、電線等新政，漸次興舉，故士紳思想較新。民主國自籌備而成立，而敗亡，雖為時不久，然憲法、議院，郵政、幣制，均具。其政制有足多者，惜人民仍乏教育，不知國族關係。當時民主國迭申大義請援于閩粵商民。沿海督撫，迄無應者。即島中紳民，聞朝旨已許割讓，倭軍又海陸並陷，亦漸多不願輸餉械不願作犧牲者。使當時民智已如光、宣之際，則倭之吞台，寧能如是之易！？（《怙懷錄》）

正是割台失土這種切膚之痛和深刻的教訓，使丘逢甲欣然接受了知府李士彬的聘請，來到韓山書院任教。從此，他重操舊業，「銳意于興學啟民智」，開始了他教育救國的艱苦歷程。這是丘逢甲愛國思想在新的歷史時期的繼續實踐和深入發展。

甲午戰後，伴隨著資產階級政治維新運動的蓬勃興起，在我國教育領域中，新、舊兩種不同的教育思想尖銳對立，鬥爭異常激烈。學校與科舉之爭，新學與舊學之爭、西學與中學之爭，是當時資產階級改良派與地主階級頑固派鬥爭的重要內容。潮汕地區遠離省城，維新之風一時尚未吹拂到這裡，封建頑固守舊勢力仍佔絕對優勢。韓山書院是當時潮、嘉、惠三州的最高學府，學生大多是世家子弟，更是頑固守舊勢力的一統天下。在這所舊式書院中，教師授課的內容依然是歷代沿襲下來

---

16 李士彬，字伯質，湖北蘄黃人，後遷英山，著有《石我園集》。

的老八股、老教條，學生也只知埋頭於應付科舉考試，一心獵取功名、光宗耀祖，全然不顧國家民族的前途命運。這種狀況顯然是和丘逢甲的維新救國思想格格不入的。為了打破這種墨守成規、死氣沈沈的局面，丘逢甲參照自己當年在台灣講學時的經驗，毅然改革了教學內容。他預計科舉必廢，斷然摒棄八股、試帖等陳腐無用之學，[17]著重講授時務策論、詩古文辭以及其他有用之學，努力向青年學生灌輸維新思潮。

丘逢甲自幼博學多才，兼學中西文化，學業功底深厚，親歷乙未抗日護台鬥爭的洗禮後，有著更豐富的人生閱歷和深邃的見解，因而在講學中能深入淺出，切中時弊，云常人之所不能云，給人以耳目一新之感，使聽者受到許多教益啟迪，故任教不久，就深受青年學生的愛戴，「一時仰之如泰山、北斗」。[18]

一八九七年這一年，丘逢甲只寫了近五十首詩，他以書院為家，足跡未出郡治之外，為教化青年傾注了自己的一腔熱血。其時他作有〈韓山書院新栽小松〉詩四首，反映了他當時的心境與期望：

鬱鬱貞蕤夜拂霜，十年預計比人長。
要從韓木凋零後，留取清蔭覆講堂。

不惜階前尺地寬，孤根未穩護持難。
何須定作三公夢，且養貞心共歲寒。

森森高節自分明，莫學胥濤作憤聲。
大廈將傾支不易，棟樑材好惜遲生。

出林鱗鬣尚參差，已覺干霄勢崛奇。
只恐庭階留不得，萬山風雨化龍時。

這四首詩，傾吐了他「十年樹木、百年樹人」、「亟思培本榮枝」的強烈願望，抒發了他要拯救多災多難、「大廈將傾」的祖國的遠大抱

---

17 所謂「八股」，係指科考中「代聖賢立言」的文章，全文除首尾外，分八段，每個段落都有兩段相比偶的文字，題目均出自《四書》、《五經》，作者用孔子、孟子的口氣說話，不能有自己的獨立見解。所謂「試帖」，是一種詩體，大抵以古人詩句命題，有嚴格的格式，多是一種缺乏思想內容的文字遊戲。

18 王松：《台陽詩話》（下卷），轉引自鄭喜夫編：《民國丘倉海先生逢甲年譜》。

負；同時也說明他已預感到自己所從事的教育改革必將遭到頑固守舊勢力的反對，處境將更為艱難（「孤根未穩護持難」，「只恐庭階留不得」）。果然，沒過多久，書院的當權者和社會上的封建頑固勢力便勾結起來，拚命攻擊丘逢甲在韓山書院的講學是什麼「離經叛道」，宣傳「異端邪說」，進而串通一氣，一再向知府李士彬施加壓力，企圖強迫丘逢甲放棄自己的主張和做法，依然按照書院舊制去「教化學生」。丘逢甲斷然拒絕。這年年終，他憤而辭去韓山書院的教職，並賦詩抒懷，表達他蔑視守舊勢力、卓然不群、傲睨醜類的錚錚鐵骨，詩曰：「……群陰蒙復容高傲，百卉凋零等掃除。莫怪閉門今不出，幽香深處讀奇書。」

在韓山書院期間，繁忙的教學之餘，丘逢甲曾抽空去拜謁紀念韓愈等人的祠宇、碑亭，對他們的賢才令德極表仰慕。他登臨韓山，佇立在韓文公祠前，極目遠眺，但見滔滔江水從韓山腳下緩緩流過，奔向茫茫滄海，頓覺胸懷開闊，感懷古人業績，不禁手撰一聯：

> 文字古何靈，試看半夜風雷，公能驅鱷出滄海：
> 江山今未改，憑弔千秋祠宇，我欲騎麟下大荒。[19]

在金山酒樓，丘逢甲也曾寫有一幅膾炙人口的楹聯：

> 憑欄望韓夫子祠，如此江山，已讓前賢留姓氏；
> 把酒弔馬將軍墓，奈何天地，竟將殘局付英雄。

次年春，丘逢甲被潮陽知縣禮聘到該縣東山書院擔任主講。儘管他在韓山書院任教時，被當地頑固守舊勢力「目為異端」，橫遭誹謗和排擠，但他轉赴潮陽東山書院後，並沒有絲毫退縮，「仍未變其講學立教之旨」，[20]繼續堅持用維新救國思想和有用之學啟發教育青年，受到青年學生歡迎，封建頑固派一時也無可奈何。

丘逢甲在潮汕講學期間，國內政治形勢進一步惡化，帝國主義掀起了瓜分中國的狂潮，德、俄、法、英相繼強佔了膠州灣、旅大、廣州灣和九龍半島等地，拚命爭奪鐵路的投資權和修築權，劃分勢力範

---

19 丘琮：《倉海先生丘公逢甲年譜》。
20 據丘逢甲信稿：《致丘菽園》，見《丘逢甲集》。

圍，多方進行經濟侵略和宗教文化滲透。一向關心國事的丘逢甲身處南海之濱，密切注視著事態的發展，關注著國家的命運和民族的前途。面對清廷喪權辱國的一幕幕慘痛事實，他憂心如焚，先後寫下了許多憂國憂民的愛國詩篇。德國強佔膠州灣的消息傳來，丘逢甲悲憤地說：「袄廟屢聞生憤火，蓬山又見起邊塵」。得悉剛剛吞併了我國神聖領土台灣的日本又強行把福建劃為它的勢力範圍，他怒斥：「有人圖寫閩山去，著色爭誇勢力圈。」

然而，最令丘逢甲感到憂慮和不安的，是沙皇俄國對我國東北邊疆的入侵。一八九六年六月，沙俄利用沙皇尼古拉二世舉行加冕典禮的機會，打著所謂「共同防日」的幌子，誘騙清政府派往俄國的賀冕專使李鴻章和它舉行秘密談判，在俄京彼得堡簽訂了一個賣國的《中俄密約》。通過這一條約，沙俄攫取了在我國東北修築中東鐵路和駐軍的特權，從而把它的侵略勢力伸入到我國的整個東北地區，並進而強佔旅大，把東北劃為它的勢力範圍。面對這一嚴峻形勢，丘逢甲不由得記起了林文忠公（林則徐）當年警醒國人的一句話：「終為中國患者，其俄羅斯乎！」他憂心忡忡地寫道：

一曲升平淚萬行，風塵戎馬厄潛郎。
民愁競造黄天說，歲熟如逢赤地荒。
七貴五侯金穴富，白山黑水鐵車忙。
老生苦記文忠語，多恐中原見鷙章。

在〈題康步崖中翰詠出塞集〉中，丘逢甲也表達了同樣的思想：

九邊烽火迫金台，客唱新添塞上哀。
更築長城防不得，鷙章南下老羌來。

「白山黑水鐵車忙」，係指沙俄在我國東北地區強築中東鐵路，「鷙章」，是沙俄國徽上的雕鳥圖案；而「老羌」，作者自注是塞外人對俄人的稱謂。沙俄的疆界與我國相連最廣，其侵華陰謀由來已久，它侵佔東北，染指新疆，丘逢甲深以為憂，「更築長城防不得」，「多恐中原見鷙章」，確是警醒國人的卓識之見。

列強的步步進逼，進一步加深了民族危機，而腐朽的清政府卻依然不求稍有振作，致使吏治日暗，國事日非。對此，丘逢甲感到十分憤懣和失望。一八九八年春，丘逢甲在給僑居新加坡著名學者丘菽園的《菽園贅談》一書作序時，抓住一個「贅」字，大作文章，全面地評述當今朝政的種種弊端，藉以發洩他對現實的強烈不滿。這篇序中寫道：

> 當今天下而談「贅」，則又何者非「贅」！三公九卿，翊天子治天下者也；今知政者，僅權要數人，其他雖和戰大事，若罔聞焉，則大臣「贅」。禮部不知禮，太常不知樂，兵部不知兵，工部不知工，戶部不知天下幾戶也，則朝臣「贅」；布政不知政，制軍、撫軍不知軍，則疆臣「贅」；知府、知州、知縣，不知府州縣中之民生苦樂、戶口盈虛也，則守土之吏皆「贅」。且朝聘，巨典也，天威咫尺，降拜無聞，則朝儀「贅」——屬國咸亡，無「贅」詞矣！中土，吾土也，而公地焉，租界焉，捕房焉，船塢焉，礦地焉；山藏江塹，不敢自閟，環起要挾，予取予攜，蓋恫喝所加，無求而不得也，則主權「贅」。平等立約，與國所同也。獨至吾國不能從同；如商如民，吾旅彼土，彼能治之，彼旅吾土，吾不能治也。雖吾商民，苟托彼旅，而吾亦不能治。條焉約焉，屆時而修，只益彼而吾愈損，則約章「贅」。徵稅，吾自有之權也。而若或限焉，且非客卿，若即不能集事，則關政「贅」。講製造者，歷年成世，若人若物，仍事借材。言式，則我舊而人新；言用，則人利而我鈍。糜以鉅款，而但益虛費也，假以雄治，是舊額之糜。新募之器，固未得整齊以理也。乃以陸職，而只資盤踞也，則船政「贅」。陸師步伐，猶拾人唾，而不克自將用長；海軍甲船炮艇，不以遊歷保商民，而以迎送奉大吏。南軍北軍，畸而不聯，倉卒遇戰，陸潰而海亦敗，或樹降幡焉。用是，重為天下僇笑，則兵政亦「贅」。天下無教之國亡；有教而不能以學尊其教，雖不亡，亦幸存。夫學焉，固不可無師也。乃今主教之官，終年局閉，屍師位者，非耄則庸。侁侁學子，其為學也，胥鈔焉耳；

其試所學也，亦胥鈔焉耳；且舍是，若皆不可謂為學。於是，吾學若為愚種之具，吾教若為弱國之媒，則學校尤「贅」。是故，今日不談「贅」則已，今日而談「贅」，固天下有心人所同痛哭流涕長太息而不能已者也！欲治眾「贅」，道在自強；欲圖自強，道在求實。中外之事變固日亟矣！准古酌今，議政於朝，論道於學，貴無游談焉，無虛談焉。[21]

這篇序文痛快淋漓，十分鮮明突出地表露了丘逢甲要求清廷改弦更張、自強求實的革新思想。

但是，綜觀丘逢甲這時的思想行動，他對清廷尚未失去信心。雖然他極端不滿慈禧的專權，可是對於甲午主戰的青年皇帝載湉卻抱有很大幻想。一八九八年（戊戌）元旦這一天，恰逢日蝕，「申初初虧，酉初復圓，京師蝕八分三十四秒，廣東蝕四分一十五秒。」丘逢甲觸景生情，借題發揮，連作〈戊戌元旦試筆〉和〈日蝕詩〉兩首，寄託自己的情懷。〈試筆〉詩曰：

麟筆書春後，將銘絕世功。
馳書諭殊域，草檄下群雄。
滄海波全定，神州日再中。
東西朔南暨，齊頌黑頭公。

這顯然是在禱祝光緒皇帝能早日親政，發奮為雄，重振朝綱（古人稱少壯而居高位者為「黑頭公」）。而〈日蝕詩〉則借日蝕的自然景觀，指桑罵槐，痛斥慈禧及其奸黨的醜行。（「帝車竊據弄斗柄，妖黨朋煽聯天狼」，「任蝕不治詆天盲」），表達自己亟盼紅日高懸、金輝普照、國泰民安的美好願望（「要須中國聖人出，前驅麒麟後鳳凰。大九州成大一統，萬法並滅宗素王。四天下皆共一日，永無薄蝕無災傷。」），同時也表示自己願意報效國家民族、盡忠皇上的拳拳之心（「下方有臣心向日，捧日願大無能償。」）。

丘逢甲的「禱祝」終於得到了「報償」，正是在這一年的六月十一日（陰曆四月廿三日），光緒皇帝在康梁維新派的影響推動下，「明定

[21] 《丘逢甲集》第七六四至七六五頁，湖南，岳麓書社，二〇〇一年版。

國是」，正式宣佈實行變法，近代史上轟動一時的「百日維新」開始了。在一百零三天的時間裡，光緒皇帝不顧「祖宗家法」，頒佈了一百一十多起改革上諭：廢八股改試策論、汰冗員、裁綠營、廣言路、獎勵發明創造、設農工商總局、舉辦銀行、郵政、編制國家預算、允許私人辦報、實行新式教育……，內容可謂包羅萬象，涉及到政治、軍事、經濟、文化等各個方面，除舊佈新，轟轟烈烈。在文化教育方面，除詔令要辦好「京師大學堂」（北京大學前身）以外，還要求改各省會大書院為高等學堂，郡城和州、縣書院為中、小學堂，兼習中西學科，意在革新腐朽的教育制度和教學內容，儘快培養出一批「通經濟變人才」，以適應變法維新的政治需要。

這些變法措施在當時無疑具有進步意義，不過總的來說，還只能算是枝枝節節的點滴改良，但還是遭到了以慈禧太后為首的封建頑固派的極端仇視和拚死反對。他們從中央到地方，上下溝通，狼狽為奸，共同與新政為敵，破壞變法。這一年的九月二十一日，慈禧終於發動政變，囚禁光緒於瀛台，殺害譚嗣同等「六君子」於菜市口。康、梁亡命海外，慈禧再度臨朝「訓政」。一時間，「緹騎遍地，海內沸騰」，新政詔令一概廢除，所有新黨人物被罷黜一空。一場轟轟烈烈的改革運動，轉瞬之間，便告偃旗息鼓，煙消雲散。

對於光緒推動變法，丘逢甲曾經歡欣鼓舞，寄予很大的希望。百日維新期間，他專門撰寫了《經武十書》，內容「皆言練軍之事，方將以為新政之助」，甚至還打算擔任此責。[22]不料這場運動尚未波及到南國的邊遠城鎮潮汕地區，即告夭折了。「戊戌六君子」殉難的消息傳來，丘逢甲深感震驚、悲痛和失望，在題為《疾風甚雨，海山蒼茫，遂有斯作》的詩裡，丘逢甲運用曲筆，借景抒懷，憤怒抨擊慈禧的專橫兇殘與倒行逆施。詩曰：

大陰黑入日華消，鼇足難安八極搖。
震地瓦聲飛漢屋，雨空鞭血斷秦橋。
蚊雲覆海潮神泣，鱗火燒天颶母驕。
滿目鴻流方澒洞，童山無樹與懸瓢。

22　據丘逢甲信稿：《復菽園》，見《丘逢甲集》第七九四頁。

詩中借「颶母」喻指專權跋扈的西后。據丘菽園回憶：「戊戌政變而後，京師新聞時多駭人聞聽，仙根主講東山，心焉憂之。嘗題予〈風月琴樽圖〉、〈星洲看雲圖〉七言長古兩篇以見意」，又作「〈感事〉五律二十首。數質海外，固從附編《星洲上書記》之後，署名曰某曰某者，當時仙根雅不欲人知為己作也。迄今兩年，所料多應，響之疑之至是愈以服其遠見。杜少陵詩中有史，庶幾近矣。」[23]

丘逢甲戊戌年間所作的〈感事詩〉二十首，具有重要價值，世人多未見其全貌。丘氏《嶺雲海日樓詩鈔》未予入錄，台灣流傳的只是少數傳抄稿，直到近年筆者得到新加坡學者張克宏博士的協助，才看到完整的刊稿。丘菽園將〈感事〉五律二十首作為「政變詩」，附編於《星洲上書記》之後，在《跋》中點明了寫作的背景：「去年八月之變，權奸當道，聖主幽囚，維新諸君子死者死，逐者逐，逃者逃，為我中國四萬萬人最痛心之事。而同志之士不禁發為悲歌，以抒寫其感慨，其為屈靈均之《離騷》耶！其為杜子美之血淚耶！昔人有云：讀李密之〈陳情表〉而不下淚者，其人必不孝。蒙為之續一語曰：讀此詩而不下淚者，其人必不忠！」

丘逢甲的戊戌〈感事〉詩二十首，確實具有深刻的感人力量，今錄幾首於後：

莫向帝鄉問，南陽多近親。
未能成革政，相厄有屍臣。
廟算歸權戚，宮符付椓人。
空教天下士，痛哭念維新。

萬里堯城望，天涯憶聖君。
皇綱先紐解，國勢近瓜分。
當道嚴鉤黨，無人議合群。
臣民四萬萬，王在更誰勤？

厚薄分南北，胡元祚易微。
本朝無異視，四海久同歸。

[23] 丘菽園：《揮麈拾遺》。

廟略因誰變？民心失所依。
一言邦可喪，但計滿人肥。

空益朱車衛，難回鐵路權。
鑾雲遮楚粵，漢月冷幽燕。
願請修宮價，先添橫海船。
已無夷夏界，何處說防邊？

長白無能守，何顏對祖宗？
和戎仍宰相，仰屋自司農。
道路嗟群虎，風雲待蟄龍。
願呼忠義士，傳檄保堯封。

在〈感事〉五律二十首詩作中，丘逢甲盛讚維新志士獻身革新政治、圖強救國的高風亮節，抨擊西后的專權賣國和清廷的種族壓迫給中華民族造成的嚴重災難，對祖國面臨列強虎視、慘遭瓜分的衰危局勢表達了深沉的憂憤與焦慮，誠如〈跋〉中所云：「有精衛冤，有杜鵑血，有鮫人淚，有巫猿哀，嗚咽蒼涼，傷心千古。」

此外，在〈題風月琴樽圖為菽園作〉及〈題菽園看雲圖〉（即〈題風月琴樽圖〉及〈星洲看雲圖〉）等篇什中，丘逢甲也都借題發揮，諷喻時政（「君弦忽新臣弦舊，宮聲頓啞數窮九。舍風不御月不捉，悲歌扣弦速呼酒。此時之風雌不雄，月生月死天夢夢。眼看海水忽四立，黑風驅月西回東。」）他飽含激情地讚頌譚嗣同等人的淩雲正氣，認為大丈夫就是要像「戊戌六君子」那樣，「男兒生當繳大風、射妖月」，「不然吟風弄月亦可嗤！」他公開讚賞「博浪椎秦」的義士，首次以「倉海君」自命，表露了自己反對封建暴力專制的思想意向。（「風月常新遍留印，席天幕地知許事。誰歟圖者酸道人，誰歟歌者倉海君。」）

的確，丘逢甲的愛憎一向鮮明而強烈，一方面，他十分痛恨西后的專橫殘暴和清廷的腐敗賣國，毫不留情地予以抨擊；另一方面，他對於一切從事正義事業的人們，卻總是寄予深切的同情和支持。在潮汕講學期間，他和鎮平家鄉反洋教鬥爭領袖陳庭鳳，尤其是和著名維新派人士黃遵憲之間的密切交往，足以說明這一點。

陳庭鳳，字鶴雲，號紫瀛，鎮平新鋪福嶺村人，清光緒十五年（一八八九年）己丑科舉人，地方幫會首領。他胸懷開闊、嫉惡如仇，對外國教會勢力的入侵、清廷的賣國媚外舉措強烈不滿。一八九二年，教民陳榮興在法國天主教傳教士簡載文的唆使下，私賣新鋪福嶺村義塚墓地給教會修建教堂。陳庭鳳聞訊，邀集村中父老合議，竭力抵制。簡載文橫蠻無理，不顧村民反對，堅持在福嶺村修築教堂。一八九四年，唆使陳榮興趕平地基，漏夜施工，不幾日，牆高數尺，激起了當地群眾的極大憤慨。在陳庭鳳的組織發動下，幾百名村民趕到現場，一齊動手，將新築圍牆悉數拆毀。簡載文懷恨在心，報請惠、潮、嘉道署派員查辦。延至一八九六年，正在潮州執教的丘逢甲、溫仲和仗義執言，出面向道台陳情，「皆言陳庭鳳素性正直高潔，決非匪徒」，此案才不了了之。但簡載文不甘失敗，伺機誣陷報復，遂散佈流言，說陳庭鳳圖謀「聚眾反叛」。在各種蜚語紛襲、處境十分不利的情況下，陳庭鳳親往淡定山村拜訪丘逢甲，請求指教。丘逢甲熱情地接待了他，和他親切交談，並賦詩一首相贈，對陳庭鳳的處境深表同情，同時勸慰他善自「珍重」，等待時機。詩曰：

只手回西日，都城志未申。
相逢休涕淚，吾道惜風塵。
松菊娛今是，山林闊古春。
祝君無別語，珍重待時身。

陳庭鳳聽從了丘逢甲的勸勉，暫時避居平遠縣親戚家中。

到一八九八年春夏，新任鎮平縣令朱懷新挾私報復，和簡載文勾結在一起，狼狽為奸，再次捏造陳庭鳳「聚眾謀反」的莫須有罪名。報准潮州府署派員查辦，派兵鎮壓福嶺村反洋教的民眾，並將陳庭鳳舉人名目開革，通緝在案。陳庭鳳被迫流落南洋；支持陳庭鳳、參與過這起反洋教鬥爭的百姓三十多人被逮捕，許多房舍被拆毀焚燒。丘逢甲聞訊，十分氣憤，作《聞鎮平事書感》一首，對陳的遭遇深表同情，並譴責地方官吏顛倒是非、為虎作倀的卑劣行徑。詩云：

黃蒿城古半頹雲，白晝狐狸竟作群。
山國何人真用武，士曹此獄太深文。
屢聞赤舌燒空火，豈有蒼頭特起軍？
淒絕子昂吟感遇，桂華消歇不堪論。

後來，陳庭鳳在馬來西亞客居多年，在南洋各埠奔走呼號，先是參與康梁保皇會謀劃的庚子武裝「勤王」運動，為擬籌組的兩廣勤王軍「九將」之一，名列自立軍富有山堂正龍頭[24]，庚子「勤王」失敗後，又追隨孫中山先生，積極參加民主革命運動，一九一一年病逝于婆羅洲。一九一二年，孫中山就任南京臨時政府大總統時，追授陳庭鳳「首名正等開國先烈」的稱號。[25]

至於丘逢甲和黃遵憲之間的交往與友誼，則更是真摯感人。

一八九八年的深秋，因參與變法維新運動而受到株連的黃遵憲被清廷「革職放歸」，帶病由上海乘船南返，途經潮汕回抵梅州故里。黃遵憲路過潮州時，一來因病魔纏身，行色匆匆；二來或許自覺「帶罪歸里」不便牽累他人，未能與丘逢甲見面。丘逢甲得到消息，十分同情老朋友的處境，專程趕往梅州探望。早在己丑年（一八八九年），丘、黃兩人在京城初次相交，留下了美好的記憶，別後轉瞬已有十載。十年來，風雲變幻，各自都經歷了人生旅途中極不平凡的歲月，如今又都雙雙落難，先後返歸嶺東。因此，相見後，真是悲喜交加、感慨萬千！

連日來，黃遵憲剛剛康復的身體似乎由於老友的來訪而格外精神了許多。他們竟夜長談，暢敘離情，縱談對時局的看法。通過黃遵憲的介紹，丘逢甲對一年來京、滬、湘等地所發生的重大事件和變故，有了更詳盡的瞭解和深刻的認識，內心的憂憤和哀愁又增添了幾分。次年春，黃遵憲買下住居「人境廬」旁邊的幾間廢屋，修建了一座小小的「無壁樓」。丘逢甲應黃遵憲之邀，為該樓題寫了一幅楹聯，聯曰：「陸沉欲借舟權住，天問翻無壁受呵」。[26]這幅對聯可謂語簡意深，它巧妙地借用了當年屈原遭楚懷王放逐的典故，隱喻黃遵憲等維新愛國

---

24 《自立軍史料集‧岳州鎮呈報匪情咨》，岳麓書社一九八三年版，第一二八頁。
25 賴雨桐：《陳庭鳳與蕉嶺教案》，見《蕉嶺修志通訊》創刊號。
26 轉引自黃遵憲：《人境廬詩草》卷九。

志士橫遭慈禧奸黨迫害的現實，表達了丘逢甲對祖國前途的深重憂慮和對以慈禧為首的頑固派的強烈憤慨！黃遵憲對丘逢甲題贈的這幅楹聯十分喜愛，特引用該聯足成七律一首，詩云：

半世浮槎夢裡過，歸來無處覓行窩。
陸沉欲借舟權住，天問翻無壁受呵。
偶引雛孫望新月，且容時輩量汪波。
彎彎幾曲清溪水，可有人尋到釣蓑？[27]

這首詩的後半段，詩人有意沖淡了丘聯的憤激情緒，顯然是由於考慮到當時的政治氣候，不得不以恬適出之。

自從這次會面之後，丘、黃兩人交誼更篤，經常書信往來，每逢丘逢甲從潮汕回鎮平鄉居探親，總要順路到「人境廬」造訪。他們一起切磋詩文，交換對時局的看法，一同外出攬勝探幽，放懷山水，賦詩唱和，並互相慰勉支持，在嶺東地區積極倡辦新學，為開發嶺東民智、普及桑梓教育做了許多有益的工作。類似的遭遇、共同的思想、相投的志趣和政治抱負，把他們緊緊地聯結在一起。據統計，在他們兩人的詩集《嶺雲海日樓詩抄》和《人境廬詩草》中，丘、黃之間互相唱和的詩篇近五十首，可以想見他們往來之密切、頻繁。丘逢甲對黃遵憲十分敬重。一八九九年他在給丘菽園的一封信中說：公度「才氣開展，辦事極有條理，為近時開新中不可多得之人。」尤其推崇他的詩歌創作，認為嶺東詩人，「當以黃公度首屈」。[28]一九〇〇年冬，丘逢甲為黃遵憲的《人境廬詩草》作跋，其中一段這樣寫道：「茫茫詩海，手辟新洲，此詩世界之哥倫布也；變舊詩國為新詩國，慘澹經營，不酬其志不已，是為詩人中嘉富洱；合眾舊詩國為一大新詩國，縱橫捭闔，卒告成功，是為詩人中俾思麥。」丘逢甲把黃遵憲比作詩界之「哥倫布」、「嘉富洱」和「俾思麥」，高度評價了黃遵憲在晚清「詩界革命」中的重大貢獻和傑出地位。而黃遵憲也十分讚賞丘逢甲的詩才，認為丘詩已達「大家分位」的境界。[29]一九〇二年，他在給梁啟超的

[27] 同前注。
[28] 《致潘蘭史》，見《丘逢甲集》。
[29] 據錢仲聯：《黃公度先生年譜》。

信中，稱讚丘逢甲說：「此君詩真天下健者！」[30]並將丘逢甲採用民歌形式所寫的一些「十七字詩」，推薦給梁啟超在日本創辦的《新小說報》上發表。[31]

一九〇五年春，黃遵憲溘然病逝，丘逢甲十分悲痛，特致送輓聯一幅悼祭，聯曰：

> 論文章經濟，均足千秋，從今憑弔孤城，落日登樓，詎竟騎鯨哀鐵漢；
>
> 合公義私情，來伸一慟，剩我眷懷祖國，臨風灑淚，更同鉤黨哭林宗。[32]

這幅輓聯，高度評價了黃遵憲一生的業績，寄託了他對摯友的無限哀思。據丘逢甲的另一詩友潘蘭史（飛聲）說，丘逢甲曾打算為黃遵憲作傳，可惜未果。[33]

細讀丘逢甲《嶺雲海日樓詩抄》中戊戌年的詩作，有兩點值得我們注意：（一）春季所作詩篇語多慷慨、激越，充滿企望和幻想；而秋冬所作篇什則多憂憤、孤寂和悲愴之聲。很顯然，這是和當年政治氣候的劇變密切相關的。（二）沒有一首詩是寫於夏天的。原因何在？在丘逢甲的詩友王曉滄寫的《金城唱和集》序文中，給我們透露了一個十分重要的信息：

> 仲閼來，持菽園書，索余與仲閼唱和諸作，因謀抄寄菽園。計余來潮，在戊戌之秋，凡四閱月，兩人得詩幾二百首，其不願示人者則化灰和淚吞之。綜兩人詩猶得百五、六十首，不忍泯沒，姑名之曰：《金城唱和集》云爾……。[34]

我們知道，「戊戌之秋，凡四閱月」，正是慈禧發動政變、殘酷迫害維新派人士的時候，丘、王兩人「不願示人者」，當屬針砭時政、發

30 據錢仲聯：《黃公度先生年譜》。
31 據楊天石：《黃遵憲》。
32 同注 19。
33 據潘蘭史：《在山泉詩話》，轉引自鄭喜夫編《民國丘倉海先生逢甲年譜》。
34 《金城唱和集》，係丘逢甲與王曉滄於一八九八年秋冬在潮州時唱和詩篇的合集，刊刻於一八九九年（己亥）秋。

洩胸中積憤的篇什。政變後所作，為避免引起不必要的麻煩，尚且「化灰和淚吞之」。何況夏季正值「百日維新」期間，丘逢甲作詩定是興奮熱烈、無所顧忌，「化灰和淚吞之」，足以說明丘氏對自己這一時期的詩作是何等珍視，字字飽含了詩人的血淚、希望與痛苦。事實上，歷經抗日保台鬥爭的丘逢甲，內渡後的確一向十分抑鬱和謹慎，不願將自己的「喻譬詩」輕易示人，一八九九年（己亥）秋冬，他在給丘菽園的信中就曾這樣說過：

> 弟本不願作詩人，然今則竟不能（不）姑作詩人，承兄過愛其詩，故不能藏拙，竟敢和盤托出……。喻譬詩多傷時，不宜編入集中極是，細檢直言時事者尤多，望為刪定，留作百年後詩史可乎？！[35]

可見，戊戌年間，丘逢甲必有許多傷時之作，惜多未見刊佈。前述〈感事〉詩二十首，即係其中的一部分，其餘，現已無從尋覓。

百日維新的慘敗雖然使丘逢甲深感震驚和失望，但他畢竟是從患難和挫折中走過來的人，並沒有因此而頹唐和氣餒，在〈憶舊述今〉這首述懷詩中，丘逢甲寫道：「熱血填胸鬱不涼，騎麟披髮走南荒。未酬戎馬書生志，依舊吾廬榜自強。」並自注曰：「『自強不息』，為予舊齋額，今擬重書以自勵。」[36]就這樣，丘逢甲懷著興奮、期待的心情迎接了戊戌年的元旦，卻在痛苦、悲憤和惆悵愁悶相交替的複雜心緒中度過了動盪的一八九八年。

## 三、創辦「嶺東同文學堂」

戊戌年的「百日維新」猶如曇花一現，歷史已經判定：自上而下的改良道路在半封建半殖民地的舊中國是走不通的，中國要想獨立富

---

[35] 同注 22。

[36] 見丘逢甲：《詩抄》卷四。另據一八九九年丘逢甲信稿：《與馬介堂軍門》：「所乞書『自強不息』齋額，得暇祈揮椽筆，以慰遠望。」可知丘逢甲確曾請馬軍門為其題寫「自強不息」齋額。

強，唯有徹底推翻腐朽賣國的清王朝。然而，這個時候，丘逢甲和其他同時代的許多愛國者一樣，還不可能這樣快就認識到這一點。

一八九九年（己亥）春夏，丘逢甲繼續在潮陽東山書院任教，同時又受聘兼任澄海景韓書院主講。

這一年的春天，潮汕地區的雨水格外多，立春過後，陰雨連綿，愁雲滿天，乍暖還寒。在歡度新春佳節的喜慶日子裡，潮州城中，白晝人頭攢動、熙熙攘攘；入夜火樹銀花、燭光映天。然而，此時此刻，在丘逢甲的胸中，愁思卻有增無已，內心深處一股濃重的惆悵之情難以排遣。四顧家國茫茫，出路何在？他苦苦地思索：

驟暖還寒昨夜風，江城東望曉溟濛。
不知春色在何處，三十二峰煙雨中。
火樹銀花句懶吟，望京樓畔客愁深。
他年見月應回憶，寒雨春燈此夕心。

在極度抑鬱哀愁之中，丘逢甲羈懷無端，他或借詠奇花以遣懷（如作〈牡丹詩〉二十首）；或邀約友人外出攬勝訪古，借古人之酒杯，澆胸中之塊壘，憑弔忠魂，以激勵自己的報國之志，寫下了大量的懷古感今詩篇，其中，又以追念文天祥的詩作居多。

南宋末年，民族英雄文天祥為抵抗元蒙貴族的入侵，投筆從戎，毀家紓難，率領「勤王之師」轉戰東南沿海各省。後來，由於漢奸出賣，不幸在廣東海豐縣北的五坡嶺兵敗被俘。在元大都（今北京）敵人的囚籠裡，文天祥大義凜然，威武不屈，表現出崇高的民族氣節。他的詩句：「人生自古誰無死，留取丹心照汗青」，成了中華民族的千古絕唱。當年，文天祥曾率領義師進駐潮陽，留下許多歷史遺跡，在丘逢甲講學的東山書院附近，就建有一座專門紀念文天祥的「大忠祠」（又曰「丞相祠」）。丘逢甲曾自稱：「平生心醉文丞相」，對文天祥的高風亮節、英雄業績一向十分尊崇，課餘時間經常去拜謁「大忠祠」。他聯想到自己前半生的經歷與遭遇和文天祥是如此的相似，更憂及朝廷的腐敗、國家的危亡，常常禁不住落下辛酸的眼淚。他不斷地激勵自己，要以文天祥為榜樣，在逆境中奮鬥，為國為民竭忠盡智。這一年的六月九日（陰曆五月初二日），是文天祥誕生六六三周年的紀念日，丘逢甲邀約名流夏同和、馬雋卿、莊學忠、馬如龍等人，[37]於東山大忠祠舉行隆重的祝壽活動。丘逢甲在祝詩中寫道：「同堂祝公者，願公為之師。同持忠義心，以為治平基。運會值大同，一統兼華夷。歲歲此祝公，清芬生鼎彝。」

祝壽活動結束後，丘逢甲在東山書院的門生鄭某等人，組織了一個紀念文天祥的民間文學團體，起名「壽忠社」，請丘逢甲為該社撰文，「以序其所以壽公之意」。丘逢甲欣然命筆，作〈東山壽忠社緣起〉一文。在這篇〈緣起〉中，丘逢甲既頌揚了文天祥的豐功偉績，也表達了自己積極進取的生死觀和榮辱觀，以及他對青年一代所寄予的殷切期望。文中曰：

> ……凡人本壽皆百二十歲，然往往不能至，上者至百歲，中者八、九十，下者六、七十，即稱為壽人。其生時，子孫制彩、親賓稱觴以祝之。然苟無德業功烈，則雖富貴煊赫、當時震人耳目，而身死之後寂然無稱，與草亡木卒無異。況其為蹈凡循庸、聲塵闃寂，雖生之日，猶死之年者乎？故雖有孝子慈孫，追遠不忘，春秋家祭之外，為亡於禮者之禮，如南中之俗所謂冥壽者，然固不可以常且久。唯聖賢之徒，忠義之士，力任斯道之重而不辭，躬拯天下之危而不顧；當其有生之年，艱虞困辱、百折罔恤，而儕伍庸俗、酣豢富貴之人，或且非笑之、訾毀之，以為人生幾何，是亦徒自苦耳。然其道積久而彌光，其名易世而彌盛，千秋萬歲之後，其足跡所至，猶令人憑弔而興起，相與社而稷之、屍而祝之，則天有日月、地有山川之日，謂皆其壽日可也，雖日日壽之可也，不必定以生日稱壽也。而後世私淑之徒，方且不忘其生日而壽之，以寄其景仰無已之思。若文公之至東山，則亦極世所謂艱虞困辱之日矣，亦安知數百年之後，乃有於此山祠之者，數百年之後，更有于此祠壽之者乎？此足見聖賢之可為，而忠義之感人者深也！諸生苟知此意，以求所為自壽其身

[37] 夏同和，字季平，號用卿，又自號獅山山人，貴州貴陽人，光緒二十四年狀元，官殿撰，著名書法家。其時，丘、夏兩人交往甚篤，《詩抄》中輯有丘氏與之唱和詩若干首。丘氏故居「淡定村」村碑及「馬來西極，龍臥南陽」楹聯，即於是年由夏題贈。馬如龍，字犖飛，舉人。

與名者，則斯社也，即與公壽永永無極可也；社中之人，皆與公壽同永永無極可也。此則願有志之士相與勉之，而不可為儕伍庸俗、酣豢富貴人語之者也。[38]

爾後，丘逢甲又倡議重修「大忠祠」，並請夏同和重新書寫了文天祥〈沁園春〉詞，以為紀念。[39]

這一時期，丘逢甲如此熱衷於憑弔忠魂、紀念先賢，不僅僅是為了激勵自己去勇敢地面對坎坷的人生，顯然還有其深意，他曾對友人說：「此時唯有表揚忠節，以作士氣，以挽人心，為我輩應為得為之事！」[40]

是年，從台灣內渡歸來的文人名士諸如許南英、陳省三、王松等人，以及一些義軍故舊相繼與丘逢甲取得了聯繫。其時，許南英出任廣東三水知縣，陳省三就任廣東勸業道（後任廣州知府），都謀得了一官半職。廣東巡撫許仙屏等也出面勸丘逢甲出任仕途，但丘逢甲婉言謝絕了他們的一片好意，對友人說：「才人從古不宜官，置汝髯參短薄間」，「一官便具奴才性，誰是英雄出此圈？」他認為現在是「殘局空支撐」，「公何今卿為？」認定從事辦學、啟迪民智，更有實際意義。

百日維新失敗後，清廷明令恢復八股舊制，封建頑固勢力更加猖獗、新學受到了嚴重的摧殘和打擊。但是，丘逢甲卻毫不畏縮，公開與清廷大唱反調，他抨擊八股取士斷不能「解國憂」，「書院舊制，新知識貫輸有所未盡」，認為欲強中國，「非開民智、育人才」不可，力主重視「精神教育」，繼續呼籲廢除八股、改革陳腐的教育制度。到了一八九九年秋冬，丘逢甲幹脆脫離了舊式書院，在潮汕地區獨立創辦起新式學堂，開始了他教育救國的新嘗試。

關於丘逢甲創辦新式學堂的來龍去脈，大致情況是這樣的：

---

38　《丘逢甲集》第七八〇頁。

39　南宋末年，文天祥屯軍廣東潮陽，往謁東山「雙忠祠」，作有名篇《謁東山雙忠廟・沁園春》一詞，詞曰：「為子死孝，為臣死忠，死又何妨？自光岳氣分，士無全節，君臣義缺，誰負剛腸？罵賊張巡，愛君許遠，留取聲名萬古香。後來者，無二公之操，百煉成鋼。嗟哉人生翕欻雲亡，好烈烈轟轟做一場。使當時賣國，甘心降虜，受人唾罵，安得流芳？古廟幽沉，遺容儼雅，枯木寒鴉幾夕陽？郵亭下，有奸雄過此，仔細思量。」

40　據丘復：《念廬詩集》注，手抄本。

甲午戰後，列強進一步加緊了對中國的爭奪，日本為了和英、俄等國勢力抗衡，大造所謂「同文同種」、「中日聯盟」、「中日親善，共禦強俄」的輿論，企圖拉攏中國為其所用。戊戌維新期間，康梁等人即與日本政界某些頭面人物密切交往，幻想取得他們對變法運動的支持和幫助。百日維新失敗後，維新派並沒有放棄這種幻想。其時，日本國內的一些人士，以「聯絡聲氣、資助文明」為名，組織了一個名叫「東亞同文會」的團體，該會《綱領》規定：「（一）保全東亞時局；（二）啟發民智養成人才；（三）振興國論以期實行」。其《章程》則宣稱：「清、韓、日三國交久矣，文化相通，風教相同」，勢如唇齒，情如兄弟，在列國乘隙東侵之際，應「忘衍棄嫌」、「外禦其侮」、「守信共利」、「益固邦交」云云。[41]

在「東亞同文會」中，固然不乏貌似親善的侵略分子，如該會會長近衛篤磨就曾公開叫囂：「中國內部事業，必仍歸同文同種的日本人之手。」他們從事所謂「中日親善」活動，顯然是虛偽的、別有用心的。但是，在「東亞同文會」中，也確有一些真正同情和支持中國進步事業的友好人士，他們不願看到自己「同文同種」的近鄰遭到西方列強的瓜分蹂躪，希望中國革除弊政，走上繁榮富強的道路，並派人西渡，積極協助中國維新派在各地開辦日文學堂（又名「東文學堂」）。「東亞同文會」的宗旨與中國維新派人士企圖效法日本、改造中國的良好願望是吻合的，因此，他們與該會成員建立了密切聯繫。這時，有一個名叫楊守愚的廣東澄海人，監生出身，具有維新思想，在廣州和「東亞同文會」廣東分會的會長高橋謙會見，促膝深談後，決定返回潮州，邀集潮、嘉人士磋商，創辦「東文學堂」。楊守愚深悉丘逢甲為「血性男子，又復深通中西文學，兼諳潮、嘉之語，屆時欲聘為中文教習」，[42]並想請丘逢甲和溫仲和兩人合力倡導，促成此事。但楊守愚唯恐丘逢甲因日本割台一事仍耿耿於懷，不肯合作，臨行，轉托丘在廣州的好友梁居實出面致書勸駕。於是，這一年的十月間，梁居實接連寫了兩封長信，極力勸說丘逢甲贊成此舉，出面主持。梁在信中說：

41 《東亞同文會章程》，見《知新報》第九十三冊（一八九九年七月十八日出版）。
42 梁居實：《與丘仲閼論潮嘉設東文學堂書》，見《梁詩五先生遺稿集》，臺灣出版。

「竊嘗思之：國者積人而成者也，人不亡則國不亡。人何以能不亡？智而已矣。民智開，則人才出，則國雖亡終不亡。然則，為今之計，亦開民智、造人才而已矣；欲開民智、造人才，即設報、興學、譯書而已。」[43]

「東洋同洲同種，其國勢亦超出奧、意之上，而介在德、法之間；欲擇鄰交，首宜聯絡；欲資聯絡，必通其語言文字。故近年北京、粵東同文館皆添設東文一門。況學習西文，須在幼年，東文則年長者亦可學，欲通西文，必須七、八年，東文則不過一、二年而可通。又況西書之要旨，大抵皆經東人譯出，是東文者，實藉以通西文之快捷方式也。……今之有心人，動輒以滅種、滅國、滅教為憂，何異杞人乎？其實，種不滅則國不滅，國不滅則教不滅；特不可不急為智種強種之計耳。種智則強，強則不滅。欲求智種，今之學堂其首務矣。」[44]

梁居實的這些見解，給丘逢甲以很大的啟發，使他覺悟到，要想通曉西方文明，效法日本，維新救國，就必須儘快培養出大批諳熟日語的專門人才。恰逢這個時候，溫仲和「在金山講席，小頑固黨以其喜言新學，已擠之去」；而丘逢甲自己雖「東山一席尚在縶維」，但幾年來也飽受守舊勢力的擠迫，因而使他痛切地感到，要想擺脫舊教育制度的束縛，以歐美新法教化青年，就非有自己的陣地不可。於是，同年冬，丘逢甲接受了梁居實的建議，毅然辭去了東山、景韓兩書院的教職，並徵得三弟樹甲的同意（這幾年，丘樹甲「往來潮、嘉間，兼事農商」，多少有了些積蓄），在楊守愚、何士果等人的大力協助支持下，[45]開始著手創辦新式學堂——「嶺東同文學堂」。[46]地點初擬汕頭，後確定在潮州開辦，校址設於慰忠祠。[47]

---

[43] 同注 41。
[44] 同上書，《再與丘仲閼論潮嘉設東文學堂書》。
[45] 丘逢甲信稿：《致梁詩五》，見《丘逢甲集》。
[46] 據丘逢甲信稿：《致梁詩五》及《致丘菽園》。丘琮《年譜》作「東文學堂」，《潮州志》作「同文書院」，均誤。
[47] 同注 46。

白手起家興辦民辦學堂，困難殊多，為了使「嶺東同文學堂」早日創辦成功，丘逢甲傾注了自己的全副心血，從籌措經費、聘請教師、制定章程到選擇校址、購置器物、佈置校舍等等，他都不辭辛勞，「一一親自為力」。當地頑固守舊勢力聞訊，更從中作梗，極力阻撓破壞，但丘逢甲義無反顧，堅持鬥爭，勁頭十足。從這一時期他寫給梁居實和丘菽園的信中，可以看出其中的一些梗概：

「九月間，守愚齋到尊札，即為草定章程，乃弟往潮陽一月，而事尚無端緒，則以守愚之勢在潮亦孤。待十月杪，弟由潮陽返郡，而士果亦來，始為立決定義。至先生第二次信來時，章程已刊發。前書所以久未覆者，緣所辦事尚未能成，無以報命，此時真所謂『為政不在多言』，顧力行何如耳。初擬在汕頭開辦，緣同人皆以為宜在郡城，已租定慰忠祠，地尚宏敞，學生來報名者已有二十人矣！慕柳去潮，吾道益孤，我瞻四方，蹙蹙靡所騁，唯有豎起脊樑，守定宗旨為之而已。」[48]

「近日在潮倡設嶺東同文學堂，已有成議，其序及章程，此間已發刊，茲將稿寄上，希登貴報，以慰海外同志之望。內地阻壓兩力均大，不能如海外辦事之自由。呼應不靈，阻抑百出，雖有膽氣者（也）為之束手，保商局之不能切實辦事者以此。若今所議設之同文學堂，則以同志數人為主，不經由官紳；若辦成，似比保商局收效為速，計籌款集，明春即可開設也。」[49]

「嶺東同文學堂明春可開，茲寄上章程一本，……此間得此或能稍開風氣，……若能推廣吾教，應為之事尚多也」。[50]

就這樣，丘逢甲在緊張、忙碌中，送走了一八九九年，迎來了一九〇〇年（庚子）的春天。

一九〇〇年一月（己亥年十二月），在籌辦嶺東同文學堂期間，丘逢甲還應康有為之邀抽空去了一趟港澳。那時，港澳地區是流亡海外

---

[48] 同注45。
[49] 《致丘菽園》，見《丘逢甲集》。
[50] 同注49。

的各派政治力量聚集的地方，興中會的骨幹分子陳少白、鄭士良等人奉孫中山之命，在香港設立機關，聯絡會黨，促成興中會、哥老會、三合會三會組成了一大團體——興漢會，公推孫中山為總會長，準備在國內發動大規模的反清武裝起義。與此同時，戊戌維新失敗後逃往海外成立保皇會的康有為也潛回香港，唐才常等也雲集此地，積極策劃「武裝勤王」運動。康有為到港後即函邀丘逢甲來港議事。康信全文如下：

仙根仁兄先生執事：

聞盛名高義久矣。蒼葛之呼，震動宇宙，事雖不成，義暴天下。當時仆在京師，側慕之私，甚願執鞭焉。後在桂林與唐薇帥往來，具審執事人才，益增想望。竊不自量，以為吾嶺海磅礴，有吾兩人，如孟德言，所謂使君與操也。中國危亡黃種將絕，仆誠哀憤。屢次上書，我皇上神武堅明，決意變法，過蒙知遇，毗贊維新，百日新政，全球悚動，誠四千年來未有之聖主，而中國不可得之機會也。事功未就，乃為淫后及賊臣所幽廢，摧翻新政，屠戮忠良，黨獄之慘，天下哀之。仆承密詔，籌救無術，罪當萬死。天幸哀憐，委曲全之。瑣尾間關，乞師外國，狐裘蒙茸，叔伯靡同。包胥之痛哭徒然，子卿之牧羊已矣。然回頭禹城，北望瀛台，揮淚誓心，鞠躬盡瘁，流涕而道國難，泣血而動種人。頃薄海內外，大略雄方，必有夙夜燕私，伏枕拭淚，念聖上之幽廢，哀神州之陸沈。比者台澎舊侶，潮惠新知，以公號召，必當共濟。仆頃還港，相去咫尺，甚望執事命駕來遊，俾瞻丰采，獲聆高論。王室如燬，想能哀從。瞻望韓山，不勝側企。敬問起居，不盡鶴立之誠。[51]

康信內容要點有三：（一）盛讚丘逢甲在一八九五年的抗日保台活動；（二）康自比曹操，把丘比作劉備，足見對丘期盼之切；（三）邀丘逢甲來港共商國事。丘逢甲到港後，會見了康有為、唐才常、陳庭

---

[51] 蔣貴麟編：《萬木草堂遺稿・外編》下，成文出版社一九八七年版，第五九九－六〇〇頁。轉引自《丘逢甲集》附錄第九五六頁。

鳳等，還特意一起合攝了持刀並立小照[52]。由此可以推斷，康有為邀約丘逢甲赴港應是密謀保皇會庚子「武裝勤王」事，並顯然得到丘的贊同與支持。

丘逢甲欣然應邀赴港，並與康有為一拍即合，願意助其武裝勤王，自有其必然性。己亥年（一八九九年）冬，丘逢甲曾致信丘菽園說：「來示言遷都、練軍、改律、設捕諸節，極是幸論。弟乙未在台第三次電奏即有請遷都之說，尊論謂宜遷湖北，極是。練陸軍為今首務……。設巡捕則公度在湘保衛局章程頗詳。監獄新章，亦改律之先聲。總之，不變法，則此等今日皆屬托之空言者也。」[53]可見，丘逢甲此時仍醉心於變法、改良，與康梁保皇派心心相印。在港澳逗留期間，丘逢甲曾作詩兩首，分別贈送給澳門保皇會的負責人何廷光（字穗田）和康有為的弟子歐榘甲。詩中，丘逢甲影射慈禧太后謀害光緒，表達了他對歐榘甲等保皇會人士武裝勤王的熱切期待[54]。

其一：海上我來尋大俠，如君何讓古朱家。
北胡南越英雄在，落日蕭蕭廣柳車。
——《澳門贈何義士》

其二：噫嘻乎嗟哉！魔風夜扇大海水，妖島西飛金兩翅，
飛啄群龍龍半死。神龍不死何時起，金仙鉛淚流不止。
此劫茫茫古無似，不數漢家燕啄矢。誰為鑄劍殲厥妖，

---

52 此事，丘琮：《倉海先生丘公逢甲年譜》作庚子春，實誤。據查，庚子春，康在新加坡，唐在上海策劃自立軍起義事，均不在港。而據康有為《唐烈士才常墓誌銘》：「己亥十二月二十一日，吾居港……」；又據唐才質《唐才常烈士年譜》：己亥十二月初五，公以經費無著，乃謀至香港籌款。可知康、唐兩人一九〇〇年一月（己亥十二月）在港。另，丘琮《年譜》稱，梁啟超也曾與康、唐、丘、陳諸人在港一起合攝持刀並立小照，疑有誤。據《梁啟超年譜長編》，梁早於一八九九年十二月下旬（己亥冬十一月）即已離日赴檀香山，並無赴港之行。

53 《致丘菽園》，見《丘逢甲集》。

54 據曾養甫：《丘逢甲事略》說，丘逢甲滯港期間，與唐才常縱談時局，曾曰：「清廷猜忌漢人素深，南海遽進以維新變法，既不知量，何況又思保皇；孫某所倡排滿革命，名義甚正，然欲用會黨防營以革命，亦不足恃……。」云云，但筆者以為，從現今掌握到的史料來看，曾氏此說之可靠性有待斟酌。

當代吾思歐冶子。

——《歐冶子歌》

在港期間，丘逢甲還首次見到了和他早有詩書往來的潘蘭史。[55]對於潘蘭史的詩畫，丘逢甲一向十分推崇，尤其對他自繪的《獨立圖》更是讚賞不已，曾賦詩題贈曰：

舉國睡中呼不起，先生高處畫能傳。
黄人尚昧合群理，詩界差存自主權。
胸有千秋哀古月，眼窮九點哭齊煙。
與君同此蒼茫況，隔海相望更惘然！
（予亦有《獨立圖》）

如今，過去僅有詩書往來的兩位老友得以在港相會，一起暢敘友情、切磋詩畫，真有說不完的高興（「乾坤何地許揚眉？海上逢君淚滿衣。」）臨別之際，他們相約明春（庚子春）再度在港相會（其時，丘逢甲已有南洋之行的計畫，故詩中有「扁舟春雪預相期」之句）。

這次赴港，丘逢甲還作有多首記游九龍、澳門的詩篇藉以抒懷。

九龍半島向為中國領土，與大陸緊緊相連。一年前，這裡還屬於廣東新安縣（今深圳市）管轄，可是，英國為了擴大它在香港的侵略據點，強迫清政府於一八九八年六月九日簽訂了一個《展拓香港界址專條》，把位於深圳河以南、九龍半島界限街以北及附近一百多個大小島嶼（即所謂「新界」）「租借」給了英國，為期九十九年。當時，消息傳到潮汕，丘逢甲就十分悲憤，這次身歷其境，目睹祖國大好河山變為異域，益加痛恨侵略者的強盜行徑和清廷的昏庸無能，遂作〈九龍有感〉一詩以記之：

群峰迭翠倚樓間，一角頽雲夕照殷。
忽憶去年春色裡，九龍還是漢家山。

---

[55] 潘蘭史，字飛聲，號劍公，又號獨立山人，廣東番禺人，清孝廉，為清末民初著名詩人，亦善作畫。曾任德國柏林大學漢學教授，主持過香港《華報》、《實報》筆政。晚年參加柳亞子等組織的南社，為南社「四劍」之一。著有《說劍堂集》。

澳門古稱「濠鏡」，屬廣東香山縣（今珠海市）管轄。一五五三年（明嘉靖三十二年），葡萄牙殖民者假託商船遭遇風暴，貨物被打濕，用欺騙和賄賂手段，買通海道副使汪柏，准許他們在澳門借住和晾曬貨物。爾後，朱明王朝竟聽從大臣林富的奏請，把它租給了葡萄牙（年租金僅五百兩）。到了一八八七年（清光緒十三年），葡萄牙在英國侵略者的支持幫助下，強迫清政府簽訂了一個所謂《中葡通商條約》，取得了「永租」澳門的權利。從此，就連那一點點象徵性的「租金」也不再交納了。如今，中國的神聖領土澳門完全成了洋人的天下，教堂林立，青樓、賭館隨處可見，中華民族優秀文化傳統和淳樸風尚喪失殆盡，殖民者為了盜財竊寶，居然無恥到遍掘中國先人的墳塚。目睹此情此景，丘逢甲十分痛憤，感慨萬端，連作〈澳門雜詩〉十五首抒懷，其中幾首這樣寫道：

> 五百年中局屢新，兩朝柔遠暢皇仁。
> 自頒一紙蠲租詔，坐看江山換主人。（葡萄牙人居澳門，自前明及本朝，皆納地租）。
>
> 遮天妙手蹙輿圖，誤盡蒼生一字租。
> 前代名臣先鑄錯，莫將割地怨庸奴。（以澳門租葡人，由林富奏請，林固前明名臣）。
>
> 天主堂高十字支，築從新教未行時。
> 嵌空萬石玲瓏甚，獨少流傳景教碑。（天主堂自前明即建新教，即西人所謂修教）。
>
> 誰報凶酋發塚冤？寶刀飲血月黃昏。
> 要攜十斛葡萄酒，來酹秋原壯士魂。（葡酋昔有遍發唐人墓者，為某壯士所手刃）。
>
> 銀牌高署市門東，百萬居然一擲中。
> 誰向風塵勞物色？博徒從古有英雄。（澳中賭館最盛，門皆署銀牌以招客）。

正當丘逢甲四處奔波，在潮州積極籌辦「嶺東同文學堂」的時候，經觀察沈絜齋的推薦，粵省當局委派他前往南洋查訪僑情，謀「聯合南洋各埠閩粵商民之舉」。[56]丘逢甲考慮到：利用此行，正可以在南洋華僑中募集一筆辦學經費，又可以見到和自己多年保持著頻繁詩書往來卻從未謀面的摯友丘菽園，還可飽覽久已嚮往的南洋熱帶風光，瞭解異國風情、增長見識，一舉數得，何樂而不為之？於是，他很樂意地接受了這趟差遣。關於這次南遊的背景及其心情，丘逢甲一九〇〇年初春寫給沈觀察的一封信中這樣說：

> 由台來粵，蟄伏五載，無有能知其為人者，荷公以國士見待，感何可言！某雖京朝末官，放棄海曲，而忠憤耿耿，未嘗不日思為朝廷稍盡心力。聯合南洋各埠閩粵商民之舉，謀之數年，島中豪傑，略能得其要領。今歲聯合之機已動，彼中人士屢書懇往主持，所以遲遲不行者，正恐人以新黨目之耳。承公以文牘寵其行，他日使各埠商民，能以財力上報國家，某亦薄有建樹，皆公賜矣！[57]

臨行，丘逢甲委託好友溫仲和、姚梓芳替他繼續主持「嶺東同文學堂」的籌辦事宜，並囑其先行「招生開講」，聘日本學者熊澤純之助為教授，向青年學生灌輸東西方文明和維新學術。

「一水茫茫絡五洲，此行心已遍全球。」一九〇〇年三月初（陰曆庚子年二月），丘逢甲懷著十分愉快的心情，辭別了親友，偕同王曉滄等人，從潮州出發，到汕頭後，有許南英（蘊伯）等人送行，爾後，轉乘海輪前往南洋，經香港，過七洲洋（今南海），三月十五日到西貢。稍事休息後，經高棉，於三月下旬抵達新加坡。一路均有記遊詩作。

途徑香港時，丘逢甲會見了日本志士平山周、近藤五郎（本名原禎）等人。其時，平山、近藤等人奉孫中山先生之命，正在香港活動，積極協助陳少白、鄭士良、史堅如等人，準備發動興中會的第二次武裝起義——惠州起義。丘逢甲與平山、近藤諸人暢飲於香港酒樓，席間，丘逢甲賦詩一首贈別，題為《與平山、近藤二君及同志諸子飲香江酒樓，兼寄大隈伯相、犬養春官日本東京》，詩曰：

---

[56] 丘逢甲信稿：《致沈觀察》。沈觀察，名守廉，字絜齋，浙江海鹽人，曾任廣東惠、潮、嘉兵備道，與丘交往甚篤。

[57] 丘逢甲信稿：《致沈觀察》，見《丘逢甲集》。

誰挾強亞策，同洲大有人。
願呼兄弟國，同抑虎狼秦。
慷慨高山淚，縱橫大海塵。
支那少年在，旦晚要維新。

詩中，丘逢甲自注：「日本有高山正之，其人維新先進也。」該詩後來發表在一九〇〇年三月三十一日的《清議報》上。[58]

丘逢甲在詩題中提到的「大隈伯相」即大隈重信，「犬養春官」即犬養毅，他們兩人皆為日本政界頭面人物，分別出任過日本內閣首相和文相。其時，他們以在野身份，對流亡日本的康、孫兩派均取友好態度，並曾一度為兩派聯合拉線搭橋，意在通過籠絡中國有影響的先進人物，推行其「中日親善」的政治主張，以影響將來中國的政策。犬養毅為東亞同文會的重要分子（評議員），而平山周則是日籍興中會會員，他們與丘逢甲早有交往。

丘逢甲與大隈、犬養等日本政界上層人物的交往，是通過在潮州嶺東同文學堂任教的日籍教授熊澤純之助介紹的。丘逢甲雖然贊成效法日本，贊成「中日親善，共禦強俄」，但這並不意味著他容忍日本的侵華罪行。關於這方面的情況，在丘念台的自傳《我的奮鬥史》中是這樣記敘的：

> 我的父親在潮州主持東文學堂（即「嶺東同文學堂」）期間，認識了兩位日本的中堅人物，因為聘有日籍教授講課，而且從學術觀點去研習日本的維新。這一作法，沒有得到本國政府的重視，而日本上層人物卻甚注意。由於日籍教授的介紹，我的父親成為犬養毅的文友。從此書信往來，交誼友愛彌篤。他稱譽我的父親為鄭成功以後台灣的第一人，可以說是推崇太過了。後來，犬養氏又寫信介紹平山周到汕頭來會晤我的父親，於是，又多交了一位日本朋友。……犬養毅、平山周兩氏，常常和我父親通信，或酬唱詩文，或討論中日問題，大都是寄

58 關於該詩寫作時間，丘鑄昌：《從一首佚詩看丘逢甲與日本人士的關係》一文，考訂為「庚子之夏」，說「是庚子年的陰曆六月初」，實誤。另，該文將「近藤」考訂為「近藤廉平」，亦誤。（見《華中師院學報》一九八五年第四期）。

望兩國人士，體認同文同種的密切關係，必須攜手合作，共求發展，作為亞洲的安定力量。我的父親對於這一點，也和他倆抱有同樣的期許。但是，有時卻毫不忌諱地指出日本脅迫割讓台灣的蠻橫不智。這些來往信件，是我於民國二十三年回到蕉嶺整理父親遺著之時發現的。

丘念台的這段話，有助於我們理解丘逢甲在香港酒樓所作的詩篇。

丘逢甲抵達新加坡後，受到當地僑團領袖、著名學者丘菽園及各界僑胞的熱烈歡迎。丘菽園，名煒萲，又名蔚萱，祖籍福建海澄。光緒二十二年（一八九六年）舉人（解元），因感憤於朝廷的腐敗，絕意仕途，赴南洋，久寓新加坡，創辦《天南新報》，鼓吹變法維新、改造中國。丘家為南洋鉅賈，菽園乃「揮金結客」，與康有為、黃遵憲、容閎[59]等人交往甚密，曾出鉅資支持唐才常的自立軍勤王運動，有「南洋孟嘗君」稱譽。丘菽園對丘逢甲乙未倡導抗日護台的義烈舉動和出色的詩才十分欽佩，自一八九七年（丁酉）起，即與丘逢甲有頻繁的詩書往來，儘管海天阻隔，兩人一直沒有機會見面，然而他們志趣相投，互相仰慕，早已心心相印，引為知交。如今，丘逢甲遠涉重洋來到新加坡，丘菽園欣喜莫名，一連數日，設宴為丘逢甲洗塵，盛情款待。席間，通過丘菽園的介紹，丘逢甲結識了不少當地華僑中的社會名流，瞭解到我國僑民在南洋各埠的許多情況。

其時，康有為和保皇派另一重要人物容閎，為自立軍勤王事奔走，正在新加坡停留，少不得也由丘菽園設宴作東，邀約丘逢甲與康、容等人會面，賦詩唱和，共商「勤王」大計。丘逢甲與康、容等人在新加坡會面，有現存康詩兩首為證：一為《容純甫觀察、邱仙根總統、王曉滄廣文來訪星坡，與林文慶議員並集南華樓，林君贈我西文詩，即席答之，並索邱、王二子和作》；二為《庚子正月二日避地星坡，菽園為東道主。二月二十六遷出他宅，於架上乃讀菽園所著贅談，全錄余（公車上書），而加跋語，過承存歎，滄桑易感，亡人多傷，得三絕句，示菽園並邱仙

59　容閎（一八二八～一九一二），字純甫，廣東香山人，我國最早的留美學生和留學生運動開拓者，早期著名維新思想家，畢生為中國的獨立富強而奮鬥，晚年支持孫中山先生的革命事業，著有《西學東漸記》等書。

根》。但從現存丘詩中並未見有康、丘倆人在新加坡的唱和詩，這或許因後來政局變化以及康、丘倆人最終政治上分道揚鑣而丘逢甲有意隱之。然而，丘逢甲在新加坡與丘菽園、林文慶、容閎等保皇會重要人物的唱和詩中，卻很清楚地看出他當時積極支持保皇會武裝勤王的政治態度。

其一：風雲萬里鬱神州，人醉天南第一樓。
唱遍南朝新樂府，最難天子是無愁。

解佩江皋竟遺予，琴心久已薄相如；
出關待草勤王檄，懶對芙蓉賦子虛。

力收墨雨卷歐風，餘事當筵顧曲工；
誰遣拿破崙再出，從來島上有英雄。

——《飲新加坡觴詠樓次菽園韻》四首之二、三、四

其二：君名文慶字文慶，應慕汾陽郭子儀。
若論收京扶聖主，終需橫海出雄師。
公卿當代多餘氣，豪傑中原望義旗。
欲起病龍作霖雨，天涯我特訪神醫。

——《贈林文慶》

此外，在〈天南第一樓放歌〉中，丘逢甲寫道：「亞洲一片雲頭惡，群花摧折雌風虐。護花幡立海東南，裼裘公子方行樂。」

在上引詩篇中，丘逢甲借用歷史典故和藝術化的隱寓手法，痛斥慈禧（雌風）迫害忠良（摧折群花），期待「橫海出雄師」，「中原望義旗」，「拿破崙再出」，早日「收京扶聖主」，甚至表示願意親自起草「勤王檄」，其迫切心情，可謂躍然紙上，表露無遺。

丘逢甲對容閎一向十分欽敬，此番新加坡之行能與容閎謀面非常高興。他專程前往容閎的下榻處拜訪，並賦詩一首為其壯行。詩中，丘逢甲稱容閎是廣東「奇人」，中國的「爹亞」，亞洲的「先達」，盛讚他「艱危天下局，慷慨老成謀」，年逾七十猶為國為民勞碌奔波，精神實在令人感佩，並祝願他此行能獲得成功（「異域扶公義，神州復主權。東之原未老，終仗力回天。」）

丘逢甲的義聲、詩名早已在南洋各埠愛國華僑中廣為傳揚，各地僑胞得知丘逢甲的到來，紛紛邀請他前往觀光訪問、發表演說。丘逢甲也不辭辛苦，有邀必至，先後到過印尼的坤甸、馬來亞的吉隆玻、麻六甲、檳榔嶼、芙蓉等地。每到一處，出席集會，衍教講學，忙得不亦樂乎！丘逢甲博學多才，思路敏捷，執教多年，擅長演說，言詞生動，聲若洪鐘，兼之他通曉潮、嘉、穗及閩南各地方言，僑胞們聽起來津津有味，備感親切。丘菽園創辦的《天南新報》專題報導了丘逢甲在南洋各地的活動和這一時期創作的詩文，引起廣泛關注和強烈的共鳴。丘逢甲在庚子四月二十九日赴大吡叻閑真書院的演說，刊登於一九〇〇年六月四日的《天南新報》，同年九月二十四日澳門出版的《知新報》予全文轉載。在這篇演說辭中，丘逢甲剖析了國勢衰危的情勢「諸君！諸君！我中國今日瓜分之禍，正在眉睫矣！我國人之為奴僕、為牛馬之期不遠矣！」，指出「中國之弱，患在無才」，「無學，亡國，有學國即可強。」他大聲疾呼，「故今日人人須知自危，須知自奮；欲求自立，須知不聯合之不可，須知不開通之不可。」廣設學堂，興教育才，開通民智，乃當今要務，呼籲僑商富賈「為富好義」，捐資辦學。與此同時，還撰寫了〈勸星洲閩粵鄉人合建孔子廟及大學堂啟〉，〈吧羅創建孔廟學堂緣起〉等文章，反復申明教育救國的宗旨，並將《開設嶺東同文學堂稟稿及續議章程》，刊載于同年三月二十三日的《天南新報》，說明創辦新學已上稟督撫，「才質可造而家貧不能出修金者，可酌減收費，『學已有成』者可咨送京師大學堂及國外繼續深造。」對庚子南洋之行的活動，丘逢甲盡心盡力，效果顯著，在〈自題南洋行教圖〉一詩中，記敘了他在閑真書院發表演講時的感人情景：

> 莽莽群山海氣青，華風遠被到南溟。
>
> 萬人圍坐齊傾耳，椰子林中說聖經。（四月朔日在閑真別墅衍說，聞者以為得未曾有。）

南洋各埠僑校很多，受我國傳統封建教育思想的影響也很大。丘逢甲瞭解到這種情況後，便利用向僑胞講演的機會，以自己的切身體會力陳國內科舉制度的嚴重弊端，大聲疾呼改革陳腐落後的教學內容和教學方法，對南洋各地的華僑教育界以很大的啟發，促進了他們的教育改革。[60]

丘逢甲十分關心華僑的進步，時至今日，在印尼坤甸的華僑和土著居民中，還流傳著有關「逢甲箸」的動人故事。事情是這樣的：印尼坤甸一帶是華僑聚居的地方，丘逢甲來到這裡後，發現許多華僑模仿當地土著居民的陋習，用手抓飯吃，心裡很不是滋味。於是，他便利用在坤甸「志華書院」三次發表演講的機會，兩次舉出這件事為例，號召華僑要前進，不要倒退，應該將祖國人民用筷子吃飯這種良好的習慣傳給僑居地民眾，而不要丟了自己進步的東西，去盲目地接受僑居地民眾諸如用手抓飯吃這樣的落後習俗。丘逢甲的演講引起了很大的震動，此後，坤甸一帶的華僑又重新使用筷子吃飯，並製作了不少筷子送給當地民眾，教會他們使用。所以，直到今天，坤甸還有人把筷子叫做「逢甲箸」。據說，在雅加達博物館和羅芳伯紀念廳裡，至今還保存有丘逢甲這幾次演講的資料和其他有關記載。[61]這件事情雖小，但從中可以窺見丘逢甲是多麼熱切地關懷僑胞，而僑胞又是如何誠摯地感念丘逢甲。

丘逢甲在南洋各地的考察、講學活動，歷時三個多月，獲得極大的成功，不僅會見了老朋友，結識了許多新朋友，調查瞭解到南洋各地僑胞生活、僑校教育以及其他各方面的許多情況，圓滿地完成了粵省當局交給他的任務，而且每到一地，愛國僑胞都紛紛慷慨解囊，募集到近十萬元的辦學經費。六月中旬（陰曆五月中旬），丘逢甲乘坐海輪，滿載著南洋廣大僑胞的深情厚誼和對保皇會武裝勤王的熱烈期盼，起程返國。

七月上旬，丘逢甲懷著十分愉快的心情回到汕頭，可是萬萬沒有想到，等待他的卻是一個非常不幸的消息——原來，這一年夏初，潮汕一帶忽然發生鼠疫，蔓延迅速，猝不及防，凡被傳染到的，救治不及，三數天內便會死亡。搞得人人自危，談「鼠」色變，整個潮州城一時陷於惡病恐怖的威脅之中。丘逢甲的兩個孩子——長子琰（養子）、四兒球，也染上了這可怕的時疫，幾天功夫，便都先後被病魔奪

---

60 據林仙健：《丘逢甲振興中華教育思想初探》（未刊稿）。
61 同前注60。

去了幼小的生命。這時，丘逢甲尚遠在南洋，妻子呂氏遭此家庭變故，手足無措，只知撫抱著愛子的屍體失聲痛哭。當丘逢甲興沖沖地從南洋返國時，家小先已由三弟樹甲作主，斷然遷回鎮平淡定山村了。得知這一不幸消息，丘逢甲哀傷不已，沉痛地寫道：「頻年痛哭為哀時，誰料今朝更哭兒」，「欲呼群力新中國，已失人間兩少年」。他迅即乘舟北上，及抵淡定山村，又驚悉三弟樹甲也因染病剛剛去世。家庭連遭不幸，丘逢甲痛不欲生，尤其是三弟樹甲，年僅二十八歲，與他同為陳氏所生，兄弟兩人自幼朝夕相處，相伴而讀，十三、四歲時分別考中秀才，同受士林矚目，受教於海東書院。成年後更是形影不離，屢屢共商大計，乙未抗日護台時，樹甲任義軍營務處幫理，是丘逢甲的得力助手。正當「方同籌畫宇宙分內事，將飛斂翼聊徜徉」的時候，病魔卻奪去了他年輕的生命，丟下了寡妻和幼子，這使丘逢甲尤感悲切，直到一九〇八年（戊申），他寫了一篇長長的祭文──〈題崧甫弟遺像〉，才算把鬱結心頭多年的手足深情抒泄出來。

自經歷這次變故後，丘逢甲不論到何處任事，都不再攜帶家眷，逢年過節或寒暑假才返回鎮平山居，與家人團聚。

庚子年的下半年，丘逢甲沒有再去潮汕，他留居淡定山村，四處遊山攬勝，先後遊覽了鎮平縣境藍坊鄉的清涼洞，油坑鄉的燕子岩，梅縣的陰那山、王壽山，福建武平岩前的均慶寺等名勝古跡，寫下了不少記遊詩篇。從表面上看，此時丘逢甲蟄居山鄉，似乎單純是想藉此平息失去親人的過份哀傷，但若從當時更大的政治背景上來判斷，顯然還有其更深層次的原因。

如前所述，在康有為的策動下，丘逢甲確曾參與了保皇會的「武裝勤王」密謀。史料證明，七月上旬丘逢甲自南洋返國後，按照原定計劃，本應著手籌組勤王軍，準備發動起義。

庚子年三月十日（一九〇〇年四月九日），梁啟超在致乃兄君力信函中談及各地「勤王」運動籌備情況時說：「現時剛（即梁子剛──引者）團已開練，紫雲（即陳庭鳳──引者）、翼亭（即陳翼亭──引者）在南關大開門面，丘仙根進士（即丘逢甲──引者）倡率屋閘，而佛臣（即唐才常──引者）在上海聯絡長江一帶豪傑，條理具備，所欠者餉與械耳」。[62]顯然，丘已被保皇會列為武裝勤王軍的重要力量之一。

同年夏，康有為在寫給徐勤、歐榘甲的書信中也多次提到丘逢甲（仙根）。例如，在六月二日致徐勤（時任澳門保皇會負責人）等的信中寫道：「仙既歸統（並與版合成一軍），可盡人才辦西事，亦可自成一軍也（餘事問仙略知）」。六月五日康又致信徐勤說：「西力膨脹，既擬移全力注之。萬一羽異未出，可先動不？可與仙盈計之。聞仙須返家（按：應指丘從南洋返鄉——引者）二十日，即六月乃出，計羽異此時亦可矣。」信中所云「西事」，係指廣西勤王軍起事，「仙」即丘逢甲。同月稍後，康有為給徐勤的另一封信中又說：「英若明失和，則吾明舉兵。宣檄亦可，可與熟英例者商定，此事宜分別告諸路。若非明失和，則用蓮珊名，或各路自出名可也。今並將所作檄文付去，專為佈告外人保護而設（此是舊日所為，仙願出名者，今少易）。」同月二十日，康有為又致書歐榘甲，令其利用「北亂李行」（按：指八國聯軍侵華，李鴻章奉調北上）的有利形勢，「與諸子竭力圖粵事」，並囑其「若仍用前議，則汝偕翼行可也。仙可催出。」此外，康在一九〇〇年給保皇會擬定的「電報密碼本」人名條中，赫然有「274 仙根」字樣。[63]

又據日本外務省檔案載，一九〇〇年五月二十三日，駐新加坡日本領事向日外務省報告：康有為與丘逢甲商定，派人把流浪台灣的前義軍散眾招集成軍，經福建入廣東，參加勤王起義，同時也有一併向日本駐台總督求告武器的打算。而且還說所擇赴台人選日內即將動身。[64]

另，一九〇七年嘉應劣紳黃遵楷等密告丘逢甲「聚眾造反」的案文中也說：「庚子楚南事起，康有為命歐榘甲彙銀三千兩為川資，（丘）亟欲往圖之，以溫仲和大史諫從緩，復聞敗而止」。

可見，丘逢甲不僅曾參與密謀武裝勤王，而且還答應列名于兩廣勤王軍起兵檄文之中，並準備起兵響應。

然而，世事難料，人算不如天算，庚子年（一九〇〇年）的下半年，國內政局發生了急劇變化：

---

62 丁文江等編：《梁啟超年譜長編》，上海人民出版社一九八三年版，第二一五頁。
63 以上史料轉引自趙春晨：《丘逢甲參與庚子兩廣武裝「勤王」密謀考》。
64 同注 62。

六月中旬，英、法、俄、美、日、德、意、奧八個帝國主義國家，組成八國聯軍，藉口鎮壓義和團運動，悍然對中國發動武裝入侵。八月中旬，八國聯軍攻陷北京，西太后挾持光緒帝倉皇逃往西安。

八月二十一日（陰曆七月二十七日），唐才常等人在漢口被捕，二十三日慘遭殺害。康梁保皇黨人苦心經營的自立軍「武裝勤王」運動，尚未正式發動，便告流產。

面對如此局面，原本謀事向來謹慎的丘逢甲，對於兩廣武裝勤王之事，自然也就聽從了溫仲和的勸諫，未敢輕舉枉動，繼而「復聞敗而止」、胎死腹中了。

是月，沙俄派遣十七萬侵略軍公然入侵我國東北，搶先動手武力瓜分中國。

十月二十二日（閏八月二十九日），興中會在廣東惠州發動的第二次反清武裝起義宣告失敗，鄭士良等避居香港。

其時，丘逢甲雖蟄居山鄉，但他始終密切關注著國內發生的這一連串重大事件，心緒難以平靜。當八國聯軍攻佔北京、兩宮西逃以及唐才常等人在漢口被捕、慘遭殺害的消息傳來時，他痛心疾首、寢食難安，專程趕往梅州「人境廬」造訪，與老朋友黃遵憲交換對時局的看法，並連作唱和詩共三十八首（其中丘二十二首，黃十六首），猛烈抨擊西太后禍國殃民，表達了他們對國家民族前途的深切憂慮。丘逢甲沉痛地寫道：「滿目獅章更鷲章，沉沉龍氣不飛揚。秋風石馬昭陵慟，夜雨金牛蜀道長。」對列強的野蠻入侵、兩宮的「西狩」，表示了深沉的悲痛。當然，由於時代和階級的局限，在這些詩篇中，也流露出他們對義和團運動的錯誤認識。丘逢甲認為，西太后利用義和團排外，是得了「竭井難醫」的「狂國病」，「枉崇聖母無生法，難遣神兵禦列強」，其結果只能是危害社稷、塗炭生靈。詩中還呼籲「早教簾撤聖神皇」，要求慈禧歸政，使光緒皇帝能大展宏圖、挽救中華。可見，這個時候，丘逢甲雖對清廷不滿，但對光緒仍抱有很大幻想。

冬去春來，蟄居山村已逾半載的丘逢甲離開了鎮平，再赴潮汕，繼續從事新式學堂的創辦工作。這時，丘逢甲等人考慮到汕頭是嶺東門戶，對外商埠，經濟繁榮，來往人多，易以薈萃人才，在這裡創辦新式學堂影響更大，地點更為適中，遂決定把同文學堂由潮州遷往汕頭。經丘逢甲親自奔波，校址選定在汕頭外馬路（現為汕頭市外馬路第三小學），舊址是原汕頭紳商一八八八年集資興建的「同慶善堂」（後因經費缺乏，「善堂」停辦）。這裡瀕臨海濱，環境幽雅，是一座庭院式的平房，房屋「高爽通達」，丘逢甲等人來這裡看過後，十分滿意，遂出資租賃下來辦學。

在丘逢甲的主持下，經過艱苦的努力，是年（一九〇一年）春，「嶺東同文學堂」在汕頭正式開辦上課。丘逢甲自任監督（校長），溫仲和任總教習兼任中文教習，何士果、溫丹銘分掌教務，劉家駒任數理教習，羅仙儔任教員，繼續聘請日本學者熊澤純之助擔任日文教習。該學堂的創辦，是當時潮汕地區新、舊兩種教育思想劇烈鬥爭的產物，同時也是丘逢甲教育救國思想在新的歷史條件下的重大實踐。

最為鮮明和集中地反映丘逢甲這一時期教育救國思想的，是一八九九年十月，由丘逢甲親自撰寫的〈創設嶺東同文學堂序〉。[65]該〈序〉劈頭便開宗明義，闡明啟發民智和革新教育內容對國家強弱的重大關係。他說：「國何以強？其民之智強之也；國何以弱？其民之愚弱之也；民之智愚烏乎判？視其學之有用無用判之也。」隨後他指出，西方列強，東方日本，正是「以學強其國」，「以有用之學傲我」，而我國卻「乃群然習為無用之學」，「鄙棄西學不屑道，或僅習其皮毛，於是遂馴致於貧弱而幾危亡。」

接著，丘逢甲猛烈抨擊科舉制度給中國帶來的嚴重惡果：「其上自王公大臣，而下至百執事，叩以六洲之名，茫勿知；詢以經世之條，瞠勿答。遇交涉則畏首畏尾，值兵爭則百戰百敗。其負文學重名而自命通才者，亦不過求之訓詁詞章，以為能事已畢。語以貧弱，則曰吾學不言富強；語以危亡，則曰是有天道。通國之人心若此，士習若此，無惑乎！？」

丘逢甲針對那些「沾沾科舉業者」抱有「國家僥倖可以圖存，科舉在所不廢，吾所學猶足恃耳。即有不測，國家受其禍，而民間無與，況得中國者不能不用中國之人，吾科舉業固無恙耳」的糊塗僥倖心理，

---

[65] 該文草稿原名為《創設嶺東同文學堂緣起》，後經丘修改，定名為《創設嶺東同文學堂序》，發表於一八九九年十二月三日《知新報》第一〇七冊上。一九〇〇年三月二十三日，新加坡《天南新報》刊出丘氏撰寫的《開設嶺東同文學堂稟稿及續議章程》，對序文作了補充。

列舉了英、法、俄、德等國強盜近年來在中國「租借」地內所犯下的累累罪行，然後詰問他們：「租地且然，若瓜分之後，儼視為彼屬地，不知更將何若？吾輩設身以處，其何以堪？試問一旦瓜分，禍在國家乎？抑在民間乎？試問此時八股、試帖、卷、折之士，其猶可橐筆取青紫乎？訓詁詞章之士，其猶可以名山一席佔千秋乎？英據印度百年，印人無在第六等以上者；法據越南，地與吾省接壤，今試問其國人，有在於法廷者乎？吾願吾國之人深長思之也！」

他警醒國人：「方今國勢積弱，外人予取予求，視為唾手可得，二萬里之廣，無地不可為膠旅港龍之續，即無人不在殺擄淫掠焚燒驅迫之中，後顧茫茫，危機岌岌，凶刑酷狀，日懸目前。我軀殼將為人納槍炮之叢，我血肉將為人擦刀刃之具，我子孫將為人奴隸，我妻女將為人姬妾，我祖宗墳墓將為人發掘，我經營財產將為人佔據……。及今不振刷精神，破釜沉舟，力圖其立，顧尚日奔走於無用之學，藉口於國家之榮途不外於此，幾幸於西人之刀鋸尚不我及。譬如大廈火已四起，坐其間者，不思設法救撲，尚撫摩室中無足輕重之物，以為火尚未著吾身，姑且待之；豈知待火已著身時，雖悔亦無可追矣！」

末了，他公開申明「嶺東同文學堂」的辦學宗旨：「我潮同志深慨中國之弱由於不學也，因思強中國必以興起人才為先；興起人才必以廣開學堂為本，爰忘綿薄，廣呼同類，擬創設嶺東同文學堂，舉我邦人士與海內有志之徒而陶淑之。」並號召全國所有「魁儒鉅子、憂時懼禍之志士」，能接踵而起，掀起一個全國規模的教育救國熱潮。字裡行間，浸透著丘逢甲憂國憂民的赤子之情。

關於教學內容，該〈序〉規定：「本學堂以中學為體，西學輔之。」所謂「中學為體」，據丘逢甲指示溫仲和制定的《嶺東同文學堂章程》規定：文學「宜讀朱子語類……，以激發人之志氣，讀之然後知讀書作人之法」；史學「宜先讀史記、漢書、後漢書、三國志，參以通鑒、御批通鑒輯覽、紀事本末，以知古今治亂興衰之跡。參以三通、續三通、各代會要，以知古今興廢沿革之由。」另外，還開設許多新課程，計有格致、化學、生理衛生、算學等從西方引進的自然科學。其中尤重算學，因「算學所用最廣，天文、地理、曆律、兵法、制器、一切測量之法、繪圖之法，莫根於算。」[66]此外，又特設「兵式體操」課，聘請留學英美的畢業生及日本「東亞同文會」的退伍軍官為教習。丘逢甲親自出面，向惠、潮、嘉道秦炳直請撥借槍枝彈藥，供學生實習射擊。每練兵操，丘逢甲親臨督課，以期增強學生體質和實際本領，準備將來擔當重任。這些新設課程內容，都是在舊式書院不可能學到的。在丘逢甲看來，「詩無今古真為貴，學有中西匯乃通」，只有把中學與西學結合起來，學以致用，才能造就出真正於國於民有用的人才，「夫今日之禍，不特滅國，抑且滅種。種何以不滅？則以教存故。教何以存？則恃學存。今日之學何在？曰以中學為體，西學為用；中學為綱，西學為目。」

「中體西用」本是洋務派從事洋務活動的綱領，丘逢甲接過這個口號，加以提倡，但實際上已更新了它原有的內涵，賦予它新的意義。聯繫他的辦學宗旨和教育內容，就不難發現：丘逢甲所說的「中學為體」，其實質是強調「經世致用」、「古為今用」，繼承和發揚祖國優秀的文化傳統；他所說的「西學為用」，則是學習和吸收外國的先進思想和科學技術（「學其有用之學，非學其教也。」），也就是「洋為中用」，總的目標是服務于「強國」、「救國」這一根本主旨。但是，由於時代和階級的侷限，丘逢甲對西學的本質還不可能有深刻的認識，同時他受封建主義思想的影響也很深，沒有也不可能完全擺脫中國傳統的教育思想和道德規範的束縛，因此，在〈序〉中，丘逢甲宣稱：「本學堂以昌明孔子之教為主義，讀經讀史，學習文藝，均有課程」，又說，「中國之學，統集大成于孔子，孔學者，有用之學也」，並把自己提倡的「中學為體，西學為用」，說成是符合孔孟之道的：「以我孔子為聖之時，苟生今日，其必以此言為然也。」儘管如此，〈序〉畢竟反映了丘逢甲與傳統的腐朽沒落的封建舊文化之間的尖銳矛盾，反映了當時新學與舊學、西學與中學、學校與科舉之間的劇烈鬥爭，因而具有進步意義。

為了儘快吸收西方先進知識，丘逢甲特別強調學習外語。尤其重視日語。〈序〉中精闢地寫道：「西學條目繁，時乎已迫，求其速，不能不先借徑乎東文。」因為「西文非十年不能通，非由幼年入學，不

---

[66] 見溫仲和：《求在我齋集》。

能有成。東文則一年即可成就，中年以上之人皆可學習。西人有用之書，東人皆已譯之，能讀東文，即不啻能讀西文也。」

在教學方法上，丘逢甲也努力實行改革。為了做到因材施教和活躍學術氣氛，培養學生獨立思考和分析問題的能力，〈序〉中規定：「本學堂分班教授，而學生外另設一班，曰講習班。凡未為學生而願與本堂切磋者均可先行掛號，時到堂中，研究一切。」平時，丘逢甲就要求教育者不但要「博學」，更要「心明」：明白教育的內容，瞭解教育的對象。他認為，只有這樣，才能達到教育的目的，不斷提高教育效率。盲目施教，只能導致學生的學習走向歧路，他進而提出，每次所教內容的多寡，應視學生的情況而定，深淺應當適度，有些內容還應「反反覆覆」，讓學生「真明白內容」。[67]由此看來，丘逢甲要求教育者的「心明」，包括了以下四個方面的內容：一是對教學內容「心明」；二是對根據內容而採取的教學方法「心明」；三是對自己的教育對象的程度和接受能力「心明」；再有就是對自己的教育效果「心明」。在當時，丘逢甲能夠提出這樣進步的觀點，確是難能可貴，這也是他長期進行教育改革實踐、不斷摸索總結出來的經驗之談。

另外，丘逢甲教導學生：（一）要明確學習目的是為了報效國家民族，經世致用，「況當茲國危民困，我望汝輩樹捍衛國家民族之勳業耳，不望汝輩只作博士也。」亦不可學作「隱士」，但圖自了。[68]（二）學習要循序漸進，由淺入深，「不可用腦過度」。[69]他生動地打比方說：正如「口吃頓飯實是笑話」[70]一樣，一個人要想一下子就學到很多知識是不可能的，只能是「平步登樓，量力漸進。」《同文學堂章程》規定：「在堂諸生多在二十五歲以下者，所出之題，皆淺而解者」，學習「當編定功課，每日何時讀何書，日日不輟。」（三）要多疑善問，勤於思考。丘逢甲主張讓學生成為學習中的「獨人」，他說：一個有才能的學子，應該是肯動腦筋，成為「同窗中的獨人」，努力鑽研問題，有自己的獨立思考和獨特的見地，在「眾學同議之外」，有「與眾有異的

[67] 同注 59。
[68] 同注 6。
[69] 同注 6。
[70] 同注 6。

主張」,「切莫人云亦云」,成為被人養在籠子裡的「鸚哥」(一種能學人說話的鳥)。[71]《同文學堂章程》還規定:「每日課程但隨所看之書有不能盡解者,可相質問」,「諸生遇有各門疑義,准其問于師長……可筆問,有問者自書一紙呈上,聽候批答。」[72](四)要努力培養學習興趣。丘逢甲極力反對違背自己的意志去學習。他說,「違心而讀,成效甚少」,必須千方百計地調動起自己的學習興趣,只有這樣,才能學得主動,理解和領會才會深刻。[73]

丘逢甲在其教育實踐中所提倡和採用的上述教學方法,在一定程度上反映了教育的客觀規律性,至今仍有寶貴的啟發和借鑒作用。

丘逢甲還十分重視所招學生的思想品德,〈序〉中規定「來學生徒以志趣遠大者為上,如性情浮滑,立心卑賤者,概不收納。到堂後如有不遵教規、酗酒、嗜煙,告誡不聽者,即行辭退。」同時,為了使家境貧寒的有志青年能夠入學深造,又規定:「本學堂為廣開風氣起見,修金格外從廉」,「不分畛域,以廣造就。」

由此可見,丘逢甲創辦「嶺東同文學堂」,意在培養救國救民的有用人才,在一百多年前,在科舉舊制尚未廢棄的時代,丘逢甲就能夠提出並努力實踐如此進步的教育思想,確實值得肯定和讚揚。

嶺東同文學堂開辦後,由於它的教學內容和教學方法都大異於舊式書院,以嶄新的面貌出現在汕頭,故而很快聞名粵東,有志青年紛紛慕名投考。丘逢甲等人的心血沒有白費,幾年之間,嶺東同文學堂培養出了相當數量的愛國熱血青年,這些青年和舊式書院培養出來的書呆子截然不同,他們不僅具有更為廣博的文化知識,而且思想活躍、關心國事,積極投身于愛國運動。例如,一九〇三年,由章太炎、蔡元培等發起組織的「上海愛國學社」,[74]鼓吹革命,風氣甚盛,嶺東同文學堂的學生「爭相起應」,革命文字見諸國文課卷。[75]又如,一九〇五年,為

---

[71] 同注60。

[72] 同注66。

[73] 同注59。

[74] 上海愛國學社,一九〇二年十一月十六日成立於上海泥城橋福源里,蔡元培任總理(校長),吳稚暉為學監,章太炎、黃炎培、蔣智由、蔣維喬等任義務教員,又另設愛國女校於登賢里,積極鼓吹革命。

[75] 曾養甫《丘逢甲事略》。

反對美國迫害華工，全國掀起空前規模的以抵制美貨為中心的反美愛國運動，「嶺東同文學堂」的學生在汕頭率先響應，抵制購買美貨。嗣後，又聯合汕頭紳商成立「廢美條約後援會」。這場鬥爭持續了一年多時間，在全國影響甚大。不少青年由愛國而走上革命道路，成為孫中山領導的革命事業的骨幹力量，「十餘年來，嶺東民氣蓬勃發展，國民軍起，凡光復郡縣，莫不有嶺東人參與其間，皆此校倡導之力。」[76]其影響之大，可見一斑。黃花崗起義的領導人之一，曾任辛亥革命廣東北伐軍總司令的姚雨平先生，在自己的回憶錄中這樣寫道：「迄一九〇五年（乙巳）正月，我就讀於汕頭嶺東同文學堂（為丘逢甲、溫仲和、何如璋等所創辦）。從此，對國內外大勢更有所認識，認為要進行革命，必須要有革命武裝，乃決棄文就武，即於是年秋赴廣州，考入黃埔陸軍中學。」[77]

丘逢甲在潮汕地區不僅積極創辦新學，用新思想、新知識啟發教育青年，同時還極力勸勉有條件的青年學生赴東西洋留學，他甚至親自出面做學生親屬的工作，資助青年出國留學。據丘逢甲《丙午日記》載：「八月十六日（庚戌），晴，早寫南洋吧城萬隆埠海合龍記信，蓋式周欲往日本遊學，囑求其兄君田親家資助也。」又據明清檔案館藏《廣東舉人黃遵楷等揭告在籍工部主事丘逢甲等與革命黨人通聲氣稟》披載：「去年三月，丘曾遣其親信子弟三人渡東留學，經費悉代籌之。」丘逢甲認為，「各國教育設施迥非吾國所能企及」，他對學生們說：「日本，吾國仇也，然日本之所以能侮我者，由學術勝耳。欲復仇而不求其學，何濟！？」[78]於是，在丘逢甲的積極倡導鼓勵下，「當時嶺東留學日本者，達數十人。」[79]，許多青年到日本後受到民主革命思潮的影響和薰陶，紛紛走上反清革命道路。一九〇五年八月，中國革命同盟會在日本東京成立，嶺東同文學堂出身的留日學生大多參加了同盟會，其中，何天炯、何天翰、劉維燾等人還被推舉為同盟會的重要幹部，成為孫中山先生的得力助手。[80]

---

76 丘復：《倉海先生墓誌銘》。

77 姚雨平：《新軍起義前後及辛亥三月二十九日之役的回憶》。文中，「何如璋」疑為「何士果」（即何如璋之子）之誤。

78 同注 75。

79 同注 19。

80 何天炯，字曉柳，廣東興寧人，同盟會成立時被舉為司法部判事（另一判上述史實說明，丘逢甲以他熾熱的愛國熱情和堅毅的工作精神，在潮汕地區積極興辦新式教育，培養造就了一批救國人才，結出了豐碩的果實，客觀上為孫中山領導的資產階級民主革命運動的興起和發展，準備了一定的條件。

## 四、回鄉創辦族學和師範學校

一九〇一年一月，經過義和團運動和八國聯軍猛烈衝擊的清王朝，為了維持其搖搖欲墜的封建專制統治，欺騙人民群眾，逃避人民革命的危機，在西安發佈「變法」上諭，開始實行所謂「新政」。

教育改革是「新政」的主要內容之一。從一九〇二年起，清廷宣佈廢止八股，改試策論和四書、五經等。與此同時，又通令各省、府、州、縣興辦學堂。直到一九〇六年，正式宣佈廢棄科舉舊制，並設立了全國教育行政管理機關——學部，短短的幾年時間裡，中國的教育制度發生了巨大的變革。

但是，清廷對這種「改革」畢竟是很不情願的，它並沒有也不想採取強有力的措施去推動改革的順利進行，而幾千年來的封建傳統教育思想和習慣勢力又根深柢固，不肯輕易退出歷史舞台。因此，這一時期，在中國教育領域裡，新舊鬥爭依然異常劇烈，從事新式教育殊非易事，障礙重重，尤其是在一九〇六年科舉舊制正式廢棄之前，情況更是如此。一九〇二年十月九日（陰曆九月初八日），在梁居實寫給丘逢甲的一封信中，便可看出當時創辦新式學堂是多麼的困難。梁居實說：

---

事為張繼），旋任廣東同盟會會長，黃花崗起義中表現十分英勇。武昌首義後趕赴漢口贊黃興戎幕，南京臨時政府成立後，被孫中山委派為駐日代表。留日期間，與丘逢甲有頻繁書信往來（據丘氏《丙午日記》）。劉維濤，同盟會成立時，由孫中山指任為會計部幹部。另據丘念台《我的奮鬥史》記述：一九〇五年加入同盟會、曾任國民黨政府主席的林森，「青年時代曾到臺灣擔任通譯職務，後來辭職回國遇到我的先父，談起他的際遇和志向，先父曾經給予種種鼓勵，並贈送他到上海的旅費，從此就和同盟會革命志士交往，逐漸跑上發展之路了。」

> 當己亥年間，嶺東學堂未開之前，弟曾上兩書，論公立學堂為當今至要至急之務，勸閣下出而主持其事，其時尚以官禁為一疑。今何幸喜下明詔，通行各省，遍開學堂，此非四百兆人同聲感頌者乎？然科舉不廢，致士子意向不專，其不可解者一也。不開師範學堂，致無教習可延，其不可解者二也。不設尋常小學堂（中國人所謂蒙學，即日本之尋常小學），致無學生可招，其不可解者三也。不編教科書，致無書可讀，其不可解者四也。不定課程，致無法可守，其不可解者五也。不廢書院、寺觀，致無款可籌，其不可解者六也。不行強迫教育，致上下觀望，或遵或否，不能普遍，其不可解者七也。七不可解之外，尤以不定宗旨，為無教育之精神。故自經奉詔，一載於茲，擾擾紛紛，迄無端緒。即以省城論，合官、紳所設，不過五、六，無不貽嗤柄、滋事端，且首善為全國所仰望之區，而瓦窯村之新基，購而不能築焉！神廟之舊址，修而不能容，甚至擬一章程緦緦焉懼人之挑剔謠諑，筆遲延而不敢下者數月……。由此而推，則興學育才之政策，其非有意實施可知。竊料將來，或大參舊學，或竟撤去學堂，又甚則復八股、詩、賦、小楷，是皆不敢知。[81]

由此可以推想：丘逢甲創辦「嶺東同文學堂」，並能取得如此引人注目的成績，是需要付出多麼大的代價和努力，是需要何等的勇氣和魄力！

信中，梁居實盛讚丘逢甲說：「嶺東學堂，仰仗大力維持，得旗鼓重整，堡壘一新，感佩！感佩！其中辦法、課程，經閣下與慕柳互相磋磨，必臻美善。」同時，他也十分理解丘逢甲的困難處境和心情，在信中不斷予以鼓勵和勸勉：

> 弟所懸念不置者唯款項耳！今計得款，實有若干？自前年出洋募捐後，有無續捐？常年用款，共需若干？潮、嘉洋商滿布南島，豈無復有熱心教育、眷懷大局如戴欣園、張榕軒其人乎？何以至今不聞也？……獨是強迫之權，官有之而紳無之。有其權

---

[81] 梁居實：《致仲閼書》，見《梁詩五先生遺稿集》，臺灣出版。

則能行，無其權則不能行。此紳之所以不能不依賴官，而官又常不願為紳之所倚賴，此其可氣短而灰心者也。雖然，我輩勿望盡一分之心即獲一分之益，並勿望盡今日之心即獲今日之益，抱定宗旨，堅心而持之，毅力而行之，勿顧毀譽，勿計成敗，久而久之，至國是既定，民智漸開，其必有功德圓滿之一日，斷可知也。

……然此等事當視為赴海者應有之波瀾，登山者應有之屈折，不必以是攖其心而撓其志氣，但於為所當為之事，各盡其義務，而責無旁貸，亦時無姑待。前書所謂「掉頭勿顧」者是也。

一九〇二年秋天，丘逢甲除自任嶺東同文學堂監督外，又兼任學堂管理，事無巨細，均親自過問處理。當地頑固守舊勢力十分仇視，一再藉端搗亂破壞，必欲搞垮嶺東同文學堂而後快。一九〇三年春，清廷詔令各省，准許各學堂提撥地方公款辦學，至此，嶺東同文學堂的經費問題才算得到解決。可是這更引起頑固勢力的切齒忌恨，是年秋，一批劣紳竟無中生有，誣控嶺東同文學堂會計「貪污公款」。「醉翁之意不在酒」，他們這樣做，是妄圖以此牽累丘逢甲，釀成大獄，達到整垮同文學堂的目的。幸虧新任兩廣總督岑春煊沒有聽信一面之詞，經他派員詳查，「得其真相，重懲劣紳，訟案乃息。」[82]但從這起事件中，也可以想見當時新舊兩派鬥爭的劇烈程度了。

一九〇三年的冬天，丘逢甲考慮到潮汕地區畢竟遠離粵省政治文化中心，又兼當地守舊勢力猖獗，難以施展抱負，遂辭去嶺東同文學堂監督一職，赴廣州接洽奔走，謀向省垣發展新式教育。

丘逢甲在省城滯留了幾個月，一時尚無端緒。一九〇四年四月間，他決定返回故鄉鎮平。其時，黃遵憲對丘逢甲這幾年在潮汕地區創辦新學的舉動十分讚賞，自己也不顧年老體衰，邀集嘉應地區一些有識之士，成立起一個「嘉應興學會議所」，由他親自擔任所長，大力倡導興辦新學，並在梅州創設了「務本中西學堂」和「東山初級師範學堂」。

82 曾養甫：《丘逢甲事略》。岑春煊，原名春澤，字雲階，廣西西林人，光緒舉人。一八九八年任廣東布政使，旋調甘肅布政使，一九〇〇年率兵護送兩宮至西安有功，升任陝西巡撫。次年調山西巡撫，後升任四川總督，一九〇三年四月調署兩廣總督。

當時，發展新式小學教育亟待解決的是師資嚴重缺乏的問題。丘逢甲受黃遵憲的啟發，返回鎮平以後，也開始著手興辦師範學校，把自己的主要精力轉向培養師資人才方面，並在此基礎上，大力發展族學。由此，丘逢甲的教育救國活動又注入了新的內容。

一九〇四年的夏天，他在鎮平縣城的「桂嶺書院」舊址，[83]創辦了一所專門培訓小學師資的學校，取名為「鎮平初級師範傳習所」。為創辦這所師範學校，丘逢甲不辭勞苦，早出晚歸，常常奔波於縣城與淡定村之間，與各方聯絡接洽，親自草訂章程，籌集資金，聘請教師，克服了各種困難，當年便籌備就緒，招收學生正式開學上課。

在創辦「鎮平初級師範傳習所」的同時，丘逢甲不顧勞累，還在文福鄉設立「自強社課」，親自輔導族中青少年學習文化。他廢寢忘食，常常「雞鳴不寐，不一載，而社中子弟在縣科各考均嶄然露頭角。」[84]

是年冬天，丘逢甲又轉而著手籌辦族學。他倡用鄉間各宗族的族田收入，分別在鎮平城東的東山和文福鄉員山創辦了兩座族學堂。為紀念鎮平丘氏始祖丘創兆，他特意把這兩座族學堂命名為「創兆學堂」，並親自手書楹聯曰：「創新學界，兆大人文」。這幅楹聯展示出了他當時辦學的信心和魄力。次年春，東山、員山兩族學堂正式開學。利用鄉間族田收入興辦族學，在粵東地區，丘逢甲是首創者。用這種方式辦學，大大減輕了貧苦農家子弟入學的經濟負擔，有助於儘快發展農村小學新式教育，這在當時的歷史條件下，不能不說是一種高明的辦法。此後，粵東、閩西等各地紛紛效法，成效顯著。

員山創兆學堂雖屬族學堂，但規模相當可觀。丘逢甲的父親丘龍章「躬任督率，諸子皆為義務教員。」[85]該校校址設在距淡定村約八華里外的鶴湖村。這裡地勢較為平坦，水田很多，是一個交通集中點，

---

[83] 桂嶺書院，位於鎮平城北的一座小山坡上，這座小山名曰「蕉嶺」，又曰「桂嶺」，因曾遍植蕉、桂而得名，書院也由此而名。該書院始建於清康熙二十五年，為當時全縣最高學府。後幾經興廢，光緒年間作過一次重修。該書院二樓一底，建築面積一千多平米，環境靜僻幽雅。一九八三年廣東省撥款六萬元，修葺一新，現為蕉嶺中學圖書館。

[84] 同注6。

[85] 丘復：《潛齋先生墓誌銘》。

周圍有十數個村落，總人口約八千餘人。這所學堂「依照當時的『欽定』學制，屬於兩等小學，即初等四年，高等二年。校內設備相當完善，除了各班教室之外，還有花圃、操場以及宿舍等」，「村中私塾是無法和它比較的」。[86]各村入學的學生，近者大多走讀，遠者則可寄宿。學生一律經過考試，依程度高低編入不同的班級學習。據這所學堂高等小學的首屆畢業生丘琮回憶說：

> 高等小學的課程方面，國文以經學、古文、歷史、地理為主，數學課本採用康熙年代所編的《數理精蘊》，另有博物、理化等科。教員大部分是秀才出身，授課十分認真，經常舉行測驗，迫得大家非得努力用功不可。其中比較輕鬆的課程，就是上體育課，有時進行集體遊戲；有時攜帶木槍操練。這些新鮮的玩意，對於來自鄉間私塾的同學們，具有很大的吸引力；同時，也給予我們一種新的感覺：過去讀舊書的人，只是求取功名，顯耀閭里；現在讀新書，不但研究實用知識，而且參加軍事訓練，將來一定成為文武雙全的人。到那時候，便可大展才能，獻身于建設國家的崇高工作了。[87]

可見，丘逢甲創辦的這所員山創兆學堂。在當時來說，無論是教學設備、教學內容還是教學方法，都是相當先進的，遠勝於一般的私塾。兩廣總督岑春煊對丘逢甲創辦族學的舉動大為讚賞，親自手書匾額，「以『舉族文明』旌之」。[88]

一年之後，新開辦的「鎮平縣立中學堂」招生（其時，「初級師範傳習所」的學生經過近二年的培訓已順利畢業，經與當地官府洽商，丘逢甲遂將該傳習所改辦縣立中學堂），錄取名額僅一百名，而投考者卻多達四百人。考試揭曉，來自員山創兆高小的十五名考生（他們實際距畢業還差一年），竟全部被錄取入學，這又說明：丘逢甲創辦的員山創兆學堂，其教育質量在該縣確是首屈一指的。

---

[86] 同注2。

[87] 同注2。

[88] 據鄭喜夫編：《民國丘倉海先生逢甲年譜》。

從一九〇五年始，丘逢甲還派宗人子弟前往江西尋鄔，福建上杭、武平，鄰縣的嘉應、興甯、長樂（今五華）、平遠等地為同族及異族辦學。丘逢甲自己還親往上述各縣勸辦新學。師範傳習所的學生畢業後，丘逢甲又將他們派往各地辦學。於是，乙、丙之後，在丘逢甲、黃遵憲等人的積極倡導和支持下，嶺東地區辦學風氣大盛，新辦學校如雨後春筍，幾年之間達近百所，出現了前所未有的喜人景象。在這期間，丘逢甲又在員山創兆學堂附設「師範傳習所」，以取代原來的「鎮平縣初級師範傳習所」，繼續培養師資人才，支持各地辦學。其時，興甯縣賢達人士肖惠長等，在興寧創辦了一所「興民小學」，為站穩腳跟，擴大影響，希望眾望所歸、有豐富辦學經驗的丘逢甲能出任該校第一任校長，遂派人專程致意，丘逢甲欣然應允，這給興甯進步學界以極大的支持和鼓舞。同時，鎮平縣林姓人士也興辦起一所族學堂，取名「五全小學」，丘逢甲十分高興，並欣然應允為核校題寫楹聯，聯曰：「五洲歸學統，全族進文明」，以資鼓勵。

誠然，丘逢甲在鄉創辦族學也並非一帆風順，同樣遭到當地頑固守舊勢力的仇視和反對。直至一九〇七年春，一批劣紳還聯名上告清廷，密控丘逢甲為「革命黨魁」，其中「創辦族學」便是他們給丘逢甲羅織的重要「罪證」之一。這份狀紙上說：

> ……乙巳春，（丘逢甲）於鎮平私立兩創兆學堂。去年在閩省轄境之武平、上杭又設兩創兆。在嘉應、平遠與鎮平毗連之境亦設兩創兆。時有「創之有罪，兆實不詳」蜚語。統計丘族，上下各屬數百里，戶口萬家，壯丁萬人，以丘逢甲之志，藉學聯絡，選作親軍，冀圖大業而已。尤可駭者，集數百銀圓設兩等小學，遽雕刻「舉族文明」匾額簇擁於邑城內宗祠之上，欺世盜名，莫此為甚！[89]

但是，丘逢甲義無反顧，排除一切干擾和阻力，繼續致力於自己認定的教育救國事業，奮鬥不息。他目睹嶺東地區教育日益發展，自

89　明清檔案館藏：《廣東舉人黃遵楷等揭告在籍工部主事丘逢甲等與革命黨人通聲氣稟》。

己的辦學苦心結出累累碩果，心情異常振奮和快慰，一再賦詩抒懷，其中兩首這樣寫道：

十年不負種花心，萬玉千珠花氣深。
鋤罷月明吾事畢，看栽成樹樹成林。

五華聞說講堂開，不負南行衍教來。
釋菜本宜先聖廟，驅車憶上越王台。
山多赤土無林學，溪壅黃沙易水災。
今日樹人兼樹木，早興地利起人才。[90]

時至今日，韓江上游的興梅地區，雖然地處偏僻山區，交通不便，但文化教育事業卻是全國比較發達的地區之一，這和當年丘逢甲、黃遵憲諸先輩的大力倡導、苦心經營是分不開的。

應當著重指出，庚、辛之後，丘逢甲是在新的歷史條件下和新的思想基礎上從事他的「教育救國」實踐活動的，因此，他在這一時期的教育活動，也呈現出前所未有的若干新特點。

一九〇〇年爆發的義和團反帝愛國運動，沉重地打擊了帝國主義，遏止了帝國主義瓜分中國的陰謀，他們轉而實行所謂「保全主義」政策，繼續扶植清王朝作為他們統治中國人民的工具，變有形之瓜分為無形之瓜分。而清王朝對帝國主義允許它繼續充當走狗則感激涕零，聲稱要「量中華之物力，結與國之歡心。」一九〇一年九月《辛丑條約》的簽訂，標誌著清廷業已徹底投靠帝國主義成為貨真價實的「洋人的朝廷」，由此，民族危機進一步加深。

對於清王朝的倒行逆施、昏瞶無恥，丘逢甲十分憤慨。在一九〇一年作的〈述哀答伯瑤〉這首長詩中，丘逢甲以其罕見的痛快淋漓的筆觸，予以辛辣的諷刺和鞭撻。詩中寫道：「四千年中中國史，咄咄怪事寧有此，」「伺人怒喜為怒喜，不知國仇況國恥。素衣豆粥哀痛詔，可惜人心呼不起！」在丘逢甲看來，慈禧把持下的清王朝已是腐敗透頂、人心喪盡。大概正是在這個時候，有消息說英國傳教士李提摩太

---

[90] 見《丘逢甲集》第五三八頁。

上書清廷，建議慈禧還政光緒。丘逢甲聞訊，十分感慨，他賦詩兩首，題為：〈聞李提摩太有請親政之議，愧而書此〉。詩曰：

> 詔書未敢信維新，惆悵吾皇政未親。
> 空有臣民四萬萬，尊皇翻屬異邦人。
>
> 恩深長信大臣知，永奉東朝更不疑。
> 流淚它年看青史，撤簾原不在韓琦。[91]

這兩首詩反映了丘逢甲對慈禧玩弄的假「維新」、偽「新政」所持的懷疑態度，及其對局勢的發展、國家前途的深切憂慮。當然，也表明了丘逢甲這時的保皇思想仍很嚴重，他認為，不還政光緒，清廷的「維新」就是不可信的。

汕頭是最早向外國資本主義開放的五個通商口岸之一，丘逢甲在潮汕地區生活多年，對列強殘酷剝削、掠奪中國有切膚之痛。在〈汕頭海關歌〉這首長達七十四句、五百多字的長詩中，丘逢甲傾訴了胸中憂國哀時的積愫。他歷數了汕頭海關大權旁落（「新關主者伊何人？短衣戴笠胡羊鼻！」、洋貨充斥中國市場、民族工商業備受摧殘）「日日洋輪出入口，紅頭舊船十九廢。土貨稅重洋貨輕，此法已難相抵制。」），以及帝國主義掠賣華工等種種慘狀，憤怒譴責了清政府的喪權辱國，腐敗無能。

面對列強進逼、朝政益濁的現實，丘逢甲開始意識到：只憑少數志士仁人的奮鬥，已無補時艱，要想避免當亡國奴，唯有喚醒國人，團結一心，共同對敵。在一首題為〈晨起書所見〉的詩中，丘逢甲藉「群雀合力驅鴉」的小故事，生動形象地表達了他渴求民族團結、共禦外侮的可貴見解：

> 晨陰晒庭樹，有雀攀高枝。
> 老鴉爾何來？欲攫充朝饑。
> 雀驚飛且噪，乞救聲何悲！
> 一雀噪未已，百雀噪而隨。

---

[91] 見《丘逢甲集》第四三〇頁，湖南岳麓書社，二〇〇一年出版。

雀亦有俠腸，不忍同類危。
群雀禦獨鴉，力小心則齊。
竟令遠引避，不敢復來窺。
唯獨力無大，唯群力無小。
嗟哉不能群，人而不如鳥！

此外，在〈汕頭海關歌〉(「先王古訓言先醒，可能呼起通國睡。」)、〈東山感春詩〉(「偏呼黃帝諸孫起，莫作華胥國裡人。」) 等許多篇什中，都表達了丘逢甲喚醒民眾、團結禦侮的思想。這是他反帝愛國思想的一個新發展和可喜進步。

值得我們注意的還有，在丘逢甲這一時期的詩作中，進化論的思想較前有了更明顯的表露。如在《重送王曉滄次前韻》中說：「競爭世界論天演，此去閩中大有人。喚起群龍聽梵唱，諸天同轉法王輪。」這種認識使他激發起天道輪回、世道變遷的思想火花，從內心深處萌生出嚮往自由、民主的新社會的思想幼芽。如在〈次韻答維卿師〉中，他寫道：「獨立蒼茫發遐想，自由鐘起國民魂。」他渴望中華民族的振興，並決心為之奮鬥，如在〈送謝四東歸〉中，他寫道：「亞洲大陸局日新，時勢徑待英雄造」，「相期亞陸風雲再相見，騎鯨東海來挽神州沉。」

一九〇三年三月，旅居廣州的唐景崧病逝。身後蕭條，幾不成殮，賴粵中官紳舊友捐助方得安葬。丘逢甲聞訊，曾撰一聯悼之：

在中國是大冒險家，任成敗論英雄，公自千秋冠新史；
念平生有真知己感，覺生死成契闊，我從三月哭春風。[92]

由此輓聯可知，儘管乙未年抗日保台鬥爭中唐措置失當、倉皇內渡，丘氏對唐頗有積怨，但並未忘卻師生情誼。丘認為台灣紳民在情勢危急中的自主自立之舉，乃破天荒之「冒險」決斷，在中國歷史進程中將有一席之地，其影響不容否定。

---

92 原載《香港華字日報》，一九〇三年五月八日，轉引自桑兵《庚子勤王與晚清政局》北京大學出版社二〇〇四年四月版第二二八頁。

丘逢甲嚮往自由民主、反對封建專制的思想芽蘖，還可從他一九〇一年秋冬間寫的一篇銘文中看出，該文題為〈清敕封文林郎上杭縣學生丘郎山先生墓誌銘〉，收入丘復所撰《願豐樓雜記》卷三，現載《丘逢甲集》第八二八頁。文中說：

> ……嗟乎！自秦漢專制之法行至今，其所謂官者，以無限之權偃然民上，於士無所謂禮也，於民無所謂教也，束縛之而已；既愚其民，復忌士之不愚，故於法尤以摧折士氣為事。為士者亦務相競為俗學以自愚，不復知有聖賢之義，臨小小利害，輒動色相戒，雖君父之難，或棄不顧，不以為非；其稍能自立而思有為者，且群誹而眾咻之，必敗其成而後已。士愚如此，何論乎民，其惑邪說而日為無理之爭也，亦固其所。故昔之所謂文明先進國者，乃今鄙為半開之國。賢者處此，上屈於專制之政，下撓於半開之俗，夫何能為？然卒不以自餒而自沮者，何也？義之所在，非利害所能動也。……

在丘逢甲看來，封建專制制度愚民忌士，箝制言論，扼殺自由，致使士民均處於愚昧狀態，而賢者無所作為，造成了極大的危害。由此可知，丘逢甲嚮往西方的思想言論自由，並認為這是喚醒民眾、振奮民氣之所必需，從而表露了他反對封建君主專制，反對唯君命是從，主張伸民權，給自立有為之士予充分發揮治國才能的思想意向。

上述種種跡象表明：庚、辛之後，儘管丘逢甲並沒有能跳出改良派的窠臼，他所醉心的救國方案依然是興學育才、啟發民智，但是，從思想深處的變化趨向來看，他和康梁保皇派已經有了相當距離。隨著時間的推移，這種變化日趨明顯，一九〇三年以後，丘逢甲漸有同情反清革命的表現，他對於青年學生中的進步活動和公開發表的革命言論均加默許。例如，前述一九〇三年嶺東同文學堂學生響應上海愛國學社鼓吹革命風潮、革命文字見諸國文課卷一事，丘逢甲不但不加任何干涉和反對，反而為之辯護說：「此天賦人民思想、言論之自由權。」[93]因此，他培養出來的青年學生大都思想活躍、關心國事，有

---

[93] 同注 81。

相當數量的人後來走上了反清革命的道路，成為民主革命志士；而這些革命青年又反轉過來以他們的革命思想給丘逢甲以感染和啟迪，促使他進一步擺脫康梁保皇派的思想影響而向革命派方面日漸靠攏。其中，最典型的例子莫過於丘逢甲與謝逸橋的師生關係。

謝逸橋，名元驥，梅縣松口堡人，溫仲和的親戚，出身于南洋華僑富商之家。祖父謝益卿，早年在馬來亞的檳榔嶼靠經商發家。後來他伯父繼承父業，家資更為擴大，積累起百萬資產，成為馬來亞著名的鉅賈之一。謝逸橋的父親沒有出洋，留在梅縣老家讀書和負責奉養老人。

謝逸橋雖出身於富有家庭，但自幼關心國事，對列強的入侵和朝廷的腐敗十分痛恨，無意科舉仕途，蔑視神佛偶像，素負大志，常在人前流露出要「澄清天下」的思想，聲言要追隨孫中山從事反清革命。因而，當地頑固守舊派視他為「狂生」，許多人都對他避而遠之。

一九〇四年，經溫仲和的介紹，丘逢甲認識了謝逸橋，接觸交談之後，丘逢甲對謝逸橋甚為讚許，不但不認為他是什麼「狂生」；相反，倒覺得他有獨到見解和遠大志向，是個不可多得的先進青年，禁不住內心的喜悅，賦詩一首相贈。詩曰：

人言謝生顛，吾未敢從眾。
與言世界事，談言動微中。
即令能顛亦復奇，終勝老生了無用。
神州大陸殊可哀，紛紛老朽無人才。
眼中突兀少年在，令我鬱鬱心顏開。
即今時事須放手，安得人盡顛如雷。
謝生言論自由耳，已令世人駭欲死，
丈夫何止用口舌，治世界事從今始。
時哉時哉不可失，東南風吹大海水。[94]

此後，他們以師生相待。謝逸橋在丘逢甲的支持鼓勵下，偕三弟謝良牧一起東渡日本求學，並在日本認識了孫中山先生，成為孫先生

---

[94] 見《詩抄》卷九，《丘逢甲集》第五三〇頁。

的忠實信徒和從事革命活動的得力助手。一九〇五年八月，同盟會在日本東京成立時，謝逸橋被推派為同盟會嶺東主盟人。次年一月，謝逸橋由日本返回粵東家鄉聯絡革命，行裝甫卸，即與丘逢甲等人取得聯繫，丘雖未加盟，但對謝逸橋所云同盟會反清革命宗旨卻頗表同情。[95]

從謝逸橋這樣的「驚世駭俗」的革命青年身上，丘逢甲看到了國家民族的希望和新時代的曙光，思想認識開始發生變化，逐漸同情反清革命。

庚、辛之後，丘逢甲正是在這樣一個新的歷史背景和思想基礎之上，從事他的「教育救國」實踐活動的。

從一八九七年春～一九〇六年夏，丘逢甲奔波勞碌、堅韌不拔，在嶺東地區積極從事教育救國工作。綜觀丘逢甲十年間的教育實踐，有以下若干特點：

（一）丘逢甲從事教育活動，始終是圍繞著「救國」、「強國」和「復土雪恥」這一主旨而進行的，帶有鮮明的時代色彩和強烈的政治目的，充分體現了他熾熱的愛國主義精神。

（二）丘逢甲的教育實踐，從時間段限上來看，可以劃分為戊戌前後和庚、辛以後這兩個階段。戊戌前後，丘逢甲的教育活動，是當時正在全國興起的資產階級改良派維新教育的一個組成部分。當時，封建舊文化和資產階級新文化的鬥爭異常劇烈，頑固守舊勢力十分猖獗，丘逢甲挺身而出，為廢除封建舊八股而大聲疾呼，為創辦新學而奔走呼號，並身體力行，堅持用維新思潮和「有用之學」啟發教育青年，以他鮮明的政治態度勇敢地與封建舊文化和頑固守舊勢力作不妥協的鬥爭，從一個側面支持和多少推動了康梁維新變法運動的發展，從而表明他是一個堅定的改良主義教育家。而庚、辛之後，伴隨著民族危機的進一步加深和資產階級民主革命潮流的興起，丘逢甲的愛國思想也隨之向前發展，逐漸同情反清革命。在這種情況下，丘逢甲的教育實踐和他所創辦的新式學堂，就不僅為民主革命潮流的興起在一定範圍內和一定程度上，起到了掃清思想障礙的積極作用；而且，在客觀上成為培養、哺育民主革命志士的溫床。辛亥革命時期，嶺東地

[95] 據溫翀遠：《同盟會在梅州的活動和梅城光復經過》，見《辛亥革命回憶錄》（廣東）。

區的許多革命志士，都曾拜丘為師或受教於丘逢甲所創辦的新式學堂，其本身便是明證。在近代中國教育史上，丘逢甲不愧為一個有影響、有貢獻的愛國進步的教育活動家。

（三）誠然，丘逢甲的教育實踐也有其時代和階級的局限性。他提倡西學，但他對西學的本質並沒有清楚和深刻的理解；他勇敢地和封建舊文化進行了不疲倦的鬥爭，主張革新和進步，但又不能忘情於封建的舊禮教和舊道德，沒有也不可能徹底擺脫封建舊文化對他的影響和束縛；在他的整個教育實踐過程中，「尊孔」的色彩始終比較濃厚。他宣揚孔教，甚至幻想用孔教來抵制帝國主義的侵略。一八九九年秋冬，丘逢甲在一篇〈壽序〉中這樣寫道：

> 豈知國體之強弱，每視士氣之盛衰為衡。日本蕞爾國耳，其自強也，基於攘夷，成於尊王，皆其國志士讀儒書有俠氣者相與倡之。吾中國堂堂儒教大國也，「尊王攘夷」，儒說也，奈何通國皆儒竟甘俯首降心為無氣丈夫乎？……今日之事，孰有大於尊王、急於攘夷者乎！[96]

在丘逢甲看來，日本其所以強，就在於發揚了儒教「尊王攘夷」的精神。中國欲自強，也必須宏揚儒教，「尊王攘夷」。這種見解，一方面說明了丘逢甲當時政治上的保皇立場，同時也反映了他教育思想保守性和局限性的一面。但這種時代和階級的局限畢竟是次要的，在當時的歷史條件下，也是不可避免而不應當苛求於丘逢甲的。

[96] 丘逢甲未刊文稿：《家幡然先生七十一壽序》。轉引自丘復：《願豐樓雜記》卷三（手抄本）。

# 第四章　政教兼預　傾向革命

## ——順應時代潮流的民主革命派朋友

## （一九〇六～一九一二）

由於丘逢甲在粵東潮、嘉地區從事興教育才的工作長達十年之久（一八九七—一九〇六），成績卓著，聲名遠播，一九〇六年（丙午）夏天，被兩廣總督岑春煊禮聘出任兩廣學務公所議紳和惠、潮、嘉視學員。[1]同年冬，被公舉為廣東總教育會會長，後又兼任廣州府中學堂監督、兩廣方言學堂監督等職。一九〇九年，當選為廣東省諮議局副議長，並受聘為兩廣總督公署議紳等，成為在粵省社會政治及文化教育等方面均發揮重要作用和影響的省中大紳，開始了他「政教兼預」的人生最後一段旅程。其思想政治立場也由贊助康梁維新保皇逐步向同情、支持資產階級民主革命的方面轉變，成為一個與時俱進的社會活動家、教育家和民主革命派的朋友。

## 一、由支持改良到傾向革命

丘逢甲由粵東山城來到南國重鎮省城廣州任職，深感責任重大。他律己律人都十分嚴格，並未攜帶家眷，每逢寒暑假才回鄉省親。丘逢甲這樣做自有其深意，據丘琮回憶說：

> ……我常常想到省城讀書的問題，父親坦率地告訴我說：「帶你上省城升學，不是困難的事，只是擔心周遭朋友奉承你，驕縱你，加上繁華都市的不良習染，那你將要變成紈袴子弟了！」

---

1　據丘逢甲：《丙午日記》及丘復：《念廬居士歲記》（未刊稿）。不少論者稱丘被聘為「兩廣學務處視學」或「兩廣學務公所參議」等，均不確。

> 接著又講述兩個歷史故事來勉勵我。他很輕鬆地說：「中學畢業以前，必須在家鄉就學，閑來無事，不妨協助農務，接受勞動生活的磨煉，才能瞭解人生的艱難！」他舉例說：「三國名士諸葛亮曾經躬耕南陽，漢朝丞相公孫弘則做過微賤的牧豬奴，他們之所以能夠成功立業，不外是體識了『吃得苦中苦，方為人上人』的道理，而且深切瞭解民間生活的甘苦。你要立志求進取，就應該從這些平凡的生活經驗中去學習，去鍛煉。」父親的一席話，使我聽得心悅誠服，雖然沒有達成升學省城的願望，但是尊長愛護我和培養我的真誠及苦心，我已深切理解了。[2]

那時，丘琮及樹甲之子丘琨等才十二、三歲，生活在遠離城鎮、猶如桃源仙境般的淡定山村，天長日久，又加上誦讀了不少吟詠山水的唐詩佳句，小小年紀便萌生了嚮往清逸恬淡的隱士生活的念頭，並在他們的詩文習作中流露出來。丘逢甲覺察後，諄諄告誡他們說：「隱士乃獨善其身者耳，不足為法」，「大丈夫當建立功名，為國為民犧牲，不可但圖自了也。」「少年人宜志行奮勵，不可頹唐。」每逢返鄉省親，丘逢甲總要帶上一大批書報雜誌，要子侄們認真閱讀，引導他們關心國事，並另編一些新課，以彌補山村教讀之不足。他常對子侄們說：「讀書不可用腦過度，況當國危民困，我望汝輩樹捍衛國家民族之勳業耳，並不望汝輩只作博士也。」[3]從丘逢甲對自己子侄們的教誨中，可以看出他當時的思想意向及其對青年一代所寄以的殷切期望。

為了培養出真正能「捍衛國家民族」的有用人才，丘逢甲對青年學生一向要求十分嚴格。他有豐富的治校經驗，管教學生有方。據載，早在丘逢甲擔任嶺東同文學堂監督時，就「堂規綦嚴，學生作息均按時鳴鐘吹號，不稍逾越。」[4]到省城任職後，更以「整肅嚴明」著稱。他作廣府中學堂監督，「學部徐視學，評為廣東第一，謂是以兵法管教著。」[5]一年暑假，丘逢甲由省城返鄉，「道經鎮平中學駐宿，聞學生

---

2 丘念台：《我的奮鬥史》。
3 丘琮：《怙懷錄》。
4 曾養甫：《丘逢甲事略》。
5 同注3。

喧囂，即召集嚴切訓誨，校風為之肅然。」[6]他管教學生一向嚴格，但並非一味採取壓制手段，總以思想啟發教育為主；據他的學生李次溫回憶說：「當時鄉先輩教導後進多務壓抑而使就範」，唯丘先生「務提起後進意志，使之自重自奮，樂而向上。」[7]正因如此，丘逢甲的門生弟子，日後成才者甚多，沒有辜負他的一片苦心。

到省城任職之後，丘逢甲的社交圈子較前擴大了許多，各界名流政要也慕名邀訪，多有交往。上至粵省大吏如總督岑春煊（雲階）、布政使王人文（豹君）、學使朱古薇（祖謀）、總文案張鳴岐（堅白）、廣州知府陳望曾（省三）等，下至文化教育界名流如法政學堂監督夏用卿（同和）、兩廣工業學堂監督陳伯瀾、兩廣學務公所的劉士驥（鳴博，又作銘伯）、覃孝方（壽堃）、觀察王鐵珊、三水縣知縣許南英（蘊白），以及南來北往的各省文人雅士如陳寶琛（伯潛）、湯壽潛（蟄仙）、易順鼎（實甫）……，這些人均和丘逢甲有密切交往。他們經常在一起酬唱攬勝，談古論今。鑒於丘逢甲抗日護台的義聲遠播，在粵東興學育才又頗有建樹，因而省垣督吏及士林文友均對丘逢甲十分尊重和信任，待他禮遇優加。其時，科舉舊制剛剛廢除，廣東和全國各地一樣，各府、州、縣都普遍掀起了興辦新學的熱潮，隨之也就出現了許多爭執糾紛，諸如在興建校舍、籌措經費、任聘人員等方面，往往發生分歧，可謂「爭訟迭起，風潮鼎沸」。這類糾紛名曰「學案」，搞得當局手忙腳亂，顧此失彼，常常要徵詢丘逢甲的處理意見。而丘逢甲對這類棘手事務也從不推脫，為發展教育事業，他不辭辛勞，力任艱巨，遇事「剖情析理，持正建言」，[8]總能應付自如，使事情得以妥善解決，因而深得當局的信賴和學界同仁的讚許與推崇。這一年的十一月十八日（陰曆十月初三），廣東總教育會成立，眾望所歸的丘逢甲被投票公舉為該會會長。[9]丘逢甲雖在省垣任事，但對潮、嘉地區的有關辦學事宜仍十分關心，如嶺東同文學堂函詢中學堂開辦之法，興甯、平遠

---

6　同注3。
7　同注3。
8　據鄭喜夫編：《民國丘倉海先生逢甲年譜》。
9　據丘逢甲：《丙午日記》，「十月初三日，丙寅，晴……本日、廣東總教育會投票公舉為正會長。」丘琮《年譜》作一九〇八年事，並作「廣東教育總會」，均誤。

學界請教興學育才的措施等，丘逢甲收到函件都一一函覆，盡力幫助。[10]

丘逢甲當選為廣東總教育會會長後不久，收到清政府學部下發的教育計畫草案，他細加審視，逐條剖議，彙呈上報，刊稿題為〈廣東學務公所議紳工部主事丘逢甲覆陳教育計畫草案條議〉（以下簡稱「條議」）[11]，全文共三千多字，作者依據自己在潮汕地區豐富的教育實踐，對當時中國教育的現狀，革新的計畫、步驟等進行了深入的剖析，見解獨到，至今仍有參考價值，是研究近代中國教育史值得重視的重要文獻之一。

這份〈條議〉要點如下：

一、「師範為教育之母」。興教育才，首推師範先行。丘氏認為，「不得以未受師範者濫充小學教員」。興教育才，不限於傳統的授業、解惑，首在於培育為國為民的有用之材。教員身為人師，亦為世範。縣設師範傳習所，道府辦好師範，省城辦優級師範，借鑒日本經驗與做法，設立師範院，推行通信（函授）教育，「編寫講義，解疑析惑，以供眾覽」，彌補師資之不足，使偏遠山鄉或未經傳習畢業者，亦可牖啟新知「是無異各府州縣皆設有無數師範也」。國民教育由此得以較快普及。

二、「振興職業教育」。丘氏認為「實業為立國之本」，「物質文明愈進步，實科競爭則愈激烈，先有職業之經營，而後有生存之憑藉，世界潮流之所趨，令人不得於業務繁忙之中而獨耽安逸，所謂生存競爭之教育也」。各省可設工業補習學堂，為本省大宗工業培育人才；「設藝徒學堂，仿造最銷售之粗賤工藝，以興貧民之職業；俟高等工藝學堂成立，再將藝徒學堂附設於此」。絲茶大宗出口，可成立研究所，以求不斷改進，提升出口質量，農林園藝各業，皆可循此仿照辦理，此係「為我國謀擴充實業之第一著手，亦為我國獨扼利權之第一大利」，各省府州縣「急宜推廣，以收實效」。興教育才的事業，關係民族的生存與國家的命運，這是我們今天的共識，丘逢甲先生早在一百多年前就提出「生存競爭教育」的觀念，主張教育與生產勞動相結合，建設

---

10 同注1。

11 稿載於清光緒三十三年十一月的《政治官報・雜錄類》第六一七～六二〇，由臺灣學者楊護源先生提供。

各類別多層級的職業教育體系，既有利於貧民就業，也為研發高端出口商品積累科技實力，創造財富，增強國力。

丘逢甲的許多建議，使我們聯想到今天普遍受到重視的函授教育（空中教育、電大教育），終生學習型的職業教育，層次不同的中等與高等職業技術教育。由此可知，他為教育救國、強國，復興中華，不斷開拓視野，廣納新知，確實是卓識過人的教育家。至於其他建議，如設立專門的法政學堂，培訓行政司法人才，各省優級師範，「必宜永設，萬無改辦普通高等學堂之理」，都是可貴的見解。

該〈條議〉說明，隨著時代潮流的前進，丘逢甲的教育思想也在不斷地發展和進步。

到廣州任職的頭幾年，丘逢甲的社交圈子雖有擴大，但多係來粵宦遊的袞袞諸公和文人雅士。那時，康梁維新保皇之說在士大夫中仍有相當市場，丘逢甲雖然朦朧地預感到了古老中華即將發生深刻變革，但是，世局究竟如何發展？主持歷史變革、推動時代前進的新的社會力量究竟在哪里？他一時還看不清楚，而詩文酬唱的教界文友更不能給他以滿意的解答。因此，儘管丘逢甲的社會地位已有很大提高，但他並不滿足於這種境況；相反地，他自感光陰蹉跎，無所建樹，徒有憂國匡時之心，卻難有施展報效國家民族之機。在〈放歌與陳伯貞〉一詩中，即抒發了他這個時候的苦悶心情：

南飛烏鵲棲無枝，老驥伏櫪悲鳴時。
明明如月不可掇，江頭橫槊來賦詩。
大江東去流戰血，明月依然作古色。
可憐暮年烈士心，夜半高歌唾壺缺。
文王周公安在哉！古人已去今人來。
三分未定天下局，一將正少當時才。
我愛陳琳工草檄，居然解愈頭風疾。
世間力足生殺人，武士之刀文士筆。
且須飲酒休談兵，英雄兒女同多情。
二喬已向吳宮老，銅雀年年空月明。

此外，在〈越台書感〉、〈題王壽山先生人心盡如此圖〉等篇什中，丘逢甲也表達了類似的思想感情。不過，這種苦悶和迷惘並沒有沖淡他對台灣故土鄉親的深情思念，每當他憶起當年護台衛國、反受朝廷冷落呵斥、內渡後又備受困頓怨謗、義軍將士捐軀沙場、請恤不報等情景或往事，鬱結在心頭的悲憤之情即噴湧而出。一九〇六年寫的〈夢中〉一詩，正表達了他對往事的痛楚與憤懣：

繡旗猶颭落花風，不信樓台是夢中。
十二闌干搖海綠，八千子弟化春紅。
奔馳日月無停軌，組織河山未就功。
車下懶龍呼不起，鈞天罷奏太匆匆。

這時，一批曾參加過乙未保台鬥爭，後內渡大陸或宦遊台灣的詩人、文士如王松、許南英及易順鼎等，與丘逢甲有較多交往。王松，號寄塵，台灣新竹人，內渡後自命「滄海遺民」，為了寄託濃重的思鄉之情，激勵鄉親父老恪守中華文化傳統，經過多年的努力，他把台灣的各家詩話以及寺院詠聯搜集整理成冊，並加評介，取名為《台陽詩話》。丘逢甲獲悉這部台灣詩話集付梓問世，十分欣喜，特作《題滄海遺民台陽詩話》致賀。詩中，丘逢甲盛讚台灣人民英勇抗敵的愛國精神足以驚天地、泣鬼神，永遠彪炳史冊（「亂雲殘島開詩境，落日荒原泣鬼燐。」）；同時認為那些表彰人民忠肝義膽的詩歌創作，必定能夠起到激勵民眾、為光復故國山河、迎來明媚春光而發揮巨大的鼓舞作用（「請將風雅傳忠義，斑管重回故國春。」）。

許南英（一八五五－一九一七），號蘊白或作允白，現代著名作家許地山之父，自稱「窺園主人」、「留發頭陀」、「春江冷宦」等。一八八五年去福州參加鄉試後旋赴北京應考，「已入彀，因對策傷時被放。」（見《窺園先生自定年譜》）一八八九年，許、丘二人到京會試，許氏「仍以言論傷時被放」，曾作〈被放出都〉七律一首以自慰。一八九〇年清廷設「恩科」，許南英再次入京會試，方中第十八名進士，欽點「主事」後，也和當年丘逢甲一樣，棄官返台。後在台「幫助政府辦理墾土化番的事業」，不久受聘於台灣通志局，參與省志的編撰工作。一八九四年甲午戰起，台事危急，丘逢甲任全台義軍統領，許南英則出任台南籌防局統領。抗日事敗內渡，許攜子侄隱居汕頭，旋即遠赴南洋，以躲避日本人的追索。清末曾出任廣東徐聞、陽春、陽江、三水等縣的知事（即縣長）。民國初年，應邀出任福建漳州「革命政府民事局長」。

許南英和丘逢甲兩人的經歷、思想和志趣可謂頗為相近，他們都親歷過乙未抗日保台的火熱鬥爭，內渡後，又都經歷了由同情康梁變法維新到傾向、支持民主革命的思想轉變，因而內渡後，兩人過從甚密，酬唱不斷。一九〇八年，許南英赴京，丘逢甲特作〈送蘊白之京〉二首七絕送行，慨歎「廿載風塵兩鬢絲，眼中世局太離奇」，對老友清廉自守、經濟拮据的境況深表同情和慰勉。一九〇九年，丘逢甲已預感到中華大地即將發生巨變，特給在三水縣知事任上的老友寫了一首七絕，以隱語徵詢許南英對時局的看法，暗示老友要認清大局，靜觀待變。該詩題為〈寄蘊白三水〉，詩曰：

半晴半雨釀春和，春水溶溶綠始波；
三十六江樓上望，不知春在哪江多？

這首七絕與丘逢甲同年所作的〈春江〉一詩（見下文），可謂有「異曲同工」之妙！

誠然，懷舊並不能消除對現實的悵惘。一九〇六年中秋前後，丘逢甲與友人連續遊覽了廣州城郊的許多名勝古跡，如白雲山的能仁寺、白雲寺、景泰寺、鄭仙岩、濂泉寺等。[12]這些古跡因年久失修，大都殘破不堪，有的已經倒塌，成了一片廢墟。目睹這種蕭條破敗的淒涼景象，丘逢甲內心勾起了對祖國山河破碎的無限悲戚和對民族前途的深重憂思。他連作〈秋懷〉七律詩八首，九月又五迭前韻，共作四十八首，縱古論今，其勢如大江東下，把長期鬱積在胸中的報國無門的愁思和對民族前途的希冀，淋漓盡致地抒泄了出來。儘管他自感光陰蹉跎，歲月流逝，來日無多，慨歎人心渙散，天時人事難盡人意，但他思念台灣鄉親、渴望強國復土和嚮往光明的壯志情懷，卻絲毫未減，只不過表露得更含蓄、更深沉些罷了。今選錄三首如下：

---

[12] 同注1。

昆侖山勢走中華，赴海南如落萬鴉。
縮地有人工幻術，通天何處覓靈槎？
沉冤鳥口空銜石，酣夢人心久散沙。
彈指光陰秋又老，長繩難系夕陽斜。

天時人事互推遷，竊井明看火不然。
上地徘徊來怪鳥，故家淪落有窮蟬。
梧桐未老心先死，牛馬無能鼻任牽。
欲訴閒愁寄明月，不知天上是何年？

年年鄉夢阻歸鞍，恨不隨風化羽翰。
捲土重來心未已，移山自信事非難。
雨餘玳瑁潮初落，月下珊瑚島漸寬。
地老天荒留此誓，義旗東指戰雲寒。

丘逢甲時常告誡自己：驅仇復土的壯志未酬，強國興邦之業未定，絕不能就此頹唐沮喪。一九〇六年秋，廣府中學堂教習廖伯魯作〈百字令〉和〈滿江紅〉詞各一首，丘逢甲讀畢，感觸良多，遂依韻各和一首，其詞筆力遒勁，氣勢雄渾，與〈秋懷〉詩的悲切沈鬱大為不同。如〈百字令〉：

嶺南人物，問當今，誰是曲江風度？萬劫不磨雄直氣，空剩屈陳詞賦。秦戍哀雲，越台吊月，愁聽秋蟲訴。南宗未墜，菩提何礙無樹？歷歷彈指光陰，論橙品荔，鄉味將人誤。潦倒英雄成末路，飽領涼情熱趣。倒海澆天，剖雲行日，夢裡留奇句。功名塵土，浩歌還譜朱鷺。

在這首詞中，丘逢甲感歎，環顧嶺南，像唐代張九齡（韶州曲江人）敢於直言國事，用人不循資格的忠良人物，現在已難以找到了，歷盡磨難的愛國者報國無門，只能像屈大均（一六三〇——一六九六）、陳恭尹（一六三一——一七〇〇）那樣靠詩文詞賦來勵志抒懷，他自歎如同「末路英雄」，「飽領涼情熱趣」，世道是如此的不公，官場是這般的污濁，但絕不能「獨善其身」，虛度光陰，而要激流勇進，準備「倒海澆天，剖雲行日」，探索出一條新路。他深知未來的道路是漫長而曲折的，只有經過頑強努力，才有希望達到目的。這一時期，丘逢甲的不少詩作都藉端托寓，寄寓念台思親、堅定前行、嚮往未來的情感與志向，如：

道是南風竟北風，敢將蹭蹬怨天公。
男兒要展回天策，都在千盤百折中。

——〈韓江有感〉

兒女英雄海上緣，東風吹散化春煙。
相逢欲灑青衫淚，已割蓬萊十四年。

——〈席上作〉

為問安之抑勝之，祇今此事幾人知？
窮荒草木皆生意，滿目春風上大旗。

——〈寄亦璞羅定軍次〉

廣州毗鄰港澳，是中國的南大門，它不僅是列強力圖染指、清廷嚴加控制的南國重鎮，也是以孫中山為代表的革命黨人和以康梁為首的保皇派積極活動的地方，是各種社會思潮十分活躍、形形色色政治勢力激烈角逐的場所。庚、辛以後，以孫中山為代表的革命派對康梁的保皇謬論就進行過嚴肅的批判鬥爭。一九〇五年同盟會成立後，隨著民主革命潮流的不斷高漲，康梁保皇派更加放肆地攻擊革命派、詆毀同盟會的革命綱領。因此，為了徹底清除保皇派的流毒與影響，把革命迅速推向前進，從這一年秋冬開始，革命派向康梁保皇派發動了空前規模的全面大論戰。

這場論戰持續了兩年多的時間，到一九〇七年冬，以梁啟超創辦的《新民叢報》自動停刊、保皇派的全面潰敗而告結束。通過這場論戰，大力宣傳了民主革命綱領，辨明了革命道理，使大批知識份子從迷惘狀態中清醒過來，轉向革命派，從而推動了民主革命潮流的進一步高漲。

廣東地區出洋謀生的華僑素來很多，廣大農村中許多關心國事、不滿現狀的愛國青年受到新思潮的吸引，也紛紛來到省城或遊學國外，如饑似渴地尋找救國救民的真理，愈來愈多的青年接受了孫中山的政治主張，投身於民主革命運動。這些投身革命的青年，景仰丘逢甲抗日保台的事蹟與聲望，欽慕他的品格與才學，瞭解他同情革命的態度，其中，有不少人在少年時代還曾受教於丘逢甲創辦的新式學堂，所以，來到廣州後，都紛紛拜見丘逢甲，並得到他的提攜和愛護。據老同盟會員溫翀遠先生回憶：「我們當年從粵東來到廣州，必先拜謁仙根先生。丘是客家人，領導過抗日保台鬥爭，身為工部主事，卻同情革命，儘管他不是同盟會員，但大家都信賴他，尊敬他，正如解放前開明人士掩護共產黨地下黨員一樣，仙根先生做了許多有益於革命的事情。」[13]丘逢甲的《丙午日記》，可以證實溫翀遠先生這段回憶是可信的，僅從一九〇六年十月這短短的一個月的日記中便可看到，他會見青年學生或與留日學生書信來往就不下七、八起之多。如：

> 十月三日，「庚辰，陰……日本東京遊學生何天炯（注：同盟會司法部判事）來信。」
>
> 十月四日，「辛巳，晴。是早，寒甚，得留學日本何天炯書。」
>
> 十月十六日，「癸巳，晴……早，伯文、伯強言：二十六日漢口船失火，幸逃出，行李皆燼。二人擬往日本遊學者。」
>
> 十月二十五日，「壬寅，晴……本日來乞保送考員警者數人：松口李伯文、大埔丘溫元、海陽林寶幹、嘉應丘一人。」
>
> 十月二十九日，「丙午，晴。投考員警者紛紛來見求保。興甯往日本遊學五人來見，皆興民學堂生也。」

丘逢甲和如此眾多的先進青年保持經常、密切的聯繫，這勢必對他的思想產生重大影響。

在和保皇派進行激烈論戰的同時，同盟會還加緊在國內不斷組織發動反清武裝起義，以實際行動推翻保皇派竭力維護的清王朝。

一九〇六年秋冬間，孫中山等人制訂了著名的《革命方略》，明確提出了資產階級革命黨人武裝反清、奪取政權、建立民主共和國的基本方針，要求「義師所指，覆彼政府，還我主權。」同年冬，策動「萍、瀏、醴起義」，震動全國；次年，又在廣東饒平黃岡、惠州七女湖、欽州防城和廣西鎮南關連續發動起義；一九〇八年，又有廣東欽州馬篤山、雲南河口起義，以及一九一〇年廣州新軍起義和一九一一年四月的

---

[13] 據作者一九八〇年採訪辛亥革命老人溫羽中遠先生所記。

廣州黃花崗起義。此外，其他革命團體如徐錫麟、秋瑾領導的光復會，熊成基領導的岳王會，也分別於一九〇七年和一九〇八年在安徽、浙江等地發動反清武裝起義。上述起義雖然都因種種原因先後失敗，但革命黨人前仆後繼、視死如歸的革命精神卻警醒和教育了廣大民眾，沉重地打擊了腐朽賣國的清王朝。應當指出，這些起義大都發生於兩廣地區，並有不少丘逢甲的門生參加，有的甚至是起義的重要策劃者和指揮者。

丘逢甲一向關心國事，注意研讀報章，同社會各界人士有廣泛的接觸交往，到廣州任職後，又置身於這樣一個風雲激蕩的時代和政治鬥爭的漩渦之中，因而對社會思潮的更替和人心向背的變化，較之在潮嘉地區辦學時期有了更深刻的體察與認識；雖然他曾與康梁保皇黨人交好，與粵省大吏過從甚密，但丘逢甲的個人經歷畢竟和他們不同，既沒有得到過朝廷的重用而需要感恩，更沒有領受過當今皇上的知遇而需要圖報；相反，在丘逢甲心目中，唯有朝廷割棄故土台灣的切膚之痛和遭受呵斥、冷落的怨恨之感，因而，在朝政日暗、報國無門的情況下，較為容易接受革命思潮的影響和感染而促成思想認識發生變化。一九〇六年冬末，他趁返鄉省親之機，去嘉應務本學堂視事，該校吳監督和黃監學向他詢及時事前途，丘逢甲明確表示自己的看法說：「至保皇之說，非不穩健，但時機已過，人心已去清室，康有為等無能為矣！」並斷言：「清室不出十載必亡，但非革命軍攻陷北京，而為各省獨立使之自倒。」這次談話表明，這個時候的丘逢甲已把政治目光投向了新興的社會力量，對康梁的維新保皇事業已頗表懷疑。一九〇六年以後，隨著民主革命潮流的不斷高漲，丘逢甲的愛國思想進一步向前發展，大約在一九〇九年前後，他的基本思想政治立場已發生重大變化，由一個積極支持改良的維新立憲派，轉變成為傾向、贊助革命的民主革命派的朋友。

丘逢甲思想政治傾向的變化，可以從他與革命黨人的交往和他這一時期的詩作中得到印證。

據丘琮回憶說：「保皇黨人與同盟會的幹部和我父親都有往來，不過，戊戌前後和保皇黨人接觸較多，而戊申前後則與同盟會發生深切關係了。」[14]事實也確是如此。

---

[14] 同注2。

辛亥革命時期的革命黨人鄒魯（一八八五——一九五四），字海濱，廣東大埔人，出身貧寒，幼失怙恃，早年曾就讀于潮州韓山書院，一九〇五年加入同盟會，次年秋冬赴廣州求學，投考師範學堂未成。還在家鄉時，他就對丘逢甲抗日護台事蹟十分欽敬，來到省城後便慕名求見。丘逢甲熱情接待了這位素不相識的青年，一席談話之後，覺得這個年輕人志趣高遠，談吐不凡，頓生喜愛之情，突然改換話題問鄒魯：「你是世家子弟嗎？」鄒魯照實回答：「不是。」丘逢甲又問：「你是富家子弟嗎？」鄒又答：「也不是」。再問：「那麼你有富貴的親戚嗎？」鄒答：「也沒有。」丘逢甲聽罷，若有所思，低頭沉吟片刻後喃喃自語道：「一個貧寒子弟，能有如此汪洋浩大的氣度，實在難得！」接著抬起頭來親切地望著鄒魯說：「好！從今日起，你就是我的學生了！」[15] 不用說，丘逢甲所讚賞的「汪洋浩大的氣度」，當是青年鄒魯的反清革命思想和報效國家民族的志向。

一九〇七年，鄒魯進入廣州法政學堂學習，暗中從事革命活動，經常和丘逢甲來往，並從各方面得到丘的啟發和幫助。一九〇八年，丘逢甲作〈秋興次張六士韻〉詩一首，命鄒魯相和，鄒魯尊師命和之，詩的結句引用了漢高祖劉邦起兵芒碭、進據天下的典故，曰：「英雄心血人間事，芒碭當年豈有云。」丘逢甲閱畢，知鄒魯胸有大志而甚是喜慰，但又恐其反清革命情緒過於外露而日後遭遇不測，便瞿然告誡鄒魯說：「此『彼可取而代之也』之氣，須善藏之。」從此，鄒魯接受教訓，對自己的言行便格外謹慎檢點了。[16]以後，在鄒魯從事革命活動的過程中，丘逢甲又利用自己職務上的方便和特殊的社會地位，一再安插、重用鄒魯，並多次在鄒魯遭遇危險的情況下，不顧身家性命，挺身而出，保護鄒魯脫險，使鄒魯感恩不盡，終生難忘。這些都是後話。

辛亥革命時期的烈士羅福星（一八八四－一九一四），字東亞，又名國權，廣東鎮平人。他生於印尼，回國後受啟蒙教育，再赴巴達維亞（雅加達），就讀于中華學校，開始接受興中會革命思想的影響和薰陶。一九〇三年隨祖父去台灣苗栗謀生，因不堪忍受日本殖民者的壓

15 鄒魯：《回顧錄》。
16 同注16。

迫，數年後遷回原籍鎮平。途經廈門時加入同盟會，後在廣州與黃興、趙聲、胡漢民、林時爽等著名革命黨人結為至交，開始以教員身份從事革命活動。丘逢甲對這位來自家鄉的革命青年十分推許，委以重任。羅福星對丘逢甲也極為敬慕，據他自敘：「乙巳年（一九〇五年）秋返回故鄉，執教於村中學校者二年，奉當時廣東學務部長丘逢甲君之命，赴爪哇視察學務，達到目的後返回廣東。」[17]羅福星這次南行，表面上是在爪哇、新加坡等地視察僑校教務，「實則推展革命」，並於一九〇八年一月在河內首次會見孫中山，面陳抗日復台大計，表示願效前驅，深得孫中山的讚許。一九一二年，羅福星秘密赴台組織同盟會支部，在台中、苗栗一帶積極活動，團結反日力量，約期發動武裝起義，不幸事泄被捕，於一九一四年三月慘遭日本殖民當局殺害。

再有前述廣東革命軍政府北伐軍總司令姚雨平（一八八二——一九七四），原名宇龍，廣東平遠人，嶺東同文學堂學生，一九〇五年秋考入廣州陸軍中學堂，暗中參加革命活動，一九〇七年因革命嫌疑被責令退學，不久加入同盟會。一九〇八年冬，他與葛謙、嚴國豐等人在廣州巡防營中秘密組織革命小團體「保亞會」，策動起義，事泄未果，葛、嚴二人被害。清吏派兵圍捕革命黨人，「保亞會」形同解體。其時，同盟會策動的多次武裝起義連遭失敗，新軍標統、同盟會員趙聲又涉嫌革命而被兩廣總督張人駿削去兵權，被迫棄職歸家，革命暫時轉入低潮，姚雨平等革命黨人情緒焦躁沮喪，丘逢甲獲悉，特賦詩一首，題為〈春江〉，對姚雨平諄諄勸誡。詩曰：

春水綠生波，春江打槳過。
陰晴渾未定，莫便脫漁蓑。

詩中，丘逢甲運用暗喻手法，把方興未艾的民主革命潮流比作「春水綠生波」，勸勉姚雨平等革命青年不要因一時的挫折失敗而喪失信心或輕舉妄動。他認為，目前革命時機尚未成熟（「陰晴渾未定」），宜暫取隱蔽策略，以保存力量，等待有利時機（「莫便脫漁蓑」），才能最終獲得成功。這首隱喻詩，巧妙地表達了丘逢甲對當時革命形勢的見解

17　見《辛亥革命資料類編》第二九五頁。

以及他對革命黨人的同情、支持態度，是理解丘逢甲這一時期思想政治立場的重要資料。

戊申前後，丘逢甲與革命黨人的接觸日益頻繁和廣泛，除上述諸人以外，他還和當時同盟會嶺東機關報——汕頭《中華新報》中的革命黨人葉楚傖、梁千仞，和隱蔽在廣東新軍中的革命將領趙聲、饒景華等以及當時活躍在廣東地區的其他許多著名革命黨人如朱執信、陳炯明、林修明、溫翀遠、林震、古應芬、高劍父、高奇峰等人，均有密切交往，丘逢甲並把自己的次女丘淡許配給革命青年林震。[18]據載，當時丘逢甲所作詩文，多投寄《中華新報》刊佈，「每寒暑假由省裡過汕，必至該報社與葉、梁等人詩酒唱和」。[19]在《嶺雲海日樓詩抄》中，即收有丘逢甲和他們唱和的詩篇若干首（如卷十三，〈題楚傖汾湖吊楚圖〉二首、〈與楚傖、千仞聞歌作〉等）。

高劍父、高奇峰兄弟，廣東番禺人，現代著名的「嶺南派」畫家，高劍父曾擔任過同盟會廣東分會會長。丘逢甲與「二高」過從甚密，十分讚賞他們繪畫的高超藝術技巧，更喜愛其深刻的政治寓意，特禮聘他們擔任學校的圖畫教師。在一首題為〈二高行，贈劍父、奇峰兄弟〉的詩中，丘逢甲寫道：「嶺南今日論畫手，二高傑出高於時。渡海歸來筆尤變，丹青著手生瑰奇……我方主教羅以禮，翩然作我圖畫師……昨聞大高忽畫虎，群雄草澤爭驚猜。畫虎高於真虎價，千金一紙生風雷。我聞獅尤猛於虎，大高畫獅勿畫虎。中國睡獅今已醒，一吼當為五洲主。」詩中，丘逢甲不僅高度評價了「二高」的繪畫藝術，更借機表達了自己對民眾日益覺醒、祖國獨立富強有望的欣喜心情。高奇峰曾畫龍、虎圖各一幅贈丘逢甲，據說，此畫曾存於淡定村陳姓手中。

丘逢甲與廣東新軍中革命將領趙聲、饒景華等也「深相結納」，來往頻繁。一九一〇年秋，丘逢甲偕同饒等人前往番禺波羅（今屬廣州市郊）南海神廟參謁，賦詩唱和。南海神廟始建于隋，本係唐韓愈當年貶謫嶺南時所建，因年久失修，廟已傾圮，丘逢甲倡議重建碑亭。

---

18 林震，廣東平遠人，丘逢甲門生，辛亥革命廣東北伐軍第二師師長，收復江北有功。丘逢甲次女淡許配給他，但尚未成婚即殤。另，丘逢甲與饒景華亦為姻親，丘將自己另一女許配給了饒之子。

19 同注4。

亭成，特作《重修南海神廟韓碑亭記》以記之，文中，丘逢甲自謂其對新軍將佐「直以軍神視之」，[20]對他們寄以厚望。丘逢甲如此推許他們，他們也十分尊崇和信任丘逢甲。一九一〇年十一月，趙聲等人在廣州發動新軍起義，事前黨人商定，起義成功後，推舉丘逢甲為臨時民政長官，以陳炯明為副。[21]丘逢甲與革命黨人關係之深，由此可見一斑。

丘逢甲思想政治傾向的轉變，顯然和他與眾多的革命青年密切交往有關，到一九一〇年前後，三民主義學說騰播於全國，他十分高興地對友人說：「是吾志也，吾欲行民主於台灣，不幸而不成，今倘能成于內地，余能及身見之，九死而無所恨也。」[22]對孫中山領導的革命事業表示由衷的讚許。

丘逢甲思想政治傾向的轉變，除表現在上述與革命黨人的密切關係外，還可以從他這一時期的詩歌創作中得到很好的印證。翻開《嶺雲海日樓詩抄》，人們不難發現，庚戌前後，丘逢甲的詩風發生了重大變化，以往那種悲戚、蒼涼、懷舊之作日漸減少，更多的是抨擊、揭露現實，描繪祖國壯麗河山、催人奮進、展望光明前景的篇什，洋溢著積極進取的思想情懷。從題材內容看，有不少作品較為深刻地觸及到社會階級矛盾，政治思想觀點鮮明尖銳，從而「對同盟會的活動作了『桴鼓之應』」。[23]

一九〇七年，那拉氏七十二歲生日，湖廣總督張之洞獻媚邀寵，特備重禮差專人送京致賀，以博取西后歡心。丘逢甲聞訊，憤作〈書事〉一首，予以辛辣諷刺：

七尺珊瑚綠玉盆，寶花璀璨照天門。
洞庭新進龍君貢，壓倒汪洋北海鯤。

一九〇九年一月二日，報載當年出賣維新志士的袁世凱被攝政王載灃以「現患足疾，步履維艱，難勝職任」為由，「著即開缺，回籍養痾」，被迫歸隱河南彰德，丘逢甲得訊，亦賦詩予以譏刺：

---

20　《丘逢甲集》第八八五頁。
21　據張醁村：《庚戌新軍起義前後的回憶》。
22　江山淵：《丘逢甲傳》。
23　李雲漢：《國民革命與臺灣光復的歷史淵源》，臺灣出版。

不見高歡六鎮兵，一身去國羽毛輕。
平生大志渾無著，落日荒荒夾馬營。

《辛丑條約》簽訂後，由於帝國主義侵略的進一步加劇和封建統治階級的更加腐朽，給中國人民造成了空前的災難，面對國危民困的嚴重形勢，丘逢甲深感憂慮。一九〇八年夏，廣東布政使王人文（豹君）調川擢藩，行前，粵省官紳於越秀山鎮海樓設宴為其餞行，丘逢甲即席領頭賦詩，以「愁」字韻連作七律二十四首，抒發了他憂滇思藏、「哀粵中之窮」、同情勞苦大眾的思想感情，再次表達了他亟盼祖國獨立富強、西南邊陲早得鞏固的強烈願望。其中兩首這樣寫道：

第三首：〈來詩有憂滇意，三迭前韻〉
吳楚青山滿柁樓，江帆風利不曾收。
郵程蜀水先巴水，邊警梁州近益州。
南徼旌旗開武帝，東都弓矢錫文侯。
碧雞金馬終無恙，休向鄉關起暮愁。

第八首：〈八迭韻有感於今之言理財者，賦以示王，非專為蜀言也〉
金闕銀宮玉作樓，飛升功效幾時收？
花開果落三千歲，棘地荊天四百州。
今日如求救時相，古人原重富民侯。
劇憐已竭東南力，難解司農仰屋愁。

在連作二十四首七律之後，丘逢甲仍覺意猶未盡，隨後又寫了一千多字的〈詩序〉。序中，丘逢甲精闢地分析了內外形勢，認為川蜀地廣、人稠、物豐，如能治川、富川、強川，當為國家民族之幸。他強調指出：目前「英人方與俄爭，謀由西藏而入川，取高屋建瓴之勢而未已也；又與法人爭，謀由雲南而入川。其陰圖鷙策畫之於十年或數十年之前，而蓄勢於數千里之外。商埠焉、教堂焉、礦山焉、車航路焉，日經月營，續續無已，而皆所以潛濟其兵謀。今則，機浸熟、勢浸迫矣，其禍之發，先藏滇而後川，而亦不止於川」，其最終目的，在於由滇、藏入川後進而控制整個中國。因而他籲請當局：對於列強的險惡用心應保持高度的警惕，務必大力鞏固西南邊防，只有這樣，才能「折其機，阻其勢，弭其禍」。序中，丘逢甲一再表示：希望王豹君能為富川、強川而「規畫久遠」、「立身植德」，為國家民族作出貢獻。[24]

同年夏，嶺南一帶連日大雨，珠江三大支流——東、北、西江，水勢暴漲，人民生命財產遭到嚴重損失，災民四處流離乞討。耳聞目睹這種慘狀，丘逢甲內心十分痛楚，特作〈述災〉一詩，記敘了水災給人民帶來的災難（「災民露天宿，屨徙常倚擔；生者鵠面立，死者魚腹殮。」），他寢食難安，愧疚自己無力解救人民的苦難（「平生愧為稷，饑溺常在念；彷徨起中夕，側目江雲暗。」），更痛恨造成這種苦難的腐敗王朝，禁不住發出了「天心夙仁愛，忍使民昏墊。無家百萬人，仰視寧無憾？」的責問。

與〈述災〉形成鮮明對照的是〈萬牲園〉一詩。其時，驕奢淫逸的清王朝最高統治者，置國庫空虛和人民的死活於不顧，以重金搜求天下奇禽異獸，在京師營建所謂「萬牲國」（即今北京「動物園」前身），日支浩繁，以供玩賞。丘逢甲獲悉，十分憤慨，遂賦詩予以抨擊：

> 中國所有畢羅致，中國所無求海外。力為禽獸造世界，神禹所驅今復聚。毛蟲羽蟲大和會，除卻鳳麟無不至。嗟哉夥頤萬其類，無良無猛，無蠢無靈，胥目曰牲，園吏按冊皆可呼其名。食粟者粟，食肉者肉；爾雖不能言，無不得所欲。文禽武獸前後補，京朝之官半寒苦。人言員外郎，不及園中虎。況爾窮民滿天下，安能上與檻猿籠鶴伍？古來靈囿何足言，天荒地老有此園。長安夜半西風起，啼呼如在山林間。

在詩人筆下，清王朝統治下的中國有如禽獸肆虐橫行的世界，一邊是災民遍野、路有餓殍；另一邊是統治者揮金如土、耽於淫樂，這兩個世界是何等地鮮明對立啊！這世道是何等地不公平啊！在丘逢甲看來，清政府的大小官吏多是吮吸民脂民膏、「心肝全無」的無恥之徒，在〈蟲豸詩〉中，丘逢甲把他們比作「虱」、「蚊」、「蠅」、「蛆」、「蜂」、「蠍」、「蚓」、「蛙」之流，予以無情的鞭撻和諷刺。請看以下三首：

---

24　《鎮海樓王豹君方伯赴蜀詩序》。見《丘逢甲集》第八五五頁。

虱：黑白亦何常？出身本不潔。
　　臭香任蹠回，但能嘬膏血。

蠍：爾族本在北，與官同至南。
　　未能相見喜，防爾尾間鉗。

蚓：爾鳴亦云善，爾操亦可嘉。
　　心肝爾全無，老作兩頭蛇。

國難深重，吏治日濁，朝政日非，天災人禍接踵而來，「濟良所，濟幾何？……濟良所，奈何許！」丘逢甲感到，清廷統治已是千瘡百孔、病入膏肓，點滴改良已無補於世，放眼神州大地，「處處聞饑復聞亂，年年憂雨更憂晴」，人們紛紛鋌而走險，「犯上作亂」，其根本原因何在？「天下不太平，必自人心始」。在一首題為〈戊申廣州五月五日作〉的詩中，丘逢甲表述了自己對這一問題的看法：

> ……年來民窮盜益多，群盜如毛不可櫛，小猶鄉落事攻剽，大且據城謀篡竊。此方告平彼旋起，一歲之間四五發。東南已無乾淨土，半壁江山半腥血。民言官苛迫民變，官言革命黨為孽。彼哉革命黨曷言，下言政酷上種別。假大復仇作櫫楬，橫縱海外灌海內，已似洪流不可絕……。

清王朝把急劇動盪的世態民情、城鄉人民風起雲湧的反抗鬥爭歸咎於革命黨人的惡意煽動，而丘逢甲則認為是「官逼民反」（「民言官苛迫民變」，「下言政酷上種別」），也就是說，是吏治的苛虐、清王朝的種族壓迫政策，才是導致「民變」蜂起、「兵變」頻仍的真正根源。丘逢甲的這種認識，顯然已和康梁改良派有本質的不同。

其時，全國各地普遍掀起的抗捐、抗稅、抗租、反洋教和饑民的搶米風潮等自發的反抗鬥爭與革命黨人組織發動的反清武裝起義互相呼應，互相配合，正匯合成一股強大的革命洪流，任憑什麼力量也阻遏不了。面對這種「山雨欲來風滿樓」的國內政局，丘逢甲強烈地預感到這是中國社會發生深刻變革的前奏，欣喜賦詩曰：「中國睡獅今已醒，一吼當為五洲主」，「春風吹起懶龍夢，一夜雨聲千里春。」他確信：中華民族自強自立於世界民族之林的新時代即將到來！

處於風雨飄搖之中的清王朝統治集團，為避免人民革命的危機，繼一九〇一年至一九〇五年間的「自救運動」(即「新政」)失敗之後，又變換新的花樣，從一九〇六年始，乞憐於所謂「預備立憲」騙局，企圖以此籠絡人心，抵制革命，苟延殘喘。

一九〇五年底，清廷派載澤等五大臣出洋「考察憲政」；次年九月正式發佈《預備仿行憲政上諭》；一九〇八年又公佈了《欽定憲法大綱》，規定「預備立憲」以九年為期，九年後，正式定憲法、開國會；一九〇九年十月，遵照清廷旨意，各省又成立諮議局，預備將來過渡到地方議會。

對清廷這一連串的「立憲」騙局，革命黨人以發動一次又一次的反清武裝起義予以回答，堅持用革命暴力推翻清王朝。但海內外的立憲保皇派人士則欣喜若狂：「預備仿行憲政」的上諭剛剛公佈，流亡海外的康有為便手舞足蹈地歡呼，「偉哉，此舉！」並立即將「保皇會」改名為「國民憲政會」，準備回國推動立憲；梁啟超則在日本組織「政聞社」，擁護清政府「預備立憲」，繼而又將「政聞社」從東京遷往上海，派人回國，準備大幹一場；而以張謇、湯壽潛等為代表的國內立憲派，也紛紛在各省組織起立憲政團，希望能實現他們的政治理想。

丘逢甲對於清政府的「預備立憲」也曾抱有幻想。一九〇七年，廣東立憲團體——「廣東地方自治研究社」成立，丘逢甲是最早參社的社員之一；一九〇九年十月廣東諮議局成立時，丘逢甲又以其社會聲望被推舉為副議長，並於這一年的年底和議員陳炯明等三人一起去上海，出席了由江蘇諮議局議長張謇召集的十六省諮議局代表大會。[25]兩江總督還致函丘逢甲，請其出任南洋勸業會廣東協贊會的協理。[26]但是，丘逢甲畢竟和那些狂熱的立憲派人士不同，他正是從清廷玩弄的這出政治把戲中，愈來愈看清了清王朝的真實面目，促使他進一步向革命派靠攏。一九〇九年秋天，也就是廣東諮議局成立、丘逢甲被推舉為副議長的前後，他連作〈秋懷〉詩八首，表示自己對政局的看法，其中第四首這樣寫道：

---

[25] 吳相湘：《陳炯明「造反出身」》，見臺灣《傳記文學》第三二卷第二期。

[26] 見《中華新報》宣統元年十月十日，據賀躍夫《關於丘逢甲在廣東的若干史實考析》。

滿目洪荒治已遲，誰教天展九年期？

元黃大化無今古，風雨神山有合離。

四海畢消蛟蜃氣，九天同拜虎龍姿。

書生自作華胥夢，千載何妨此一時。

這首詩的政治意向很清楚：在丘逢甲看來，革命洪流浩浩蕩蕩，順之者昌，逆之者亡，清廷氣數已盡，「九年預備立憲」於事無補，無論它變換什麼花招，也無法挽回其滅頂之災，一個嶄新的政權必將出現在古老的中華大地，因此他盼望能抓住這千載難逢的好機會，實現自己多年來「革新圖強、復土雪恥」的理想。

一九一○年春，正當張謇、湯化龍等立憲派頭面人物利用諮議局的名義，組織「國會請願同志會」，發動聲勢浩大的「立憲請願運動」，到北京向清廷呈遞《聯名請願書》，乞求清政府「縮短『預備立憲』期限」的時候，丘逢甲卻給唐景崧的弟弟——剛剛當上學部尚書的唐景崇（字春卿）寫了下面一封信，痛斥清廷借「立憲新政」之名，「橫征苛抽」、「窮剝極敲」，使人民大大加重了負擔，吏治之腐敗黑暗較前尤甚。信中說：

> ……今夫言新政（指「預備立憲」——引者）者，以為新政固所以利民，然起視民間，其利未知何如，其害固已痛心疾首。蓋行政不能無款，而新政之款尤多，則不能不出於橫征苛抽，無論在事者之借新政為中飽也。即涓滴歸公，而窮剝極敲，民間已骨立待斃。年來繁富之省，皆成貧瘠，而貧瘠者可知，足寒傷心，民怨傷國，其所以致此，固不能獨謂咎由辦學，而辦學亦其一也。官制已新，冗員必汰，而起視所謂新政衙門，冗員尤甚於舊。一公所也，分為數科，科有專責矣，而每科之員，能治其科之事者十僅二、三，或並無之。向之謀差缺之不易得者，今皆以新政衙門為快捷方式，馬曹不知幾馬，庖人不能治庖，坐耗大倉，朋為雀鼠……。[27]

雖然在信的末尾，丘逢甲說：「海內最先倡言立憲，此身亦居其一，今日尚望冀其成，亦必不至與新政為仇。」但綜觀全文，這封書信實

---

[27] 見《丘逢甲集》第八八一頁。

際上和前引〈秋懷〉詩一樣，鮮明地反映出這個時候的丘逢甲已經和維新立憲派有了本質的區別，他對所謂「立憲新政」已不抱幻想，對腐朽的清王朝已完全絕望，標誌著他的基本思想政治傾向已發生重大變化，在他人生旅途的最後幾年時間裡，其言論行動，已經由原來的贊助維新保皇、支持立憲，轉而傾向、支持革命，成為以孫中山先生為首的資產階級民主革命派的真誠朋友。

關於丘逢甲思想政治傾向的變化，丘逢甲的好友丘復有一段重要的回憶文字，說：

> ……君（指丘逢甲）之宗旨，其初本近於保皇……。自庚子春遊南洋半載，備見保皇黨之騙術，且觀察南洋趨勢，歸而大變其思想，以為欲新中國非徹底改造不可。己酉四月（一九〇九年五月），在廣州劉鳴博（士驥）與君同事兩廣學務處多年，至相得也，自廣西來（應為「自美洲歸來」——引者注），一見君即昌言曰：「十年相信保皇黨，今始知受其騙而無用！」劉本彼黨中人，殆有所覺悟也。君曰：「君至今始知無用乎？予於十年前早看破矣！」劉旋為彼黨暗殺。君輓聯云：「聖人不死，大盜不止（孰能止之？）；貪夫殉財，烈士殉名（公得名矣！）；蓋指康有為也。」[28]

如前所述，從庚子南游返國後的言論行動來看，丘逢甲的思想確實有所變化，漸有同情排滿革命的表現，不過，丘復說他這時就「大變其思想，以為欲新中國非徹底改造不可」，則未免誇張失實，似未可信。但丘復這段回憶文字之所以重要，在於它證實了我們的上述判斷：一九〇九年前後，丘逢甲的政治態度和思想感情確已和康梁等維新立憲派大相徑庭，其基本立場已傾向革命民主派一邊。

劉士驥被殺案確是促使丘逢甲與康梁保皇黨人決裂、轉向民主革命派的重要原因之一。

---

[28] 丘復：《願豐樓雜記》卷三（未刊稿）。一九九八年十一月二十七日廣州《羊城晚報》刊文《墨蹟背後藏殺機》（作者穆馭），評介了康有為的兩件遺箚，文中引述劉士驥後人所錄之丘氏輓聯為：「貪夫殉財，烈士殉名，公得名矣！聖人不死，大盜不止，孰能止之？」

劉士驥，字銘伯（又作銘博或鳴博），廣東龍門縣人，廣西候補道，為丘逢甲乙未內渡後結交的至友之一。一九〇二年，劉薦舉經濟特科，丘逢甲作《題劉銘伯制科策後》致賀，表示「吾輩當為天下計」，「何時對舞共劉琨？」以示互勉。劉出任兩廣學務處視學員，熱心新式教育，粵督岑春煊奏請清廷予以獎勵。一九〇六年，閩浙總督及兩廣總督聯名奏派劉往南洋視學，丘逢甲欣喜異常，竟於同年「五月十六日夜夢劉銘伯自南洋回」，一覺醒來後，「得七言絕句一首」，八月初十日，丘在日記中追記了此事，可見丘、劉兩人感情至篤。劉士驥與康有為同是癸巳科舉人，私交很不錯，康梁維新失敗逃往海外後，劉對康仍很敬重。此時，保皇黨人在海外仍有一定市場，他們得知劉士驥與官場來往密切，便想通過他與官方接洽，集資興辦實業。劉士驥自南洋視學回國後，其興辦實業的計畫得到廣西巡撫張鳴岐的支持，決定創設振華實業公司，並由劉士驥、歐榘甲等負責去海外華僑中集資。一九〇八年，劉奉命遠赴美洲招股，丘逢甲曾作詩送行，祝願劉「此行遍佈尊親義」，肩負起「喚起黃人思祖國」的責任。劉在美洲招股成效卓著，實收股本達一百萬元。但保皇會領袖人物卻意欲把振華實業公司視為保皇會的「公產」，以保證其政治活動有穩定的經濟來源。劉士驥則不願在經濟上受制於康有為，而與劉同行的保皇會成員歐榘甲、葉恩等人與康有為本就積怨甚多，遂對外披露了保皇會經營商務的內幕及騙取華僑資助的行徑，從而使保皇會陷入四面楚歌的境地。保皇會分子懷恨在心。一九〇九年五月十五日，劉士驥從美洲返抵廣州，居於城內永安里寓所，五月二十七日傍晚，竟被八名刺客用匕首刺殺於家中。

劉士驥被刺案在廣州學界及紳民中引起很大轟動，各地報刊紛紛報導，直指康有為等保皇會首領是刺劉案的主凶，劉士驥的兒子劉作楫後來也通過省諮議局向兩廣總督呈請通緝劉案兇手及幕後主使人，刊發了《康梁徐謀財害命鐵證書》。丘逢甲對好友劉士驥的不幸遭遇甚感悲痛與同情，支持劉子劉作楫的請求，由省諮議局向兩廣總督提呈了《劉道被刺事呈總督部堂文》，籲請地方當局加緊緝拿劉案的兇犯。劉士驥被康黨暗殺後，丘逢甲甚為悲憤，從此，丘逢甲與康梁保皇派不再來往，思想政治立場也逐漸轉向支持民主革命。

一九〇九年，丘琮已年屆十五周歲，丘逢甲特為其定別字「念台」。他鄭重地對丘琮說：「你明年十六歲就要成年了，我命你別字叫『念台』，有兩個意義，第一，是希望你不要忘記台灣，一定要繼承我的志氣收復台灣省，拯救那四百萬的同胞脫離奴隸生活，復還祖國；第二，是明末清初具有民族意識堅強的學者，叫劉宗周，他的別號也叫「念台」，我希望你學他的立志和為人。」[29]這件「小事」，可以從一個側面看出丘逢甲這時的思想意向。

至於丘逢甲晚年是否在組織上加入過同盟會的問題，據丘琮回憶說：「我在鎮中（鎮平中學堂）加入同盟會，據校裡的教員說：我的父親是韓江方面的盟主，凡是韓江各縣加盟的人士，都在誓約上填寫『丘倉海』而不是原名『丘逢甲』。我在鎮中參加同盟會組織時，因為不明白父親是否隱名出任盟主，要是真的，就不便把父子姓名同列誓約之上，所以我的誓約填寫盟主『孫中山』。」[30]但丘琮所云，目前尚無確鑿史料可資佐證。

晚年傾向、支持民主革命，這是丘逢甲愛國思想在新的歷史條件下質的飛躍，是他一生政治生活中的重大轉變，同時也是他生命史上難能可貴的一頁。回顧丘逢甲所走過的人生歷程，不能不說：丘逢甲之所以能夠實現如此重大的轉變，邁出這關鍵而不平常的一大步，這是他畢生奮鬥、不知疲倦地尋找救國救民真理、順應時代潮流不斷前進的結果，一句話，是一個真誠的愛國主義者的必然歸宿。

當然，毋庸諱言，丘逢甲思想政治傾向的轉變是緩慢的、初步的，而且是很不徹底的，他的思想深處始終帶有改良派的深刻烙印。當我們考查他晚年的言論和行動時，往往會發現在許多方面是自相矛盾的，他既區別于維新立憲派，也不同于革命民主派。例如，他十分痛恨清王朝的腐敗賣國，同情、傾向乃至支持革命，愛護革命青年，甚至不惜冒著生命危險掩護革命青年，把祖國獨立富強的希望寄託在他

---

29 同注 2。

30 丘念台：《我的奮鬥史》。丘琮《年譜》稱丘逢甲為「同盟會嶺東盟主」，恐亦以此為據。「校裡的教員」，係指該校體育教師丘君實（光漢）、林修明等，他們在鎮中建立同盟會秘密組織，1908 年丘琮即由丘君實介紹在鎮中加入同盟會。林修明為丘逢甲門生，後由丘介紹進入廣州警官學堂任事，從事秘密革命活動，1911 年 4 月參加黃花崗起義，不幸殉難。

們身上。他曾對自己的學生、同盟會員李次溫等說：「依袁氏官僚，不能成革命事業，革命須汝輩青年自己奮起耳。」[31]但是，他又不願意看到國內發生變亂，致使地方糜爛、百姓遭殃，更擔心因此而招致列強的干涉和瓜分。因此，在相當長的一段時間裡，他對革命黨人以暴力手段推翻清王朝很不理解，持保留甚至反對態度。早於一九〇〇年前後，他就曾說過：「內亂吾不與，外患吾不避。」在一九〇八年六月寫的〈戊申廣州五月五日作〉一詩中，這種思想表露得格外明顯，詩中寫道：

> ……益之民窮變易煽，魚帛狐篝竟潛結，事敗黨人輒跳免，東鄰西鄰相窟穴。可憐唯爾愚民愚，身罹兵誅家立滅。……尤難言者東西鄰，公庇群凶喉內齧，鷹瞵狼睒謀我缺。彼謀我者原多途，既山取金路敷鐵。更乘內亂肆厥毒，坐恐吾民靡有孑。我今內治方無人，何力能俾外謀折？

同年五月，丘逢甲甚至還作詩悼念在黃岡起義中死於革命黨人之手的清軍偵探丘孟卿。詩中，丘逢甲雖然也譴責了清軍的腐敗和濫殺無辜（「未能誅亂首，空復括民膏。抄似瓜連蔓，僵真李代桃。」），但卻錯誤地把黃岡起義稱為「黃岡之亂」，稱革命軍為「盜」，「賊」，而把為清廷賣命被革命軍處死的丘孟卿稱作「鬼雄」而加以褒揚（「陷賊不屈死」、「青山吊鬼雄」）。[32]此後，丘逢甲在對待革命黨人武裝起義的認識上雖然有所轉變，但並不徹底，對破壞性極大的自發民變與有綱領有組織的民主革命鬥爭的本質區別，認識不清。直到一九一〇年，他還對人說：「革命能和平成功最佳，不得已而有破壞屠殺，亦不可過當，蓋我國今日大患不在滿清，乃在東西列強。若因破壞屠殺而毀傷國脈元氣，將益啟列強侵略。」[33]此外，直到他生命的最後幾年，他也沒有能夠與舊官僚和立憲派實行真正徹底的決裂，始終和他們保持著密切的交往，這說明丘逢甲在思想感情上和他們仍有不少共鳴之處，其政治立場還沒有完全轉變到革命派方面來。同時也正因如此，

---

[31] 同注3。

[32] 丘逢甲未刊詩稿：《寄悼丘孟卿》四首。

[33] 同注3。

決定了他不能進一步投身到辛亥革命的洪流中去，作出本來可能作出的更多更大的貢獻。

## 二、暗護黨人，興利除弊

丘逢甲思想傾向革命之後，利用自己的社會地位和他與廣東地方上層人物的特殊關係，為革命做了大量工作。其中之一，就是在他力所能及的範圍內，安插、重用了不少革命黨人，掩護、支持他們從事革命活動，並在他們遭遇危難的時刻，不顧一切盡力營救，保護了一大批革命黨人。

一九〇七年五月黃岡起義失敗後，廣東當局企圖大肆搜捕革命黨人，實行嚴厲鎮壓，儘管丘逢甲並不贊成革命黨人的武裝暴動，但當他獲悉許多嶺東同文學堂出身的革命青年李思唐、林國英、李次溫等都參加了這次起義，急忙從中斡旋，以「防止株連，避免事態擴展」為由，對當局極力加以勸阻，致使一批革命黨人得以脫逃，免遭遇難。[34]

在丘逢甲擔任兩廣學務公所議紳，惠、潮、嘉視學員和廣東總教育會會長期間，省城廣州及各地學堂在民主革命思潮的影響下，不斷發生進步學潮，向封建頑固守舊勢力進行鬥爭。這些學潮的發生，往往是由於一些革命黨人潛入教育系統，以「教員」的合法身份作掩護，團結進步學生，暗中策劃、鼓動和組織的結果。對此，丘逢甲不僅不加反對和制止，還常常運用自己的政治聲望和職務上的方便，盡力保護進步學生和革命黨人免受迫害。

例如，一九〇八年，梅縣松口發生學潮，兩廣總督張人駿妄圖借機鎮壓松口革命黨人，奏請停辦全梅學校。丘逢甲聞訊，親往張人駿住所，說明松口是有名的華僑之鄉，採取嚴厲措施將影響華僑的利益，勢必釀成不良後果，務請三思而行。張人駿接受了丘逢甲的勸告，防止了事態的蔓延發展，使松口革命黨人得到保護。第二年，嘉應州牧鄒某拘捕了一批進步「學紳」，丘逢甲又「致過家門而不入，席不暇暖，即出省垣奔走」，設法營救。[35]

---

[34] 同注3。
[35] 同注3。

一九〇九年十月，丘逢甲當選為廣東諮議局副議長後，受聘為兩廣總督公署議紳，社會地位較前又有提高。不久，廣州兩廣方言學堂發生了一起重大學潮，丘逢甲運用自己的政治影響和社會聲望，出面保護了一大批進步學生。事情的大致經過是這樣的：

這一年秋冬，方言學堂的監督、浙江名宿陳介石被推舉為浙江諮議局局長，辭去了方言學堂的職務，由一個名叫隗文雲的人繼任監督。隗某上任後，將一名任期未滿而受學生愛戴的進步教員孟聰先生無理解聘，遭到學生的強烈反對。隗某不僅不聽取學生們的意見，反而蠻橫地聲稱：「去留教習，本監督自有權衡，學生不得過問！」學生們憤怒至極，同聲喝打，自是停課長達三個多月，釀成僵局。其時，丘逢甲尚在廣州府中學堂監督任上，聲望頗高，方言學堂的學生便與各方聯絡，一致擁戴丘逢甲繼任監督，「乃於三個多月之沉寂氣氛中，忽然兔起鶻落，五百名學生在五分鐘內，齊集操場，排隊而出，徑赴兩廣總督署，籲請維持學業。」當時廣州將軍增祺兼任兩廣總督，得悉後立即傳見，學生整隊而入，申明他們「鬧事」的原委，並說明來意。增祺不得不以隗某「辦理不善，下令撤職」，並接受學生們的要求，改派丘逢甲繼任兩廣方言學堂監督。事後，兩廣學務公所開會討論方言學堂這次學潮的善後處理辦法。會上，有人極力主張將各班班長及代表革除或記過，以儆效尤。丘逢甲堅決反對，他說：「學生應懲處，則監督不應撤職；監督既撤職，則學生不應懲處！」由於丘逢甲據理力爭，結果沒有一個進步學生受到處分。[36]

丘逢甲出長諮議局後，立即延攬革命黨人古應芬擔任諮議局書記長，鄒魯為書記。[37]及至丘逢甲兼任兩廣方言學堂監督，又叫鄒魯去當教員，講授國際公法、經濟、財政等科，並由他自行編寫教材。此後不久，原在法政學堂任教的同盟會重要分子、著名革命黨人朱執信，因涉革命嫌疑而被該校罷退，「因為丘先生喜歡革命黨人」，鄒魯又向丘逢甲推薦，把朱執信聘請到方言學堂任教。[38]於是，朱、鄒二人便

---

36 郭伯健：《清末廣州三學潮》及《方言校志》，見《廣州文史資料》(五)。

37 古應芬，字湘芹，後出任孫中山大元帥府文官長、秘書長等職。鄒魯於一九〇九年夏畢業於法政學堂，到諮議局任書記前，曾在粵商會任教半年時間。

38 同注 15。

利用在方言學堂任教的便利條件，在丘逢甲的掩護下，對青年學生宣傳革命思想，秘密發展同盟會組織。民國成立後曾任廣州市市長、廣東省政府主席、審計部部長等要職的著名革命黨人林雲陔，就是此時在方言學堂加入同盟會的。[39]鄒魯、古應芬，和隱藏在省諮議局議員中的同盟會會員陳炯明，還利用諮議局這一合法機關作掩護，從事秘密革命活動。這樣，廣東諮議局和兩廣方言學堂，實際上就成為當時廣東革命黨人秘密活動的兩個重要據點。

一九一〇年二月，陳炯明、鄒魯秘密參與了由趙聲、倪映典組織發動的廣州新軍起義，被廣東巡警道王秉恩（一作王秉必）查獲。一天，王某攜帶名單，親到諮議局拜見副議長丘逢甲，企圖拘捕陳、鄒二人。寒暄過後，王秉恩說明來意。丘逢甲接過名單一看，不待王某開口，便正色道：「陳某、鄒某是我最信任的，假使他們是革命黨，那末我一定也是，如若要按名單捉人的話，請先從我捉起！」王某聽後，連忙陪著笑臉說：「這不過是手下人報告上來的名單，作不得准，陳某、鄒某既是個好人，想必是他們誤報的。」說完，怏怏告退而去。這樣，陳炯明和鄒魯才倖免於難。[40]

當時，陳炯明、鄒魯等人除利用諮議局作掩護、從事秘密反清革命活動外，還在丘逢甲的支持與配合下，在諮議局內部與封建反動勢力進行合法鬥爭，興利除弊，揭露清王朝的腐朽統治，起到了團結、教育民眾，激發資產階級民主主義意識和促進民主革命潮流前進的積極作用，其中最典型事例，是一九一〇年曾轟動一時的諮議局「禁賭案」。

清末廣東賭風極盛，這是道（光）、咸（豐）以來官方幾次開放賭禁，以賭籌餉造成的嚴重惡果。咸豐十年（一八六〇年），廣東紳商請准官廳，公開辦理賭「闈姓」，以收入修復貢院。所謂賭「闈姓」，是利用科舉考試進行賭博的一種方式，道光末年就已出現於廣東，這種賭博以猜中闈場考試被錄取的士子姓氏多少為輸贏，故稱賭「闈姓」。這種賭博方式日益氾濫，造成了嚴重的社會問題。光緒元年（一八七五年），清廷曾一度下令禁止，但並未真正禁絕，賭商們或轉移到澳門，或轉入地下，繼續開設賭館。光緒十年開始，清廷明令賭博稅抽四成，

[39] 謝瀛洲：《林雲陔傳略》。
[40] 同注15。

廣東每年上繳的賭博稅竟高達三十萬兩白銀。當時，有一個名叫劉學珣的廣東香山（今中山）人，本是翰林出身的候補道台，他棄官從賭，在澳門和廣州兩地以包辦「闈姓」起家，大發橫財，廣州和杭州都有他營造的「劉園」，過著窮奢極欲的生活。科舉廢除後，「闈姓」賭博也隨之消失，但繼之而起的是「番攤」等其他種種名目繁多的賭博方式。所謂「番攤」，是以落注猜買一、二、三、四為輸贏，比原來的賭「闈姓」更為簡便。由此賭風大熾。兩廣總督譚鍾麟曾哀歎：在廣東的村墟城鎮，僻巷窮鄉，到處都設有賭館，不少人拿賭博來謀求吃穿，幾乎是「無地不賭，無人不賭。」以至百業蕭條，許多良家子弟因染上賭習而搞得傾家蕩產，痛苦難言。有的賭徒輸光之後竟鋌而走險，淪為盜賊，社會秩序日益混亂。可是，一八九九年（光緒二十五年）李鴻章以首相身份總督兩廣後，不僅不嚴加取締，反而變本加厲，以籌措「海防經費」為名，准許公開招商承辦聚賭，年餉二百萬兩，並委派都司李世桂負責承辦，致使廣東賭風愈演愈烈。到宣統元年（一九〇九年），廣東常年賭餉收入達六百六十四萬餘元，折合白銀四百七十八萬餘兩，佔光緒三十四年（一九〇八年）全省財政收入二千七百余萬兩的百分之十七點七。當時較有影響的《半星期報》發表評論說：「廣東全省儼成賭國。賭盜之源，天人而知。惟賭餉一日不罷，則賭風一日不絕；賭風一日不絕，則民智不開，實業不振。蓋人人有獵彩之希望，而無研究實業之思想。由賭而貧，由貧而盜，勢所必然。」[41]清政府開放賭禁，大大敗壞了社會風氣，使本就烏煙瘴氣的官場吏治更加污濁不堪，人們對劉、李兩大賭商恨之入骨，「文有劉學珣，武有李世桂」，成了廣為流行的諺語。

丘逢甲對於嗜煙（鴉片）及賭博，一向深惡痛絕，早在《柏莊詩草》及《台灣竹枝詞》等青年時代的詩作中，就曾給予譏刺。據丘琮回憶說：「先父厭惡鴉片，遇吸者輒勸戒絕。家中來客吸鴉片者，不招待。於賭博亦疾視，除元旦許子弟玩樂外，平時不許觀玩。粵人本嗜賭成癖，清吏視作餉源，風氣益壞。鄉邑子弟常以傾家蕩產，並為盜鬥之源。先父深痛之。」[42]一九〇〇年一月（己亥年冬），丘逢甲遊歷

---

41 廣東《半星期報》第十九期，戊申七月八日版。

42 同注3。

澳門，正是李鴻章督粵、聚賭之風盛行之時，丘逢甲耳聞目睹了李鴻章這一禍國殃民的措施，曾作〈紀事〉詩兩首，予以辛辣鞭撻：

閶闔沉沉路不通，封章空自效愚忠。
人間漫詫朝陽鳳，已落羅鉗罟網中。

何止誅求在市租，上供只道急軍需。
相公南下紆籌策，報國居然仗博徒。

一九〇九年冬，丘逢甲出長諮議局後不久，遂和陳炯明、鄒魯等人計議，力主禁賭。當時，直屬總督衙門的「會議廳」迫於輿論的壓力，提出了《籌禁廣東各項賭館議案》；由廣東省諮議局籌辦處的議紳與全省勸辦警保局的局紳聯名發起組織的「議案預備會」，也曾將「本省利弊之最顯著者數大端，立為標題，共相討論」，其中「禁賭」即是所開列的六大「標題」之一。可見禁賭已成大勢所趨。但是，在如何禁賭的問題上，部分激進議員和官員之間卻存在嚴重分歧。官方堅持先籌抵餉，然後才禁止賭博，而議員則主張先定期一律禁絕賭館，然後再通盤籌交財政收入，即把禁賭與籌交抵餉分開辦理。陳炯明為此提出一個修正案，要求定期一律禁賭。此提案在諮議局內獲得通過。但粵督仍堅持先籌抵餉，拒不接受諮議局的決議案。雙方爭議多時仍無結果。延至一九一〇年十月，省諮議局第二次年會召開期間，諮議局作出《廣東禁賭請電奏定期實行案》，並以停議、辭職迫使粵督據情代奏。

但是，同年十一月九日，廣東諮議局在討論安榮公司是否可以開設鋪票賭博一案時，卻發生了激烈的爭議。安榮公司屬議員蘇秉樞所有，蘇秉樞外號「蘇大闊」，曾承包多項賭餉，發了大財。他結交官紳名流，力圖謀取社會政治地位，如廣東水師提督李準的女兒出嫁時，蘇秉樞送一對金痰盂作為禮物。一九〇八年以後，蘇屢次捐款賑災，捐助學費，撈取社會聲譽，先後被授以四品京堂候補、頭品頂戴等官職銜。就在討論安榮公司開設鋪票賭案前夕，粵督袁樹勳還奏請清廷賞以三品京堂候補。正因為有這種政治背景，蘇某才有恃無恐，膽敢在粵人一片禁賭聲中繼續籌畫新的賭項，並收買、賄賂議員為其出謀劃策。要求一律禁賭的激進議員認為：「舊賭未能即除，豈容復增新賭」，但是，蘇的支持者、常駐議員劉冕卿卻提出：「鋪票比山票賭博為輕，安榮公司是去重就輕，與次第施禁不相抵觸」，並說：「今已抵數無著，不能遽禁，於法律上誠不合，於事勢上所必然。」因而主張讓安榮公司開賭。

丘逢甲堅決主張禁賭，他責問劉冕卿：既然法律上不合，何必為賭商滔滔辯護？議員陳炯明等也附和丘的意見，雙方互不相讓，爭論多時方付之表決。當時出席會議的議員有六十四人，其中有九人在爭論激烈時離開了議場，表決前，丘逢甲從爭議中估計禁賭案有可能被否決，便示意陳炯明臨時動議，說明本案關係重大，不能像平時那樣以起立方式表決，而應改用「記名表決法」。接著由議長易學清宣讀議事細則，凡贊成禁賭者，在票面上寫上自己的名字和「可」字，反對禁賭者亦在票面上寫上本人姓名和「否」字，這就是所謂「可決議員」（禁賭議員）與「否決議員」（庇賭議員）的由來。[43]賭商議員蘇秉樞用錢收買了一批議員，自以為穩操勝券，只求儘快通過，也就同意用「記名投票法」表決。結果，在席議員中，只有二十人贊成禁賭，其餘三十五人投票反對。蘇秉樞欣喜若狂，散會後，大請其客，慶祝他的「勝利」。

丘逢甲對表決結果十分氣憤，頻頻搖頭，說：「廣東諮議局竟丟臉至此耶！」憤然離開議場。可是蘇大闊高興得太早了！投票時擔任諮議局書記的鄒魯，當晚就把諮議局開會的情況和全部投「可」、「否」票議員的名單等整理成文，送交報館發表，並同時提出辭呈。當時有一位同事擔心鄒魯這樣做會出亂子，便向丘逢甲報告，想要丘逢甲出面勸阻鄒魯。丘逢甲卻對他說：「海濱這樣做是很對的！」接著書記長古應芬也提出辭呈。議長易學清挽留鄒、古兩人無效，繼而，丘逢甲率全體投「可」票的議員也都提出辭職。這樣一來，事情變得嚴重起來，羊城上空陡然升起了政治風雲，整個廣州省城輿情激憤，社會各界主持正義的人士，在明倫堂召開大會，聲援投「可」票的議員，聲討投「否」票的議員，有人甚至將投「否」票議員的名單貼在城門上示眾。在丘逢甲的影響與帶動下，四十三名議員聯名集體上書辭職。迫於強大的輿論壓力，投「否」票的議員也不得不宣佈「集體辭職」，從而釀成庚戌年間廣東地方從未有過的社會政治風潮。

---

[43] 關於丘逢甲在出長諮議局期間力主禁賭的事蹟，後人多有追記或補述，細節互有出入，中山大學賀躍夫博士考之甚詳，撰有《關於丘逢甲在廣東的若干史實考析》，今從賀說。

這一片「辭職」之聲，引起了清廷的震驚，下令要兩廣總督袁樹勳派人負責「查辦」。廣東按察使、勸業道和巡警道三位大員奉命出馬，以請鄒魯赴宴為名，企圖勸說鄒魯收回辭呈，私下了結，被鄒魯嚴詞拒絕。袁樹勳見事情鬧成僵局，無法向朝廷交差，只得請求辭職去任。清廷也深恐事態繼續擴大，會引起更大麻煩，遂將袁開缺，改調廣西巡撫張鳴岐升任兩廣總督，並准許投「否」票的議員辭職，而對投「可」票的議員則一律「慰留」，古應芬和鄒魯也仍回書記處任事，這樣，持續了數月之久的這場政治風波才算得到了平息。[44]

張鳴岐到任後，與省諮議局、各司道及在籍士紳幾經商議，改以鹽斤加價和煙酒增稅的辦法來彌補賭餉，奏准後於一九一一年三月三十日起，通令廣東全省所有「番攤、山票、鋪票、白鴿票和其他一些雜賭，一律示禁。」深受賭害的廣州人民，奔走相告，紛紛「慶祝巡遊，頗為熱鬧」。此後，「雖然私賭還未完全禁絕，但公開的聚賭，復是偃旗息鼓。」[45]當時，廣州民間藝人曾將此事編本說唱，予以褒揚，直到今天，丘逢甲等人當年倡導禁賭的歷史故事，仍在廣東人民中間傳為佳話，可見其影響之大。一九一〇年，粵省諮議局內開展的這場禁賭鬥爭，雖然是屬於合法鬥爭，但由此可如，以丘逢甲為代表的開明士紳和年輕激進議員陳炯明以及鄒魯等人，是廣東諮議局內部力主禁賭的核心力量，他們的態度影響了大部分議員，從而保證了諮議局能夠在同官方的爭執中採取一致行動，迫使清廷和廣東當局最終作出妥協與讓步。

在諮議局任職期間，丘逢甲還做過其他一些興利除弊的好事，除上述「禁賭」一案以外，僅在振興廣東教育事業方面所通過的有關議案就多達九宗，其中尤以「振興女子小學」一案至為重要。在封建專制制度下，「女子無才便是德」，她們備受歧視，完全被剝奪了受教育的權利。直到一九〇三年，以推行所謂「新政」相標榜的清王朝，在其頒佈的《奏定章程》(即「癸卯學制」)中，仍公然規定排斥女子教育。丘逢甲對此頗為反感，他認為中國婦女人數過半，她們受教育的

---

[44] 同注15。

45 見《廣東文史資料》(十六)。

程度和體質的強弱直接關係到中華民族的未來。陳擷芬女士主辦的《女學報》在滬問世時，丘逢甲就曾賦詩祝賀：

喚起同胞一半人，女雄先出唱維新。
要修陰教強黃種，休把平權笑白民。
拾翠盡除閑著作，煒彤兼復古精神。
大江東望文明水，遙祝飛行比電輪。[46]

在粵東興學育才期間，丘逢甲得知興寧女子入學的喜訊，感到十分欣慰，曾作七絕二首紀之，並「預祝英雄出巾幗」。顯然，丘逢甲這種提倡男女平權、女子應受教育的進步思想同清廷的封建教育制度是相抵觸的。一九〇九年，丘逢甲出長諮議局後，即由他主持通過了由陳炯明提出的《振興女子小學》議案。這一議案公開提出：「凡府及直隸州均設女子師範一所並附設初等女子小學，某州縣不能設立師範者，亦必先設立女子小學以為倡。至已設女子小學一時教員難得者，不必拘定女師，即暫延男師者亦可」，[47]與清廷大唱反調。這一議案的通過，對促進廣東女學的發展和婦女解放運動，起到了一定的作用，在政治上具有反封建的積極意義，與民主革命思潮起了桴鼓之應。

一九一一年四月二十七日（陰曆三月二十九日）廣州爆發了由黃興、朱執信等人領導的「黃花崗起義」。起義發動前幾個月，黃興把鄒魯叫到香港，要他在廣州設法創辦一個報館，負責這次起義的輿論宣傳工作。鄒魯回到廣州後遂與陳炯明商量，決定在諮議局內部籌集辦報經費，以免妨礙起義經費的捐募，並將報名定為《可報》，意在利用諮議局內投「可」票議員力主禁賭的聲望，使人們誤以為《可報》乃諮議局主辦，這樣，既可增加號召力，又可借諮議局招牌作掩護，避免引起當局的疑忌。計議既定，開始籌款，議員們果然慷慨解囊，在很短的時間裡，《可報》便得以順利出版問世。[48]

但是，由於叛徒的出賣和事先計畫欠周等原因，這次起義又告失敗，大批革命黨人壯烈犧牲；廣州全城戒嚴，到處搜捕革命黨人，籠

[46] 見《詩抄》卷八。
[47] 見《廣東諮議局第一次會議報告書》。
[48] 同注15。

罩著一片恐怖氣氛。起義失敗當晚，黨人退到白雲山，夜深後，相率經小北門逃入丘家祠，「攀牆而入者數十人」，丘逢甲當時住在丘家祠，門口掛有「工部主事」的木牌。翌日閉城搜捕革命黨人時，丘家祠因係京官寓所，清兵不敢隨便入內搜查。其時，在鄉下料理完父親喪事的丘逢甲恰好返回廣州，[49]他見此情況，對躲藏在自己寓所中的革命黨人撫慰說：「爾等投生也，此間較為安全。」[50]隨後，他趕往兩廣總督衙門，力勸張鳴歧解除城禁，致使許多革命黨人得以安全撤離廣州。而巡警道王秉恩復以鄒魯主辦《可報》，鼓吹革命為據，詰難威脅丘逢甲，丘逢甲毫不畏懼地回答：「鄒魯是我的學生，假如真的有罪，可先辦我！」[51]王秉恩抓不著丘逢甲的什麼把柄，也拿他無可奈何。又據鄒魯自己回憶說：起義「失敗後第三天，清早起來，我向東一直走去……不久回到諮議局，……我將全部軍火炸藥妥為密藏，並且把有關文件燒了……過了幾天，丘先生由鄉間趕到省城，次晨找到了我，立刻說：『你和競存（陳炯明的號）參與這次起義的證據，已被清吏搜獲。競存已走，你也應該立即避開為要！』於是我便決定出奔。」[52]事後，丘逢甲得知在這次起義事件中，「留學志士多數殉難，聞之甚惋惜。」[53]

在黃花崗起義爆發前半個多月，廣東還發生過一起革命黨人溫生才刺殺署廣州將軍孚琦的事件。其時，嘉應劣紳捏名控告汕頭《中華新報》為革命黨淵藪，與溫生才關係尤深，要求嚴辦。張鳴歧素悉丘逢甲與《中華新報》來往密切，礙於丘逢甲情面，更擔心若深究下去會因此而牽連到自己，故接到控狀後，僅密令潮嘉道封禁該報了事，並未拘捕有關人士。親友們得到消息，都替丘逢甲捏一把汗，有人出面勸告他說：「禍至無日矣，甚矣先生之愛友也！雖盡友道，於己何益？

[49] 據丘復《潛齋先生墓誌銘》載：「宣統三年正月八日（即一九一一年二月六日，丘琮《年譜》作初七日），鎮平員山創兆學堂第二屆畢業，潛齋先生是日至校督策諸生甚摯，歸而是夕終於家。」其時，恰逢丘逢甲在鄉度假，編輯其內渡後詩稿《嶺雲海日樓詩抄》。至陽曆四月中上旬，因粵省當局屢電來召，遂節哀動身返穗視事。不少論著稱：「丘逢甲得悉黃花崗起義失敗，急忙從鄉間趕回省城，不顧個人安危，設法營救。」不確。

[50] 據陳公愚主編：蕉陽文獻。

[51] 同注8。

[52] 同注15。

[53] 同注3。

假使從學務公所即入岑春煊幕中，勿預聞鄉友事，豈患權位不如張鳴岐？」丘逢甲聽罷，笑了笑說：「余不作是想，倘余不從工部告歸，詎不早如岑春煊乎！」[54]

就這樣。丘逢甲不顧個人的利害安危，利用自己的社會地位、政治聲望和與粵省大吏的特殊關係，保護了大批遇險的革命黨人。

## 三、漫遊羅浮，寄懷家國

一九一〇年（庚戌）秋，丘逢甲忙裡偷閒，抽空去粵中攬勝訪幽，先後觀光了博羅縣境的羅浮山、惠州的西湖、南海縣的西樵山等名勝古跡，得詩八十餘首，結集為《倉海君庚戌羅浮游草》自序刊佈。同游者有嘉應李良材、鎮平丘冬友等人。其時，同盟會革命黨人正醞釀發動大規模的武裝起義，國內政局正處於「山雨欲來風滿樓」之勢，一向關注國家民族前途命運的丘逢甲，何以偏偏在這個時候出遊呢？對此，丘琮曾有如下文字記述：

> 「己酉、庚戌、辛亥三年，以職位時勢關係，多事描寫山川，少寫情感；而有所寫，則判華夷，倡忠義，多揭民族國家精神之作。」「所作雅麗飄逸，則具風格。」[55]

丘琮這段話為我們瞭解丘逢甲這一時期的心境、行止與詩作，提供了有益的線索。此外，在《羅浮游草》自序中，丘逢甲也說自己是「以詩代言」，並聲明從此用「倉海君」「以署吾詩」，以「別於他人之遊」。丘的好友吳道鎔（玉臣）在「敬繹序意」的五言詩中，直言「倉海感飛塵，洞天留福地。雄心無住著，且結林巒契。」揭示了丘詩托物言志的深意。[56]誠然，在兩軍對壘、社會階級矛盾空前尖銳、風雲變幻的特定時期，丘逢甲有意暫時回避一些敏感的社會問題與人際關

---

[54] 同注3。

[55] 丘琮：《倉海先生丘公逢甲年譜》。

[56] 安徽版《嶺雲海日樓詩抄》，《羅浮游草》附錄。

係，去大自然中尋求精神寄託或抒發自己的情志，這或許不失為一種巧妙的處世方式與鬥爭藝術。

在〈游羅浮〉二十首五言古詩中，詩人首先表明自己是「側身城市間，悃悃懷百憂」，並非紈袴闊少那樣去花前月下尋求刺激與滿足，而是懷著對國家民族前途命運的「悃悃」憂思，忙裡偷閒，到大自然中來尋找寄託、梳理思緒的。接著，詩人描繪了羅浮縱橫五百里的諸多名勝風光，對沖虛觀、寶積寺、洗藥池等都一一賦詩紀之，盛讚羅浮「奇勝甲天下」的壯麗。《游惠州西湖雜詩》計有七絕二十首，它們再現了惠州西湖的湖光山色和人文景觀。丘逢甲這些記遊詩的特點是情景交融、夾敘夾議，將古今世事及自己的評議融入其中，具有深厚的歷史內涵與現實感。例如〈游羅浮〉二十首，詩人記敘了暢遊羅浮四百卅二峰的奇景名勝之後，筆鋒一轉，就眼前所見，借機揭露洋人染指嶺南的陰謀，告誡國人衛護名勝，增強國防的重要性：

> 「……何來碧眼胡，亦蠟遊山屐。爾徒慣豪偷，勿此為山賊。」「妖氛海上來，天戈無能麾。神州若不保，何況一山隅。」

在〈遊西樵山〉六首之四的五言古詩中也說：

> 「芙蓉亦花妖，轉海毒我民。嗟爾造士居，告誡何諄諄。流毒且百年，禁令今始伸。至今論外禍，此特為之因。昏荞持外交，實出親貴臣。」「一言足喪邦，坐使利益均。」「爾徒媚道心，所志惟金銀。奈何不斬虜，飛劍乞洞賓。」

在這裡，詩人不僅追述了西方列強販賣鴉片、禍我人民、侵我中華的歷史事實，而且諷刺了那些媚敵誤國、牟私自肥的權奸顯貴，警醒國人要擦亮眼睛，謀求強國衛土的新路。正如覃壽堃在詩序中所說，「先生訶其事，怵然於國防之義，白之當道，請明定限制，並力陳名勝與國土之關係，請飭下守土吏妥為防護」，堪為「羅浮功臣」，「自先生之詩出，舉數千年來蒙垢含滓之羅浮，一雪其真相」，[57]具有永恆的價值。

---

[57] 同注 56。

有史以來，地處嶺南的粵中羅浮山，遠不如泰山、黃山、衡山、峨嵋等有名氣，騷人墨客到羅浮攬勝紀遊之作，屈指可數，故有「羅浮睡了」之說。丘逢甲暢遊羅浮期間，心胸怡然開闊，預感到世事滄桑將會發生巨變，他在〈答梁友玉鄰〉一詩中寫道：

風雨年年自合離，島夷聞道屢探奇。
人間正鬥移山力，不信羅浮睡不知。

庚、辛年間，正是以孫中山為代表的民主革命力量同清王朝封建專制勢力進行殊死搏鬥的關鍵年代，各種社會政治勢力都捲入了這場深刻的歷史變革之中，丘逢甲對此深有感觸。他庚戌秋羅浮之遊，是否可以說是詩人在社會革命風暴即將到來前夕的沉思與梳理，他已經預感到世事大變革的時代正在來臨。

## 四、力促廣東和平獨立

如前所述，早於一九〇七年春，以嘉應州舉人黃遵楷為首的一批劣紳便曾寫有一份〈稟折〉，通過民政部尚書轉奏清廷，指控丘逢甲為「革命魁黨」，要求查辦。他們給丘逢甲羅織的主要「罪證」為：（一）「己亥倡辦嶺東同文學堂，招集生徒，昌言革命」；（二）「庚子楚南事起（即自立軍勤王事），康有為命歐榘甲彙銀三千兩與為川資，亟欲往共圖之，以溫仲和大史諫從緩，聞敗而止」；（三）與「戊戌倡亂于鎮平、尚在候緝」的奏革舉人陳庭鳳「朋比為奸」，甚至招匿在省丘氏書院，凡有機密「悉與謀之」；（四）在鄉私立「創兆學堂」，「藉學聯絡，選作親軍，冀圖大業」；（五）遣送親信子弟赴日留學，「與孫（文）書問往來」，「數見寄《民報》於丘」，是「與孫文如一鼻孔出氣」等，並附抄《清議報》刊載的丘詩兩首（〈苦雨行〉、〈題星州寓公看雲圖〉）為證。[58]可能由於缺乏足夠的真憑實據，清廷接到黃遵楷等人的這份

[58] 見中國第一歷史檔案館藏：《廣東舉人黃遵楷等揭告在籍工部主事丘逢甲等與革命人通聲氣稟》，其中附抄《清議報》刊載丘詩兩首均見《嶺雲海日樓詩抄》。

〈稟折〉後，並未對丘逢甲採取嚴厲的處置措施。爾後，丘逢甲屢護革命黨人，益遭當局疑忌和注意，廣東巡警道王秉恩、布政使胡湘林等明訪暗察，派人跟蹤盯梢，無所不至，甚至公然以「革命黨魁」名目列諸公牘、登諸報章，以示威脅。親友們都為之惴惴不安，但丘逢甲卻處之泰然，置生死於度外，繼續致力於認定的正義事業，毫不動搖。一九一一年夏秋間，即將赴粵的新任廣州將軍鳳山接到密報，隨即密奏清廷，把丘逢甲列為廣東「革命大紳」黑名單榜首，準備到廣州就職後，立即嚴厲捕治。

正當丘逢甲的生命安全遭受嚴重威脅的時候，一九一一年十月十日，武昌起義爆發了，並很快取得了勝利。武昌起義勝利的喜訊像一聲春雷，迅速傳遍全國，各省的革命黨人歡呼雀躍，奮袖出臂，紛紛行動起來，積極響應革命，一場席捲神州大地的革命風暴正在到來。可是，不知死活的鳳山，依然大搖大擺地來廣州上任。於是，便發生了轟動一時的革命黨人李沛基炸斃鳳山的重大事件。

一九一一年十月二十五日，鳳山乘船抵達廣州。這天早上八點鐘左右，廣州天字碼頭四周警戒森嚴、龍旗飄舞，粵省文武各官紛紛前來迎接鳳山登岸。正當鳳山威風凜凜地坐著綠呢大轎，由衛隊前呼後擁地經過南門外倉前街時，突然從路旁的一家洋布店屋頂上飛下來一顆大炸彈，只聽「轟隆」一聲震耳欲聾的巨響，頓時火光沖天、硝煙彌漫，兩旁的店鋪紛紛倒塌，鳳山等十餘人血肉橫飛，當場斃命——本想到廣州來「懲辦」革命黨人的鳳山，想不到自已卻先被革命黨人「懲辦」了！丘逢甲等也因此而倖免於難。

武昌首義勝利後，各省紛紛宣告脫離清廷而獨立，革命形勢迅猛發展，清政府如「過街老鼠，人人喊打」。當時，廣東的形勢也正在發生急劇變化。因黃花崗起義失敗而暫避海外的廣東革命黨人，這時正雲集香港，緊急磋商奪取廣東的發難計畫。經認真研究後，他們決定：先集中主要力量在外府州縣發動起義，然後趁反動當局派兵四出鎮壓、省城空虛之際，再合取廣州。

計畫既定，革命黨人紛紛潛往全省各地，發動學生、農民、工人、會黨和綠林，組織起義武裝，同時又聯絡當地的新軍、防營、士紳和民團等，以為臂助。隨後，把省域外民軍劃為東、北、西和韓江共四軍，分別由陳炯明、徐維揚、蘇慎初、姚雨平負責指揮。從十月下旬開始，各地民軍相繼發難，攻取各州縣。廣州革命黨人組織的機關部也於十月下旬向各屬發出總動員令，要求各地革命黨人迅即率領隊伍在五日之內趕到省城郊區，會攻廣州城。十月底至十一月初，已有多支革命軍陸續到達廣州四鄉，集結隱蔽待命。省城廣州業已成為四面楚歌的一座危城，以兩廣總督張鳴歧為首的粵省大吏誠惶誠恐，急思進退，許多官紳如驚弓之鳥，紛紛攜帶家眷逃往港澳；而駐守虎門要塞的水師提督李準，更是惴惴不安。原來，因李準鎮壓黃花崗起義時格外兇殘，許多黨人死於他的屠刀之下，黃興等人對其恨之入骨，急欲刺殺他為死難烈士復仇，早在八月十三日即差一點被革命黨人的炸彈炸死。這時，心有餘悸的李準懾於革命威力，不敢再與黨人為敵，想給自己留條後路。鑒於這種情況，胡漢民和在廣州主辦《平民日報》的同盟會員潘達微、鄧慕韓、鄧警亞等人，遂決定採用和平手段謀取廣州。

值此關鍵時刻，丘逢甲挺身而出，積極協助革命黨人，策動張鳴歧、李準倒向革命。他首先登門勸說李準，要他接受革命黨人的投降條件。在丘逢甲的規勸下，李準也感到「民心思漢，大勢所趨，非人力所能維持」，於是在「利害相權」之後，「立意反正，投效革命陣營」。[59]但又顧慮自己殺戮黨人過多，恐不獲見容，遂派人秘密赴港與胡漢民等探詢「輸誠」條件，胡許以「將功折罪」。這樣，十月七日，李準接受了一切條件，正式倒向革命。[60]

在策動李準反正的同時，潘達微、鄧慕韓等人也已說服了在籍翰林、廣屬清鄉督辦江孔殷倒向革命，並由江出面勸說張鳴岐審時度勢，不要繼續與革命為敵。但張鳴岐一時拿不定主意，尚在徘徊觀望、猶豫不決之中。這時，丘逢甲利用自己與張鳴岐的密切私交，登門拜訪，進行「暗中開導」，反覆「曉以利害」。他對張鳴岐說：「大局已無可為，若江道一塞，已無出路矣！」在孤掌難鳴、走投無路的困境下，張鳴歧終於被迫同意脫離清廷而獨立。為使張鳴岐無法再行反議，這時，鄧慕韓又獻計：由江孔殷出面，建議諮議局召集各界大會，共同議決

[59] 李準：《光復廣東始末記》。
[60] 王俊士：《丘逢甲和廣州光復》。

獨立。江遂立電諮議局副議長丘逢甲（其時，正議長易學清懾於革命聲威，早已託病閉門不出）。丘逢甲接電，力贊其議，當即首肯作主，於十一月八日（陰曆十月十八日）親自出面主持了有張鳴岐和滿漢及八旗代表參加的諮議局會議，作出了即時「宣佈獨立」的決議，同時推舉張鳴岐為都督、龍濟光為副都督。次日也即一九一一年十一月九日（陰曆十月十九日），廣東正式宣告脫離清廷而獨立。[61]

就這樣，丘逢甲在辛亥革命中急流勇進，配合革命黨人，為促成廣東和平獨立作出了貢獻。

廣東獨立後，各地民軍和革命黨人紛紛進入廣州，聲勢浩大，張鳴岐雖被舉為都督，但他自知難容於眾，於是不等都督印信送到，即在宣佈獨立的當晚，趁夜深人靜之時，「微服遁走」，偷偷溜到沙面，坐上英國輪船逃往香港。張鳴岐既逃，副都督龍濟光也懾于革命聲威，不敢上任。於是各界代表又在諮議局重新開會，推舉胡漢民為都督、陳炯明為副都督、黃士龍為參都督，正式組成了廣東革命軍政府。軍政府分部辦事：蔣尊簋為軍政部長、王寵惠為司法部長、伍廷芳為外交部長，而丘逢甲因力促李準、張鳴岐反正有功，又擅長教育，被推舉為軍政府教育部長。軍政府除設上述各部外，另設有樞密處，不設長，推選朱執信、李君佩、廖仲愷、陳少白、姚雨平、謝良牧等任職。

面對革命取得的勝利，丘逢甲感到由衷的喜悅，廣東獨立的第二天（十一月十日），他特登廣告於報端，宣告他本姓「丘」而不姓「邱」，姓「邱」的偏旁「阝」，是因避孔子諱，為清帝雍正所強加，並號召所有同宗一律恢復「丘」姓。丘逢甲所持理由有二：「其一，姜太公（丘氏遠祖）為周初之人，孔子為東周春秋時代之人，無前人避後人之諱之理；其二，避諱為封建意識下之產物，革命告成，無庸仍此舊套也。」[62]同時又「思去舊更新」，將舊名「逢甲」棄置不復道，而以別號「倉海」為名，[63]並函知各有關單位自己已更換姓名，[64]以表示和清廷徹底決裂，擁護孫中山先生領導的辛亥革命。他興奮地對丘復說：「內渡十七

61　參見鄧警亞：《辛亥廣東獨立傳信錄》。
62　同注8。
63　丘復：《倉海先生墓誌銘》。
64　據郭孝成：《中國革命記事本末》。

年，無若今日快心者！」並出示自己當年在台灣因刺血上書清廷、反對割台讓日而留下的指瘢說：「予固未嘗一日忘此痛也！」[65]

丘逢甲滿懷著信心和期待，迎接著新時代的到來！

## 五、生命的最後一息

廣東軍政府雖然成立起來了，但是，這個剛剛建立的新生革命政權還遠沒有得到鞏固，事情千頭萬緒，矛盾錯綜複雜，不僅各州縣的土、客籍之間常常因宗族關係而發生爭鬥，互相水火，進駐省垣的大批民軍又漫無定制地坐索餉彈，時常發生摩擦滋鬧，甚至連軍政府內部的主要領導人之間，也常因爭權奪利或意見相佐而鬧得不可開交，都督胡漢民窮於應付，頗感頭痛。由於丘逢甲在軍政府內德高望重，加上他與省城及地方上的各方人士都有廣泛友好的私人交往，因此，「除了本職之外，他還參與各項決策和協調人事的要務」，[66]日夜奔波操勞，調解種種糾紛，從而避免地方上社會秩序的混亂和軍政府內部的分裂，為維持新生政權的安定局面，鞏固革命的勝利成果，作出了他獨特的貢獻。其中，調解陳炯明與黃士龍兩人之間的爭執糾紛，是典型的一例：

廣東獨立時，北方形勢尚未明朗，清廷控制著北方幾省，勢力還相當強大，北洋軍隨時都有可能渡江南下，向南方革命勢力反撲。因此，廣東軍政府成立後，便著手籌建北伐軍。一天，胡漢民召集陳炯明、黃士龍等開會商討北伐事宜。會上，陳炯明力贊胡漢民之議，主張立即揮師北伐，但黃士龍不察全局，認為「北伐似非其時」，堅決反對北伐。於是陳、黃兩人便在會上爭吵起來。本來，領導人之間有分歧意見並不奇怪，但是由於他們兩人過去因軍權及其它問題曾經有過齟齬，素有成見隔閡，因而愈吵愈凶，各不相讓，最後竟各自拔出手槍來要當眾決鬥。都督胡漢民苦勸無效，束手無策，急忙把丘逢甲請來調解。[67]陳炯明是丘逢甲的拜帖弟子，儘管他是軍政府的副都督，

---

[65] 同注63。
[66] 同注2。
[67] 據胡漢民：《胡漢民自傳》。

位高權重，但在老師面前，畢竟不敢放肆；而黃士龍和丘逢甲也早有密切交往，對丘素極敬重，因此在丘逢甲的勸說下，陳、黃兩人才算冷靜下來，沒有鬧出更大的亂子。後來，經過軍政府的反復討論和丘逢甲的多方調停、斡旋，廣東軍政府終於統一了認識，組成了北伐軍。由丘逢甲的學生姚雨平擔任廣東北伐軍總司令，鄒魯任後勤總監，而丘逢甲自己則在後來出席南京會議期間，對廣東北伐軍出師江北「調護備至，為之請炮械、請增援，為之向前途各軍接洽」等等，做了許多力所能及的後勤聯絡工作。[68]當時，廣東北伐軍兵精將強、械良餉足，公認為各省北伐軍中最精銳者，在征討清廷的戰鬥中立下了赫赫戰功。如林震師團在固鎮、宿州一帶擊潰了以張勳為統帥的清軍主力，把復辟勢力驅逐到徐州以北和山東邊區，為鞏固革命首都南京的安全、穩定革命形勢立下了汗馬功勞。應該說，廣東北伐軍的戰功，和丘逢甲在其中所作的努力是分不開的。

革命形勢的飛速發展，迫切要求儘快組織起統一的中央政府，一九一一年十一月下旬，獨立各省推派代表齊集南京，商討籌組中央政府事宜，並選舉臨時大總統。丘逢甲被推舉為廣東方面的三人代表之一（另兩名代表為王寵惠和鄧憲甫）。據丘念台自傳《我的奮鬥史》記敘，當時在選派代表的過程中，還有這樣一段小插曲：本來，都督胡漢民並無意選派丘逢甲為代表，但這時丘逢甲的同年好友、浙江都督湯壽潛突然給胡漢民打來電報，轉請丘逢甲出任浙江省代表。胡漢民看完電文，似覺過意不去，遂轉念挽留丘逢甲以廣東三名代表之一，出席南京會議。

是年十二月初旬，丘逢甲取道海路，起程北上，隨行人員有丘復、丘心榮、林魯傳、李伯存、黃慕松、丘香疇等人。抵達南京後，報到時卻出了件怪事；在出席南京會議的各省代表名單中，並無丘逢甲的名字，待報到處核閱過他攜帶的廣東都督府的證件後，才不得不予以登記候查。當時，上海各大報均曾刊佈各省代表名單，丘逢甲也確實名列其中，可是直到正式開會時，仍然沒有接到出席會議的通知。這時，丘逢甲才意識到：廣東方面可能有人想爭奪代表地位，嫉忌他，排擠他，這使他對革命前途深懷憂慮。[69]但是，丘逢甲一向淡薄名利，對這些並不介意。

---

[68] 同注3。
[69] 同注2。

南京會議期間，丘逢甲受到各方人士的推重，其中還出過一樁趣事：初抵南京時，南京衛戍總督徐紹楨見丘逢甲名片上署名「丘倉海」，待以恒流，態度冷淡，及至詢知前名即「丘逢甲」，大為驚異，因徐紹楨早已十分仰慕丘逢甲抗日保台及興學育才等方面的聲望和貢獻，遂「重握手示敬，歡好若平生」，[70]頗有「相見恨晚」之意。

這時候，為趕在元旦前成立臨時中央政府，時間緊迫，經費不足，丘逢甲曾與胡漢民、伍廷芳等人分別奔波於寓居上海的廣州、潮州、肇慶、嘉應各屬同鄉殷商之間，緊急募款，數日之內，募得七十餘萬銀洋，為民國開國盛典的如期舉行，解決了燃眉之急。[71]另據老同盟會員、解放後曾出任廣東省副省長的丘哲先生回憶：某次，在滬濱，有人建議孫中山先生「應該和丘逢甲見面，通過他來爭取在滬粵東富商，籌集鉅款，支持革命。」當時，丘逢甲的門生好友也有人盡力推動他與孫先生晤談，丘逢甲遂前往孫中山先生寓所。「時孫先生正與其他客人會談，及丘入，即席歡躍相迎，說：『丘先生在台，建立共和，無人不知，我與你神交二十年，今日獲見，大慰平生。』待之甚恭。兩人共談國事，十分投機。丘出來後，即盛讚孫先生為不可多得的真正革命者，使人非常拜服，當即推動粵籍鉅賈，幫助孫先生搞革命」。[72]丘哲先生所憶，很可能正是在這個時候。

一九一一年十二月二十九日（陰曆十一月初十日），獨立十七省代表共四十六人，齊集南京丁家橋原江蘇諮議局會場，開會選舉中華民國臨時大總統。每省一票，孫中山以十六票的絕對多數正式當選為臨時大總統。丘逢甲作為廣東省三人代表之一，光榮地出席了這次歷史性的重要會議，[73]由於當時台灣尚未光復，因此，實際上，丘逢甲又可以說是出席南京會議的唯一台灣省籍代表，意義重大。

一九一二年元月一日（陰曆十一月十三日），中華民國宣告成立。是晚十時，孫中山在南京宣誓就任中華民國臨時大總統職，發表〈臨

70 同63。

71 據丘琮：《怙懷錄》及謝文遜：《辛亥開國的故事》。

72 丘哲：《我所見聞的孫中山先生二、三事》，見《南方日報》一九五六年十一月十二日。

73 據沈雲龍：《孫中山先生與民初政府及其影響》。見臺灣《傳記文學》，第三十五卷第一期。

時大總統就職宣言〉和〈告全國同胞書〉，從此，中國歷史揭開了新的一頁。

南京會議期間，丘逢甲心情十分振奮，他抽空冒雪遊歷了明孝陵、莫愁湖，登臨城內的掃葉樓等名勝古跡。[74]目睹這一片大好革命形勢，國家民族重興、復土雪恥有望，丘逢甲撫今追昔，展望前景，真是感慨萬端，心潮翻滾，他欣然命筆，一連寫下了〈謁明孝陵〉、〈雪中游莫愁湖〉、〈登掃葉樓〉等十首詩，熱情地謳歌辛亥革命，抒發了他無限欣慰的喜悅之情，其中幾首這樣寫道：

鬱鬱鍾山紫氣騰，中華民族此重興。
江山一統都新定，大纛鳴笳謁孝陵。

如君早解共和義，五百年來國尚存。
萬世從今真一系，炎黃華胄主中原。

漢兵到處虜如崩，萬馬黃河曉蹴冰。
直掃幽燕搗遼沈，昌平再告十三陵。

丘逢甲對隨員丘復說：「南京光復，臨時政府又在茲地，民國當有三大文字祭告孝陵、延平及洪王也。」[75]可惜，由於機務倥傯，未能如願，這十首詩，竟成了丘逢甲的絕筆詩。

由於連年為國事繁劇憂勞奔走、積久成疾，南京會議期間，丘逢甲突患嚴重肺炎，口吐鮮血，一月下旬，不得不告假南歸。[76]取道海路，經滬南下，途經廈門，他聽說福建局勢不穩，省議會至今尚未成立，甚為焦慮，遂扶病電勸福建都督孫道仁，促其速行召開省議會，

---

74 不少論著云丘逢甲隨同孫中山先生等拜謁明孝陵，此說不確。孫中山謁明孝陵為二月十五日，其時，丘逢甲已告病南歸，臥病鎮平山居，因此，丘拜謁明孝陵當在一月中上旬，屬個人單獨行動。現據郭漢民考證，丘謁明孝陵確在一月上旬（詳見本書附錄八郭文）。

75 同注 63。

76 關於丘逢甲在南京突發重病一事，另有一種說法：據蔣君章著《倉海先生含憤逝世的補充說明》一文披露說：羅香林先生曾面告作者：「先生病逝實種因於不堪黃興斥責，氣憤而歸，不治而終。蓋黃興所領導之黃花崗之役敗於李準之手，誓欲手刃之，而先生策動準投誠，遂無法下手。」此說目前尚無其他旁證。

電文大意為：「革命掃除滿清秕政，若一切仍舊，安用鐵血為？」「民國新造，斷非一、二人專制可以成功。」[77]這份電文表明，丘逢甲晚年投身辛亥革命洪流，並非單純從排滿的狹隘民族意識出發，而是為剷除封建帝制，為在中國建立嶄新的資產階級民主共和制度而奮鬥。

舟次潮州，丘逢甲接到他被推舉為臨時參議院參議員的來電，「且以粵督相推舉」。其時，京、穗兩地「函電交馳」，一再敦請丘逢甲前往赴任。可是，這時丘逢甲的病勢已十分沉重，不得不急返鎮平山居調養，無法再到南京或廣州了。對於粵督一職，他堅辭不受，曾對丘復說：吾「願居監督政府之地位，即不病亦不任受也。」[78]

二月上旬，丘逢甲終於返抵鎮平淡定山居，起初還在安靜治療之中，但過了五、六天，病情突然惡化，時而清醒，時而昏睡，口發囈語，喃喃不休，但所言尚依稀可辨，「皆民國大局安危之計，並未言及家事。」[79]隔了一段時間，他突然又從昏睡中清醒過來，向家人詢問大局有何變化，「當他聽說清帝退位、南北統一獲致協議時，便顯現出欣喜之色；聽到孫大總統讓位于袁世凱，則蹙眉斂容，引以為憂。他微瞌著眼睛喘出一口氣說：『孫先生上了袁世凱的當，從此國家多事矣！袁氏是一個老奸巨猾的人，將來必然不忠於民國。孫先生怎能和他合作呢？』說後，又告沉沉睡去。」[80]——言動已艱、呻吟於病榻、已經奄奄一息的丘逢甲，此刻仍念念不忘國家民族大事，實在令人感佩！

一九一二年二月二十五日（陰曆正月初八日），正值新春佳節期間，元宵未到，臥病兩個多星期的丘逢甲終於屈服於無情的病魔之前。這一天凌晨三時左右，[81]逢甲勉強說出了最後的兩句話：「死了必須南向而葬，我不能忘記台灣啊！」[82]隨即停止了呼吸，與世長辭了。直到生命的最後一息，他依然思念著故土台灣。其時，丘逢甲年僅四十九歲。

---

[77] 同注63。

[78] 同注63。

[79] 丘瑞甲：《先兄倉海行狀》。

[80] 同注2。

[81] 關於丘逢甲逝世時間，丘復：《墓誌銘》作「子時」，丘琮：《年譜》作「丑時」。這裏據丘念台（琮）：《我的奮鬥史》所記。

[82] 同注2。

四月二日，丘逢甲的親屬遵照他的遺願，將其遺體安葬在他的祖居地印山村之原，即丘氏祠堂右側的山崗上。送葬那天，執紼痛哭者有數千人之多。

丘逢甲病逝的噩耗傳出之後，南北為之哀悼，居住在廣州等地的台灣同胞尤為悲痛，他們聯名敬送輓聯，上書：

> 憶當年禍水滔天，空拚九死餘生，只手難支新建國；
> 痛今日大星墜地，只剩二三遺老，北面同哭故將軍。[83]

這幅輓聯，情真意切，催人淚下，寄託了廣大台灣同胞對丘逢甲這位傑出愛國者的無限哀思！

丘逢甲的過早逝世，無疑是辛亥革命的一個損失，同時，也是我國近代詩壇的一大損失；但他的愛國精神和業績，卻光照人間，永世長存！

---

[83] 同注22。

# 第五章 「詩界革命之鉅子」
## ——傑出的愛國詩人

丘逢甲不僅是力謀抗日保台的愛國志士和熱心興學育才的教育活動家、傾向和贊助革命的民主革命派的真誠朋友，而且是我國近代傑出的愛國詩人。早在二十世紀初，梁啟超就把他同黃遵憲（公度）並提，將丘、黃同譽為近代「詩界革命之鉅子」；[1]南社中堅柳亞子亦有詩贊曰：

> 時流競說黃公度，英氣終輸倉海君；
> 戰血台澎心未死，寒笳殘角海東雲。[2]

清末民初以來許多有影響的學者、專家、詩人，如黃遵憲、丘菽園、吳宓、冒廣生、汪辟疆、陳子展、錢仲聯等都十分推崇丘逢甲的詩歌創作，認為這是一份值得繼承借鑒的思想文化遺產。顯然，探討和研究丘逢甲在詩歌創作上的成就和貢獻，也是丘氏研究中應予重視的一項重要工作。

## 一、丘逢甲詩文的刊佈簡況

丘逢甲是一位文思敏捷、創作甚豐的詩人，七、八歲起便能吟詩屬對，據他自己回憶說：

> 「弱冠以前，童心未化，詞源滾滾，不擇地而出，或一日賦萬言，一夕成詩百首，人咸詫曰才，亦輒自信曰才；既而悔之、始一出於矜慎而佇興，即就之作遂稀……。」[3]

---

1 梁啟超：《飲冰室詩話》。
2 柳亞子：《論詩六絕句》。

足見其作詩素來迅捷，數量可觀。據說丘詩世傳多達萬首，丘琮估計，乙未內渡前，連應試練習諸作在內，「至少當有七千首」，惜因「戰亂散佚，搜尋難獲」，現在傳世的主要是一八九五年秋內渡大陸後的作品。早期寫的《柏莊詩草》等，在十九世紀末即有影響，乙未抗日事敗，丘氏倉猝內渡，疑為湮沒，一九七八年才在台灣發現手稿本，由丘氏後人購得，現存台灣，一九八七年北京中國友誼出版公司出版了單行本。丘氏生前問世的作品，計有：《螯庵詩存》（手抄本）、《倉海君羅浮游草》、《金城唱和集》（與王曉滄合撰）等問世，一九一一年春，丘氏將內渡後詩作自輯為《嶺雲海日樓詩稿》，逐年分冊，囑好友丘復校訂。[4]一九一二年，詩人謝世後，詩稿由其弟丘瑞甲，兆甲及丘復共同編輯，[5]定名為《嶺雲海日樓詩抄》（以下簡稱《詩抄》），得門生戚友黃慕松、丘漢濱等人資助，於一九一三年初版，一九一九年重版，內收丘氏乙未內渡後詩作一千三百餘首；一九三七年，丘瑞甲將舊版厘定，增加約四百首，作為《選外集》補入，由丘逢甲門生、時任中山大學校長的鄒魯作序，三版刊行。一九三四年，全面抗戰爆發的前夕，為了「以應時需，而振民志」，丘琮擇《詩抄》中「鼓舞民族精神，闡發國家思想者」，計一百五十題、三百篇，輯為《倉海先生丘公逢甲詩選》，附上〈志〉、〈譜〉、《怙懷錄》等回憶性文字材料，交上海商務印書館印行。但因該書〈跋〉中，有抨擊當局媚日求和的文字而遭查禁。一九四七年，鄒魯與丘琮就《詩抄》摘編若干並略加補輯，定名為《丘倉海先生念台詩集》，由南京獨立出版社出版。抗戰期間，台灣彰化施梅樵先生於一九四二年也編印了《丘、黃二先生遺稿合刊》。一九八二年，上海古籍出版社將鄒魯作序的舊版《詩抄》標點出版，接著安徽人民出版社在丘氏後人的協助下，以詩人手稿為依據，參考各種舊版，將一九三七年的鄒本作了標校和補充，收詩近一千九百首，書末還附有傳、譜、序、跋、行狀等有關文字，由廖承志先生題簽，新版發行。

至於丘逢甲的文稿，丘琮認為「筆力雄健，胎息韓蘇」。[6]丘復也認為「大氣磅礴，一種豪邁精神流行紙上，固非尋常小家所能望其頂

---

3 見安徽版：《嶺雲海日樓詩抄》，《選外傳補遺》第 445 頁。

4 據丘復：《念盧詩話》第二冊。（未刊手抄本）。

5 據丘琮：《倉海先生丘公逢甲年譜》。

6 丘琮：《怙懷錄》。

踵也。」但丘逢甲「自信詩可必傳，唯文不多作，自謂不成家數，多不存稿」，[7]故素未注意編存。唯抗戰期間，丘冬友等將丘逢甲部分未刊文稿，編為《丘倉海先生文集》，內收各種序、跋、啟、誄、記、贊等十五篇，由詩人家鄉廣東蕉嶺縣聯和印務局刊印。但限於當時條件，這部《文集》訛誤甚多，不堪卒讀，且印數不多，鮮為人知。至於丘逢甲在乙未年統領全台義軍備戰時所撰之十九封信稿，經詩人次子丘琳輯校後，送北京《近代史資料》於一九五八年第三期刊出；一九八四年，北京圖書館《文獻》雜誌第二十輯也選登了丘逢甲己亥、庚子年間的未刊文稿六篇。一九九四年，廣州花城出版社刊行了由丘晨波先生主編的《丘逢甲文集》，上編收丘詩六百餘首，下編收丘氏函電、書信、序跋、日記等十余萬字，為研究丘氏生平思想提供了較為翔實的第一手資料。

直至二〇〇一年，受廣東省丘逢甲研究會的委託，黃志平、丘晨波主編的《丘逢甲集》終於問世，鍾敬文、戚其章、吳宏聰三位文史專家分別作序，由湖南岳麓書社刊行。該書體現了海峽兩岸文史學界的研究成果、彙集了迄今為止已發現的全部丘氏詩文作品，總計收詩歌韻文類作品二千五百五十九首，文一〇二篇，並附錄了若干重要史料。《丘逢甲集》以繁體字直行排印，得到全國古籍整理出版規劃領導小組的支持，被列為國家古籍整理「十五」規劃項目。

## 二、丘逢甲詩歌的主要題材和基本內容

綜觀丘逢甲現存的二千多首詩作，其內容健康清新，詩風悲涼激宕，它們描敘了十九世紀末、二十世紀初近代中國社會的時代風雲，反映了中華民族同帝國主義列強之間的尖銳矛盾，抒發了台灣人民愛國愛鄉，致力於謀求祖國統一富強的悲壯情懷，披露了清末吏治的苛虐腐敗和社會現實的醜惡黑暗，描繪了偉大祖國的壯麗河山，人民的勤勞質樸，表現了詩人強烈的「臺灣情結」……；在中國近代反帝愛國運動史

---

[7] 丘復：《倉海公壽季祖父》。

和近代文學史上，無疑應佔有一席地位。他的詩作的人民性、愛國思想與藝術成就，理應得到繼承和發揚，使之有益於社會主義文化和精神文明的建設。通覽丘逢甲的詩歌創作便可發現，日趨鮮明強烈的愛國主義精神是貫串其中的一條主線，其題材和思想內容大致有以下幾個方面：

## （一）具有鮮明濃烈的「台灣情結」，反復表達懷台、念台，決心雪恥復土和強國復台的悲情壯志，在中國近代詩歌史上佔有獨特的地位。

作為台灣漢族移民社會轉變為定居社會後成長起來的第一代詩人，丘逢甲詩作的主體情感十分鮮明突出，他重在表達對自身命運與生存環境的感知、憂思和關注，顯然有別於此前大陸宦游文士的采風述異之作（如孫之衡的《赤崁集》、陳夢林《遊台詩》、王凱泰《台灣雜詠》等），強烈的「台灣情結」，貫穿在丘氏的全部詩作之中，詠台、愴台、懷台、念台、復台的深邃情思一以貫之，撼人心弦，催人淚下，這是任何其他涉台詩文作品無法相比的。這也許正是丘詩在中華民族文化史上的印記與價值所在。

丘逢甲詩作中的「台灣情結」，不能簡單地等同於上世紀七八十年代台灣本土作家所宣揚的「鄉土意識」或「台灣意識」。由於近代台灣同胞的歷史遭際與中國大陸同胞的歷史命運基本相同，兩地文化都淵源于華夏文化這個母體，兩地同胞不僅使用相同的語言文字，連感知外部世界的心理思維方式和評價社會道德倫理的價值取向都基本相同。這就決定了丘詩中表現的「台灣情結」屬於中華民族意識的範疇，反映出海峽兩岸人民大眾反帝反封建鬥爭的「共通經驗」，如對生存環境與民族前途的「憂患意識」，力主革新圖強，衛疆護土的「海防意識」，都是在相同或相近的社會歷史條件下萌生成長起來的社會心理意識，兩者互相交錯、融為一體。

例如，鴉片戰後，西方列強根據他們按《天津條約》、《北京條約》所攫取的特權，也在台灣推行半殖民地的海關制度，並進行經濟文化滲透，青年丘逢甲對此早有警覺，發出了「道左耶穌最誘民」、「阿芙蓉毒滿台天」的感歎。（參見丘詩《台灣竹枝詞》）。1874 年，日本侵犯台灣牡丹社，清政府昏憒無能，日本索銀五十萬兩而止。1883 年，中法戰起，法國染指我國西南邊疆的圖謀受挫，遂轉攻台灣基隆，封港達半年之久。面對這種外患頻仍，台島前途命運堪憂的形勢，青年丘逢甲在甲午戰前（1892）的〈台北秋感〉一詩即有反映：

壓城海氣晝成陰，洋船時量港淺深。
蛇足談功諸將略，牛皮借地狡夷心。
開荒有客誇投策，感舊無番議采金。
我正悲歌同宋玉，登臨聊學楚人吟。

青年詩人慨歎國力衰微，警醒台人以史為鑒，要高度警惕列強的侵略陰謀，在〈撥悶〉、〈病起書懷〉等篇什中，丘逢甲發出了「風月有天難補恨，江山無地可埋愁」,「孤島十年民力盡，邊疆千里將材難」的深沉感歎，丘氏蒿目時艱、憂念國事、關注民生的胸懷、情愫與識見，不正是人們在近代愛國先賢林則徐、黃遵憲等人的詩作中，常常感受到的嗎？！列強覬覦寶島，侵擾台灣的行徑，丘逢甲都視為列強圖謀霸佔我整個中華大地的先兆或試探。他一向將台島的安全、發展同祖國大陸的進步富強緊密聯繫起來進行觀察思考，這種深摯悠長的憂國懷鄉的濃情積愫和卓識過人的視野胸襟，使丘詩中的「台灣情結」具有更為深廣的內涵意蘊，比其他內渡大陸的台籍人士（如許南英、王松）的懷台詩作更為深刻豐富。

一八九五年（乙未）秋內渡後，丘逢甲的生活、思想與社會實踐，更為直接和多方面地受到大陸的社會政治環境與時代思潮的刺激與影響，其詩作的思想內涵得到進一步的昇華。內渡之初，丘逢甲萬感交集，積憤難遣，「百事不能能執筆」，只能通過詩作來抒泄他的悲痛和憤懣。這時，他無論放懷山水，還是回首往事，喪土亡家之痛使他寢食難安，對鄉親故舊的深情眷念，促他日思夜夢，痛斷肝腸。翹首東望，雲山阻隔，水天茫茫，與台島相似的嶺南山川風習，無不時時勾起他去國離鄉的幽憤情思，寫下了許多催人淚下的詩句：

春愁難遣強看山，往事驚心淚欲潸；
四百萬人同一哭，去年今日割台灣。

——《春愁》

三年此夕月無光，明月多應在故鄉；
欲向海天尋月去，五更飛夢渡鯤洋。

——〈元夕無月〉

萬民歡慶的傳統節日——元宵之夜，天月無光，詩人由望月而想月，由想月而尋月，夢魂也隨之飛過海峽，想同鄉親父老團聚夜話，這種深沉濃烈的鄉思春愁，確實震撼人心！他自歎回天無術，咒怨蒼天不公，恨不能將無盡的哀思和未酬的壯志，化作「怒濤」、「利劍」，以便能「湧東海」、「沒鼇山」，「斬長蛇」、「屠餓蛟」，為收復故國山河而重著戎裝，完成未竟的事業。即使是病魔纏身，他也牢記國恥家仇，囑咐友人：「所須藥物是當歸，有客天南歎式微；未報國仇心未了，枕戈重與賦無衣。」（〈病中贈王桂山〉）詩人長期思念故土鄉親，以致積憂成疾，他深知，只要台灣回到祖國懷抱，自己能返回可愛的故鄉，與親友故舊團聚，病體就會康復，精神就會振奮；「叢菊空留他日淚，故園烽火未曾收」。懷鄉思親之痛，有時雖然使他幾乎視覺迷幻（〈愁雲〉），但他並不頹唐、沮喪。內渡後，丘逢甲一直記掛著台灣人民的抗敵鬥爭，義軍當年浴血奮戰的悲壯情景歷歷在目，他在〈往事〉一詩中寫道：

往事何堪說，征衫血淚斑。龍歸天外雨，鼇沒海中山。
銀燭鏖詩罷，牙旗校獵還。不知成異域，夜夜夢台灣。

在另一首詩中說：

當時痛哭割台灣，未肯金牌奉詔還。
倉葛哀呼竟何補，全軍難保武巒山。「方君參某太仆團防軍事時，予總統全台各路義軍。割台之役太仆倉卒內渡。予獨抗議保台，卒乃轉戰支離，無成而去。武巒山在台中。」[8]

為了實現「復土雪恥」這一既定的神聖目標，他不僅賦詩自勵，而且想方設法和鄉親故舊取得聯繫，諄諄囑咐家鄉人民永遠心向大陸，共謀祖國的統一大業，如〈送頌臣之台灣〉（八首）之六、七兩首：

[8] 參見《丘逢甲集》第四三五頁。

親友如相問，吾廬榜「念台」。全輸非定局，已溺有燃灰。棄地原非策，呼天倘見哀。十年如未死，卷土定重來。

王氣中原在，英雄識所歸。為言鄉父老，須記漢官儀。故國空禾黍，殘山少蕨薇。渡江論俊物，終屬舊烏衣。

丘逢甲深信，「四萬八千戶，將完玉斧功」（〈十四夜月〉），破碎山河終一統，只要大家都有愚公移山、精衛填海的精神（「生作愚公死精衛，謂海可塞山能移。」（〈廬山謠答劉生芷庭〉），那麼，經過海峽兩岸人民堅持不懈的努力，台灣就一定能夠回歸祖國，一個統一、獨立、光明的新中國，必將屹立於世界強國之林（「海外陰晴終有定，人間圓缺古難全。重完破碎山河影，與結光明世界緣。」〈羊城中秋〉）

丘逢甲這些念台思親的詩篇，不同於一般遊子的思鄉之作。愛鄉，是他的愛國思想的胚芽，愛國，則是他愛鄉感情的昇華和發展，積極謀求祖國的統一、富強和進步，則是他愛鄉愛國思想的精髓與集中表現。詩人的感情與視野並沒有囿於台灣一地，他總是把目光投向整個中華大地（「我亦思鄉更憂國，倚欄同看夜潮生。」〈月夜與季平飲蕭氏台〉）正是這種把台灣的前途與整個國家民族的命運緊密聯繫起來思考的思想情懷，才使他能在故鄉淪陷、身世飄零的哀痛中抬起頭來，透過祖國上空的陰霾迷霧，從歷史和現實中去尋覓民族精神的閃光，並在懷著極大的關切與憂慮、披露滿目瘡痍的社會現實的同時，積極去探索中華民族的光輝未來。也就是說，由於丘逢甲的思想感情植根於本民族的現實生活的土壤之中，其喜怒哀樂同國家民族的強弱興衰息息相關，因而他的詩作才能真正傳達出台灣人民的心聲，抒發出時代的強音和廣大民眾的思想感情。誠如俄國革命民主主義批評家別林斯基所說：「任何一個詩人也不能由於他自己和描寫他自己而顯得偉大，不論是描寫他本身的痛苦，或者描寫他本身的幸福。任何偉大詩人之所以偉大，是因為他們的痛苦和幸福的根子深深地伸進了社會和歷史的土壤裡。因為他是社會、時代、人類的器官和代表。」丘逢甲的詩作之所以具有如此巨大的感人力量，其原因正在這裡。

## （二）揭露帝國主義列強的侵華罪行及由此招致的嚴重惡果，籲請國人認清形勢，救亡圖存，這是丘逢甲詩作的另一重要主題。

「年來無地能埋憂，戰雲黯黯東半球」（《喜雨詞》），詩人生活在十九世紀末、二十世紀初這個動盪的歷史時期，從一八四〇年的鴉片戰爭開始，列強把侵略魔掌伸向遠東，而台灣首當其衝。中法戰後，青年丘逢甲即提醒人們注意：「自從互市來，門庭據非族」、「禍機伏眉睫，患氣延心腹」，呼籲警惕西方殖民者覬覦中國的狼子野心。（〈台北秋感〉、〈撥悶〉、〈閒居雜興〉）

但是，丘逢甲發出的警報並沒有也不可能引起統治集團的醒悟與重視。甲午戰敗，馬關簽約，帝國主義乘機掀起瓜分中國的狂潮，炎黃子孫淪為亡國奴的危機空前嚴重，丘逢甲對此有清醒認識。當他得悉遼東、九龍、膠州灣相繼被俄、英、德三國強佔時，憤作〈歲暮雜感〉、〈九龍有感〉、〈聞膠州事書感〉等詩予以揭露，發出了「漢家長策重和親，重譯傳經許大秦。祆廟屢聞生憤火，蓬山又見起邊塵。青州酒斷愁難遣，黃海舟遲信未真。慷慨出門思弔古，田橫島上更何人？」的深沉感歎。一九〇〇年（庚子），八國聯軍入侵北京，西后挾光緒倉皇西逃，詩人作〈述哀答伯瑤〉等詩以泄憂憤。面對「海上紛來九頭鳥」、「九州無處不胡塵」的危急形勢，丘逢甲寢食難安，盛夏酷暑，他捧著友人饋贈的西瓜，思緒萬端，難以舉刀（「金刀欲下躊躇甚，多恐神州似此分。」（〈衡仲以西瓜見餉兼約可園賞月〉）。丘逢甲認為，列強環伺，禍在眉睫，沙俄在甲午戰後出兵東北、佔我旅大、染指新疆、強築中東鐵路，對我國威脅尤甚，「戎首實自羅喉倡」，若不抓緊自強力禦，後果不堪設想（〈歲暮雜感〉、〈題康步崖中翰詠出塞集〉），一再提醒人們要充分認識來自北方的侵略威脅（「老生苦記文忠語，多恐中原見鷙章」，「更築長城防不得，鷙章南下老羌來。」），歷史事實證實了詩人的預見，沙俄確是近代瓜分、掠奪中國的罪魁禍首之一。

帝國主義不僅霸佔了中國的大片領土，而且通過強迫清政府簽訂一系列的不平等條約，肆意進行經濟文化侵略，既破壞了我國農村自給自足的自然經濟，又摧殘了新興民族工商業的幼芽，大量物質財富和人力資源遭到掠奪，以致主權斷送，白銀外流，國勢日衰，黎民百姓苦不堪言。在〈汕頭海關歌〉中，詩人歷數了列強任意宰割舊中國，諸如海關大權旁落、民族工商業備受打擊等種種慘狀，對帝國主義者直接誘騙青壯年如「豬仔」出洋的罪行猛烈抨擊，並認為國勢積弱、人民受害，乃朝政昏暗所致，詩的後半部這樣寫道：

> ……以其歲來以人往，人艙迫窄不能位。歲十萬人出此關，僂指歸來十無四。十萬人中人彘半，載往作工仰喂飼。可憐生死落人手，不信造物人為貴。中朝屢詔言保商，惜無人陳保工議。我工我商皆可憐，強弱豈非隨國勢……。

外國的經濟文化侵略與滲透，加速了舊中國半殖民地化的過程，沿海商埠畸形繁榮，淫靡之風日盛，妓院教堂和煙賭館隨處可見，達官貴人「醉生夢死」，恣意行樂，凡此種種頹靡景象，在〈澳門雜詩〉、〈九龍有感〉、〈香港書感〉、〈珠江行樂詞〉、〈題絜齋丈鴛湖舟隱圖〉等篇什中，詩人都彙諸筆端，對於帝國主義勢力入侵造成的種種嚴重後果，一一加以抨擊和鞭笞，針對「東南已無干淨土，半壁江山半腥血」的世事情狀，發出了「思之應下哀時淚」和「熱血苦難消」的深沉感歎。可以說，甲午戰後列強瓜分中國的所有重大事件，在丘逢甲的詩作中都有反映，代表作如〈汕頭海關歌（答伯瑤）〉、〈歲暮雜感〉、〈海軍衙門歌〉、〈述哀答伯瑤〉、〈聞膠州事書感〉、〈九龍有感〉、〈澳門雜詩〉等，它們與黃遵憲的同類題材詩篇一樣，反映了近代中華民族和帝國主義之間的尖銳矛盾，表達了中國人民對外來侵略的憂憤和抗爭，具有詩史的價值，為我們認識近代中國的苦難與恥辱，提供了一份生動的教材。

### （三）針砭時弊、暴露清廷的腐敗昏聵、抨擊權奸顯貴的賣國求榮和吏治的苛虐黑暗。

早在青少年時代，丘逢甲對台灣吏治的醜行即時有所聞，曾作〈去思詞〉、〈遊仙詞〉、〈蟲豸詩〉等予以揭露，諷刺那些貪贓枉法、肆意誅求的駐台官吏，在裝滿私囊、去職離台之際，又沽名釣譽，盡力標榜自己是清廉的「循吏」，甚至「自撰清操刻報章」，可謂無恥之尤。

乙未內渡後，丘詩的批判鋒芒更加銳利，如果說，內渡之初，詩人的筆鋒主要是指向以李鴻章為代表的奸臣誤國，詩意還比較含蓄的話（如卷二〈雜詩〉、〈日蝕詩〉等），那麼，戊戌之後，特別是庚、辛之後，詩人的批判矛頭則直指以慈禧為首的上層統治集團（如〈題風月琴尊圖為菽園作〉、〈東山酒樓放歌〉、〈題菽園看雲圖〉、[9]〈牡丹詩〉二十首以及與黃遵憲的庚子唱和詩等）。其中，〈牡丹詩〉二十首作於己亥（一八九九年）春，其二云：

何事天香欲吐難，百花方奉武皇歡。
洛陽一貶名尤重，不媚金輪獨牡丹。

詩中，丘逢甲借敢於違忤武后帝旨，拒不吐豔的洛陽牡丹的典故傳說，以抨擊西后的專橫跋扈，歌頌「戊戌六君子」等維新志士「不媚金輪」（以「聖神皇帝」即武后比西后）的傲然正氣。詩人摯友丘復在其《念廬詩話》中評論該詩說：「時正戊戌政變後，慈禧復臨朝，慷慨敢言，不遭詩禍，幸矣！」丘詩中，類似詩句頗多，他反對西後專權（「馬上黃塵猶眯目，早教簾撤聖神皇。」），對那拉氏不惜出賣國家民族利益、苟安求和的投降外交憤怒抨擊（「割地奇功酬鐵券，周天殘焰轉金輪。後庭玉樹仍歌舞，前席蒼生付鬼神」。[10]〈秋興〉）至於權奸污吏以人民的血淚屍骨換取功名利祿的無恥行徑，更激起詩人的切齒痛恨。甲午戰敗，北洋水師全軍覆滅，海軍衙門被裁撤。到一八九七年（光緒二十三年），清政府又召集北洋水師殘部，成立海軍部。丘逢甲在潮汕聞訊，極為感慨，憤作〈海軍衙門歌〉，辛辣鞭撻了當權者腐敗無能、媚敵求榮、借機營私的卑劣罪行：

---

[9] 該詩見刊於一八九九年十二月十三日《清議報》，後與另一首詩《苦雨行》一起，被黃遵楷等一批劣紳當作丘逢甲和「革命黨通聲氣」的證據之一，附抄上告清廷。此事見明清檔案館藏《廣東舉人黃遵楷等揭告在籍工部主事丘逢甲等與革命黨人通聲氣稟》。

[10] 鐵券：古時朝廷頒給有功者一種特示優渥寵遇的憑信。按，李鴻章多次簽訂不平等條約，割讓國土給侵略者，反受清廷重用；一九〇一年病死後，還被晉為一等侯，贈太傅，入祀賢良祠。「割地奇功」是一種諷刺之說。周天：唐代武則天自號「金輪聖神皇帝」，改國號為「周」。此處借喻西后幽禁光緒帝，再度垂簾訓政，氣焰煊赫，但已至沒落凋殘的時刻。後庭玉樹：即《玉樹後庭花》舞曲。陳後主在金陵荒於聲色，作此曲盡歡，終至亡國。據《舊唐書・音樂志》：「陳將亡也，為《玉樹後庭花》……行路聞之，莫不悲泣，所謂亡國之音也。」

我不能工召洋匠，我不能軍募洋將。衙門沉沉不可望，若有人兮坐武帳。早知隸也實不力，何事揮金置兵仗？戰守無能地能讓，百萬冤魂海中葬。購船購炮仍紛紛，再拚一擲振海軍。故將逃降出新將，得相從者皆風雲。風雲黯淡海無色，大有他人鼾吾側。樓船又屬今將軍，會須重鑄六州鐵……。

針對八國聯軍入侵北京，義和團運動橫遭鎮壓，清廷屈膝簽署《議和大綱》的事件，丘逢甲懷著極其憤慨和無限憂傷的心情，作長詩〈述哀答伯瑤〉，對清政府腐敗顢頇的內政外交政策予以全面猛烈的抨擊：

四千年中中國史，咄咄怪事寧有此。與君不見一年耳，去年此時事方始。謂之曰戰仍互市，曰和而既攻其使。同一國民民教異，昨日義民今日匪。同一國臣南北異，或而矯旨或抗旨。唯俄德法英日美，其軍更聯意奧比。以其槍炮禦弓矢，民間尚自傳勝仗，豈料神兵竟難恃！守城何人無張許，收京何人無郭李。[11]此時中國論人才，但得秦檜亦可喜。拒割地議反賴商，定保皇罪乃殺士。紛紛構黨互生死，言新言舊徒為爾。西來日月猶雙懸，北去山河枉萬里。儀鸞殿卓諸國旗，博物院陳歷代璽。留都扈蹕方爭功，遷都返蹕相謷訾。[12]伺人怒喜為怒喜，不知國仇況國恥。素衣豆粥哀痛詔，[13]可惜人心呼不起。嗟哉臣民四萬萬，誰竟一心奉天子？晏坐東南望西北，九廟尚在煙塵裡……。

「茫茫時局誰能挽，已似扁舟下急湍」〈次王雪澄贈實甫韻〉)，清王朝統治集團上下勾結，沆瀣一氣，愈是瀕臨崩潰的末日，愈是作垂死掙扎，為了維持驕奢淫逸的腐敗生活，清廷竟派大員赴粵主持開賭、收

11 張許，即指張巡、許遠，安祿山叛唐時，兩人率孤軍守城十月，城破，不屈而死。郭李：即指郭子儀、李光弼，皆助唐中興名將，兩人以平定「安史亂」立功而齊名。

12 謷訾：詆毀、誹謗。蹕：帝王出行時止行清道，也指帝王出行的車駕。「留都」兩句，指西后出逃時，隨行大臣與留京大臣爭誇有功，主張遷都與主張歸返北京的大臣又相互攻訐。

13 哀痛詔，一九〇一年二月十四日，清廷以光緒帝名義下「自責之詔」。述及離京西逃情景時，「自責之詔」中有「昌平、宣化間，朕侍皇太后素衣將敝，豆粥難求，困苦饑寒，不如氓庶」之語。

取賭餉，還美其名曰：「籌措海防經費」。對於清廷這類禍國殃民的骯髒措施，丘逢甲作〈紀事〉、〈書事〉等予以鞭撻。針對那些貪婪無恥、吮吸民血的「蠍」、「蠅」、「虱」、「蝗」之流和見利忘義、趨勢鑽營的劣風敗習，詩人在深惡痛絕之餘，也作〈蟲豸詩〉、〈新樂府〉等篇什，予以辛辣的諷喻。這類詩作借各色蟲豸的生態特徵，曲傳清末官場社會的世事情態，入木三分而又富於哲理，可謂惟妙惟肖、耐人尋味。

## （四）悼古傷今，追念先賢，呼籲上承中華民族的優秀傳統，下開革新自救、擢用忠賢之通路，勵精圖治，使我中華重立於世界民族之林。

丘逢甲一生寫有相當數量的懷古詩、詠史詩，對我國歷史上具有賢才令德的仁人志士，特別是那些為捍衛民族利益，表現出浩然正氣的英雄人物，如岳飛、文天祥、陸遊、鄭成功，以及「聞雞起舞」、誓復中原的祖逖，守城不屈、助唐中興的張巡、許遠、郭子儀、李光弼，關心民瘼、對傳播中原先進文化作過貢獻的韓愈等，丘逢甲都無不表示由衷的崇敬和仰慕，讚頌他們精忠報國、寧死不屈的崇高氣節或勤王中興、統一祖國、傳播文化的歷史功績。早期代表作有〈讀〈宋史岳忠武傳〉作〉等。內渡後，這位對朝廷棄台讓日鬱憤不滿的詩人，更常借憑弔忠魂、追念文山來寄託自己報國無門、忠良受抑的幽憤情思（如〈凌風樓懷古〉、〈鐵漢樓懷古〉、〈和平里行〉、〈己亥五月二日東山大忠祠祝文信國公生日〉等）。這類懷古之作，並非僅限於發思古之幽情，而是借古傷今，以勵節志；一方面從這些歷史人物的品格與業績中汲取智慧與力量，激勵自己「復土雪恥」、匡時濟世的志向；另一方面，以古為鑒，用以映照現實、披露清廷治下風雨飄搖、民不聊生、四方多難的社會現實，藉以振奮民族精神，激發人們去探索救亡興邦的道路。「平生心醉文丞相，莫向他人借酒杯。」（〈與季平柳汀飲東山酒樓〉之二）「我生延平同甲子，墜地心妄懷愚忠。」（〈以攝影法成淡定村心太平草廬圖張六士為題長句次其韻〉）丘逢甲把歷代英賢奉為自己的楷模，而在詠史懷古的同時，往往筆鋒一轉，進而抒發自己謀求祖國統一和平的情愫，批判清王朝摧抑人才、苟安求和的內外政策，如《詩抄》卷八〈東山謁韓祠畢得子華長句次韻寄答〉的後半部分，詩人寫道：

……書生今日良可哀，有策難上黃金台。燕趙曾聞古多士，悲歌慷慨安在哉！空談橫磨十萬劍，言者自憤旁人咍。漢家不出衛霍才，[14]西極天馬何時來？

如在〈和平里行〉中也說：

……平生我忝忠義人，浪跡還剩浮沉身。葫蘆墩畔思故里，義師散盡哀孤臣。淩風樓頭為公吊，振華樓頭夢公召。眼前突兀見公書，古道居然顏色照。斗牛下瞰風雲扶，願打千本歸臨摹。何時和平真慰願，五洲一統胡塵無。

而一八九八年秋所作的〈潮陽東山張許二公祠為文丞相題沁園春詞處，旁即丞相祠也，秋日過謁，敬賦二律〉，則顯得尤其深沉、悲壯。詩曰：

夜半元旌出嶺東，文山曾此拜雙忠。
百年胡運氛何惡，一旅王師氣尚雄。
滄海夢寒天水碧，沁園歌斷夕陽紅。
荒郊馬塚尋遺碣，秋草蕭蕭白露中。

石闕苔荒一徑深，悲秋懷古此登臨。
九州難畫華夷限，萬死思回天地心。
南客旅愁觀海大，東山雲氣壓城陰。
斜陽照起英雄恨，枯木寒鴉淚滿襟。

顯而易見，在這些懷古、悼古的詩篇中，詩人傾注了自己哀慮時事、憂國憂民的沉痛感情，表達了他渴求發揚歷代英賢的愛國精神和為救亡興邦而建功立業的強烈願望。

---

14 衛霍，衛指衛青，漢武帝時，率部七伐匈奴，官拜大將軍。霍指霍去病，漢武帝時，六擊匈奴，封冠軍侯。霍為人少言，有氣敢任，「匈奴未滅，何以家為」，即其名言。

## （五）同情人民疾苦，探究社會病根，由贊助變法維新進而同情、謳歌民主革命。

丘逢甲出身于鄉村塾師家庭，中進士後棄官歸里從教，內渡後又受地方劣紳守舊勢力的擠迫，這種生活經歷使他對下層社會和黎民百姓的疾苦較易理解（丘逢甲自謂：「湛身難訴遺民苦」，「四海無家獨賣文」，「但將文字救饑寒」，看來並非虛飾之詞。）早在青年時代，他就寫下了「天高敢信能開眼，地瘠何堪再刮皮？」的感人詩句，對台灣農村破產、民不堪受淒苦的現實作了多方面的描繪（如〈老番行〉、〈農歌〉）；而在〈熱風行〉中，詩人則記述了天災、官稅給農家造成的深重災害：熱風挾飛蝗、赤地千里、顆粒無收，但收租的官吏卻加緊催迫，農民被迫典賣破舊衣物去交租，而城裡的老爺紳士們則照樣花天酒地，揮金如土（「風吹稻苗焦復焦」，「血滲田間萬農淚」，「心痛秋成兒女號，田舍盤飧草根備」。「官租火急不可延，且脫殘衫付質肆。寒蟲上壁草根盡，城裡何人尚歌吹？」）在甲午戰前，青年丘逢甲對人民苦難和社會矛盾即有所認識，確是難能可貴。

甲午戰後，清廷統治者為支付歷次戰爭失敗後的巨額賠款和維持窮奢極欲的生活，巧立名目，強征暴斂，大大加重了人民的負擔，更兼水利長年失修，水旱災害頻仍，中國人民陷於空前的水深火熱之中。在一九〇八年（戊申）夏所作的〈述災〉詩中，充分表露了丘逢甲對勞苦大眾的深摯同情：

炎天久不雨，一雨遂氾濫。
三江勢俱漲，有地皆水占。
平鄉水過屋，高市水入店。
桑田盡成海，餘者山未陷。
無堤能自堅，有稻不得斂。
災民露天宿，屢徙常倚擔。
生者鵠面立，死者魚腹殮。
天心夙仁愛，忍使民昏墊。
無家百萬人，仰視寧無憾。

雖有泛舟粟，救死亦云暫。
來日良大難，安能久遍贍。
平生愧禹稷，餓溺常在念。
彷徨起中夕，側目江雲暗。

丘逢甲愧疚自己濟世有心、用武無地，無力解救人民的苦難，以致捧起友人送來的香米做的噴香米飯也難以下嚥（「頗聞被災處，草木無根皮。不知饑民況，能再支許時？念此不能餐，北望揮涕洟！」〈曉滄惠香米兼以詩貺賦此為謝並送之汀州〉）。戊戌年除夕，丘逢甲一家老小團聚辭舊迎新，他賦詩提醒家人說：內渡後的生活，比起「柏莊家宴滿堂春」來，是要清素了許多；但是，「莫嫌風味遜從前」，要看到「滿城多少貧兒屋，難過錢荒米貴年」。（〈除夕示五弟時甫三絕句〉）這種同情人民疾苦、主張自奉儉樸的思想感情，在丘詩中隨處可見。

丘逢甲詩歌人民性的表現之一，是他對海外華僑的深切同情。詩人知道，這些華工、僑商都是為生計所迫，才不得不漂洋過海、不遠萬里到異國他鄉去艱難謀生的，其地位連豬狗都不如，受盡洋人的歧視和壓榨（「羲軒子孫奴隸矣，更復飄流海外作人豕」〈新樂府・濟良所〉）。不少人葬身海外，倖存者辛勤拓殖勞作，但他們的正當權益在僑居地卻得不到應有的保障，受人欺壓，上告無門（「安知海外百萬天朝民，一任刲屠作人豕。誰非黃炎之子孫，九天忍令呼無門。」〈少瀛以詩舲自壽詩索和走筆書此〉），其原因就在於清政府的腐敗無能和古老中國的積弱不振（「我工我商皆可憐，強弱豈非隨國勢。不然十丈黃龍旗，何嘗我國無公使。」〈汕頭海關歌寄伯瑤〉）詩人多次呼籲清政府重視保護我國僑民的正當利益，同時，對那些能夠關心和保護僑民利益的官紳，如曾上書李鴻章請廢美國禁華民約的黃少瀛、黃鈞選，經商起家、曾任菲律賓怡朗領事的葉壽堂，駐外領事、參贊黃遵憲，以及屢赴歐美考察、關心華僑利益的容閎、劉銘伯等人，丘逢甲都曾賦詩表示欽佩和支持。

面對民族的危亡，黎民的苦難，丘逢甲心痛如焚。他自感一介書生，無力改變現狀，仰望陰霾四佈的天空，夜難成寐，在〈春盡夜次韻寄答實甫〉中，詩人痛楚地寫道：

春燈照夜不成寐，四野荒雞天未明。
處處聞饑復聞亂，年年憂雨更憂晴。
讀書誤我成迂叟，呼酒憑誰迫老兵。
六幕沉沉如夢裡，曉星殘月不勝情。

詩人親眼看到，農家一年勞作，眼看豐收在即，可是，「雞犬驚喧官牒下，農忙時節吏催租」（〈山村即目〉），上層統治者「治河無上策，荒政無完書」（〈和曉滄買犢〉），致使「饑旱頻年菜色多」，這種苛虐的吏治，正是釀成「民變」、「兵變」蜂起的深刻原因。於是，丘逢甲內心深處這種同情勞苦大眾的思想感情，經過民主革命潮流的「催化」，便很自然地轉變成為對人民革命的同情和支持，「莽莽平原鬱旱塵，草痕綠淺不成茵；東風吹起懶龍夢，一夜雨聲千里春」（〈春感〉），他渴望春回大地、萬象更新的時代早日到來，以解救受苦受難的同胞。一九〇三年春夏間，《蘇報》經辦人陳范之女陳擷芬，在上海先後創辦《女學報》、《愛國女學堂》及《女蘇報》等，宣傳男女平等和資產階級民主思想，丘逢甲聞訊，拍手稱快，欣喜作歌致賀：

喚起同胞一半人，女雄先出唱維新。
要修陰教強黃種，休把平權笑白民。
拾翠盡除閑著作，煒彤兼復古精神。
大江東望文明水，遙祝飛行比電輪。

一九〇五年以後，同盟會員謝逸橋、姚雨平等在梅縣松口、五華等地中小學創辦體育會，對傾向進步的青少年進行軍事體育操練，興辦學生軍，暗中為武裝起義積蓄力量。丘逢甲對此舉十分讚許，喜作〈送長樂學生入陸軍學校〉抒懷：

蠻夷大長作尉地，猶有當時武士風。
今日推翻古人局，要看時勢造英雄。

若從中國論古學，文武由來本不分。
終使西人遘黃禍，籲天早出學生軍。

丘逢甲這些讚頌新事物、新氣象的詩作，內容新鮮，文字通俗，易為人們理解和傳誦，它們與同盟會黨人的宣傳鼓動工作，遙相呼應，互相配合，起到了積極作用。也正是從這些新生事物本身，丘逢甲看到了時代的曙光和民族的希望，他的晚年詩作，日漸轉而謳歌革命、憧憬未來，一反以往沈鬱、悲壯之詩風，充滿了樂觀向上、積極進取的思想情懷。其中，南京會議期間所作的一組「絕筆詩」，尤為佳構，除前引〈謁明孝陵〉外，〈登掃葉樓〉二首和〈雪中游莫愁湖〉四首亦甚為精采。例如：

我護百粵軍，飲水古建業。
雪恥告百王，掃胡如掃葉。
落葉蕭蕭滿石頭，江山佳麗此登樓。
坐領東南控西北，金陵仍作帝王州。

——〈登掃葉樓〉之一

今日征誅一灑掃，群胡如葉風前墮。
依然龍虎帝王都，我來偶借蒲團坐。
樓外長江江外山，今日江山方我還。
眼前待說彌天法，未許老僧閑閉關。

——〈登掃葉樓之二〉

長祝龍天護美人，英雄兒女局翻新。
荷花楊柳華嚴界，再借湖光現色身。

——〈雪中游莫愁湖〉之四

這些詩作反映出丘逢甲對封建專制王朝的覆滅、民主共和制度的建立，確實表現出由衷的喜悅，這種隨歷史潮流不斷進取的精神和執著追求光明的態度，正是丘逢甲一生的難能可貴之處！

## （六）放懷山水，吟詠自然，讚美祖國的壯麗山川和宇宙萬物的盎然生趣，也是丘逢甲詩歌的重要題材。

在丘逢甲現存的二千多首詩作中，有不少是他訪勝探幽、吟詠山水的篇什，或是應友人之邀而作的題圖詩，如〈游羅浮〉二十首，〈惠州西湖雜詩〉二十首，〈遊西樵山〉、〈題董文敏秋山圖〉等。這類詩作描繪了嶺南和台島的旖旎風光，再現了大自然的種種造化奇觀，諸如：怪石巉岩的崢嶸奇偉、海濱夕照的落日霞飛、臘梅秋菊的俏麗繽紛，乃至茫茫太空的波譎雲詭或明月湖山的清暉瀲灩等，都盡收詩人筆底。這些詩作有的雄渾壯闊、變幻迷離、比喻生動，如〈羅浮異石怪瀑舉目即是不止一處也〉(「羅浮泉石皆奇絕，到處看山瀑濺衣。石氣化雲雲化水，青天白日玉龍飛。」) 有的雅麗飄逸、清新自然，如〈寶積寺〉(「路轉青林石磴懸，佛廚岩腹起蒼煙。滿庭花影茶笙響，來品羅浮第一泉。」)

丘逢甲的山水詩，並非單純客觀地描摹自然，而是寓情於景，借景抒情，藉端托寓，寄託了他愛國愛鄉、關注民族興亡的熾熱情懷；有的詩作在吟詠山水之後，筆鋒一轉，直接抒發他感懷古今、哀慮時事的憂國憂民之情，甚至由寫景抒情生發開去，譏評時政，抨擊列強，具有「判華夷、倡忠義」、褒揚國家民族精神的鮮明傾向。如〈游羅浮〉二十首，開篇先寫他中秋節前舟溯東江的途中所見，繼寫他登上峰頂觀賞羅浮日出和群峰競秀的壯麗景象，把歷史故事、神話傳說和眼前實景溶合在一起，在描寫、敘述的基礎上，展開議論：「何來碧眼胡，亦蠟遊山屐。爾徒慣豪偷，勿此為山賊。」「妖氛海上來，天戈無能麾。神州若不保，何況一山隅。此山可避世，斯言恐吾欺……。」

丘逢甲山水詩的思想內容和表現風格的演變，也是他愛國愛鄉思想發展深化的一種反映。早期山水詩，如〈台灣八詠〉等，基本上是單純地描摹台島的瑰麗景物，寫得生動、具體，活畫了大自然的奇觀勝景；內渡初的山水詩，對深山空谷的靜謐、清幽和野菊秋雁的獨秀孤鳴，表現得格外真切感人，與陶潛的山水詩風格相似，流露出他此時愴懷家國之餘，試圖逃禪歸隱、超塵脫世的恬淡心境，如〈山居詩〉、〈野菊〉、〈山村〉、〈李花〉等。而庚、辛特別是戊、申之後的山水詩，則以雄偉奇麗的居多，且往往夾有敘事議論的因素，如〈遊西樵山〉、〈游羅浮〉組詩；描寫湖光山色的〈惠州西湖雜詩〉則清麗婉約，具有曲折變幻之妙。這與他此時極端不滿清廷統治下的現實，嚮往光明，渴求變革進步的心境相吻合，也與他此時表面回避政治，實際上又急於表露政見的意圖有關。請看下面二首：

塊肉消沉海氣黃，海門石不共朝亡。
蒼苔也有驅胡意，蝕盡題名字一行。

——〈題粵中遺跡畫・崖門奇石〉

十里湖光蕩翠煙，近湖人總種湖田。
莫教全割湖雲去，留取眠鷗浴鷺天。

——〈惠州西湖雜詩〉

辛亥首義前夕及赴寧參與籌組臨時中央政府期間所作山水詩，又別具一格，它們清新明朗，輕快自然，反映了詩人歡慶「中華民族此重興」、復土雪恥有望的欣喜之情：

牛山曾約看花來，萬樹梅花繞將台。
昨夜軍書報梅信，弄寒花已五分開。

——〈牛山炮台訪梅〉

湖波如鏡蕩寒光，曾照金釵十二行。
一片明光新境界，雪中來過鬱金堂。

——〈雪中游莫愁湖〉之一

丘逢甲畢生創作了二百多首詠物詩，它們表現了詩人的高潔品格，抒發了他強烈的愛國之志和濃烈的念台之情。內渡前的詠物詩，詩人常借吟詠蟲鳥花卉等動植物，以揭露生活中的假惡醜，表彰真善美的事物。抒發惜才、愛才之情，誠如詩人自白：「平生有雅抱，愛花如愛才。」通過吟詠自然界的各種事物景象，表達詩人對理想人格的追求，對優秀英才的愛護以及對晚清醜惡世態人情的批判，詩風比較冷靜客觀，筆調較為輕鬆、詼諧。如〈早春園花次第開放，各賞以詩〉、〈割花歎〉、〈蟲豸詩〉等。乙未內渡後的詠物詩，繼承了前期「借花聊寫意」的風格與主題，但題材範圍明顯擴大，其念台思鄉之情和愛國反帝之志，無不流露充溢於字裡行間，而且意境深遠，風格悲壯，同樣騰躍著英武鬱勃之氣。詩人詠吟秋雁、野菊、雲雨、山川、木棉、日月等各類自然景觀，無不寄寓著自己追求光明、思鄉復台的心志，飽和著自己的辛酸與悲憤。例如，同是詠菊，在〈野菊〉、〈采菊歌〉中，詩人借出自叢榛、孤芳獨秀的金菊，來比喻自己時運不濟，淪落天涯的遭際，讚美野菊「生成傲骨不依人」的品格，以表達自己「不怕艾榮苦迫壓」的情志。〈菊枕詩〉四首則以喜始，以悲結，以喜襯悲，重在抒寫詩人亡國喪家之痛和念台思親之情。在〈題菊花詩卷〉和〈菊花詩四律〉中，丘逢甲歌頌了歷代愛國志士、優秀詩人「金甲戰秋風」的鬥爭精神和「甯向枝頭死抱香，不曾吹墜北風涼」的堅貞品格，強調報效國家民族，保持「晚節留香」，是所有仁人志士的人生追求。

丘逢甲詩作的思想內容，除上述六類題材之外，還有一部分是同文朋詩友的酬唱，或應達官命婦、族人同宗之請而寫的酬酢之作，它們有的格調不高、思想平俗（如〈調頌臣〉、〈為蘭史贈席上小妓〉），有的宣揚了封建道德倫理觀念，為自殺殉夫的婦女作歌紀事（如〈藍溪烈婦篇〉、〈新池石闕篇〉），內渡初的一些詩作流露出回避現實、企圖逃禪歸隱的消極情緒（如〈還山書感〉），對義和團反帝愛國運動或對革命黨人發動的武裝暴動不能正確理解（如〈用前韻賦答人境廬主見和之作〉、〈戊申廣州五月五日作〉、〈寄悼丘孟卿〉），部分詩作題材雷同，欠缺詩意。但是，瑕不掩瑜，丘逢甲詩作的內容基本健康清新，詩風悲壯感人，確是近代中國文學寶庫中一宗值得重視和研究的寶貴遺產。

## 三、丘逢甲詩歌的藝術特色

丘逢甲詩歌的藝術成就，清末民初即已引起世人的注意。近代著名愛國詩人黃遵憲在給友人信中，稱丘詩「真天下健者」；著名學者、「一代宗師」梁啟超也曾給丘詩以極高的評價，他說：

> 欲為詩界之哥倫布、瑪賽郎，不可不備三長：第一要新意境；第二要新語句；而又須以古人之風格入之，然後成其為詩。不然，如移木星、金星之動物以實美洲。瑰偉則瑰偉矣，其如不類何。若三者俱備，則可以為二十世紀支那之詩王矣。……時彥中能為詩人之詩而銳意欲造新國者，莫如黃公度。……丘倉海〈題無懼居士獨立圖〉云：黃人尚昧合群理，詩界差爭自主權，對句可謂三長俱備。[15]

又說：

---

[15] 據丁文江、趙豐田編：《梁啟超年譜長編》第一八九頁。

吾嘗推公度、穗卿、觀雲為近世詩家三傑，此言其理想之深邃閎遠也。若以詩人之詩論，則丘倉海（逢甲）其亦天下健者矣。嘗記其〈己亥秋感〉八首之一云：「遺偈爭談黃蘗禪，荒唐說餅更青田。戴鼇豈應遷都兆，逐鹿休訛厄運年。心痛上陽真畫地，眼驚太白果經天。只愁讖緯非虛語，落日西風意惘然。」蓋以民間流行最俗最不經之語入詩，而能雅馴溫厚乃爾，得不謂詩界革命一鉅子耶？……[16]

眾所周知，清末「詩界革命」，是資產階級改良派的政治思想在文學觀念上的反映，是資產階級改良主義文學活動的一種重要表現形式，改良派在文化和文學方面廣泛的啟蒙工作和反帝反封建的積極意義，應當給予肯定。「詩界革命」的創作綱領，就是要「以舊風格含新意境」，要求在內容上要反映新的生活和新的理想，表現「古人未有之物，未辟之境」，[17]形式上主張語言通俗，格式自由，即所謂「我手寫我口，古豈能拘牽」，使詩歌成為宣傳維新改良思想、鼓吹救亡圖存的武器。清末這場「詩界革命」的旗手和主將當推黃遵憲，而丘逢甲則是這場革命的重要代表人物之一。丘逢甲的大量詩作洋溢著愛國愛鄉的激情，浸透著台灣人民和他自己的辛酸血淚，記敘了近代社會生活的巨大變化，反映了要求革新自救、復興中華的可貴思想和謀求祖國統一富強的強烈願望。這些新的題材、新的思想和新的風格，對清末鼓吹復古主義、形式主義的正統詩壇來說，無疑是一個強有力的衝擊。當代著名學者汪辟疆、陳子展、錢仲聯、吳調公先生等也充分肯定丘逢甲在近代「詩界革命」中的地位，認為後期清詩，流派眾多，其中「最為重要的則有以黃遵憲、丘逢甲、康有為、梁啟超為代表的詩界革命派。」他們「學古而又主張不摹古」，他們「留心世務，蒿目瘡痍」，「不僅是凝現實而觀照心靈，還為中國的未來而探索」，開拓了新的題材和意境，丘逢甲「萬死難回天地心」的蒼涼雄勁之筆，發抒了「天涯何處是神州」的「煩躁和鬱勃」。[18]錢先生還在其《近百年詩壇點將

[16] 梁啟超：《飲冰室詩話》。

[17] 黃遵憲：《人境廬詩草・自序》。

[18] 見錢仲聯：《清詩簡論》（《光明日報》一九八三年十二月二十七日第三版）及吳調公：《「氣候」「與花」——略談清詩的時代風格》（《光明日報》一九

錄》中，十分形象貼切地為近代著名詩人「排座次」，他稱陳三立為「詩壇舊頭領一員——托塔天王晁蓋」，而將黃遵憲、丘逢甲喻之為「詩壇都頭領二員」：「天魁星呼保義宋江（黃遵憲）」「天罡星玉麒麟盧俊義（丘逢甲）」。他說：「黃遵憲為晚清詩界革命之魁傑」，而丘逢甲「是亦詩界革命之魁矣……。《嶺雲海日樓詩抄》，其深到之作，魄力雄厚，情思沉摯，人境亦當縮手。」半個多世紀以來，儘管文史界對丘逢甲抗日保台功過是非的評價有過這樣那樣的分歧，但對他的詩歌創作以及他在晚清「詩界革命」中的地位，則大都給予肯定和讚揚，並公認，「鬱勃」、「悲壯」是丘詩的重要風格。

## （一）悲壯雄健、沉鬱蒼涼、英氣過人是丘逢甲詩歌的基本風格。

近代中國僑居新加坡的著名詩人、學者丘菽園，在其《詩中八友歌》中說：

> 吾家仙根工悲歌，鐵騎突出揮金戈。
> 短衣日暮南山阿，鬱勃誰當醉尉呵。

清末南社中堅、著名詩人柳亞子在《論詩六絕句》中也說過：

> 時流競說黃公度，英氣終輸倉海君；
> 戰血台澎心未死，寒笳殘角海東雲。

筆者認為，丘詩中的「英氣」，主要是指丘氏以天下為己任，執干戈衛社稷、「明知末著」仍百折不回的浩然偉烈之氣和畢生憂心國事民瘼，以強國復台為職志卻報國無門的鬱勃哀憤之情。「風格即人」，這種「英氣」的形成與時代和詩人的生活經歷、氣質、教養都有密切關係。丘逢甲幼負報國大志，青壯年時期親歷了抗日護台的戰鬥洗禮，備受亡國喪家之痛；內渡後，秉性剛直的詩人又飽領「涼情熱趣」之苦，這種獨特的生活際遇和心理感受，既淬礪了他的思想意志，也陶熔了他特有的詩歌風格：蒼涼沈鬱中騰躍英氣，悲昂激宕而又明朗自

---

八四年五月二十九日第三版）。

然。正如江山淵所說:「詩本其夙昔所長,數十年來復顛頓於人事世故,家國滄桑之餘,皆足以鍛煉而淬礪之。其為詩蒼涼慷慨,有漁陽參撾之聲,又如飛兔腰嫋、絕足奔放,平日執干戈、衛社稷之氣概,皆騰躍紙上。故詩人之名,震動一時。」事實確是如此,丘逢甲拳拳家國的感人詩作,既悲且壯,鬱勃激越之情強勁熾烈,貫串始終,讀後催人淚下,而又給人以精神上的振奮和激勵。請看下面二首七絕:

琴劍蕭然尚客遊,海天容易又經秋。
渡江人物消沉盡,誰識當時第一流?

淪落天涯氣自豪,故山東望海雲高。
西風一掬哀時淚,流向秋江作怒濤。

一八九五年秋,丘逢甲內渡時初抵汕頭,曾作〈鮀江秋意〉一首,中有「海上瀛州已怕譚,浩然離思滿東南」的詩句。那時,詩人初到粵東,劫後餘生,心情是複雜的;一年後,他重游鮀江,東望家山,海天茫茫,回首往事,內心憮然。但這種去國懷鄉的離情,鬱結著雪恥復土的雄心豪氣,詩人不甘偏安一隅,立志要把痛失家山的「哀時淚」,化作滾滾「怒濤」,彙入秋江(即韓江),飛越鯤洋,為收復故國河山而獻誠出力。丘詩中這些化悲痛為力量的詩句,音情頓挫、氣魄宏大、字字鏗鏘,可謂意激而言質,洋溢著英武偉烈之氣,慷慨淋漓,具有陽剛之美。請看:

風月有天難補恨,江山無地可埋愁。

——〈頌臣和舊作……〉

五年鄉淚愁中制,半夜軍聲夢裡馳。

——〈夏夜與季平……〉

白日看雲同報國,青山為我更題詩。

——〈次韻答陳少石〉

牙旗獵獵卷東風,舊事真成一夢中。
自有千秋詩史在,任人成敗論英雄。

——〈題淩孟徵天空海闊簃詩抄並答所問台灣事〉

其他如〈離台詩〉六首、〈有書時事者為贅其卷端〉、〈大風雨歌〉等許多篇什，都寫得激揚奮厲、悲壯酣暢，有震撼人心的藝術力量，柳亞子盛讚丘詩「英氣」過人，確是卓識之見。

丘詩悲壯雄邁、豪放激越的藝術風格，有個形成發展的過程，直接受到歷代著名詩家的薰陶與影響。丘逢甲自幼熟讀詩書，「恒寢饋于李杜蘇黃諸家」。[19]早期的詩作，詩意較為明朗直露，「清水出芙蓉，天然去雕飾」，他反對人工雕琢，主張「重天然」，求「真美」，如〈農歌〉、〈感春即事〉，質樸自然。內渡後，他親歷國難家仇之痛，又身受身世飄零坎坷之苦，像經歷了「安史之亂」的杜甫那樣，隨著他對社會矛盾和民族危機認識的加深，丘逢甲那些表現民瘼，評述國事的詩作，便轉而具有沈鬱頓挫的特點，甚至刻意學杜，作〈擬杜諸將用原韻〉、七律〈秋興〉、〈秋懷〉和五言古詩〈說潮〉等，正如他自己所說：「平生我愧杜工部」（〈與高嘯桐同客廣州〉）、「杜陵樂府老更成」（〈次韻答伯瑤〉）。因此，丘逢甲中年後的詩作更臻成熟，顯得沉雄闊大，至為感人。

南宋愛國詩人陸游的思想與詩風顯然對丘逢甲也有巨大影響。他曾有詩自況：「吾生於放翁，所遭百不同。同者唯此心，天或哀吾窮。」（〈以攝影心泰平草廬圖移寫紙本〉）兩位詩人相距六七百年，個人經歷雖不相同，但他們的抱負與心境卻頗近似，都是生活在祖國山河破碎、民族生死存亡的多難之秋，兩人都有力挽狂瀾的雄心大志，凝結著請纓無路、報國無門的鬱憤情思，憂國憂民之心息息相通。內渡後，丘逢甲也仿效陸遊，以「心太平」三字自額草廬（「吾生似放翁，築室思山陬。」〈神龜詞〉），積憤難遣之餘也放懷山水，攬勝吟詠，寫下不少謳歌自然、托物言志的篇什（如〈游羅浮〉組詩、〈惠州西湖雜詩〉等），這類詩作清麗婉卓，含意雋永，描繪了南國名山勝水的瑰麗風光，別具一格、耐人品味。

誠然，丘詩受陸詩的影響，主要不在清麗婉卓，而在雄直豪放這一面，尤其是歌行體的風格，更為相近。先看陸遊的〈長歌行〉一首：

> 人生不作安期生[20]，醉入東海騎長鯨；猶當出作李西平[21]，手梟逆賊清舊京。金印煌煌未入手，白髮種種來無情。成都古寺

---

19 江山淵：《丘逢甲傳》。

20 安期生：相傳是古代仙人，《史記．封禪書》及《列仙傳》說他往來於東海

臥秋晚，落日偏傍僧窗明。豈其馬上破賊手，哦詩長作寒螿鳴？與來買盡市橋酒，大車磊落堆長瓶。哀絲豪竹助劇飲，如巨野受黃河傾。平時一滴不入口，意氣頓使千人驚。國仇未報壯士老，匣中寶劍夜有聲。何當凱還宴將士，三更雪壓飛狐城！[22]

再看丘逢甲的〈東山酒樓放歌〉：

丈夫生當為祖豫州，渡江誓報祖國仇，中原不使群胡留。不然當作李鄴侯，[23]翩然衣白與帝遊，天家骨肉畀無尤。胡為只學謫仙醉，到處吟詩題酒樓？今日何日東山陬，雲陰陰兮風颼颼。山中五月如清秋，補楔曲水觴可流。座中主客清且修，黃公後人今狀頭。裴中令裔新政優，蘭陵諸蕭才力遒。人師我愧東家丘，儒書無能解國憂，仡仡食古心不休。飛蓬自轉落葉下，誰實作俑為車舟？坐令機械生西歐，古制破裂不可收，天地日月驅作球。小儒咋舌大儒歎，徑欲問天窮所由。天公方醉了不酬，萬事變滅如浮漚，山川雖缺仍金甌。隴頭飛鳥入妖夢，夜半鳴狐思火篝。何如沉醉與天共，乞君大白為我浮。浮之不盡群客醉，何妨呼酌車前騶。自有此山數遊者，昌黎文山皆吾儔。彼皆身取千古去，乃畀我任今日愁。海門西望海色幽，眼中一醉無五洲。

陸游借安期生的傳說和李西平的史實入詩，抒寫抱負；丘逢甲則以渡江擊楫、驅胡復土的祖逖為楷模，喻抒自己誓復台島的豪情積愫。兩人都借古喻今，從歷史（神話傳說）人物身上擷取和自己的思想感情相通或處境相似的部分，藉以抒情言志，使事可謂熨貼。放翁自恨請纓無路，「煌煌金印未入手」，無情的白髮已「種種」，眼看歲月流逝，來日無多，時不我與的焦灼痛苦之情溢於言表；丘逢甲自愧人師，雖

---

及蓬萊山，食棗、賣藥，已逾千歲。

21 李西平：即李晟（七二七—七九三），初為西北邊鎮裨將，因屢立戰功，調往右神策軍都將。唐德宗時，率軍討伐藩鎮的叛亂，後討平叛唐稱帝的朱泚，收復長安，升節度使、北庭行營副元帥，封西平郡王。

22 飛狐城：即飛狐口，在今河北淶源縣北，古代為河北平原與北方邊郡間的咽喉。

23 李鄴侯：即唐人李泌（七二二－七八九），幼聰異，工詩文，博涉經史，精究易象，又喜神仙小說。天寶中，學道嵩山而上書論世務，召授翰林，楊國忠忌之，遠隱深山。後事代宗、德宗，遇事潛運機謀，位至宰相，功封鄴侯。

滿腹儒書卻不能經世致用，像李謫仙那樣醉吟題詩，或「仡仡食古心不休」。陸遊「劇飲」，是因為「國仇未報壯士老，匣中寶劍夜有聲」，手無兵權，被壓抑的愛國激情只能借「劇飲」來沖淡排遣；而丘逢甲之所以「沉醉」，同樣是空有匡時救世之心，卻「無能解國憂」。丘詩的後半部分雖不及陸詩闊大宏進，但其憤懣之情明顯，兩詩都顯示出「才氣豪健、議論開闢」的特色。詩人自謂「詩境居然似放翁，窮愁時節句尤工」（〈謝四以蹭蹬詩見示〉），又說「雄心消耗稼軒詞」，可知丘詩的雄直、豪放確實受到陸游、辛棄疾的影響。

## （二）丘詩意象製作方法多姿多彩，詩意蘊藉，耐人尋味。

近年流行的詩論認為，「情趣」、「意象」和「境界」（意境）是詩歌創作的三個要素，意象製作更是詩歌藝術的核心，詩人用一個或幾個具體的象「形象、意象」表達抽象含蓄的深意，把讀者帶進特定的境界。作者選擇哪些意象，用什麼方法來表現這些意象，可謂見仁見智，各有短長。丘逢甲詩作中的意象頗具特色，較常見的表現方法有如下幾種：

（1）直接抒情。不少丘詩是直抒胸臆，感情外露的。這與作者的經歷大有關係，也與其美學追求有關。丘菽園力倡「詩貴清貴曲」，丘逢甲則認為「真氣貫串」更加重要，謂「詩之真者，詩中有人在焉」，「弟詩不可謂工，但不肯作假詩耳」。詩人身處家國劇變的動盪時代，對客觀事物的諸多感受強烈濃郁、戎馬倥傯，世事瞬變的特定情境也不允許精雕細琢，內在感受與強烈激情噴湧而出，俗謂「憤怒出詩人」、「好詩多是馬背上哼出來的」就是這個道理。丘氏〈離台詩〉六首等即是明例。丘詩指陳時弊、愛恨分明者不少，它們往往融記敘、評議於一爐，政論色彩較濃，如〈海軍衙門歌〉、〈述哀答伯瑤〉等即屬此類。

（2）寫景抒情，藉端寄寓（借景示情、以景傳情）。寫景抒情述志是丘氏常用藝術手法之一。《丘逢甲集》出版後不久，我們得到一份丘氏手寫詩作的復印件，詩題為「贈潘山人」，下署「丘逢甲」，原詩如下：

> 五嶺蒼茫霸氣開，海山迢遞雁書來。
> 秋風試馬劉王埒，落日呼鷹趙尉台。

各抱古愁觀世界，自將青史數人才。
何時共縱登高目，笑指青溟水一杯。

按：詩題所說的「潘山人」，即南社社員、清末著名詩人、書畫家潘蘭史（飛聲），潘自稱「獨立山人」，丘曾作〈說劍堂集題詞為獨立山人作〉以致意，兩人酬唱甚多。詩中提到的「劉王埒」是廣州市郊的一處墓地，「尉台」為南越王趙佗所築，地址在越秀山，今圮。此詩與丘氏一八九九年所作之〈朱枚農來訪手詩集見贈用集中李子黼（長榮）題詞韻〉同韻，其時丘在省城任職，他預感到時移世易，借「秋風試馬」、「落日呼鷹」的意象，抒發自己鍾煉身心以待時報國的情志，其時潘在港、澳居多，丘熱望與好友聚首的機緣早日到來。

（3）比喻。比喻是詩家常用藝術手法之一。丘詩〈次王雪澄贈實甫韻〉三首便是妙用比喻的例子。第一首頭二句「未除釐憤龍愁氣，曾伍獐頭鼠目官」；第二首說「我寧局促人間世，不慕神仙上界官」；第三首說「人原自貴不因官」皆有所指，表現了詩人鄙視官場的高潔情志，按詩題中所說的王雪澄即王秉恩，時任廣東巡警道觀察，屢奉命偵捕革命黨人，據鄒魯《回顧錄》稱，王到廣東省諮議局拘捕鄒魯、陳炯明時，身任省諮議局副議長的丘逢甲出面力保，鄒、陳方得倖免。王雪澄有些詩才，曾與丘唱和，但雙方歧見日深，丘詩末句「茫茫時局誰能挽，已似扁舟下急湍」即係運用妙喻，告誡王秉恩要認清時局，清廷大勢已去，勿再助紂為虐，應改弦易轍，另謀出路。

（4）象徵。象徵是一種修辭手法，更是一種表現藝術，能使詩意深長、耐人回味。象徵注重暗示，而不是闡釋，是意象的聯想、而不是限於字面的意義，用象徵手法表現的話外之音，象外之意，能引發讀者的豐富聯想。如前引丘詩〈春江〉，單個意象似無要義，但幾個意象組合起來，昇華為特定的意境，特定的收件人（姚雨平）對「莫便脫漁蓑」的意蘊便能心領神會。一九〇七年丘詩〈韓江有感〉亦是巧用象徵手法的一例：

道是南風竟北風，敢將蹭蹬怨天公。
男兒要展回天策，都在千盤百折中。

有的論者指「南風」、「北風」係不同的政治力量，「回天策」即丘氏 1895 年乙未抗日保台之舉（參見錢仲聯《明清詩精選》），這種解釋當無大礙，但未免失之寬泛籠統。筆者以為，此詩實係詩人感懷庚子勤王事敗之作。一八九九年（己亥）冬，丘應康有為之邀，赴港密商「勤王」大計時，康對唐才常率自立軍起事十分樂觀，事實卻是誤判，唐未及舉事，即被湖廣總督張之洞偵破，是年 8 月 22 日唐才常等被捕，次日遇害，形勢急轉直下。詩中首句「道是」意為有人說，究係何人？即康有為及其黨徒，本來以為庚子勤王定可成功，結果卻是以西后為首的封建頑固守舊勢力佔了上風；詩中的「回天策」當指康唐「勤王」建國，保全中國自立之權，創造新自立國的重大軍政行動。此詩借自然景物與風向氣候之變化，象徵社會政治形勢之突變，寓有征程曲折，投身「回天」事業的熱血男兒當激流勇進的深意。

（5）用典。典即典故。在詩中用典或前人成辭成語乃中國傳統詩歌創作的藝術手法之一。知名學者陳寅恪先生還提出「今典」之說。典故大都積澱了某種特定的意蘊，讀者由簡煉的字面深入，會通古事今情，有助於領悟詩作的豐富內涵。知名學者啟功先生做過有趣的比喻：用典如同把事物壓縮成「信號」，即把複雜的事理及蘊意，經過剪裁、壓縮或簡化，做成一個小小的「積體電路」，嵌入詩句之中，供讀者回味、聯想、思索，在有限的文字中傳達出豐富的資訊，使詩作顯得典雅精緻，含意深長，如丘詩〈十二月十一日書事〉（閱報作）：

不見高歡六鎮兵，一身去國羽毛輕；
平生大志渾無著，落日荒荒夾馬營。

此詩作於一九〇八年（戊申）冬，詩題注明係「閱報作」，以時政要聞入詩，此詩堪稱巧用「今典」。報載何事？詩人緣何引發詩興？原來戊申年光緒、慈禧相繼病死，攝政王載灃以袁世凱「現患足疾，步履為艱，難勝職任」為由，「著即開缺」，令他「回籍養痾」，袁被迫歸籍河南彰德。丘逢甲閱報得知此事，頗覺快慰，遂賦詩予以譏刺。

按：高歡，乃北魏權臣，為防禦柔然南犯，在京都平城（今山西大同）以北，陰山以南，自西向東設置六軍鎮戍守，後擁兵自重，先立孝武帝，自任大丞相，復逼帝退位，另立孝靜帝，專權達十六年之久。其經歷、人品與袁氏有相似之處。「夾馬營」在洛陽市東北，為宋太祖趙匡胤出生地，詩中借指河南。當年擁兵專權，投機善變，工於權術的袁世凱被革職後匆匆離京，滾回河南老家「養疴」去了，時移世易，歷史無情，詩人嘲諷鄙夷之意溢於言表。此詩「古典」、「今典」並用，詩中所指古今人事，含意蘊蓄，耐人回味。

## （三）丘詩體裁豐富多彩，長短兼備，其中七言詩成就尤為突出。

對各類詩歌體裁的運用與把握，丘逢甲比較嫻熟。丘菽園評論說：「仙根詩各體皆佳，才氣亦大，全集自以七律為上駟。」[24]與陸遊相似，丘氏亦以七言律詩見長。趙翼評陸詩的話也適用於丘詩：「使事必切、屬對必工，無意不搜而不落纖巧，無語不新而不事塗澤，實古來詩家所未見也。」[25]如〈夢中〉一詩：

> 繡旗猶颭落花風，不信樓台是夢中。
> 十二欄杆搖海綠，八千子弟化春紅。
> 奔馳日月無停軌，組織河山未就功。
> 車下懶龍呼不起，鈞天罷奏太匆匆！

詩人借項羽率八千子弟渡江西征的故事和趙簡子夢見天帝聆聽鈞天廣樂的傳說，將歷史與現實、實際與夢境揉合在一起，借抒抗日保台事敗的悲憤，表達他對捐軀沙場的義軍將士的敬悼之情。詩中屬詞比事都極貼切，對仗工整，可謂音情頓挫，傳世佳作。

丘詩中的排律和歌行體則壯闊雄渾，如長河注海，一氣呵成，且善於熔抒情、議論、敘事於一爐，縱古論今，自成一格。如〈秋懷〉八首、〈次易實甫觀察即席韻〉等，接連五迭，達四十八首之多。〈鎮海樓送王豹君方伯（人文）之蜀次壁間彭剛直韻〉，竟有二十四迭韻，詩人借送王豹君擢藩入川之機，抒發了他「憂滇」、「思藏」、「哀粵中之窮」的思想感情。同屬「詩界革命」的陣營，但丘逢甲有別於「獨辟新界而淵含古聲」的譚嗣同，接近擅長敘事的黃遵憲。丘、黃都注

---

24 丘菽園：《揮塵拾遺》。
25 趙翼：《歐北詩話》。

意突破傳統格律的限制，採用古文家「伸縮離合之法」，力圖將嚴整的韻律與散文化的筆法結合起來，寫了不少形式上較為自由活潑的歌行體、新樂府。一般說，丘詩抒情成分較濃，如〈七洲洋看月放歌〉、〈送謝四東歸〉、〈東山酒樓放歌〉、〈題崧甫弟遺像〉、〈東山松石歌和鄭生〉等，它們灑脫奔放，感情的潮水一瀉千里。那些重在抒情的長詩，詩人讓想像的駿馬馳騁於天上人間，通過奇巧的構思和瑰麗生動的形象，把讀者帶往富有浪漫色彩的神奇境界（如〈日蝕詩〉、〈雜詩〉三首、〈歐冶子歌〉等）。

丘詩中的五、七言絕句，另有一番特色。詩人觀察精細，感受敏銳，善於捕捉現實生活中那些富有特徵性的圖景，以洗煉、活潑的筆觸，勾劃出一幅幅生動明麗的藝術畫面，寓情於景，情景交融，傳達出自己對各種自然美的獨特感受和生活見解。例如，同是嶺南深秋景色，在詩人筆下，有的五彩繽紛，格調爽朗，如〈秋溪即目〉：

綠減蕉陰夜有霜，園柑林柿間丹黃。
扁舟坐愛秋溪晚，七曲屏山半夕陽。

有的本色天籟，渾樸自然，如〈山村即目〉：

一角西峰夕照中，斷雲東嶺雨濛濛。
林楓欲老柿將熟，秋在萬山深處紅。

披著盛裝的嶺南秋景，在詩人筆下，纖而不繁不亂，穠而不膩不滯，充滿了生機活力，給人以愉悅和歡快的感受。有的小詩含意蘊蓄，耐人尋味，詩人借描繪特定的自然景觀，寄寓一定的生活哲理或對某種社會現象進行諷喻，如〈春日雜詩〉：

極目春城夕照中，落花飛絮木棉中。
絕無衣被蒼生用，空負遮天作異紅。

其他如〈雨中春望〉、〈寒入〉等，皆意境奇麗清新，給人以藝術的享受和生活的啟示。在這些五、七言絕句裡，詩人很少用典，重即目所見，或即事抒情，寓沉鬱於自然，或化清麗歸率真，多姿多采，令人耳目一新。

## （四）受客家民歌和時代新思潮的影響，丘詩語言質樸清新、明白曉暢。

作為一個祖籍粵東，內渡後又在客家人聚居地長期生活的詩人，丘逢甲的詩作和黃遵憲的作品一樣，深受嶺南詩派和客家民歌的影響。他擊賞嶺南詩派的雄直清奇（「嶺南獨得古雄直」），盛讚善向民歌學習的詩人。嘉應州人胡曉岑，名曦，工詩文，性耿介，他僻居山村有年，某富商以二百金請胡作壽序。時胡曦已斷炊數日，但仍不顧，丘逢甲聞悉，佩服他的「窮介」之氣，稱讚他是「奇古之人」。胡曉岑擅寫山歌體詩，語言通俗，題材新鮮，丘逢甲認為胡是僅次於黃遵憲的「嶺東第二詩人」[26]。丘還寫有〈論山歌〉一首，詩曰：

粵調歌成字字珠，曼聲長引不模糊。
詩壇多少油腔筆，有此淫思古意無？[27]

丘逢甲把民眾喜聞樂見的山歌置於文人墨客的粗制作品之上，並熱情肯定胡曦這樣僻居鄉間的詩人，足見他對民間創作的重視和喜愛。他自己的不少詩作，語言明白曉暢、質樸自然，如〈游薑畬題山人壁〉：

春山草淺畜宜羊，山半開畬合種薑；
比較生涯薑更好，兒童都唱月光光。

即從俗諺「畜羊、種薑，利息難當」和童謠「月光光，好種薑」脫胎而來，婦孺上口，易於傳誦，頗富生活情趣。丘氏有的詩作則吸收了反映新思想、新知識的新名詞新術語，如「地球」、「赤道」、「嘉富爾」、「亞當」、「火車」、「電輪」、「民主」、「民權」、「殖民」等。丘逢甲的這些大膽實踐，回應了黃遵憲「我手寫我口」的文學主張，這無異給清末詩壇吹進了一股清冽的新風，對當時「險奧聱牙」的「同光體」是個有力的衝擊。因此，梁啟超說丘逢甲「能以民間流行最俗最不經見之語入詩，而能雅馴溫厚乃爾」，確實不虛，這是丘逢甲對晚清詩歌發展的一個貢獻。

---

26 丘逢甲信稿：《致濬蘭史》。
27 參見《丘逢甲集》第九三〇頁。

## 四、丘逢甲詩論簡介。

丘逢甲詩作的思想藝術成就，當然首先源於他本人是位具有強烈民族意識和豐富文化素養與生活閱歷的愛國者，同時也和他有較明確獨到的創作思想有關。他的詩論鮮有專文評論，今將散見在他詩文中的藝術見解，稍作歸納梳理，作一粗淺概括介紹：

### （一）主張詩歌創作要萬流競放、廣拓題材，不能獨尊一家。

他在〈論詩次鐵廬韻〉中寫道：

邇來詩界唱革命，誰果獨尊吾未逢。
流盡玄黃筆頭血，茫茫詞海戰群龍。
北派南宗各自誇，可能流響脫淫哇？
詩中果有真王在，四海何妨共一家。

丘逢甲認為，詩歌創作應當不名一家，不拘一格，不能獨尊某一派為「正宗」。對古今名家可學而不可襲，不必泥古畏古，各種風格與流派應當共存並榮，相互學習，取長補短，在競賽中求取豐富和發展，創作題材應當不斷開拓，要「直開前古不到境，筆力橫絕東西球」(〈說劍堂集題詞為獨立山人作〉)。他主張放眼看世界，反映豐富多采的社會生活，為革新圖強服務，絕不可孤守一隅。他說：「米雨歐風作吟料，豈同隆古事無徵。」人類社會已進入二十世紀，遠不同於上古時代，世事千姿萬態，不斷發展變化，豈能閉目塞聽，墨守成規，只有「詞海戰群龍」，萬流競放，廣拓題材，才能百花爭豔，促進詩歌創作的繁榮與發展。

### （二）強調「詩中有我」，博採眾長。

丘逢甲在給丘菽園的信中說：

> 弟本不願作詩人，然今則竟不能不姑作詩人，承兄過愛其詩，故不能藏拙，竟敢和盤托出。尊論謂詩貴清貴曲，弟再參一語曰貴真。自三百篇以至本朝詩，其可傳者，無論家數大小，皆有真氣者也。詩之真者，詩中有人在焉。弟詩不可謂工，但不肯作假詩耳。[28]

丘逢甲認為，詩歌創作，首先要有感而發，有了真摯的思想感受，才會產生創作激情，才能表現出詩人的個性與風格，所作才成其為詩。否則，言不由衷，矯揉造作，或只會「模仿前人佳構，無真氣貫串」的東西，是不會傳世的。在早期寫作的〈割花歎〉中，丘逢甲曾借水仙母本被人為削割，「真氣內損」打比方，表達他反對雕琢刻削、務求本真的美學觀點。

如何才能做到「貴真」呢？丘逢甲認為，詩人應當博採眾長，成為能融合古今中外的飽學之士，因為從現實生活中得來的詩情、深刻的思想見解，還必須有高超的藝術技巧來表達，而卓越的技巧同詩人淵博的知識、高度的文化素養和敏銳的感受力是分不開的。他曾說過：

> 詩有定法，亦無定法；有定體，亦無定體；視學為轉移而已……。其為詩，神明變化，不離規矩。規矩者，學從所入，亦學從所出者也。凡學者然，詩特一端耳。詩而不學，謂之無詩也；言詩不言學，謂之不知詩可也……余不敢自命知詩，然嘗學之矣。[29]

這段話表明，丘逢甲雖贊成「詩界革命」，反對泥古復古，也力主勤奮學習，繼承傳統，博採眾長，以廣其知，只有這樣，詩作內容才能充實豐富，並嫻熟、生動地表現出來。他在〈寄答陳夢石即題其東溪吟草〉一詩中說得好：

> 詩無古今真為貴，學有中西彙乃通。
> 君自運籌並運筆，一時雙管下春風。

---

[28] 丘逢甲信稿：《致丘菽園》，見《丘逢甲集》。

[29] 丘逢甲文稿：《家筠嚴太守晉昕九十九峰草堂詩集序》。載《丘逢甲集》第七八六頁。

## （三）重視藝術創作的目的性和思想性。

「詩言志」，它不僅能夠陶冶情操，激勵節志，而且可以「陳風俗，述國政」，這是中國古典詩歌的一個傳統。丘逢甲「本不願作詩人」，但現實的際遇處境卻迫使他只能借助詩歌創作來抒懷、述志，把個人坎坷的閱歷感受同國家民族的危難、社會世事的污濁結合起來思考，並終生以強國復台為職志。這樣，他自然鄙惡吟風弄月、無病呻吟的東西，把詩歌創作視為抒發和實現自己理想抱負的一種手段。他認為，台灣人民可歌可泣的抗敵鬥爭，給詩歌創作提供了新的題材，拓展了更高的藝術境界，騷人墨客的創作應當是表彰人民愛鄉愛國、衛鄉衛國的忠肝義膽，反映春回故國的明麗景象，才會有永恆的價值。(「亂雲殘島開詩境，落日荒原泣鬼燐。」「請將風雅傳忠義，斑管重回故國春。」〈題滄海遺民台陽詩話〉)。在〈題裴伯謙大令睫闇詩抄〉中，丘逢甲說：「治詩如治民，剛柔合乃美。出入法律中，法律為我使。」「嘉君循良治，併入風騷旨。新詩與美政，異撰乃同揆。卓犖曠代才，況未限所止。」這說明，丘逢甲認為，藝術創作須剛柔相濟，遵循內在規律，方能臻于完美境界，且有教化民眾、改善政事的作用。詩人負有「傳忠義」、「表古跡」、「重回故國春」的社會責任，「不然吟風弄月亦可嗤」(〈題風月琴尊圖為菽園作〉)。這種重視藝術創作的社會功能，強調詩作的思想性、目的性的美學觀點，同詩人一貫堅持抗敵保台、強國復台的愛國思想和不甘沉淪、積極進取的人生觀是密切相關的。

從現有材料看，丘逢甲的詩論雖不那麼系統全面，但他贊成「詩界革命」，提倡題材、風格的多樣化，強調詩歌創作要有「真氣貫串」，詩人要「中西彙通」，以及服務於社會等藝術見解都是可貴的。這些見解同詩人的許多佳作一樣，閃耀著他那個時代的思想光輝，顯示了清末「詩界革命」的實績，推進了近代詩歌發展的新洪流，對維新變法運動和民族民主革命運動，都曾起過有益的影響。清末民初的革命文學團體——南社社員和五四運動、八年抗戰時期的不少憂國有識之士，都一致推崇丘逢甲的詩作和愛國精神，致力輯印傳播丘詩，就是一個很好的證明。

丘逢甲不愧為我國近代一位傑出的愛國詩人，理應在近代文學史上佔有一席之地！

# 結束語

丘逢甲是清末一位著名的愛國志士。他生活在國勢日衰、國難危迫的時代，青少年時期就胸懷大志，身居台島卻「以天下為己任」，中進士後棄官從教，為謀求祖國富強之道而努力吸收新的思想營養，呼籲防禦外來侵略。甲午戰起，他以「抗倭守土」號召鄉里，投筆從戎，籌建義軍。清廷棄台畀日，他刺血上書，怒斥抗爭；在外援斷絕、強敵壓境的艱危情勢下，他倡導自主自救，進而親赴疆埸，率部與強敵血戰；抗日事敗內渡後，他以強國復台為職志，為救亡圖存、喚醒民眾、振興中華而奔走呼號，由贊助變法維新進而同情、傾向革命，為暗護革命黨人、支持民主革命事業作出了貢獻，直至生命的最後一息。在帝國主義瘋狂侵略、祖國處於瓜分豆剖的危難時刻，丘逢甲的上述活動，順應了歷史發展的潮流，表現了中華民族不屈不撓的民族精神，維護了中國人民的利益，理應受到後人的紀念和尊重。

丘逢甲是一位進步的教育活動家。他認為「欲強中國，必以興起人才為先」，早年在台即努力從事桑梓教育，抗日保台事敗，更認識到只有喚醒民眾、廣開民智、振奮民氣，才能挽救國難。為此，他不避時忌、不畏艱難、衝破重重阻力，矢志改革封建教育，銳意新學，積極傳播西方民主思潮，介紹自然科學知識，引導青年關心國家民族前途命運，勇敢地和腐朽沒落的封建舊文化進行了不調和的鬥爭。他特別重視師範教育，認為這是廣開學校、興起人才的基礎工作，並通過多種形式辦學、勸學、不務虛名，重在實效，踏踏實實地為國家民族培養了一批有用人才。丘逢甲這種重視教育與人才，勇於開拓、敢於革新的精神，不僅在當時是難能可貴、頗有見地的，即使在今天，也有一定的參考價值，值得研究和借鑒。

丘逢甲又是我國近代一位傑出的愛國詩人。他豐富的詩歌創作，洋溢著愛國主義的思想激情，內容健康清新，詩風悲壯深沉，震撼了當時沉悶的詩壇，顯示了近代「詩界革命」的實績，對我們認識近代中國社會的特點和歷史進程，瞭解台灣人民抗敵衛國的光榮傳統和他們熱愛祖國的深摯感情，以及密切台灣與大陸之間的精神文化聯繫，開展愛國主義教育、建設社會主義精神文明，都是有裨益的。丘詩具有濃烈的「台灣情結」，在中國近代文學史上，佔有獨特的地位。

誠然，像歷史上許多起過進步作用的傑出人物一樣，丘逢甲也有其時代與階級的局限性。他雖然發動和參加了台灣人民反割台、反賣國的正義鬥爭，但對唐景崧等人卻過分信賴和依靠，對人民大眾的潛在力量和偉大作用則認識不足，以至在形勢急劇逆轉之際，悲憤而悵惘；在內渡後一段時間裡，把祖國的獨立富強的希望寄託在光緒帝的身上，而對孫中山為首的革命黨人的認識，也經歷了一個逐步發展的過程；他的部分詩作，流露出逃禪歸隱的消極情緒，或宣揚了封建道德倫理觀念。

但是，正如列寧指出的那樣：「判斷歷史的功績，不是根據歷史活動家沒有提供現代所要求的東西，而是根據他們比他們的前輩提供了新的東西。」(〈評經濟浪漫主義〉)。愛鄉愛國、謀求祖國富強統一的思想與實踐始終是貫串丘逢甲畢生的一條主線，他一生最大的優點就在於：能夠順應歷史發展潮流不斷前進，使自己的思想和活動跟上急劇動盪的時代前進的步伐，這種與時俱進的精神是十分難能可貴的。

總之，丘逢甲是近代中國歷史上力謀抗日保台的愛國志士、清末有影響的教育活動家、著名的愛國詩人和資產階級民主革命派的真誠朋友，他的生平事蹟和愛國精神，以及詩歌創作，理應得到科學的公允的評價，以利於繼承和發揚中華民族的優秀傳統，從而有益於祖國統一和振興中華的神聖事業。

海峽兩岸人民一向都十分尊崇丘逢甲先生。在台灣，台北市新公園（今二二八公園）建有丘逢甲紀念亭並豎有丘逢甲銅像，台中修建有丘逢甲抗日起事紀念園並開辦了規模宏大的逢甲大學，台南還有以丘逢甲名字命名的街道、醫院等等。台灣學術界向來重視對丘逢甲的研究，台灣學者在評介丘逢甲和搜集、整理有關丘逢甲資料方面做了大量卓有成效的工作，取得了豐碩的成果。如蔣君章先生的《丘逢甲的一生》、鄭喜夫先生的《民國丘倉海先生逢甲年譜》、郭兆華先生的《丘逢甲先生的一生》、丘秀芷女士的《剖雲行日——丘逢甲傳》以及許多有關丘逢甲研究論文的出版和發表，對於推動海內外的丘逢甲研究，弘揚丘逢甲先生的愛國愛鄉精神都起到了重要的作用。據悉，逢甲大學校友文教基金會曾開展「紀念丘逢甲先生研究」的徵文活動，向海內外各界同胞廣泛徵集評介丘逢甲生平事蹟的文章；一九九六年三月，台中市逢甲大學隆重舉行了為期兩天的「丘逢甲與台灣歷史文化學術研討會」，一九九九年，逢甲大學又舉辦了「丘逢甲、丘念台父子及其時代」的學術研討會，這兩次會議，島內外一批丘逢甲研究方面的專家、學著均應邀赴會，會後都編印了相關的學術論文集。

至於在大陸，丘逢甲先生的愛國事蹟同樣受到人們的景仰，他的詩作被廣泛傳誦，丘逢甲研究愈來愈受到文史界的重視。一九八四年十二月，在丘逢甲誕生一二〇周年前夕，廣東省社會科學聯合會、社會科學院等單位邀請全國各地專家學者，舉行了歷時七天的丘逢甲學術討論會，與會者一致讚揚丘逢甲一生的不朽業績，充分肯定了他在近代中國歷史上的貢獻和地位。十二月二十六日，廣東省和蕉嶺縣人民政府隆重集會，紀念他的一二〇周年誕辰，省、地、縣負責人親臨講話，高度評價這位愛國志士的功績，丘逢甲在大陸的後裔丘應樞、丘應榆、丘晨波等人均應邀參加了上述紀念活動。此前，廣東省人民政府還撥專款修復了淡定村丘氏故居、墳墓，新建了逢甲學校，整修道路，在蕉嶺縣城修建了丘逢甲紀念亭和陳列室，展出了丘氏的若干手跡和遺物，以及藝術大師們所作的書畫、楹聯等。廣東漢劇院和蕉嶺山歌劇團還分別編演了《丘逢甲》和《孤臣恨》等劇目。對這次隆重的紀念活動，中央和地方的新聞媒體作了充分的宣傳報導，各級學術刊物先後發表了一批丘逢甲研究論文，掀起一股宣傳丘逢甲、研究丘逢甲的熱潮。二〇〇一年，中國政府撥專款在蕉嶺縣修建了逢甲大道和逢甲大橋；二〇〇六年，丘逢甲故居被中國國務院批准為國家級文物保護單位；目前，丘逢甲紀念園（包括陳列館、紀念廣場等）也正在積極籌建之中。近三十年來，大陸丘逢甲研究有了長足的進步，取得了可喜的成績。到目前為止，文史界已整理出版了丘氏詩文集《嶺雲海日樓詩抄》（有滬版、皖版兩種版本）、《柏莊詩草》、《丘逢甲詩選》、《丘逢甲文集》等；一批研究丘逢甲的學術專著也相繼出版問世，如吳宏聰、張磊、李鴻生分別主編的《丘逢甲研究》（兩本論文集）、徐博東、黃志平的《丘逢甲傳》(即本書原版)和《台灣愛國志士丘逢甲》(《丘逢甲傳》縮寫本)、丘鑄昌的《丘逢甲評傳》和《丘逢甲交往錄》先後出版，這些都顯示了大陸文史工作者的辛勤努力與豐碩成果。

一九九四年十二月，廣東省社會科學院和梅州市社科聯聯合主持召開了「紀念丘逢甲誕生一三〇周年」的學術研討會，二〇〇〇年春，廣東省社會科學院與汕頭大學聯合主持了主題為「丘逢甲與近代中國」的學術研討會，二〇〇四年冬，廣東省政協主辦了紀念丘逢甲誕辰一百四十周年的學術研討會，二〇〇九年十一月，廣州中山大學與台中逢甲大學聯合舉辦了紀念丘逢甲誕生一百四十五周年的學術研討會，側重探討丘逢甲思想文化遺產與中華文化優秀傳統的傳承關係與時代價值，海峽兩岸的專家、學者多次歡聚一堂，交流研究心得，有關論文集，有的已經出版。國務院古籍整理規劃領導小組將《丘逢甲集》列入《中國近代人物文集叢書》，廣東花城出版社編輯的《近代嶺南文學名家書系》也已將丘逢甲詩文及有關評傳列入出版計畫。大陸文史界成立了「丘逢甲研究會」。二〇〇〇年春，廣西教育出版社出版了以丘逢甲為中心人物的長篇歷史小說和電視劇文學劇本《台灣風雲》(作者閻延文)。二〇〇二年，青年作家徐青先生的電視文學劇本《丘逢甲》也已問世。二〇〇一年冬，受廣東省丘逢甲研究會的委託，由黃志平、丘晨波主編的《丘逢甲集》正式出版，該書被列為國家古籍整理「十五」規劃項目，得到文史界的好評。二〇〇六年一月，廣東花城出版社還出版了《丘逢甲的故事》一書，內收《丘逢甲》電視劇劇本、丘逢甲的故事和丘逢甲愛國詩歌選讀(王華編撰)。據悉，以丘逢甲生平事蹟為題材的電視連續劇，正在緊張籌拍之中。可以預料，隨著時間的推移，海峽兩岸對丘逢甲研究的進一步深入展開，丘逢甲先生在中國近代反帝愛國運動史和近代文學史上的地位與貢獻，必將得到更為明確、公允的科學評價。

# 附錄一：關於丘逢甲生平中若干問題的考評

評價丘逢甲一生的是非功過，勢必涉及到以下三個重要問題:(一)對丘逢甲倡立「台灣民主國」如何評價？（二）丘逢甲兵敗內渡是否屬於「動搖逃跑」？（三）丘逢甲「捲餉內渡」之說是否屬實？為探求歷史真相，實事求是地評價丘逢甲，筆者不揣淺陋，就上述三個問題談談我們的看法，就教於專家、讀者。

## 一、關於「台灣民主國」的評價

倡立「台灣民主國」，是丘逢甲生平中最重大的事件。過去相當長時間裡曾流行一種觀點，認為「台灣民主國」是脫離中國而建立的一個「獨立國家」；說成立「台灣民主國」「是一種分裂主義行動」。直到近些年，個別論者對此仍頗有微詞。如，有的論者把「台灣民主國」視為清政府總理衙門授意的產物，是清帝國官員的一種設計，與民意無關。[1]這些觀點都是不辨史實的糊塗認識。至於個別「台獨」份子宣揚「台灣民主國」是所謂歷史上台灣人「獨立建國」的「嘗試」，並把丘逢甲說成是「台獨」的「鼻祖」，則顯然是對歷史的歪曲和對丘逢甲先生的污蔑，其目的無非是為他們從事分裂祖國的圖謀尋找「歷史根據」。

筆者認為，評價「台灣民主國」，一不能脫離當時的歷史背景；二不能撇開它發佈的文告和實行的具體政策措施；三不能無視它所起的歷史作用。

---

[1] 如近年尚有論者認為：臺灣民主國是「臺灣紳士和地方官吏的混合產物，並沒有留給什麼印象和記憶，它的死亡更不埋在活人的心中。」

眾所周知，台灣民主國是在《馬關條約》簽訂一個多月、煙台換約十七天之後，即於一八九五年五月二十五日才正式宣告成立的。儘管《馬關條約》是清政府在日本侵略者的壓力之下，違背中國人民的意願而被迫簽訂的賣國的不平等條約。但是，清政府既然是當時代表中國的中央政府；因此，從法理上來講，煙台換約之後，條約業已正式生效，台灣的領土所有權和行政管轄權已從中國方面轉到了日本國手中。其時，日軍大兵壓境，進攻在即，清廷嚴禁大陸沿海各省援台，台灣已處在「無天可呼，無主可依」和「無人肯援」的困境。在這種情勢下，擺在台灣人民面前的只有兩條路：要麼接受既成事實，甘心當亡國奴，做日本國的「二等公民」，任憑日本殖民者的宰割；要麼奮起反抗，寧願「人人戰死而失台」。二者必擇其一，別無他路可走。以丘逢甲等愛國紳民為代表的台灣同胞毅然選擇了後者。他們不計成敗利鈍，斷然決定成立「台灣民主國」，誓與日本侵略者血戰到底。這是什麼精神？這明明是大無畏的愛國主義精神！它體現了台灣同胞熱愛祖國，不願與祖國分離，不甘臣服日本的堅強意志，怎麼反說是「分裂」祖國的背叛行動呢？如果硬要說這就是「鬧分裂」的話，那麼，這是和誰「鬧分裂」呢？是和已經吞併了台灣的日本帝國主義鬧分裂，而不是和祖國鬧分裂。這個「分裂」鬧得好！鬧得有道理！這和「台獨」份子勾結國際反華勢力、陰謀分裂祖國的「台獨」活動，是性質完全不同、風馬牛不相及的兩碼事！

必須指出的是，有的論者把台灣民主國的成立，說成是「總理衙門的指示」，[2]其根據是兩江總督張之洞給唐景崧的京電中有「畫押之後，台即屬倭，台或不從，與中無涉」和沈曾植表態中有「台能自保，不累中矣」等字句。其實，沈曾植不過是總理衙門的一個章京，他無權代表清王朝中央政府。事實上，甲午戰敗，面對日本以「賠償軍費」強索台灣和遼東半島的強盜行徑，清政府曾派員多方奔走，中國朝野都盡力設法抵制日本的割台活動。早在一八九四年冬，張之洞得知「倭索台灣」的傳聞，即致電北洋大臣李鴻章，認為「台灣萬不可棄，從此為倭傅翼，北自遼，南至粵，永無安枕，且中國水師運船終年受其挾制，何以再圖自強？台灣每年出產二百萬，所失更不可數計」，提出：

2 見吳密察：《乙未臺灣史事探析》，臺灣列印稿，轉引自戚其章《論乙未割台的歷史背景》，載《歷史研究》一九九四年第六期，北京。

「與其失地賠費求和於倭，不如設法乞援於英、俄，餌以商務利益。」張分析此策的利弊，認為「償勝於割」，說「英、俄本強，我雖吃虧于英、俄，而不屈倭，中國大局尚無礙，兵威亦尚未盡損，猶可再圖自強雪恥之策，似與古語遠交近攻之義相合。總之，與倭和而能不索地最妥；如必索地，則無論他事中國如何吃虧，總勝於棄台灣於倭矣。」[3] 軍機大臣、帝師翁同和等也堅決反對割讓台灣，李鴻章曾連日奔走於各國使館，意在謀求西方列強的支持。但基於各自的利害關係，西方列強全面權衡得失，最終都採取了認可日本割取台澎的方針，那種認為「一百年前，中國的當權者為了自己的或中國的利益，無暇計及台灣人民的願望與感受」[4]的論斷是不合史實的。即使是馬關簽約之後，張之洞還提出，以「押台」來達到「保台」目的的建議，光緒帝頗為重視，諭曰：「台灣作押借款藉資保衛一節，有無確實辦法，著詳細電覆。」[5]但英、法、俄、德等國使節都按本國政府指示，先後拒絕了清政府的請求，如英國駐北京公使接到外交大臣金伯利的機密電訓：「上峰已經作出允許日本佔領台灣的暗示。」以此，清政府所有企圖通過外交途徑來尋求保台的活動、方案，當然也不會有任何結果。

在爭取外援均告失敗，煙台換約割台之勢難免，「無天可呼，無主可依」，無人肯援的危急形勢下，台灣紳民才被迫採取自主保台的應急措施。五月十六日，丘逢甲率團赴台北與唐景崧密談[6]。同日，唐一面電告總理衙門：「此乃台民不服屬倭，權能自主，其拒倭與中國無涉。」一面電張之洞稱：「民主之國亦有人主持，紳民咸推不肖，堅辭不獲。惟不另立名目，終是華官，恐倭藉口纏繞中國；另立名目，事太奇創，未奉朝命，似不可為。如何能得朝廷賜一便宜從事准改立名目不加責問之密據？公能從旁婉奏，此亦救急一策。」而張之洞則覆電說：「朝廷未必肯給密據，恐為倭詰。如事至萬不得已時，只可由尊處自奏。」[7]由此可見，唐景崧十分

---

3 《張文襄公全集》（海王村古籍叢刊），中國書店，一九九〇年，第三一一三二頁。

4 葉振輝：《臺灣割讓前的外援交涉》，載《甲午戰爭一百周年紀念學術研討會論文集》第四三七頁。

5 《張文襄公全集》（海王村古籍叢刊），第一四三卷第一二頁。

6 見中國近代經濟史料叢刊編輯委員會：《中國海關與中日戰爭》，（帝國主義與中國海關資料叢編之四）第二二九頁，可參看《丘逢甲集》（附錄），第九四一頁，岳麓書社，二〇〇一年版，長沙。

7 《張文襄公全集》（海王村古籍叢刊），第一四五卷，第二二、二三頁。

擔心成立台灣民主國而獲罪，他怎麼可能是奉總理衙門指示而行事呢？台灣民主國完全是台灣紳民強烈要求建立的；儘管行事匆促，但它反映了四百萬台灣同胞自主保台的意願，也得到大陸民眾和輿情的廣泛支持。

「台灣民主國」成立後，向中外發佈了一系列的重要通電和文告（詳見本書第二章第三節）。這批珍貴的歷史文獻，為我們評價民主國的性質提供了最重要的依據。無論是以唐景崧的名義還是以「台灣紳民」的名義發出的所有通電、文告，都反復聲明一點：台民「抗不奉詔」、自立為國是迫不得已的；儘管如此，它「仍恭奉正朔」、「永戴聖清，無異中土」；「事平之後，當再請命中朝，作何辦理。」

可見，「台灣民主國」及其倡導者都確認：台灣是中國領土不可分割的一部分，即使被迫暫時自立為國，它仍隨時準備回歸祖國；當時之所以這樣做，一是為了拒日割台、「商結外援」，「以待轉機」；二是為了便於抵禦日寇的侵略，免使朝廷為難。誠如唐景崧所言：「若炮台仍用龍旗開仗，恐為倭人藉口，牽涉中國」，「台民不服屬倭，權能自主，其拒倭與中國無涉。」遍查民主國的所有文獻和有關人物的言論函件，都只見「自主」、「自立」的字樣，並未發現有「獨立」的詞句，這顯然不是偶然的巧合，而是主事者們的苦心斟酌和慎重選擇。

此外，「台灣民主國」定年號為「永清」，以藍地黃虎為國旗，發行《獨虎圖》郵票：「虎首內向，尾高首下」，意在表示龍在上（清廷用「龍旗」），虎在下，尊卑分明，臣服清朝，永隸中國。民主國一成立，迅即派出遊說使，「使詣北京，陳建國情形」，同時電告沿海各省封疆大吏，極力與大陸保持密切聯繫，爭取各省援助。所有這些措施和做法，也都說明了台灣官紳並非在搞什麼「獨立運動」，「台灣民主國」也不是什麼從祖國分裂出去的「獨立國家」，而是在特殊歷史條件下被迫建立起來的一種地方性臨時抗日政權。誠如詩人許南英所說：「議院廣開民主國，版圖還隸聖明朝。」

評價「台灣民主國」，還涉及到如何估計它在反割台鬥爭中的作用問題。對此，一些論者也曾頗作貶抑，或說它「曇花一現」，或譏之為「一幕滑稽戲」，甚而說它「阻遏了台灣人民的抗日力量」，「只能把台灣人民的抗日鬥爭引入歧路」等等。這些觀點顯然也與客觀歷史事實不相符合。的確，「台灣民主國」存在的時間很短，然而，它在反割台鬥爭中所起的積極作用，卻是顯而易見、不能抹煞的。這主要表現在以下三個方面：

## （一）政治上起到了鼓舞士氣、維繫人心、穩定局勢、打擊日寇猖狂氣焰的作用。

割台凶耗傳到台灣之初，全台震駭，惶惶然而不可終日，兵痞盜匪趁機搶劫，社會秩序大亂。這種混亂局面如不儘快改變，在日寇大兵壓境的危急情況下，台防勢必不攻自垮，一發不可收拾。此時，丘逢甲等人挺身而出，力挽狂瀾，殫思竭慮，擁唐景崧為總統，「建號民主國，立藍地黃虎旗，有誓死不去之意，百姓大歡。中、南路又先後發兵鏟土匪劫掠者，百姓亦大定。全台各局，復爭擁總統，守地方。」[8]有人曾作詩記敘台胞慶祝民主國成立的盛況：「玉人鐫印綬，戎仆制旗常。擁迎動郊野，宣耀照城閭。覆舟得援溺，黔首喜欲狂。」[9]可見，民主國的適時建立，確實起到了鼓舞人心、穩定局勢的重大作用，毫無疑問，這對於動員和組織台灣人民進行反割台鬥爭，抗擊日寇的武裝侵略是很有利的。

事實也確實如此，民主國成立後，「全台積極部署抗日，火藥局及軍裝機器局每日約八百人動工，於時義軍四起……而富商巨室傾資助軍者，為數亦多。」[10]台灣軍民這種同仇敵愾的高昂士氣，使侵台日軍聞風而懼，不敢貿然發動進攻。例如，民主國成立的當天，兩艘日艦駛抵淡水港口，試圖登岸，當他們獲悉台灣已自立為國，未敢近岸，只派出小艇趨岸偵察，遭到滬尾炮台中國守軍的炮擊，嚇得慌忙逃遁。又如乙未五月二十八日，也即民主國成立的第四天，負責接收台灣的日本專使、首任台灣總督樺山資紀率艦隊抵達滬尾海面，接到台灣民主國成立、守軍嚴陣以待的報告後，也不得不放棄原定在滬尾登陸的計畫，轉向基隆、三貂角洋面，遊弋偵察，伺機而動。可見，民主國的建立本身，就是對日本侵略者的沉重打擊，使它在發動進攻之前，不能不三思而後行！

---

8 洪棄父：《臺灣戰紀》。
9 洪棄父：《臺灣淪陷紀哀》，轉引自戚其章：《關於臺灣民主國的評價問題》。
10 據臺灣鄭喜夫：《民國丘倉海先生逢甲年譜》。

（二）在軍事上建立起了抗日保台的新體制，對部署清軍與義軍的聯合作戰、抗擊日寇的武裝割台，發揮了重大作用。

五月八日（陰曆四月十四日）煙台換約後，清廷電令唐景崧，「著即開缺」，接著台灣文武官弁紛紛內渡，「台灣民主國」成立後，立即採取相應的補救措施，先後任命了一批新的地方官吏：「檄同知黎景嵩為台灣知府，俞鴻為台北知府，溫培華為埔里社通判，史濟道知台灣縣，羅樹勳知彰化縣，羅汝澤知雲林縣，李烇知苗栗縣，淩汝曾知淡水縣，王國瑞知新竹縣，盧自鏿知鳳山縣，孫育萬知嘉義縣，歐陽萱知恒春縣，代理安平知縣忠滿兼攝台南道府印。唯台東直牧胡傳、南雅同知宋維釗舊管。」上述措施，及時填補了由內渡逃跑之風而驟然形成的權力真空，重建了台灣抗日保台政權的新體制。這些新任的各級地方官吏，雖然在位時間長短不一，表現也有很大差別，但畢竟是堅持了一段時間，在反割台鬥爭中起到了積極作用。例如，台灣府領導的抗戰即延至八月底；台北失陷、唐景崧內渡後，劉永福仍沿襲民主國的機構和體制，繼續領導台中、台南一帶的抗戰，直到十月下旬台南糧盡彈絕、軍潰城陷為止。故此，與傳統觀點不同，史家戚其章認為：「台灣民主國存在的時間，應該從它五月二十五日正式成立這天算起，到十月二十一日台南陷落為止，約五個月」，而不應該只算到六月六日唐景崧內渡、台北失陷為止僅十二天。[11]這種見解，是頗有道理的。

民主國成立後，清軍與義軍聯合作戰的體制得以初步建立：「景崧既駐台北，以逢甲率所部戍附近，備策應。提督張兆連駐基隆，總兵劉永福駐台南。籌防兩局，以紳士理之。」上述軍事部署雖非勝著（如把抗法名將劉永福、林朝棟部署台南、台中），但有這個部署總比沒有部署、群龍無首、一盤散沙的混亂狀況要強得多。爾後，台北清軍雖一觸即潰，但台中義軍的浴血奮戰，卻為劉永福固守台南、堅持抗戰贏得了一段十分寶貴的時間。在劉永福的統一指揮下，台中、台南地區的廣大軍民密切配合，有力地打擊了日本侵略者（如大甲溪之戰）。據日方資料，侵台日軍七萬多人，死亡四千八百多人，傷病二萬七千多人，總計損失三萬二千多人，比日軍在整個甲午戰爭中的傷亡人數

---

[11] 戚其章：《關於臺灣民主國的評價問題》。

還多近一倍。陸軍中將、近衛師團長北白川宮能久親王和陸軍少將山根信成，在侵台戰爭中先後喪命。可見，在民主國的旗幟之下，台灣軍民英勇抗日，使日本侵略者付出了多麼慘重的代價！

（三）播下了抗日的火種。

一八九五年十月底，日本首任台灣總督樺山資紀大吹大擂，宣佈「台灣本島全歸平定」。可是話音剛落，台灣同胞立即發動武裝暴動予以回答。揭竿而起的大都是民主國時期的清軍和義軍的餘部。如首揭反抗義旗的林大北，是劉永福的舊部。劉永福內渡後，他收集黑旗軍殘部，自編一軍，於當年十二月起義，佔領了宜蘭縣城和雙溪頂一帶，義軍餘部新竹的胡阿錦、北部的簡大獅、陳秋菊起而回應，各地台民蜂擁而起，合攻台北。這次起義雖轉戰一月後歸於失敗，但影響深遠。又如台東守將劉德杓在民主國敗亡後，退入雲林山中，召集散勇，於一八九九年夏初宣佈起義，各地義軍群起響應，進襲雲林、嘉義等地，連戰皆捷，搞得日本殖民者顧此失彼、手忙腳亂，堅持達兩年多，才最後失敗。在日本統治台灣的半個世紀中，台灣人民從來沒有停止過反抗，使日本殖民者不得不哀歎台灣「難治」，甚至因此曾有「出賣台灣」的打算。不能不說，台灣人民連綿不絕的反日烈火，是民主國時期留下的火種所點燃。

綜上所述，無論是從哪一個角度來看，「台灣民主國」的建立都是完全正義的、適時的，它不僅不是什麼「分裂主義」的產物，而是近代台灣人民反侵略鬥爭的一大創舉！是甲午戰爭後在中國人民普遍掀起的聲勢浩大的反侵略、反賣國的愛國運動的一個重要組成部分。台灣同胞的這一愛國義舉，在當時就受到祖國大陸進步輿論的熱烈支持和高度讚揚。例如，上海出版的《申報》就曾對台灣民主國的建立給予很高的評價。一八九五年六月三日，該報發表了一則題為〈自稱島國〉的專訊，中云：

> ……接京友信，言台灣電奏到京，計十六字，照錄於後：「台灣士民，義不臣倭，願為島國，永戴聖清。」電奏若此，益見台嶠一隅力拒鯨鯢之寇，仍稱蟣蠶之臣，佈置艱危，此中大有人在也！

六月六日，該報第一版又刊出題為〈論台灣終不為倭人所有〉的專論，強調指出：

> 台民義憤，誓不臣倭，全台之人同心協力，佈告各國，擁立唐薇卿中丞為民主，已進台灣民主國總統之章，儼然海外扶餘，別開世界，亦倭人夢想所不到者也。又況唐薇卿、劉淵亭能南北控制，文武協和，上下同心，軍民一德，數百萬人民之眾，幾為倭用者，今且易而禦倭矣；數千百萬資財之富，幾為倭有者，今乃用之備倭矣；一歲三熟之地、礦山羅列之區，使倭人可望而不可即，可欲而不可取。如偷兒竊物，黑夜經營，心疲力悴，物將到手為事主所覺，執械以備，欲不竊而心有所不甘，欲竊之而力有所未逮，躡伏在牆垣之外，盤桓于荒野之中，天不向明，終不肯廢然而返。倭人進退維谷，與偷兒得無相類！

這篇「專論」寫得何等好啊！它反映了當時大陸人民對「台灣民主國」的正確認識和高度評價。這對於我們今天理解「台灣民主國」不是很有啟發嗎？

那麼，能不能把「台灣民主國」說成是「資產階級民主共和國」性質的政權呢？

誠然，從形式上來看，「台灣民主國」的國名中有「民主」二字，而且它居然敢於不要皇帝（其實，在民主國倡導者的心目中，清帝仍然是他們的「皇帝」）、公推總統、草定憲法、設立議院、推選議員，因此，從其內涵來說，不能不說它確實帶有西歐資產階級民主共和國的色彩。客觀地說，在當時的歷史條件下，丘逢甲等人敢於這樣做，那是需要有相當大的勇氣和魄力的。再者，「台灣民主國」從醞釀到成立，如果從馬關簽約算起，也僅僅用了個把月的時間。在如此短促的時間而又動盪不定的環境下，能夠建立起一個粗具規模的新的政權機構，這不能不說是中國近代政治史上的一大奇跡。這一「奇跡」之所以會出現，一方面固然反映了台灣同胞熾熱的愛國感情，但也說明這一「奇跡」的主要導演者丘逢甲、陳季同等人，在他們的思想深處早已受到西方資產階級民主思想的影響和薰陶，如若不然，他們是無論如何也不可能懂得也不會敢於毅然採取這種在當時來說是「離經叛道」的非常措施的。但這只是問題的次要方面。從其主要的實質的一面來看，「台灣民主國」畢竟不是台灣資產階級民主運動的產物，而是台灣人民反侵略、反割台愛國鬥爭深入發展的結果。這在「台灣民主國」成立後發佈的一系列通電、文告中，反映得十分清楚。

遍查民主國的所有文獻，並無任何涉及資產階級「民主」、「自由」、「平等」、「博愛」之類的詞句，也不見任何反對封建專制制度的言論和文字，有的只是諸如「台民公議，自立為民主之國」、「台民唯有自主」之類的話。劉永福的《盟約》說得更加明確：「改省為國，民為自主。」所有這些，都說明丘逢甲等台灣官紳倡建民主國，其著眼點主要是為了反抗日本帝國主義的侵略，維護祖國的統一和領土的完整，而不是以反對國內封建制度為目標。很顯然，「台灣民主國」的「民主」兩字，實際上是「台民自主」之意，整個國名，應理解為「台灣人民自主抗日保台之國」較為確切。

## 二、關於「兵敗內渡」的評價

對於丘逢甲乙未兵敗內渡，歷來也頗多微詞，甚至嚴加抨擊。如責之為「經不起考驗，事到臨頭，溜之大吉」，與唐景崧棄軍逃跑相提並論。這一「動搖逃跑」之說，至今仍為不少論者所持，是妨礙我們正確評價丘逢甲的又一重要障礙。但筆者認為，如果我們客觀地實事求是地分析當時的歷史條件，而不是苛求於古人，就不難得出結論：丘逢甲兵敗內渡是不應苛責的。

首先，甲午戰敗後，割台與日、屈膝求和是清政府的既定政策。總理衙門的覆電說得很清楚：「台灣雖重，比之京師為輕。倘敵人乘勝直攻大沽，則京師危在旦夕。又台灣孤懸海外，終久不能據守。」馬關簽約之後，清廷即電飭駐台文武各官限日內渡，並嚴禁沿海各省督撫商民向台濟運餉械兵丁，張之洞等希冀列強干涉的幻想也終成泡影。這樣，台灣軍民的抗日鬥爭就完全陷入了孤立無援的境地。

其次，從當時台灣的軍事態勢來看，敵我雙方力量對比太過懸殊。日本垂涎台灣由來已久，早就蓄謀吞併。甲午戰勝，以為時機已經成熟。馬關首次會談的第五天（三月二十五日），日本即派兵攻佔澎湖，封鎖了台灣海峽。從此，「台勢益孤」，「海道中梗」，「凡購外洋軍械，盡截於倭。」四月十五日馬關第五次談判，李鴻章打出台民反對割台這張牌，伊藤公然聲稱：「聽彼鼓噪，我自有法」，「中國一將治權讓出，即是日本政府之責」，「我即派兵前往台灣」。[12]可知日寇武力割取台灣決策早定。條約一簽，即派樺山資紀為台灣總督，把海陸軍精銳共兩個師和一個混成支隊七萬餘人投入台灣戰場。日軍裝備精良，訓練有素，兼有濃厚的武士道精神，他們乘勝移師南下，氣焰極為囂張。樺山資紀、高島鞆之助、北白川宮能久親王、乃木希典、山根信成等侵台日軍頭目，都是久經沙場的軍國主義悍將，他們按日本政府武力割取台灣的既定方針，把撲滅台灣人民的抗日烈火視為「天職」和己任。

相形之下，台灣守備力量卻薄弱得多。全台駐軍，加上各地團練、義軍雖有七、八萬眾，但大都是倉促成軍，缺乏訓練，素質極差。加之派系嚴重、餉械缺乏，戰鬥力可想而知。更為嚴重的是，民主國剛一成立，不僅大部分駐台文職官員棄職內渡，且不少統兵將領也相率內渡，所部人馬或全部帶走，或任其潰散，致使台防更趨薄弱、漏洞百出。台北失陷後，藩庫存銀及軍火彈藥盡遭劫掠，更使台中、台南地區的抗敵鬥爭失去了餉械憑藉。新竹激戰後，日軍不斷補充兵員物資，優勢更為加強，而台灣抗日力量卻日益削弱，迅速轉入退卻失利階段。八月，彰化和曾文溪激戰後，義軍和黑旗軍主力喪失殆盡，從此再也組織不起有力的抵抗了。

附帶指出，儘管台灣的守備力量薄弱，互不相統，但有兩支軍隊是始終與日寇血戰到底的。一是苗栗秀才吳湯興領導的義軍，多由新竹、苗栗一帶鄉民組成，故稱新苗軍。吳湯興是經丘逢甲薦舉，由唐景崧頒給「台灣府義軍統領關防」（其印鑒現存台北忠烈祠陳列室），故其佈告稱：「謬蒙前撫憲唐委統全台義民」。後由台灣民主國政府所派的台灣府知府黎景嵩允准，將苗栗縣錢糧作義軍糧餉，並發給軍裝。他率部馳援台北，聞台北已失，遂與徐驤、姜紹祖等在中部阻擊日軍，交鋒多次，在八卦山壯烈犧牲。二是清軍副將楊載雲指揮的防軍，俗稱新楚軍。楊載雲是湖北人，從軍來台，積功至副將。台北淪陷後，曾奉黎景嵩之命，北上禦敵，中部抗戰，「歷兩月有餘，載雲出隊十餘次，有勝無敗，楊統領之名大震於中路，敵人聞之，皆有懼心。」在頭份之戰中犧牲後，其英勇事蹟當地廣為流傳，被贊為「血性奇男子」。

---

12 《台海思痛錄》，《近代史資料》，一九八三年，第一期。

浙江余姚人吳彭年以縣丞需次台灣，劉永福聞其才幹，延為幕客。台北失，他憤然請戰，率七百多名七星軍北上，命吳湯興率義軍兩營與黑旗軍兩營共守八卦山，自駐茄冬腳指揮。吳湯興勇戰陣亡，八卦山陷敵手，彭年親率馬隊奪佔，「卒至身中數槍，與馬同陣亡。」彰化失守後，劉永福也曾派前署台灣鎮總兵江蘇宿遷人楊泗洪反攻台中，進擊逃敵時，楊被傷陣亡。所有這些史實都說明，乙未年部分台灣軍民的抗戰是非常悲壯和慘烈的，那種把「乙未抗日保台戰爭」僅僅看作「是一場地域公民的保衛鄉土的戰爭」的見解[13]是片面的，有悖於歷史事實的。部分清軍駐台官兵，熱愛寶島，反抗朝命、與台灣義軍協同苦戰，為抗日保台流盡了最後一滴血，台籍文史名家許南英、連橫等曾賦詩〈吊吳季籛〉、〈送吳季籛遺骨歸粵東〉等，表彰捐軀沙場的浙人吳彭年（季籛）捍衛祖國統一的壯烈行為，便是一個明證。

再次，當時台灣軍政首腦唐景崧，既無決心也無能力領導台灣人民的反割台鬥爭。他徒有知兵之名，隨時準備「相機自處」。對非嫡系的劉永福、丘逢甲、林朝棟等軍均心存疑忌，克扣餉械。他聽信讒言胡亂調換守將，對逃將、亂將又不敢懲治，聽任部屬內訌爭功，致使軍紀蕩然，日軍未至，台北先已一片混亂。正是由於唐景崧的懦怯昏聵，使得省城台北不戰而失，我方在軍事上、經濟上蒙受了無法彌補的巨大損失。六月六日，唐景崧甚而棄軍倉皇內渡，全台抗日鬥爭驟然失去了統一的指揮中心。這樣，各地軍民也就處於日軍優勢兵力的分割包圍之中，只能各自為戰、孤軍奮戰了。

第四，從義軍內部的情況來看，丘部義軍大多募自客屬鄉民，殺敵保鄉心切，士氣高昂，但畢竟倉促成軍，缺乏訓練，「未可云節制之師」。又兼裝備甚差、餉械無著，每營一千四百人僅有二百八十支陳舊槍枝，其餘皆用刀、矛、鳥銃、棍棒之類的原始武器。六月中旬，龍潭坡、大湖口激戰，雖重創敵軍，但義軍亦傷亡慘重。到七月中下旬，義軍轉戰台中，連遭敗績，餉械皆絕，所部星散。其時，丘被迫「竄身深菁窮谷間」，在道路梗阻、日軍嚴索，進退維谷的情況下，丘逢甲才於七月底奉親內渡。此時，距唐景崧六月初內渡已近兩月（注：乙未年有潤五月）。

---

[13] 見楊護源：《丘逢甲傳》，臺灣出版。

綜上所述，從整個甲午戰後中國的政治形勢和中日雙方在台軍事力量對比乃至民主國內部的諸因素來看，台灣人民乙未反割台鬥爭的失敗是勢所難免的。這場鬥爭中，丘逢甲盡了他最大的努力，和唐景崧不同，他不是不戰而逃；而是和劉永福相似，是在倡謀自主保台，繼而率部與日軍浴血奮戰均告失敗，處於兵潰無援、無法立足的困境之下，才被迫飲恨內渡大陸的。因此，筆者以為，同樣是內渡，也要作具體的分析，要看究竟是屬於唐景崧式的「內渡」，還是劉永福式的「內渡」，不能不加區別，統統斥之為「動搖逃跑」。如有人將唐景崧與丘逢甲相提並論，認為他們內渡，不戰而退（逃），只是「五十步與一百步之遙」，相差無幾[14]，這種評價，是失之公允，不合史實的。誠然，從人物形象上來說，如果丘逢甲不內渡，堅持抗日，戰死沙場，這樣，他或許會顯得更完美、高大。但從全局來看，這樣做也並非絕對必要。試想，在當時的歷史條件下，就連驍勇善戰的黑旗軍統帥劉永福，尚且無法挽救敗局，何況從未經歷過戰陣的一介書生丘逢甲呢？在祖國的危難時刻，丘逢甲作為一個進士出身卻棄官從教的知識份子，為了維護中華民族的尊嚴和祖國的完整統一，作了他力所能及的頑強鬥爭，理應受到後人的尊敬和讚揚。古人有云：「何必馬革裹屍還」，那種「非戰死不英雄」的觀點，未免過苛於古人，難以令人信服。

況且，從軍事上說，「打得贏就打，打不贏就走」，進退轉移乃兵家常事，古今中外，概莫能外。台灣既是祖國領土的一部分，丘逢甲向侵略者作了頑強的抵抗之後，處於兵潰無援、進退維谷的困境，為了保存力量，以圖將來，主動撤往祖國大陸，這不是於情於理都是十分自然的事情嗎？這又有何可指責的呢？難道僅僅因為隔著一個台灣海峽，這種退卻便成了「逃跑」的口實了嗎？更何況，丘逢甲內渡大陸並非為了苟且偷安、歸隱山林，而是一心「強祖國，復土雪恥」。內渡後，他把自己的餘生全部貢獻給了興學育才、力謀祖國富強的事業，由贊助變法維新進而同情、支持孫中山領導的民主革命，寫了大量激勵人心的愛國詩篇、做了許多有益於社會進步和民主革命的事情。

---

14 《魂南記》收錄易順鼎《盾墨拾遺》卷六，（光緒二十二年）一八九六年（刻本），文中曰：「道員林朝棟、楊汝翼、主事丘逢甲皆擁鉅資棄師潛逃。」《寄鶴齋詩話》作於一八九七年，文中曰：「吾郡丘進士仙根，……昨年時事破碎，聞唐撫棄台西遁，己遂棄義軍倉皇渡海，軍餉不發，家屋盡為部下所焚。」

「去留肝膽兩昆侖」。筆者認為，今天，當我們在表彰吳湯興、徐驤等人堅持留台抗日、壯烈殉國的功績之時，也不應當對丘逢甲的內渡加以苛責！

## 三、關於「捲餉內渡」的質疑

與丘逢甲兵敗內渡評價有關的所謂「捲餉」問題，這關係到丘逢甲的畢生名節，至今仍有人不負責地到處傳揚此說，例如，台灣近年出版的《攻台圖錄——台灣歷史上最大的一場戰爭》，就是典型的一例。該書製作考究，收錄了日軍侵台據台時期的大量歷史圖片，第四十六頁丘逢甲立像旁的說明文字，對丘氏大加貶損，說台灣義軍統領雖為丘氏，但丘未參戰，由吳湯興取代丘氏率部，「丘逢甲因留下許多慷慨激越的詩句而被視為抗日英雄，事實上他不僅未與日軍交戰，當基隆淪陷，台北告急時，也帶著家屬逃回大陸。據連横的說法，被他挾帶出走的餉金將近十萬。」[15]鑒此，對這個人云亦云、似是而非的問題，不可不詳加辨析。

據筆者查考，丘逢甲「捲餉內渡」之說最早見之於易順鼎的《魂南記》和洪棄父的《寄鶴齋詩話》，[16]但易、洪二人均未載明捲餉數額，且語意也甚含混。最早明載捲餉數額者為連横所撰《台灣通史・丘逢甲傳》：

> 逢甲任團練使，總其事，率所部駐台北，號稱二萬，月給餉糈十萬兩。十三日，日軍迫獅球嶺，景崧未戰而走，文武多逃。逢甲亦挾款以去，或言近十萬云。

由於連著影響甚大，此後許多史家都沿用此說，似成定論，甚將「或言」二字去掉，確認「丘逢甲倉促攜未發餉銀約十萬兩，逃回廣東嘉應州。」[17]但經筆者考證，對此說頗表懷疑。

第一，「捲餉」之說能否成立，首先要看是否有「餉」可「捲」？

眾所周知，台灣割讓後，清廷停止供給一切餉械，並嚴禁沿海濟助台灣。張之洞原本答應撥銀一百萬兩，因時局遽變，也成了一紙空

15 鄭天凱著，吳密察審訂，台北遠流出版公司，一九九七年再版。
16 同注10。
17 見陳碧笙：《台灣地方史》第一九四頁。

文。據載，民主國成立時，藩庫尚存銀四十余萬兩，唐景崧內渡後，匪勇趁機搶劫，藩庫存銀二十四萬兩被洗掠一空。匪勇為奪銀互殺達四百餘人。[18]兩數相抵，有十餘萬兩之差。這十餘萬兩銀子的下落如何，史書從未明載，而有關丘部義軍的餉糈補給，卻有同時代人的記敘可供參考。據吳德功《讓台記》說：林朝棟、丘逢甲、楊汝翼三人曾「各領餉銀三個月」。思痛子的《台灣思痛錄》則籠統提到：「數月之間，逢甲領去官餉銀十餘萬兩」，上述史料均出自丘氏同時代人之手，比一九二二年問世的連著《台灣通史》早二、三十年，他們的記敘雖未必就十分準確可靠，但都沒有丘部義軍「月給餉糈十萬兩」的記載，連著用「或言」二字本已缺乏可信實據，今人竟以「或言」來坐實丘逢甲「捲餉」之罪，那就更為荒謬了。

那麼，丘部義軍餉源補給的實際情況究竟如何呢？據丘氏同時代人思痛子的《台灣思痛錄》等史料所載，義軍籌建之初，平時「不支公帑，有事擇調，再給糧械。」乙未三月奉調台北後路之後，才有若干餉械供給，但也是「營官不領薪水，逢甲月支公費數百金，兵則食清軍之半餉」，待遇遠不如駐台清軍，更不如唐景崧的嫡系親信部隊。即便如此，唐景崧還一再克扣拖欠，丘逢甲不得不向各方緊急商借，以解燃眉之急。從現存丘逢甲信稿中，可看出當時義軍籌餉的困窘情狀：

> 新調信字兩營借餉三千金，擬全撥與家兄，所調靖字一營，可否照借？中路所領之項，營中現止存六百金。（三月二十九日《復俞同甫》）

> 又靖字一營借餉未蒙賜示……營中所存六百金，本日分予各營已畢，靖字營借餉外請另借八千兩，以五千濟本軍之急，以三千給家兄帶往防地也。（四月三日《復中丞》）

> 靖字營借餉千五百兩，另借八千兩，昨已蒙帥准，共計九千五百兩，不如即借萬兩成數，商之。（《與俞同甫》）

連增借五百兩銀子這區區之數，都得恭請唐幕要員俞同甫相機呈報批准，於此可知丘部義軍的困難處境！可見，《台灣通史》所謂「月給餉

---

[18] 見范文瀾：《中國近代史》上冊，第二七六頁。

糈十萬兩」的說法，純係子虛烏有。丘部義軍餉糈既如此窮絀，又何來「十萬兩」餉銀可供丘逢甲所「捲」呢？此乃「捲餉」之說不可信之一。

其二，「捲餉」之說出自傳聞，並無可靠依據。

如前所述，「捲餉」之說首見之於易順鼎的《魂南記》和洪棄父的《詩話》。洪棄父，台灣彰化鹿港人，乙未年雖曾與丘逢甲同倡保台抗日，但並未參與丘部義軍營務，《詩話》所記義軍情況多係傳聞，不全可靠。如，唐景崧內渡為六月六日，丘逢甲內渡則為七月底，相隔近兩個月之久，但《詩話》卻說丘「聞唐撫棄台而遁，己遂棄義軍倉皇渡海」，似乎丘逢甲內渡與唐景崧內渡相隔僅有幾日，這顯然有悖於事實；又如，史有明載，丘逢甲在台中的柏莊宅院（即義軍司令部）乃為日寇獸兵縱火所焚，而《詩話》卻將此事胡亂安到義軍身上，說什麼丘逢甲「家屋盡為部下所焚」。可見《詩話》所記，不足盡信。至於《魂南記》的作者易順鼎，湖南漢壽人，乙未年六月至九月間奉兩江總督劉坤一之命曾先後兩次赴台南考察，面見劉永福商談防務，在台南逗留約二十日，但並未去過台北、台中地區。《魂南記》所述台南部分多係其親身經歷，較為可信，而台中、台北部分則全係來自傳聞，可信程度大打折扣。另外，值得注意的是，《魂南記》刊刻數年之後，易、丘兩人卻在大陸建立了十分友好的關係。一九〇八～一九一〇年間，易氏宦遊嶺南，與丘逢甲多次聚首出遊，酬唱之作近二十首，在《春盡夜次韻寄答實甫》二首之一中，丘向友人抒發出「春燈照夜不成寐，四野荒雞天未明。處處聞饑復聞亂，年年憂雨更憂晴。」的深沉感歎，可見他們內渡十年後過從甚密，經常詩酒唱和，同抒憂國傷時之情（見《詩抄》卷十一～十三）。這從側面說明，當年易、丘兩人之間的芥蒂或誤解，至此已經冰釋，否則，他們結為好友，酬唱詩多達二十餘首，乃是不可想像的。

那麼，丘逢甲「捲餉」之謠的炮製者是誰呢？據丘琮《怙懷錄》云：「挾餉之謠，實由叛將呂某為倭捏倡之。」據查，這「呂某」不是別人，正是丘逢甲青少年時代之好友呂賡虞（字汝玉）。丘奉旨創辦義軍，委他為義軍營務處「幫辦」，負責掌管機要文牘，頗得丘的信任。台北失守，新竹激戰，義軍敗退，呂某見大勢已去，遂叛變投敵，日軍借呂之口大肆造謠，敗壞丘逢甲的社會聲譽，瓦解義軍，給丘逢甲以沉重打擊。內渡後，丘詩中有「人情易翻覆，交舊成鬼蜮」，「渡江文士成傖父，歸國降人謗義師」等句，即指此而言。呂某降敵後，甘為日倭臣妾，為掩飾自己的醜行，遂蓄意散佈丘逢甲「捲餉」之謠。因他乃丘氏多年知交，又是義軍營務處「幫辦」，故他所捏造的謠言之煽動力和危害性殊非他人可比。於是，一時間「里巷謠傳：唐景崧內渡以前，台北曾發庫銀十萬元擔送至台中，為先生及謝道隆吞沒。鄉勇或不察，信以為真，遂多逃亡，人心渙散，號令不行。」[19]日軍侵佔台灣後，呂家子弟先後在日本殖民機關任職，而丘逢甲之兄丘先甲自大陸返回台灣後，卻被殖民當局拘押多年，田產亦大部被沒收。然而，歷史和人民作出了公正的評判：如今台北、台中、台南建有丘逢甲紀念亭、逢甲大學、逢甲醫院等永久性建築以緬懷紀念這位愛國先賢，而呂家顯赫一時的筱雲山莊則是一副殘破蕭條的景象，完全失去了它昔日有過的光華。

據甲午戰史專家戚其章先生的研究，台北庫銀十六萬兩被唐景崧盜走，在當時的台北已是公開的秘密。原來唐景崧在六月四日夜逃離台北轉滬尾上船時，居民鳴鑼追擊，滬尾定海營統領王佐臣上船欲殺唐，唐泣求饒命，將十六萬兩銀票交王，唐一行方得於六日晨乘德船「鴨打」號駛出港外，遁回廈門。[20]又據吳德功《讓台記》所述：

> 五月十二日夜，管帶李文魁殺中軍方良元，聚眾入庫劫掠時，「抬出之銀多鉛條假錫」。繼引棟軍參軍岳裔之言證實：「唐帥本料台不可守，於上海解庫金百萬時，陰以錫銀易之，所以兵弁搶後開封皆假銀。至明治 30 年（光緒二十三年），唐帥在上海租上等公館，日客（夜）晏客，弦歌妓女，每日費數千元，約月餘間，花費數十萬元。昔有何曾者，日食萬錢，猶小家數耳。由前而觀，既有錫銀可證；由後而觀，非積多金焉能如此揮霍耶？有識者苟從前後事情細心推測，自恍然於其故耶。」

歷史和人民是公正的。唐景崧「優遊養禍，不戰而潰」，知兵之名掃地而盡，客死廣州無人過問。丘逢甲去世，人盡哀之，「台灣遺民之在廣州者，哭之尤慟」。[21]後人修史，如只據一時傳聞而妄評，難免有後誣先賢之嫌，亦為嚴肅史家所不取。

---

19 鄭喜夫編：《民國丘滄海先生逢甲年譜》。
20 參見《走近甲午》第五三八頁。
21 江山淵：《丘逢甲傳》。

其三，聯繫到義軍艱苦轉戰和丘逢甲兵敗內渡的具體境況，所謂「捲餉」之說也不可信。

如本書第二章所述，由於清廷的腐敗和唐景崧的無能，導致抗日保台戰局迅速逆轉，六月七日，日軍未放一槍即佔台北。此後至七月底，丘逢甲內渡，時近兩月，丘氏行蹤，史書未見明載。但在這期間，丘部義軍吳湯興、徐驤、姜紹祖、丘國霖等仍率部在作頑強抵抗，卻是有案可稽的事實。

台北清軍一觸即潰之後，抗日重擔便首先落到了駐防台北後路的丘部義軍肩上。日軍傾其精銳南侵，台中義軍浴血奮戰，幾散幾聚，餉械本甚匱乏，且有專人掌管，丘逢甲「竄身於深箐窮谷間」，又怎能隨意提取、私自調撥呢？即便如《讓台記》所說，丘逢甲部於五月下旬確曾領取「餉銀三個月」，那麼，經過兩個多月的食用，這些餉銀也已消耗殆盡，又怎麼可能還會有十萬存銀呢？再說，其時日軍懸賞嚴索、漢奸間諜四處出沒，匪勇到處劫掠，丘逢甲一行顛沛流離，時有性命之虞，十萬兩銀子重達六千二百五十斤，當時並無汽車等機械運輸工具，只能靠人力來挑，假設每人挑一百斤，也需六、七十名壯夫，另需若干隨從。試問：丘逢甲在如此艱難困苦的條件下，又怎麼能率領這樣一支浩浩蕩蕩的運輸隊伍跋涉幾百里而平安脫險呢？據史書記載，台灣軍民對捲餉內渡的官紳極其憤恨，如唐景崧六月六日滬尾內渡時，「海關委員以存課數萬舁入舟中」，炮台守兵聞訊，攔阻射出，「德船爰魯易將弁開炮回打炮台，銃斃者七、八人，唐帥始得飛渡」，[22]丘逢甲又如何能驅使這近百名壯夫為其賣命而不被劫掠一空呢？再者，當時丘氏一行內渡大陸，所乘乃一艘小小木帆船，「碰上巨浪打來，大家都感到心驚肉跳」，[23]可以設想，他們又如何能夠裝載如此沉重的銀兩，並能安渡波濤洶湧的台灣海峽呢？這是「捲餉」之說不可信之三。

據當年為丘逢甲一行內渡大陸提供小帆船的「源發」商號老闆張鳳鳴先生的曾孫張明正的回憶與考證：乙未年農曆六月四日深夜入眠時，丘逢甲、謝道隆一行叩叫私塾「學海軒」大門。看守私塾的張曉峰開門接待，丘逢甲索取紙筆未果，便在《增補全圖足本本草備要》

22 吳德功：《讓台記》。
23 參見丘琮：《我的奮鬥史》。

一書的後頁空白處題寫了著名的〈離台詩〉六首。次晨由張家指派長工護送到塗葛掘港搭船，行經大肚山時，被土匪「紅炮」攔阻搶劫。「紅炮」索要的四千兩銀子由張家代墊，丘逢甲一行才得於六月五日夜晚啟航內渡。私通「紅炮」的張家長工「戇龜」及「紅炮」黨羽，事後受到張家的查辦。[24]丘逢甲一行內渡時之緊迫、困窘、艱危之情狀，由此可見一斑。另據當年曾去港口送丘逢甲內渡的一位黃姓老翁在台灣光復後的回憶：丘逢甲「他們三、四十人帶的都是隨身行李，並沒有什麼笨重的箱囊之類的東西。在兵荒馬亂的時候，說他們帶有大量白銀，那是絕不可能的；要是故意這樣講，則就很對不起這位忠心愛國的讀書人了。」[25]這位「目擊者」的回憶，看來較為合乎情理。

誠然，丘逢甲內渡不可能不隨身帶些盤纏，否則又如何維持一行三、四十人的生活開支呢！這些銀兩從何而來？對此，親身參加過抗日保台鬥爭的丘逢甲門生謝汝銓曾有詩云：「飛電燕京誓枕戈，待臣死後始言和；家資席捲隨唐遁，伏處羊城愧恨多。」謝某在另文中自注曰：「『家資席捲』云者，以丘師只收拾家財，別無所取。」[26]這種記敘，或較近實。此外，丘瑞甲在《先兄倉海行狀》中回憶說：新竹「義軍力禦，經二十餘晝夜。初，戰皆捷，因槍彈少，不支」，「先兄知事無可為，乃回台中，與先考妣倉促內渡，時已六月初旬矣。彼時，家小仍留台中，不數日，日人搜求急，住家被焚淨盡。幸田穀未收，地產尚存，舉家卒得全回原籍者，實賴有此耳。」對照謝、丘二人所言，兩者大體一致。

最後，聯繫丘逢甲甲午戰前的生活、思想和他乙未內渡後的際遇景況，「捲餉」之說也不足信。

丘逢甲出身於鄉村塾師家庭，自幼受清朴剛正家風的薰陶和艱苦生活的磨煉，「幼負大志」，渴望報效國家民族。中進士後，明擺著升官發財之路不走，他寧願棄職從教，過較為清苦的教讀生活，並多次婉拒唐景崧的入仕之邀。他一貫鄙視貪官污吏和蠅營狗苟之徒，曾作〈黃金台〉、〈蟲豸詩〉、〈去思詞〉等詩予以抨擊和譏諷。對於鄉間族人以厚禮請其主持婚喪喜慶之事，他也「感到十分厭煩，經常避免參

---

24 見《台中文史》，一九九三年出版，張明正：《丘逢甲進士內渡燒紅炮考》。
25 參見丘念台《我的奮鬥史》。
26 謝汝銓《乙未抗日雜記》。

加。」他說：「地瘠何堪再刮皮？」「宦味何如詩意濃？」滿足於「桃李門前春又深」的教讀生涯。正由於他與下層社會有較多接觸，對民間疾苦有所體察，同情農家終年勞作而不得溫飽和山胞備受歧視盤剝的淒苦命運，才能寫出如〈農歌〉、〈早春即事〉、〈種菜〉、〈老番行〉等許多頗具人民性的優秀作品。因此，只要我們客觀地、實事求是地聯繫丘逢甲乙未內渡前的詩作和生活經歷，就不難看出，甲午戰前的丘逢甲，是位憂國憂民、淡泊仕途、關心民瘼和鄙棄利祿的正直愛國的知識份子，決非見利忘義的無恥之徒，不存在「捲餉」貪贓的思想基礎。也正因如此，他才能在祖國的危難之秋，拍案而起，不顧身家，不計成敗榮辱，投筆從戎，肩負起抗日保台的重任。

丘逢甲兵敗內渡抵達福建泉州後，樺山資紀曾派人跟蹤而來，以金錢地位為誘餌，企圖說服丘逢甲率眾回台，為其所用，但卻遭到丘逢甲的嚴辭拒絕。於此也可見丘逢甲確非、志在金帛的貪婪之徒。

那麼，丘逢甲內渡後的生活景況又如何呢？如果他果真「捲餉十萬」內渡，丘家也應成為嶺東富極一時的暴發戶，然而事實卻並非如此。

據跟隨丘逢甲內渡的丘氏族人回憶：當年他們由泉州登岸，返抵故鄉鎮平，「沿途都曾居留了個把月，由於三、四十人的開銷很大，管理財務的人已感難以支應。」[27]丘琮回憶說：返回故鄉後，「由於人口眾多，耗費浩繁，買些土地，蓋些房子，生活費就沒有了。居留不過半年，不得不去潮州另謀出路，我的父親擔任教席，三叔樹甲經營生意，藉以維持部眾生活」，「不到一年，鑒於大家生活難繼，我的伯父和謝統領也不得不揮淚離粵回台。」[28]

看來，丘琮的記敘並非虛飾之詞。丘逢甲在鎮平定居後，築廬於淡定山村，計大小三、四十間平房，規模不算宏大，十多畝田交人佃耕，果園、菜圃則自行經營，他自己在潮州一帶講學，丘樹甲則去潮汕經商，基本維持一種小康生活。大概已不如在台灣時的生活境況，因此，戊戌年除夕，丘逢甲曾賦詩囑咐家人宜自奉儉樸、知足常樂，詩曰：

> 草草杯盤餞歲筵，莫嫌風味遜從前。
> 滿城多少貧兒屋，難過錢荒米貴年。

---

27 丘琮：《我的奮鬥史》。
28 同注27。

此外，在〈答台中友人〉等詩中，也有「湛身難訴遺民苦」、「但將文字救饑寒」等詩句，這類詩句確是作者內渡後清苦生活的寫照。即便如此，丘逢甲仍安於教讀，一再謝絕粵撫許仙屏的出仕之邀。一九〇六年後，丘逢甲到省城供職，社會地位雖已提高，與督撫大吏交往密切，但卻並不阿附權貴、鑽營利祿，甚至連家眷都不帶在身邊。在鎮平鄉間，他力倡革除婚喪喜慶中的奢糜陋俗，對嗜煙賭博，歷來深惡痛絕，「遇吸者輒勸戒絕」；出任廣東諮議局副議長後，更力主嚴禁煙賭。他一生自奉儉樸，十年浩劫期間，有人盜掘丘墓，原蕉嶺縣文化局湯國雲局長勘查現場後，說墓穴中的陪葬器物僅有瓷煙筒、眼鏡等幾件日常生活用品而已。

一九八〇年春，筆者在廣州走訪了九十七歲高齡的老同盟會員溫翀遠先生，溫老先生回憶說：「我在青年時代，一向十分敬仰仙根先生，喜歡聽他講述國內外大事。他為人剛正清樸，他的兒子丘琮，在『五四』前去東京讀書，考取了官費生，每月才三十二元。但丘琮省吃儉用，留下一半，把他弟弟丘琳接到東京讀書，兩人合睡四個榻榻米（席子）寬的小房間，兄弟兩人一直過著清苦的生活。如果丘家廣有資財，他們兄弟又何必裝窮？也難有這種刻苦精神啊！」[29]據瞭解，一九五二年蕉嶺縣土改時，「丘家子侄後裔七、八十人，多以教讀謀生，故居房舍未增一間，田地不上百畝，亦無工商企業」；故居及墳墓，直到一九八四年才由人民政府撥專款修復。所有這些，都從側面說明：丘逢甲謝世後，並未遺留巨額錢財供子侄孫輩們揮霍享受。

基於上述四點，筆者以為，所謂丘逢甲「捲餉內渡」之說實不足信。誠如南社詩人丘復所說：「近人連雅堂（橫）著《台灣通史・丘逢甲傳》，尚有疑其『挾款而去近十萬云』之語，不知先生歸鎮平寓居東山烏石山房，賴人賙恤之款安在哉，甚矣，野史之不足信也！……《通史》成於事後近三十年猶無定論，二十四史皆可作如是觀，孟子所以云：『盡信書不如無書也！』」[30]當然，連橫所著《台灣通史》是一部頗有影響的史學論著，但囿於時代局限及史料之不足，其中亦確有不少訛誤，廈門大學台研院鄧孔昭教授撰有《台灣通史辨誤》一書，對連著作了數百處的補正，彌補了該書之不足。

---

29 丘琮留學日本時的艱苦景況，在其自傳《我的奮鬥史》中有詳細敘述。

30 丘復《念廬詩話》（未刊稿）。

# 附錄二：試論 1895 年「台灣民主國」的民主性

1895 年 5 月，在舉國聲勢浩大的反割台反賣國怒濤中誕生的「台灣民主國」，不僅是近代台灣史上異乎尋常的重大事件，同時也是中國近代政治思想史上頗為值得重視和探討的重要課題之一。

目前大陸學術界對台灣民主國的反帝愛國性質及其在近代中國人民反帝鬥爭史上所應佔有的地位，已基本達成共識。但由於對這一課題的研究仍甚為薄弱，因此對民主國的階級屬性，也即這一政權代表哪一階級的利益？它究竟屬於何種政體的政權？以及這一政權是否具有民主性？等等在這樣一些重要問題的認識和評價上，至今仍存在著重大分歧。

一種觀點認為，台灣民主國雖自稱「民主國」，但它「並不是一個資產階級政權」，「與資產階級『民主』概念毫無共同之處」；從階級實質看，它「仍然屬於地主階級政權」，「首先反映了地主階級的利益和要求」。而另一種觀點則認為，台灣民主國是資產階級性質的政權，它「將民主共和制度破天荒地在中國國土上進行了實踐，成為中國近代民主政體的濫觴」，是「中國乃至亞洲第一個民主共和政體」[1]。

筆者認為，上述兩種觀點均不免失之偏頗。前者忽視了民主國政權「民主性」的一面，貶低了它在中國近代政治思想史上所具有的歷史地位和歷史作用；而後者則將其「民主性」的一面過分誇大，從而把它的歷史地位和歷史作用拔高到了不適當的地步。

為探求歷史真相，筆者擬對上述問題作一粗淺分析，力圖對台灣民主國的階級屬性作出較為客觀公允的評價。

---

[1] 以上觀點均見吳宏聰、張磊主編：《丘逢甲研究》，廣東人民出版社，一九八六年十一月。

## 一、「台灣民主國」政權的幾個特點

「具體問題，具體分析」是馬克思主義的活的靈魂。筆者認為，探討民主國的階級屬性，首應避免將其視作一般「常態」下建立的「正規」的國家政權，而必須特別注意把握這一政權的以下幾個基本特點：

首先，從它產生的過程來看，具有典型的「被迫性」和「倉卒性」。眾所周知，台灣民主國是在甲午中國戰敗、馬關簽約、腐敗賣國的清政府不顧全國人民的堅決反對，執意割台畀日，台灣人民在「無天可籲，無主可依」、「無人肯援」而又不甘臣服日本、脫離祖國這樣一個特殊歷史背景下被迫建立起來的抗日政權機構。也就是說，它既非人民革命的產物，也非統治階級內部爭權奪利互相傾軋的結果。現存史料表明，在5月8日「煙台換約」之前，台灣官紳們尚無建立民主國的任何意向。「煙台換約」之後，割台已無可挽回，走投無路的台灣官紳們才萌生出「自主保台」的構想。首次亮出「建國」旗號是5月15日。這一天，丘逢甲、陳季同、林朝棟等人在台北籌防局集議，隨後公集撫署遞呈，請唐景崧暫攝台政，並以「全台紳民」的名義，電稟總理衙門及各省大吏：「台灣屬倭，萬姓不服，……伏查台灣為朝廷棄地，百姓無依，唯有死守，據為島國」[2]。民主國正式向中外宣告成立是5月25日。也就是說，這一政權從醞釀到建立，如果從5月8日「煙台換約」開始算起的話，也才不過短短18天的時間，可見其「倉卒性」。因此說，台灣民主國的產生過程與一般常態下建立的國家政權不能相提並論。

其次，從主事者的意圖來看，具有「權宜性」或曰「臨時性」。正因為這一政權是在台灣官紳們迫不得已的情況之下匆忙建立起來的，因此其主事者從「建國」伊始便沒有長遠打算。民主國「總統」唐景崧在就職當天給清廷發的奏報中云：「只可臣暫留此，先令各官陸續內渡，臣當相機自處……伏思倭人不日到台，台民必拒；若炮台仍用龍旗開仗，恐為倭藉口，牽涉中國，不得已允暫視事，將旗發給炮台暫換，印暫收

[2] 王芸生：《六十年來中國與日本》（三），三聯書店，一九八〇年六月。

存，專為交涉各國之用」[3]。這段話一連用了四個「暫」字。又如以「台灣紳民」名義對外發佈的文告中稱：「今已無天可籲，無人肯援，台民唯有自主，推擁賢者，權攝台政。事平之後，當再請命中朝，作何辦理……如各國仗義公斷，能以台灣歸還中國，台民亦願以台灣所有利益報之」[4]。上引史料可以清楚看出，台灣官紳創立民主國只不過是為拒日割台所採取的「臨時性」應急措施，一時的「權宜之計」，意在「圖固守以待轉機」，一俟條件成熟，還是要「請命中朝」，「以台灣歸還中國」的。從這一點看，台灣民主國顯然也與一般常態下建立的國家政權截然不同。

再次，從政權的地位而言，台灣民主國還具有明顯的「地方性」。民主國創建者在其發佈的文告或奏稿中雖一再聲稱「自立為國」，並公推「總統」、任命「大臣」、推選「議員」、設立「議院」、更改「年號」、制定「國旗」、草定「憲法」等等，表面看來，似乎真的脫離了清廷，「另立中央」。但我們可以看到，同樣是在這些文告和奏稿中，民主國的創建者以更加鮮明的態度反復申明：台灣雖暫時脫離了祖國，但仍然是中國領土不可分割的一部分。例如以「台灣紳民」的名義發給清廷的十六字電報稱：「台灣紳民，義不臣倭，願為島國，永戴聖清」[5]；唐景崧以「總統」名義曉喻全台文告則曰：「唯是台灣疆土，荷大清經營締造二百餘年，今須自立為國，感念列聖舊恩，仍應恭奉正朔，遙作屏藩，氣脈相通，無異中土」[6]；而劉永福在台南發佈的與台民「盟約書」中說得更加明確：「變出非常，改省為國，民為自主，永隸清朝……為大清之臣，守大清之地，分內事也……雖明為抗旨，實隱為遵旨」[7]。他們定民主國年號為「永清」，意在表示台灣永遠屬於中國。制「藍地黃虎」為國旗，「虎首內向，尾高首下」，與清廷的「青龍旗」相對應，以示「龍在上，虎在下，尊卑分明，臣服清朝，永隸中國」[8]。再說「官制」，唐景崧雖稱「總統」，但總統印章僅限於對外洋各國使用，對清廷和大陸各省以及台灣本省文武屬員仍以舊銜相稱。民主國的「內務

3 王芸生：《六十年來中國與日本》（三），三聯書店，一九八〇年六月。
4 王芸生：《六十年來中國與日本》（三），三聯書店，一九八〇年六月。
5 《自稱島國》，見《申報》一八九五年六月三日。
6 王芸生：《六十年來中國與日本》（三），三聯書店，一九八〇年六月。
7 《中日戰爭》（六），《台灣抗戰日方資料》。
8 姚錫光：《東方兵事紀略・台灣篇》。

大臣」、「外務大臣」和「軍務大臣」，其銜名也僅對外使用，對內則稱「督辦」。而其餘道、府、廳、縣各地方官制，則一律照舊不變[9]。可見，事實上民主國的主事者並不認為他們創建的這一新政權機構具有「中央政府」的實際意義。在他們的心目中，清朝皇帝仍然是他們的「皇帝」，清朝中央仍然是民主國政府的「中央」，台灣仍然是中國的一個省，而他們自己則依然是「大清之臣」，拒日割台則是「守大清之地」。民主國政權的這一重要特點，顯然也和一般常態下建立的正規的國家政權有著本質的不同，以其說它是個新建立的「國家」，不如更確切地說它是個「地方自治」政府。僅就其與中國的關係而言，這一政權類似於辛亥武昌首義後宣佈脫離清廷所建立起來的各省新的政權機構。雖然它們都宣佈脫離清廷而「獨立」，但這並不等於和中國分離而另外建立一個國家，不同之處在於：前者脫離清廷是「被迫」的，而後者則是「主動」的；前者仍企圖等待時機重歸清朝中央政府管轄，而後者則是要推翻清廷，「另立中央」，取而代之。

第四，從民主國存在的時間和政權建設方面來看，又具有「短促性」和「不完善性」。以往有關論著，一般大都認定台灣民主國僅存在了 12 天時間，即 5 月 25 日成立的這天算起，到 6 月 6 日唐景崧內渡、台北失陷為止，認為「後面的鬥爭已和民主國無關了」，似乎它在抗日保台鬥爭中並沒有起多大作用。但筆者同意戚其章先生的觀點，即認為民主國存在的時間不是 12 天，而是 148 天。也就是說，應該算到 10 月 21 日台南陷落為止，約五個月的時間，這樣較為符合歷史事實[10]。但即便如此，作為一個政權而言，它仍然是極其短命的。在這五個月的時間裡，民主國始終處在緊張的戰亂之中，從未獲得過哪怕很短時間的喘息機會。而且唐景崧內渡後，民主國在台北建立的中央政權機構旋即瓦解，為堅持抗日，劉永福等台灣官紳不得不「另起爐灶」，在台南重新組建民主國中央機構。由於上述種種原因，台灣民主國的政權建設工作沒有也不可

---

9 （11）轉引自戚其章：《關於台灣民主國的評價問題》，《北方論叢》，一九八四年第一期。

10 有關民主國存在時間的考證，請參見戚其章：《關於台灣民主國的評價問題》（《北方論叢》，一九八四年第四期）和拙文：《台灣人民抗日保台愛國鬥爭的光輝一頁——一八九五年「台灣民主國」性質初析》（《台灣研究》，一九八八年創刊號）。

能得到充分和全面的展開，許多重要政策、措施、法令等等尚未來得及制定，或雖已制定但並沒有真正得到貫徹實施。也就是說，台灣民主國是一個很不完善、尚未真正成型的政權。還在繈褓之中，便告夭折。

台灣民主國的上述四個基本特點，說明它確非一般「常態」下建立的「正規」的國家政權，而是在特殊歷史條件下被迫倉卒建立起來的一個臨時性的而又十分短暫的、很不完善的「地方自治」抗日政權。只有對此有比較清楚的認識，我們才可能對民主國的階級屬性作出較為客觀公允的實事求是的評價。

## 二、如何評估「台灣民主國」政權的民主性

既然民主國並非是個在「常態」下建立起來的「正規」的國家政權，既然這個政權確切地說不是一個具有實質意義的真正的「國家」，那麼很顯然，在探討這一政權的階級屬性時，如果我們只是簡單地、生吞活剝地套用馬克思主義關於國家政權方面的學說，那就勢必導致得出片面乃至錯誤的結論。

台灣民主國政權究竟是否具有民主性呢？如果有，又具體體現在哪些方面呢？

筆者認為，如果我們從中西方思想文化交流的角度來看，從當時整個中國的大視野下來觀察問題，台灣民主國政權的民主性是顯而易見不容否認的。這主要體現在一下兩個方面：

（一）「台灣民主國」的「國名」本身，便具有資產階級「民主」的意涵。它是當時中國正在開始向資產階級轉化的封建官紳，學習西方，接受西方資產階級「民權」思想的影響，並企圖利用這種思想救亡圖存的產物。

有論者稱：台灣民主國之「民主」，「按其本意，乃是『台民自主』……絕不能望文生義，從而把『台灣民主國』之『民主』誤解為資產階級專政的國體」。[11]此話雖不錯，但我們不能不進一步深究：「台民自主」

---

[11] 轉引自戚其章：《關於台灣民主國的評價問題》，《北方論叢》，一九八四年第 1 期。

的觀念從何而來？而這一觀念的提出和使用所反映出的思想內涵又是什麼？它體現了哪一階級的思想原則？

據史料記載，首先提出「自主保台」對策的是唐景崧手下的幕僚陳季同（一說在籍工部主事丘逢甲）。陳季同（1851－1907），字敬如，福建閩侯人。早年曾積極從事洋務活動。1877 年赴法國巴黎大學法學院研修法科和政治學課程。從 1878 年起，先後任駐法、德、意、比、奧、丹麥、荷蘭等國中國公使館參贊多年，並曾任代理駐法公使。他通曉英、德、羅馬、拉丁數種文字，熟諳國際事務，尤精法國政治及拿波侖法典，是當時在中國知識份子當中比較瞭解西方，受西方資產階級民主思潮影響薰陶較深的人物之一。1895 年春，台事告急，他受唐景崧之邀，赴台任副將，成為唐幕中的主要智囊人物，同時也是「台灣民主國」抗日政權的主要創建者之一。

早在「煙台換約」之前，台灣官紳便企圖利用西方的《萬國公法》，力爭刪除割台條款。在 4 月 28 日唐景崧給總理衙門的電奏中，就曾引用西方出版的一本國際法參考書《公法會通》中的有關內容：「查《公法會通》第二百八十六章有云：『割地須商居民能順從與否』。又云：『民必順從，方得視為易主』等語」[12]。也就是說，「在政權轉換生效之前，須先諮詢其居民是否默許此一轉換」[13]。試圖以此懇求清廷廢除《馬關條約》，並「請各國公議，派兵輪相助保台」[14]。「煙台換約」後，割台已成定局，於是在台北籌防局召開的官紳會議上，陳季同又根據《萬國公法》：「民不服某國，可自立民主」的原則，提出了「民政獨立，遙奉正朔，拒敵人」的主張[15]。得到與會官紳們的一致贊同，「自立民主」之策乃最後確定。在 5 月 15 日首次亮出「自主保台」旗號的那份「電稟」中即說：「懇請各國查照割地紳民不服公法，從公剖斷，台灣應作何處置」[16]。5 月 25 日，即民主國成立當日發佈的「台民佈告」中，再次申明：「考公法，讓地為紳士不允，其約遂廢，海邦有案

12 王芸生：《六十年來中國與日本》（三），三聯書店，一九八〇年六月。
13 （美）藍厚理：《一八九五年之台灣民主國——近代中國史上一段意味深遠的插曲》，《台灣論叢》（一）。
14 王芸生：《六十年來中國與日本》（三），三聯書店，一九八〇年六月。
15 陳衍：《閩侯縣誌・陳季同傳》及思痛子：《台灣思痛錄》。
16 王芸生：《六十年來中國與日本》（三），三聯書店，一九八〇年六月。

可援」[17]。總之，台灣官紳們堅信他們「自主保台」、「自立民主」乃是完全符合《萬國公法》精神的，並始終盼望這一「公法」的發明者西方列強能「仗義執言」、「拔刀相助」，幫助中國拒日割台。

上引史料足以說明，台灣官紳「自主保台」的構想以及「台灣民主國」「國名」中所內涵的「台民自主」觀念，均源自於西方的《萬國公法》。所謂「割地須商居民能順從與否」、「民必順從，方得視為易主」，所謂「民不服某國，可自立民主」云云，都是與中國傳統的封建統治思想和倫理道德觀念格格不入的。無庸置疑，它所體現的乃是典型的資產階級「民權」觀和思想原則。可見，「台灣民主國」之「民主」二字，雖不能誤解為「民主共和」，從而把「台灣民主國」政權拔高為「資產階級階專政的國體」，但不可否認，它確實隱含著鮮明的資產階級民主色彩，反映出當時中國的愛國進步士紳已懂得利用他們剛剛從西方學來的新的思想武器來抵禦外國帝國主義的侵略，以圖達到救亡圖存的目的。然而，反割台鬥爭的慘痛歷史事實告訴我們，這只能是一種幻想！

（二）公舉「總統」、推選「議員」、設立「議院」、改變「官制」、草定「憲法」，民主國創建者的這一套建「國」藍圖與舉措，無論其具體實踐如何，其本身便是對封建專制集權統治的一種背叛與否定，閃爍著資產階級民主的火花。

眾所周知，傳統的封建統治思想，其核心是「君權神授說」，即所謂「天子受命於天」、「王者承天意以從事」。而封建統治的最大特點，則是君主專制集權，即所謂「君權至上」、「朕即國家」。皇帝說的話稱為「聖旨」，也就是「憲法」。全國從中央到地方的各級官吏皆由皇帝任命，受制於皇帝，形成寶塔式的層級控制。清朝政權乃是這一封建君主專制統治制度發展的頂峰。

反觀台灣民主國，無論從權力的產生還是從權力的分配角度來看，都是對上述封建統治思想的明顯背叛與否定：民主國「總統」如果視為「一國之君」，他並非「受命於天」；如若視作「地方官員」，也非由皇帝任命，相反，是違抗皇帝內渡「聖旨」由民「公舉」而來的。唐景崧致電清廷稱：「嗣後台灣總統，均由民舉」[18]。民主國「大將軍」劉永福、「義軍統領」

---

[17] 王芸生：《六十年來中國與日本》（三），三聯書店，一九八〇年六月。
[18] 王芸生：《六十年來中國與日本》（三），三聯書店，一九八〇年六月。

丘逢甲以及議院的「議長」、「議員」等，皆是由民「推舉」出來的。此外，民主國還重新任命了一大批地方官吏，尤其在台南，劉永福把清政府設置的一套地方官製作了重大改變和調整（詳見後文）。所有這些舉措，都不能不認為是對封建皇權的一種大膽「叛逆」，體現出可貴的民主精神。

關於民主國草定「憲法」和設立「議院」，是史學界爭論較多、分歧較大的兩個重要問題。

有論者認為，「遍查有關文獻，還沒有發現台灣民主國的『臨時憲法』」，言外之意是它根本就不存在，並據此否認台灣民主國的民主性。但筆者認為：

第一，我們不能因為目前尚未發現民主國的「憲法」就簡單地否定它的存在。如前文所述，民主國成立後戰事緊迫，很快瓦解，有可能「憲法」雖已「草定」，但尚未來得及討論和修改定稿，因而也就未能正式對外公佈。

第二，民主國創建者既懂得推舉「總統」、「議員」和設立「議院」這一套西方資本主義的政治制度，自然也不會忘記需要制定一部相應的「憲法」。這不僅有同時代人的記載，唐景崧就職「總統」時也曾在其發佈的「曉喻」中稱：「國中一切新政，應即先立議院，公舉議員，詳定律例章程，務歸簡易」[19]。丘逢甲內渡大陸後也曾與人說：「民主國自籌備而成立而敗亡，雖為時不久，然憲法、議院、郵政、幣制均具，其改制有足多者……」[20]。可見，輕易否定民主國曾「草定憲法」，未免失之武斷。

第三，退一步而言，即便「憲法」並未草定出來，但其「構想」本身便是對「君權神授」傳統封建統治思想的否定，同樣具有可貴的民主精神。

有關史料說，民主國「憲法」為丘逢甲所「草定」[21]。丘逢甲（1864－1912），字仙根，號蟄庵，台灣彰化東勢角（今台中縣東勢鎮）客家人，祖籍廣東鎮平（今梅州市蕉嶺縣）。1888 年中舉，次年入京會試，中三甲進士，授工部主事職。但他不滿朝政，無意仕途，毅然棄職回

---

19 王芸生：《六十年來中國與日本》（三），三聯書店，一九八〇年六月。

20 丘琮：《怙懷錄》，《嶺雲海日樓詩抄》，第五〇四頁，安徽人民出版社，一九八四年五月。

21 江山瀾：《丘逢甲傳》，同上書第四六一頁。

台，從事桑梓教育。早於中法戰爭後，丘逢甲在民族危機的強烈刺激下思想已發生重大變化。他開始涉獵西方資本主義政治制度，試圖從中尋找到一條強國富民、振興中華的新路。中舉前他在台灣兵備道兼學台唐景崧的幕府中佐治文書，得有機會飽覽唐的大量藏書。據說丘逢甲當時「於古今中外朝聞國政及百家小說，無不覽亦無不記」，「兼習中西時事」，並曾寫成《中國學西法利弊論》，「洋洋萬言，能會中西之通」[22]。尤為值得注意的是，丘逢甲赴京應試期間，曾有幸結識維新派重要人物黃遵憲。丘、黃倆人一見如故，竟夜長談，一同漫遊京師。黃對於時事政治和國家前途命運的精闢見解，給予丘深刻的啟迪和影響。從此，丘逢甲的思想政治傾向發生了質的變化。他毅然棄職還台，恐怕與此不無關係。丘返台後，在其教育實踐中不再重視八股括帖之類的應試文藝，而將主要精力用於介紹中外史地和當今時事政治，傳播西方新知識新思潮，勸閱報章，引導青年放眼五洲，關心國事和民族前途。他還自訂了香港《德臣報》(中文版)、上海《申報》、《字林西報》和《天津時報》等，並常撰文評介國內外大事，鼓吹革新除弊，謀求富國強兵之路。他培養的學生，在後來的反割台鬥爭中成為一支中堅骨幹力量。因此，筆者認為，從丘逢甲當時的思想脈搏來看，從他的政治傾向以及他對西方瞭解程度而言，台灣官紳們推舉他「草定」民主國的「憲法」，乃是頗為可信的。

至於民主國的「議院」，史料記載雖語焉不詳，但為數不能算少。有的論者稱之為「立法機關」，作為評價民主國是所謂「資產階級民主共和國」的有力證據之一；而有些論者則譏之為「空架子」，稱其主要任務只是「為了籌餉，它並不具備西方資本主義國家議會的性質」[23]，並據此否定民主國的民主性。筆者以為，這兩種觀點均有其片面性。

如前文所述，台灣民主國實際上是個「地方自治」政府。就政治思想範疇而言，這一「地方自治」政府的出現不是偶然的，它與當時正在大陸興起的資產階級維新思潮相呼應，鮮明地展現了中國那個時代的特點。

---

[22] 丘菽園：《揮塵拾遺》，同上書第四七五頁。

[23] 以上觀點均見吳宏聰、張磊主編：《丘逢甲研究》，廣東人民出版社，一九八六年十一月。

中國近代政治思想史表明，早在十九世紀六十年代，早期維新派如陳熾、陳虬、鄭觀應等人即已開始涉獵西方地方自治制的有關內容，要求改革中國腐敗的封建的地方官僚政治，「令各省箚飭州縣，一例創設議院」[24]，「以紳耆、士商才優望重者立之」[25]。從中央到地方重大政事由議會做出決定，否定封建君主專制下的個人獨斷專行。隨著民族危機的加深和中國資本主義的發展，到了十九世紀八、九十年代，以康梁為代表的資產階級維新派在尋找救亡圖存方案、探求政治改革的過程中，更進一步發展了早期維新派的「地方自治」思想，極力鼓吹在中國實行西方式的地方自治制，以代替封建專制集權下僵化了的地方統治體制。他們認為，地方自治是「民權之第一基礎」，「民權之有無，不徒在議院參政，而尤在地方自治」，地方自治實質就是「在專制政體之國而興民權，則必不可不將前此固有之君權，割出一部分以讓之天下」[26]。黃遵憲特別是對明治維新後日本的地方議會表示讚許：議員由本籍「民人所選舉者充」，按郡區大小定議員人數；議長副議長「於議員中公選」，「仿於泰西，以公國是而伸民權，意其美也！」[27]。他們認為，一旦設立地方議院，有紳士為議事，「則無事不可辦，無款不可籌」[28]。……

康梁維新派所鼓吹的「地方自治」模式，顯然並不反對「官治」，也沒有要求完全的地方自治權，更沒有提出要廢除地方官僚政治。他們保證「訟獄委之於官」，「辦事仍責之有司」[29]。議員只有「評事議事之權而已，辦事之權仍官操之」[30]。也就是說，地方議院只是對地方重大興革事項進行討論，提出方案，提供官府採納。這種溫和的改革設想，反映了中國新興的民族資產階級企圖與封建地主階級分享政權的意識和要求，同時也是他們試圖以此拯救時政、挽救民族危亡的

---

24 陳虬：《開議院》、《治平通議》，轉引自丁旭光：《近代中國地方自治研究》，廣州出版社，一九九三年八月。

25 鄭觀應：《鄭觀應集》（上），第三三〇頁。

26 《問答》，《新民叢報》第二〇號，轉引自丁旭光：《近代中國地方自治研究》第三一頁。

27 黃遵憲：《日本國志》卷十四，《職官志》。

28 梁啟超：《戊戌政變記》。

29 梁啟超：《戊戌政變記》。

30 譚嗣同：《譚嗣同集》（下），第四三九頁。

一種幻想。考查台灣民主國的「議院」，我們不難發現，它與康梁維新派所極力鼓吹的地方自治性質的「議會」相當類似。

台灣民主國事實上曾存在兩個議院。前期為唐景崧任總統時的「台北議院」。史料記載，台北議院最初曾確定設上、下兩院，公推首富林維源為議長。林堅辭不就，以認捐銀一百萬兩作罷。上、下議院擬推選議員八十四名，其中上院二十四名，下院六十名，但當場僅推選出拔貢陳雲林、廩生洪文光、街董白其祥和許冀生等數人[31]。台北議院僅存在了 12 天即隨著台北的失陷而消亡，究竟它做了些什麼事情？是否起到了「立法機關」的作用？史無明載，難以認定，說它只是個「空架子」也未嘗不可。

然而，後期在台南重新設立的議院則不同。它機構較為完整，存在的時間較長，做的事情也較多。據史料記載，台南議院以舉人許獻琛等 3 人為「主議」，盧振基等數人為「參議」[32]。他們定期開議，大凡「立官立政，進退人才，因革損益」等軍國要政，均經議院討論議決後，提供給劉永福採納施行[33]。而劉永福主持下的台南民主國政府顯然要比唐景崧的台北民主國政府機構更加完備，運轉也更有效率：它建立起了一個由七人組成的「委員會」負責處理日常政務；設立了「籌防局」，以許獻琛、陳鳴鏘為局長，分東、西、南、北、中五段籌防，「佈置周密」；另設糧台、官銀票局、厘金局、郵政局、團練局、聯莊局、保甲局、新關稅司等一系列機構[34]；任命了各局的局長、總辦；對所轄地區的縣級官吏也進行了任命，並委任了一些負責轉運、偵察的官吏等等[35]。為解決財政困難，議院還允准發行紙幣、郵票，在民主國政府控制地區流通。此外還發行股票、動員紳民義捐等等，籌款達數十萬元，有效地支持了後期抗日軍民艱苦卓絕的武裝反割台鬥爭。顯然，台南議院不能認為只是個「空架子」，除「籌餉」之外，凡「立官立政，進退人才，因革損益」等軍國要政，全都要通過它討論作出決議，具有相當大的權力與影響

31 （台）鄭喜夫：《民國丘倉海先生逢甲年譜》，台北出版。
32 《萬國公報》，一八九五年十月。
33 《台灣戰記》，《近代史資料》一九六二年第二期。
34 《讓台記》及《近代台灣》。
35 《台灣戰記》，《近代史資料》一九六二年第二期。

力。但是，由於台南議院作出的決議僅供劉永福採納後施行，並無法律效力，因此稱之為「立法機關」也顯然不妥，事實上它兼具諮詢和行政的雙重職能。然而，通過議院的設立，卻使一批資產階級化了的台灣地方士紳名正言順地進入了權力核心，得以分享政權，因而不能不認為它確實具有一定的民主性。

根據以上剖析，筆者認為：

（一）台灣民主國既非「資產階級民主共和國」，也非純粹的「地主階級封建政權」，而是帶有鮮明資產階級民主色彩的、地主階級開明愛國官紳與新興資產階級聯合專政性質的臨時性「地方自治」抗日政權；

（二）由於台灣民主國是在甲午戰後中國民族危機空前嚴重、民族意識空前高漲這一特殊歷史背景下的產物，其主要著眼點在於「拒日割台」，因此，這一政權的職能主要體現在對外反抗侵略的一面，而對內職能的另一面則相對地被民族矛盾所沖淡和掩蓋。從這點看，可以說台灣民主國既代表了地主階級的利益，也代表了資產階級的利益，同時客觀上也反映了廣大人民群眾反抗侵略、捍衛民族尊嚴的要求和願望，因而它符合中華民族的整體利益；

（三）台灣民主國同時還是中西方思想文化交流和當時正在中國興起的資產階級維新改良思潮影響下的產物。儘管由於種種原因，這一政權極為短暫，並不可避免地存在著這樣那樣的弊端和不完善，但它卻是近代中國人民向西方尋找真理的一次極為悲壯的實踐和可貴探索，在近代中國政治思想發展史上佔有相當重要的地位。

## 三、「台灣民主國」政權民主性的物質基礎與階級基礎

台灣民主國政權的民主性並不是憑空而來的，它植根於近代台灣資本主義經濟的土壤之中，自有與其相適應的物質基礎和階級基礎。

早於清中葉，台灣的商品經濟已經相當發達，資本主義經濟呼之欲出。鴉片戰爭以後，由於外國資本主義的入侵，台灣的社會經濟遭

到嚴重破壞，但同時也在客觀上刺激了資本主義因素的成長與發展。特別是 1885 年台灣單獨建省之後，首任台撫劉銘傳著力舉辦洋務新政，使台灣的各項近代化建設蒸蒸日上，資本主義經濟得以迅速成長。到甲午戰爭爆發前夕，台灣的社會經濟結構、階級結構均已發生了重大變化，一躍而成為全國的先進省份。

劉銘傳新政是以振興傳統實業和「清賦」為其經濟後盾的，並在此基礎上著力興辦近代民用企事業，發展新式教育。

1.傳統實業：台灣的傳統實業主要指樟腦業、茶業、糖業、硫磺業和鹽業。在劉銘傳的大力提倡下，上述各業得到快速發展，尤其樟腦業和茶業，產量快速上升，成為台灣出口創匯的主要農產品。當時，僅台灣大稻埕一地，已有茶廠 150 多家，經常雇傭的茶工達 2 萬人以上，成為茶商的主要集散市場。樟腦和茶葉外銷獲利甚豐，民主國創建者之一的林朝棟和商人蔡南生，便是靠經營樟腦業發跡的；「源陸」、「建成」兩茶號的老闆吳福元、王安定、張古魁，則靠雇傭福建技工製作的「包種茶」而致富。糖業發展也很快，糖商沈鴻傑從德國引進新式制糖機，在台南創設新式糖廠；陳福謙則在旗後設「順和行」，將台糖遠販日本、英國，成為巨富[36]。

隨著傳統實業的發展和商業化程度的日益提高，台灣貿易額得以快速提升。從 1886 年到 1890 年，當大陸貿易出現大幅度入超的情況下，而台灣卻相反，一直處於出超的有利地位，以每年遞增 30%的比例高速增長，這是中國近代經濟史上絕無僅有的奇跡。

2.農業：經過編制保甲－清丈－改賦－頒發丈單等一系列步驟，到 1890 年初，完成了全台的「清賦」工作。不僅使入冊田畝和地賦銀額大增，更重要的是理順了原來台灣十分混亂的土地關係，並使農業發生了結構性的變化，逐漸形成了各種農作物的專業種植區，開始出現資本主義的經營方式。例如 1888 年，成立了專營樟腦業的「林合公司」；另有林商黃南球投資植樹，專門製造枕木。此外，還促成了土地資本向產業資本的轉化。如大租戶林維源（即後來被推舉為民主國台北議院院長者），與鉅賈李春生合資建台北千秋、建昌兩條大街，作為市場貿易中心，並經營蠶桑局，成為台灣最著名的地主兼工商業資本家[37]。

---

[36] 姚永森：《劉銘傳傳》，時事出版社，一九八五年九月。
[37] 姚永森：《劉銘傳傳》，時事出版社，一九八五年九月。

總之，振興實業和「清賦」這兩項措施的成功實施，不僅使政府的財政收入大幅增加，為推行新政提供了可靠的資金來源，同時也使民間資本日益壯大，湧現出一大批富甲一方的大商人和企業主。他們積極創辦或投資於劉銘傳創辦的各類民用企事業，成為台灣新興的資產階級。例如，除前述事例外，為修築鐵路而發行 100 萬兩鐵路股票，民間紛紛應募入股；1888 年，民辦煤礦年產量已達 2 萬 3 千噸以上，大大超過官辦煤礦的 1 千 7 百噸；民間資本還投資 6 萬兩，將基隆煤礦改為官商合辦；此外，民間還投資購買西式甘蔗壓榨機和制糖機，精製白糖（1890 年在淡水），引進西式機器創辦煤磚製造廠等等。誠如戴國煇教授所言:正由於有「相當規模的社會經濟基礎，及有逐漸向資本主義商品生產的資本家之存在，才能從內部支撐洋務運動——劉銘傳改革。」[38]

3.民用企業：1886 年 6 月創辦商務局，後又在新加波設立招商局，招募華僑商股，成立輪船公司，航行於東南沿海和東南亞等地，與外輪抗衡；1887 年 4 月設立鐵路總局，招募民間資本，聘請外國和華僑工程師，到 1893 年秋，修成一條基隆到新竹間長達 100 公里的鐵路。這是由中國自行集資和主辦、自行控制全部權益的第一條鐵路，也是第一條官督商辦的鐵路；1888 年 8 月創設大機器廠，引進外國設備，除製造槍炮子彈外，還生產民用伐木機，製造、修理鐵路客貨車輛，這是台灣機器製造業的雛型；1876 年創設伐木局，自行生產鐵路枕木；1887 年 2 月重建煤務局，招募商股加上地方撥款，官商合辦，恢復基隆煤礦生產。到 1891 年，基隆煤礦工人達千人以上，全年產煤 7 萬 7 千噸，僅次於大陸開平煤礦，居全國第二位[39]；1887 年設煤油局，開採後壟石油，年產值 1 萬兩；此外，劉銘傳還曾籌設龜山水力發電所，這是中國有史以來破天荒的事情，可惜因劉的去職而未能完工。

4.民用公共事業：1886 年設立電報總局，鋪設了兩條橫穿台灣海峽的海底電纜，有史以來台灣與大陸之間有了電報聯繫。陸路電報線路也增長至 1055 里。從此，台灣與大陸的通訊聯絡大為改觀；1888

[38] 戴國煇：《晚清期台灣的社會經濟》，《台灣史研究》第四十九頁，遠流出版公司（台北）一九八七年一月。
[39] 周文順：《台陸關係通史》第二五八頁，中州古籍出版社，一九九一年十一月。

年 1 月創設郵政總局，各地設分局，仿照西方郵政章程，印製郵票，辦理島內及與大陸間的信函和包裹業務。當時大陸郵政尚處於由海關試辦階段，而在台灣已創設了較為完備的近代郵政體系。

劉銘傳還十分重視城市建設。當時在台灣的台南、高雄、基隆、淡水、台北五大城市中，台南開發最早，到 1892 年已發展成為一座擁有 85 條命名街道的繁華城市。台北起步最晚，為加速台灣北部的經濟開發，劉銘傳特意將省城設在台北，並下大力進行建設。到甲午戰爭爆發前，台北已經後來居上，建設成為一座有 10 萬人口、資本主義經濟粗具規模的近代化城市和文化教育中心：不僅有寬闊的街道，整齊的樓房，鱗次櫛比的商店、客棧，密集的廠房，雄偉的鐵路，還有郵電局、醫院、養老院、學校、電燈、電話、自來水、理髮店，街道上有奔馳的車輛、熙熙攘攘的人群，有巡迴員警管理交通和治安……一派生機勃勃的繁榮景象，人稱「小上海」！

此外，新式教育也發展起來。1887 年 3 月，在台北設立西學堂，聘請外國教習和僑居外國多年的留學生任教，購置了不少西洋圖書和教學設備，重點講授外語、測繪、理化、算術、史地、漢文課程，開啟了台灣近代教育之先河；1890 年又設立電報學堂，培養電報局需要的司報手和制器手，開台灣職業技術教育之先河；還曾籌設日學堂，擬培養通曉日語的專門人才。

總之，劉銘傳新政在短短的幾年時間裡成績斐然，建樹頗多，影響深遠。他所倡辦的近代民用企業儘管形式多樣，有的官辦，有的官督商辦或官商合辦，也有的純屬商辦，但它們都有兩個共同特徵：一是「它是把它的產品當做商品來生產」；二是「剩餘價值的生產作為生產的直接目的和動機」，因此具有鮮明的近代資本主義企業的性質。據統計，到 1891 年劉銘傳離台前，這些新興民用企業每年的收入已佔台灣國民經濟總收入的 25.4%（其他收入分別為：田賦及各種地租佔 19%、厘金約佔 17%、海關稅收與船鈔約佔 25.1%、樟腦、硫磺及鹽課約佔 13.4%）[40]，很明顯，同其他項目相比較，資本主義經濟所佔的比重已呈領先地位，這說明台灣的社會經濟結構已發生了重大變

[40] 姚永森：《劉銘傳傳》，時事出版社，一九八五年九月。

化。隨之，階級結構也相應發生變化，新興資產階級力量不斷壯大，投資於近代企事業的民間商人、資本家和許多通曉洋務的官員活躍全島，往來於台灣與大陸、東南亞和歐美各國之間，他們對西方資本主義和國際情勢較為熟悉瞭解，要求參與政權、反抗侵略以維護自己的階級利益；同時，通過舉辦洋務新政，台灣風氣大開，影響造就了一大批關注時事政治和國家前途命運而又具有一定新知識、新思想和新觀念的新型知識份子。他們努力擺脫封建主義思想文化對他們的束縛，睜開眼睛看世界，思考和探索救國救民的真理，從而在台灣面臨危難的時刻，挺身而出，拍案而起，發出時代的最強音，成為人民思想感情和切身利益的代表者和代言人。台灣民主國主要創建者之一的丘逢甲，以及在後來的武裝反割台鬥爭中壯烈殉國的義軍統領徐驤、吳湯興、姜紹祖等人，正是近代台灣這一類愛國進步知識份子中的典型代表。

台灣民主國政權的民主性確非空穴來風，它與台灣洋務運動息息相關，以近代台灣資本主義生產力和生產關係的成長和發展為其物質基礎和階級基礎，從而印證了「經濟基礎與上層建築相適應」，這一馬克思主義基本原理的正確性。

注：本文原載於《台灣史研究論文集》（全國台研會／中國史學會主編，1994 年 5 月華藝出版社出版）

# 附錄三：丘氏七代簡表

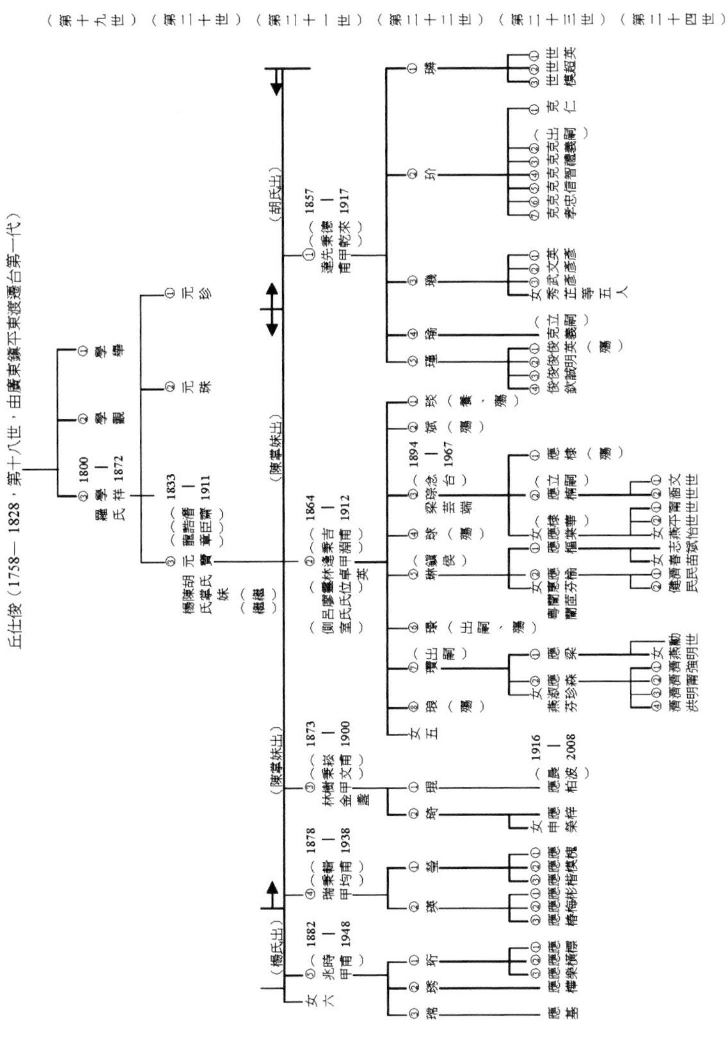


注：一、丘氏後裔第二十四世人數太多，故僅列出傳主丘逢甲直系裔孫；
二、丘家裔孫散居世界各地，雖努力搜詢仍有不少缺漏，敬請鑒諒。

# 附錄四：丘逢甲生平大事簡表[註]

**一八六四年（清同治三年　甲子）一歲**

十二月二十六日（陰曆十一月二十八日）丑時，生於福建省台灣府淡水廳銅鑼灣（今台灣省苗栗縣）之李氏家塾。

曾祖丘仕俊，清乾隆中葉由廣東鎮平（今蕉嶺縣）東遷台灣彰化東勢角（今台中縣東勢鎮）。父丘龍章，台灣貢生，畢生從教。

**一八六五年（同治四年　乙丑）二歲**

**一八六六年（同治五年　丙寅）三歲**

丘龍章開始教其認字，隨學童背誦《三字經》、《千家詩》等淺顯兒童讀物。

**一八六七年（同治六年　丁卯）四歲**

入李氏家塾，由父執教，讀書過目成誦。「以父為之師，讀書同一堂」，「予與弟皆未更他師」（《題崧甫弟遺像》）。

**一八六九年（同治八年　己巳）六歲**

已能寫淺顯文章，自此讀作日不輟。

**一八七〇年（同治九年　庚午）七歲**

始學作短文。

**一八七二年（同治十一年　壬申）九歲**

作《學堂即景》、《萬壽菊》七絕二首詩。

是年冬，祖父丘學祥病逝，隨父返彰化東勢角奔喪。

**一八七三年（同治十二年　癸酉）十歲**

春，隨父遷往彰化三角莊（今台中神岡）魏家設教處，隨父就讀。

在當地望族呂家「筱雲山莊」拜著名舉人吳子光為師，結識呂家汝玉、汝修、汝誠三兄弟及謝道隆（頌臣），得以借閱呂家所藏大量書報，學識大進，入「文英社」課藝，切磋詩文，作《繼而有師命》，獲第一名。

三弟樹甲生。

---

註　該大事年表，主要參考丘晨波的《丘逢甲年譜簡編》和鄭喜夫的《民國丘倉海先生逢甲年譜》修訂而成。

**一八七五年（清光緒元年　乙亥）十二歲**

隨父遷往彰化新伯公莊劉氏家塾設教處就讀，間佐課童。繼續與吳子光及呂氏兄弟密切交往，住溪心祖居。

**一八七七年（清光緒三年　丁丑）十四歲**

虛報十六歲，赴台南應童子試，作《窮經致用賦》及詩、詞各一首，引起閩撫兼學台丁日昌關注，命其屬對並作《全台利弊論》，受丁賞識，特贈「東甯才子」印一方，以資鼓勵。是科院試獲第一，由此聞名全台。

**一八七八年（光緒四年　戊寅）十五歲**

始留心國家大事，曾上書大吏陳論時務。（據江山淵《丘逢甲傳》）

丁日昌因病乞休歸里（廣東豐順），曾貽書招其就學潮州，因丁病卒，未果。

祖母羅太夫人逝世，四弟瑞甲生。

**一八七九年（光緒五年　己卯）十六歲**

生母陳氏病卒，居家守制。

**一八八〇年（光緒六年　庚辰）十七歲**

隨父遷往彰化王子社（今台中豐原翁子里硯池）丘氏書塾教讀。

作七律三首恭祝呂母游氏五十壽慶。

**一八八一年（光緒七年　辛巳）十八歲**

父丘龍章娶繼室楊氏。

是年赴台南院試，偕林氏、呂氏兄弟遍游台南諸名勝古跡。有《竹溪唱和集》。

**一八八二年（光緒八年　壬午）十九歲**

補廩膳，巡台閩撫岑毓英特予接見，獎勉備至。是年，丁日昌在廣東豐順老家病逝，逢甲十分哀痛，謂「每念師門，淚輒涔涔墜也。」

**一八八三年（光緒九年　癸未）二十歲**

受友人鼓勵，三日內作成《台灣竹枝詞》百首（現存四十首）。

迎娶夫人廖氏。

是年冬，中法戰爭爆發。

**一八八四年（光緒十年　甲申）二十一歲**

戰火燃及台灣，法軍陷基隆、據澎湖，痛感國家民族之患，由是「益留心中外事故及西方文化，慨然有維新之志。」

**一八八五年（光緒十一年　乙酉）二十二歲**

秋，首途赴福州鄉試，未售。

是年，唐景崧任台灣兵備道，見逢甲《台灣竹枝詞》百首，許為才士，羅為門生，入幕佐治，並與三弟樹甲同入「海東書院」深造，攻舉子業。唐藏書極豐，遂得以飽覽官方典冊文書及許多西方譯著，「習知中西時事」，學識更為長進，眼界大開。作《中國學西法得失利弊論》，「卷中洋洋萬言，能會中西之通」，極受唐賞識。時，唐於官邸設「文酒之會」，逢甲遂與台灣上層及名士交往日多。

是年應府試，作《何以安置餘勇》獲第一名。

是年底，由台南返彰化翁子社省親，繼續攻舉業。

是年十月，清廷宣佈台灣改建行省，淮軍將領劉銘傳首任台灣巡撫。

**一八八八年（光緒十四年　戊子）二十五歲**

秋，再赴福州鄉試，中試，榜列第二十八名。

**一八八九年（光緒十五年　己丑）二十六歲**

春二月，首途赴京會試，中第八十一名貢士；續應殿試，中三甲第九十六名進士，欽點工部虞衡司主事。到署未幾，以清廷腐敗、百政紊亂，厭之，以親老告歸，棄職返台，沿途遊歷滬濱等地。

寓京期間，結識黃遵憲、溫仲和等人，遍游京師，見聞益廣。

返台後，往台南謁唐景崧，婉拒唐勸其出仕之邀，旋歸彰化奉親。

**一八九〇年（光緒十六年　庚寅）二十七歲**

應唐景崧之聘，任台南崇文書院主講，同時兼任台中衡文書院及嘉義羅山書院主講。慨括帖之無用，除略課應試文藝外，主要講授中外史實及西方新知識、新思潮，並「勸閱報章，以廣見聞。」招收高山族青年入學，黃遵憲聞訊，作《歲暮懷人詩》贊之。

是年，買台灣縣大埔厝（今台中潭子）張氏宅院，取名「柏莊」，舉家遷入。

**一八九一年（光緒十七年　辛卯）二十八歲**

仍主講崇文、衡文、羅山各書院。

是年夏，劉銘傳離台歸鄉。秋，邵友濂接任台撫，旋將省會遷往台北。

六月，唐景崧升署台灣布政使，赴台北履新。唐先後在台南、台北署內設「澄懷園詩文酒會」和「牡丹詩社」。丘逢甲為兩詩社積極參與者，課餘常前往唱和，詩名因此而譽滿全台。兩詩社詩友所作輯為《澄懷園唱和集》和《詩畸》。

**一八九二年（光緒十八年　壬辰）二十九歲**

繼續主講各書院。

是年自編《柏莊詩草》，收入二月至八月所作近體詩二百餘首。為台南「延平郡王祠」題寫楹聯兩幅。

是年，《台灣通志》總局正式開設，被聘為採訪師，負責採訪、補輯鄉土故實，遂有較多機會深入民間，瞭解社會民情。

是年與台南鹽務提調胡傳相識，與台北知府陳文騄、台北知府唐贊袞有唱和。

是年，由謝道隆作伐，娶如夫人呂隋珠。

**一八九三年（光緒十九年　癸巳）**三十歲

繼續主講各書院，兼任〈台灣通志〉採訪師。

是年，唐景崧編刻的《詩畸》出版，內收丘氏七律五十首及詩鐘對句二百一十五聯。

**一八九四年（光緒二十年　甲午）**三十一歲

三月十一日，呂夫人生三子琮。

七月，中日甲午戰爭爆發，預感台島危難，對友人說：「日人野心勃勃，久垂涎此地，彼詎能恝然置之乎！」遂日集鄉民訓練，以備戰守。

九月，由唐景崧奏准創建義軍，初稱團練，丘「傾家財以為兵餉」，以守土拒倭號召鄉里，至是年冬，全台編冊計一百六十餘營，特別編練者三十二營，丘氏負責「總辦全台義勇事宜」，父丘龍章命子弟能戰者皆入營。

十月，邵友濂內調，唐景崧升署台撫，刑部主事俞明震來台幫辦防務。

十一月，團練改稱義軍，自任全台義軍統領，設司令部於台中柏莊，祭旗誓師，駐防台中、新竹等地，兼任籌餉。

**一八九五年（光緒二十一年　乙未）**三十二歲

三月，中國戰敗，清廷派李鴻章赴日乞和。

三月上旬，奉命率所部義軍北上，駐防台北後路南嵌至後壟一帶，坐鎮元帥廟。

四月十七日，馬關約成。聯合台紳，三次刺血上書，要求廢約再戰，清廷執意割台，煙台換約後，勢難挽回，遂聯合官紳，倡立「台灣民主國」。

五月二十五日，民主國成立，擁唐景崧為總統，自任全台義軍統領，以藍地黃虎為國旗，改年號「永清」，致電清廷：「台灣士民，義不臣倭，願為島國，永戴聖清」，以示台灣永屬中國。

六月初，日軍大舉侵台，不久，台北告失，唐景崧內渡，日軍南侵，所部義軍苦戰不支，退守台中。

六月中，義軍誓師北上，新竹一役，血戰二十餘晝夜，因餉絕彈盡而失利。在所部星散、叛徒出賣、日軍嚴索、道路梗阻的困境下，被迫於七月底奉父母內渡。臨行，作，《離台詩》六首，其他家屬，由三弟樹甲帶領，另途內渡。

八月初，抵達泉州，經廈門、汕頭、潮州，於陽曆九月上旬舉家返抵祖籍廣東鎮平（今蕉嶺縣），在東山村賃屋居住。

**一八九六年（光緒二十二年　丙申）**三十三歲

夏，淡定村「心太平草廬」草創，舉家遷入。

六月，赴廣州，結識粵撫許振禕、菊坡書院山長梁居實等，遍遊省垣及潮、嘉、香港諸名勝。

冬，奉旨「歸籍海陽」，攜家小寓居潮州。

是年，以部將吳湯興、姜紹祖、丘國霖、徐驤等壯烈殉國，具文湖廣總督張之洞請恤表彰，不報。

乙未內渡後，詩篇始有存稿，歷經家國之變，多為悲涼哀壯之作。

**一八九七年（光緒二十三年　丁酉）**三十四歲

春，應潮州知府李士彬之聘，主講韓山書院，「以科舉必廢，課文外兼課科學」，介紹東西方文明，被頑固勢力「目為異端」。年終，憤而辭去。是年起，與僑居新加坡的丘菽園書信交往日趨頻繁，詩文酬唱日多。

**一八九八年（光緒二十四年　戊戌）**三十五歲

春，主講潮陽東山書院。

六月至九月，光緒帝接受康有為奏議，推行「百日維新」。

冬，黃遵憲因參與變法被黜歸里，特趕往梅州探慰。

是年，詩篇多感懷時事之作，與王曉滄唱和詩甚多，部分輯成《金城唱和集》刊佈。

是年，為丘菽園的《菽園贅談》作長序，痛斥清朝吏治的種種腐敗無能，另作〈感事〉五律二十首，作為《政變詩》，附編於丘菽園《星洲上書記》之後，猛烈抨擊慈禧，盛讚維新志士。

**一八九九年（光緒二十五年　己亥）**三十六歲

仍主講潮陽東山書院，兼任澄海景韓書院主講。

冬，辭去東山、景韓兩書院教席，在潮州（後遷汕頭）獨立謀辦新式「嶺東同文學堂」，聘日人熊澤為教授，灌輸維新學術。

是年末，應康有為之邀，秘密赴港會見維新人士，參與謀劃自立軍「勤王」事；與潘飛聲等唱和多首，遊澳門作雜事詩十五首。

是年，詩作多表揚古代忠義、振奮民族精神，懷昔感今，抒寫抱負。

**一九〇〇年（光緒二十六年　庚子）**三十七歲

三月至六月，受粵省當局委派，赴南洋各埠查訪僑情兼事聯絡。同文學堂托溫仲和等先行招生開辦。途經香港會晤平山周等日本志士。在新加坡與康有為、容閎、丘菽園等會面參與密謀兩廣武裝「勤王」運動。。為「嶺東同文學堂」募得一筆經費。南洋期間，多次發表演說，鼓吹以新觀點弘揚中華文化，廣開學堂，培育人才，以救危亡。

六月中，返抵汕頭，得知兩子——丘琰、丘球均遭鼠疫夭折。回抵鎮平山村，又悉三弟樹甲病逝。

六月，義和團運動進入高潮，八國聯軍入侵京津。

八月，八國聯軍陷北京，兩宮西逃。唐才常等在漢口被捕，旋遭殺害，武裝「勤王」運動失敗。

秋冬，往「入境廬」造訪，與黃遵憲連作唱和詩二十二首。

是年，詩作多感慨時事，哀慮家國。

**一九○一年（光緒二十七年　辛丑）三十八歲**

春，赴汕頭正式創辦「嶺東同文學堂」，自任監督，「以歐西新法教育青年」，有志者「紛紛投考」。

是年，清廷詔籌「新政」，《辛丑條約》簽訂，丘憤列強之入侵，痛國人之愚散，作《汕頭海關歌》、《晨起書所見》等以抒懷。

辛丑至甲辰，一意教務，詩作較少，所作多感懷時變，期許將來奮進之意。

**一九○二年（光緒二十八年　壬寅）三十九歲**

仍任「嶺東同文學堂」監督。秋，兼任學堂管理。

老友謝道隆由台灣到汕頭探望，相聚十天，有唱和作品多首。得悉台中士人組織「櫟社」，詩社宣揚祖國文化、民族意識，丘作詩致意。

**一九○三年（光緒二十九年　癸卯）四十歲**

仍任「嶺東同文學堂」監督兼管理。

是年秋，因「嶺東同文學堂」宣傳新思想，同文學生響應上海愛國學社鼓吹種族革命之號召，革命文字見諸國文課卷，丘氏以「天賦人權」「思想自由」為之申辯，地方守舊勢力藉端搗亂，企圖搞垮學堂牽累丘逢甲。

是年冬，辭去「嶺東同文學堂」職，赴廣州接洽奔走，謀向省垣發展新式教育。

連年，鼓勵新進青年東渡日本留學。

革命思潮漸盛，思想日漸同情革命。

是年三月，唐景崧病逝于廣州旅次，身後蕭條，逢甲撰輓聯悼之。

**一九○四年（光緒三十年　甲辰）四十一歲**

四月，由廣州回鎮平。

是年夏，在鄉設「自強社課」，輔導族中子弟補習文化；在縣城桂嶺書院倡辦「初級師範傳習所」，大力培訓小學師資。

是年冬，在東山、員山創辦兩家族學堂，以始祖諱「創兆」名校。

是年，收謝逸橋為門生，作《贈謝生》，盛讚鼓吹思想言論自由之新進青年。

是年秋，摯友溫仲和在松口病逝，先後作誄、銘、贊。

**一九○五年（光緒三十一年　乙巳）四十二歲**

春，「創兆學堂」正式開學。

三月，黃遵憲病逝，親往弔唁，有輓聯。

八月，孫中山領導的「中國同盟會」成立於日本東京。

是年，派族中子弟往閩之武平、上杭，粵之平遠、嘉應、興寧等縣籌辦族學。

**一九○六年（光緒三十二年　丙午）四十三歲**

春夏，「鎮平初級師範傳習所」結業，改辦「鎮平縣立中學堂」；又於員山創兆學堂附設「師範傳習所」。

夏，應兩廣總督岑春煊之聘，赴廣州任兩廣學務公所議紳兼任惠、潮、嘉視學員，旋任廣府中學堂監督。

九月，清廷宣佈「預備立憲」，丘感歎時勢，作《秋懷》六迭四十八首，縱論古今。

十一月，廣東總教育會成立，被公舉為正會長。

是年冬，收鄒魯為門生。

乙巳至戊申，詩作雖憂傷而怨憤不露，感懷古今、瞻慮中外，「有興復宗邦、拯救民族之意。」

**一九〇七年（光緒三十三年　丁未）四十四歲**

仍任兩廣學務公所議紳兼惠、潮、嘉視學員，廣府中學堂監督等職。

四月，游上杭，拜訪族人，後作憶上杭記遊詩十五首。

五月，同盟會策動的「黃岡起義」失敗，丘勸粵省當局「防止株連」，致使一批黨人倖免於難，清廷詔各省成立諮議局。

十一月，加入立憲團體──「廣東地方自治研究社」，為該社最早社員之一。

是年秋冬，派羅福星赴南洋視察僑教。

**一九〇八年（光緒三十四年　戊申）四十五歲**

仍任前職。

是年春，汕頭中華新報出刊，丘輒將詩文投寄該報披載，先後與梁千仞、葉楚傖結識，互有唱和。謝道隆在台灣建生壙，作為地下詩社文友集會之地，輯成《科山生壙詩集》，逢甲為之作序。

十一月，慈禧、光緒先後卒。

是年，梅州松口發生進步「學潮」，兩廣總督張人駿奏請停辦全梅學校，丘「以華僑利害說之，一言而解。」

年來，革命風潮日盛，丘與革命黨人來往增多，思想益同情革命。

**一九〇九年（清宣統元年　己酉）四十六歲**

仍任兩廣學務公所議紳等職。

五月，好友劉銘伯（士驥）自美洲歸，即被保皇黨人刺殺於廣州寓所，丘悲憤至極，由此促成思想之激變，曾撰聯悼劉，怒斥康黨，並支持劉子劉作楫向兩廣總督呈文要求查辦刺劉兇手及其幕後策劃者。

十月，廣東諮議局成立，當選為副議長，旋安插革命黨人古應芬、鄒魯到局任職。不久，受聘任兩廣總督公署議紳及兩廣方言學堂監督，聘朱執信、鄒魯、丘復等到堂任教。

十二月，偕陳炯明等三人赴上海參加十六省諮議局代表會議。

是年，為子丘琮命字「念台」。

己酉至辛亥三年，詩作多描寫山川，少寫情感；而有所作，則判華夷、倡忠義，多揭國家民族精神，詩風雅麗飄逸，別具一格。

**一九一〇年（宣統二年　庚戌）四十七歲**

仍任前職。

二月，革命黨人趙聲、倪映典發動廣州新軍起義。事前，趙聲與丘「深相結納」，黨人商定，起義成功後，舉丘為臨時民政長官。事敗，出面保護陳炯明、鄒魯脫險。

是年，在諮議局內與陳炯明等聯合提出「禁賭案」，終獲勝利。

中秋節前，與友人游羅浮山十天，歸途中又泛游惠州西湖，作記遊詩八十一首，輯為《倉海君庚戌羅浮游草》。

是年，與革命黨人葉楚傖、高劍父、高奇峰，廣東新軍將領黃士龍、饒景華等時相過從。

**一九一一年（宣統三年　辛亥）四十八歲**

仍任前職。

二月，父丘龍章病逝，在鄉料理喪事並編輯乙未內渡後所作，凡十三卷，初名為《嶺雲海日樓詩稿》，付梓時定名為《嶺雲海日樓詩抄》。

四月，「黃花崗起義」失敗，適逢丘返抵省垣，盡力營救革命黨人。

十月，武昌首義成功。

十一月九日，配合革命黨人勸說水師提督李準、粵督張鳴歧認清形勢，脫離清廷，接受條件。促成廣東和平獨立，被舉為廣東革命軍政府教育部部長。

十二月，以廣東代表資格，赴南京出席獨立各省組建臨時中央政府會議。會議前夕，在上海謁見孫中山，交談甚歡，號召在滬粵籍商人捐款支持孫中山革命事業。

**一九一二年（中華民國元年　壬子）四十九歲**

元旦，孫中山在南京就任大總統，宣告中華民國成立。

一月上旬，謁明孝陵，游莫愁湖、掃葉樓等古跡，皆有詩作，謳歌革命，竟為絕筆。

一月下旬，病辭南京，經滬乘舟南返，途經潮汕，獲悉被舉為臨時參議院參議員。

二月上旬，返抵鎮平，病勢日重，自知不起，遺囑：「葬須南向，吾不忘台灣也！」

二月二十五日，病逝於鎮平淡定山居。

# 附錄五：丘逢甲詩文目錄

1. 《台灣竹枝詞百首》，早期作品，現存四十首，收入《台南文獻》。
2. 《澄懷園唱和集》，唐贊袞輯，版藏台南松雲軒，內收與唐景崧、施士潔等唱和詩。
3. 《詩畸》，唐景崧編，一八九三年版，內收台灣社友詩作多首，其中丘逢甲所作詩鐘二一五聯，七律詩五十首。
4. 《柏莊詩草》，一八九二年作，內收古近體詩凡二百八十二首，見《台北文獻》直字第五十一、五十二期合刊。內附王國璠輯：《倉海先生集外集》及為《柏莊詩草》作注等。
5. 《柏莊詩草》，台灣出版，有精裝與平裝兩種單行本，台北市文獻委員會編。
6. 《柏莊詩草》，台灣某氏印本，平裝。
7. 《台灣詩乘》，連橫編，內收丘氏《台灣竹枝詞》及其它詩作若干首。
8. 《感事詩》五律二十首，戊戌年作，附編於丘菽園《星洲上書記》後。
9. 《海天唱和集》，丘菽園編，新加坡出版，內收與丘菽園、潘蘭史等唱和詩多首。
10. 《金城唱和集》，王曉滄輯，收與王曉滄戊戌年秋冬唱和詩一百五十六首，有單行本。
11. 《丁未秋懷詩》，有《粵台秋唱》單行本。
12. 《戊申送王豹君之蜀詩》，有單行本。
13. 《倉海君庚戌羅浮游草》，有單行本。
14. 《螯庵詩存》，丘菽園輯，收乙未秋至庚子夏詩作約五百首，有單行本。
15. 《雲海日樓詩抄》，丘逢甲自編，丘復校訂，丘瑞甲、丘兆甲補輯，一九一三年初版刊本。
16. 《嶺雲海日樓詩抄》，一九一九年秋，二版刊本。
17. 《嶺雲海日樓詩抄》，一九三七年七月，三版刊本，補入《選外集》，鄒魯校訂、作序，廣州培英書局印刷，廣州中山大學出版部出版。
18. 《嶺雲海日樓詩抄》，一九六〇年，《台灣叢書》刊本。
19. 《嶺雲海日樓詩抄》，一九七九年，台灣丘應棠、丘應楠自印本。
20. 《嶺雲海日樓詩抄》，一九八二年，上海古籍出版社刊本，依一九三七年「鄒本」標點出版，全書計二十五萬字，丘鑄昌標校。
21. 《嶺雲海日樓詩抄》，一九八四年，安徽人民出版社刊本，依丘氏手稿，參照舊版標校，增《選外集補遺》一百四十首，附錄文字多篇，全書計三十八萬字，丘晨波、黃志平編校。

22. 《倉海先生丘公逢甲詩選》，丘琮編，一九三五年，上海商務印書館刊行，後附《年譜》、《怙懷錄》等，收詩三百首。
23. 《丘逢甲詩選》，盧前編選，抗戰期間刊行。
24. 《丘、黃二先生遺稿合刊》（與黃遵憲合集），由彰化施梅樵輯，台灣一九四二年六月刊本。
25. 《丘倉海先生念台詩集》，鄒魯、丘琮編輯，一九四七年，南京獨立出版社出版。
26. 《丘逢甲詩選》，李樹政選注，一九八四年，廣東人民出版社出版。
27. 《丘倉海先生文集》，丘冬友輯，一九四一年，廣東蕉嶺聯和印務局承印，內收三十五篇詩文、聯句等。
28. 《丘逢甲信稿》，丘琳輯校，刊《近代史資料》一九五八年，第三期，內收丘氏乙未在台統領義軍抗日時信稿十九封。
29. 《丘逢甲未刊文稿六篇》，丘晨波、黃楊（即黃志平）點校，北京《文獻》，一九八四年第二十輯。
30. 《柏莊詩草》黃楊、丘晨波校點，中國友誼出版公司，一九八六年出版，內收丘氏早年在台詩作共二百八十二首。
31.《丘逢甲文集》，上編收丘詩六百餘首，下編收丘文四十七篇，丘晨波主編，一九九四年，廣州花城出版社出版。
32. 《丘逢甲詩選》，馮海榮選注，上海華東師範大學出版社一九九二年十二月版。
33. 《丘逢甲集》，廣東丘逢甲研究會組編，黃志平、丘晨波主編，湖南岳麓書社，二○○一年十二月初版。該書係繁體字本，列入國家古籍整理「十五」規劃項目，內收迄今已發現的全部丘氏詩文作品，計詩歌韻文類作品二千五百五十九首，文一○二篇，書末附有丘氏抗日保台檔案選編，舊版序跋文字及簡譜等，全書六十五萬字。

注：

(1)本目錄僅列丘氏詩文專集，至於丘氏發表在清末報刊（如《知新報》、《清議報》、《新小說報》、《女報‧婦女學報》，汕頭《中華新報》、新加坡《天南新報》）上的若干零散作品及收入同時代人詩文集中的丘氏作品（如《介柳溫公墓誌銘》、《〈人境廬詩〉跋》、《〈請纓日記〉序》、《〈菽園贅談〉序》、《〈五百石洞天揮麈〉序》等）均未計在內。

(2)本目錄所收丘氏詩文集截止於二○○一年十二月。因筆者涉獵所限，疏漏在所難免，僅供研究者參考。

# 附錄六：大陸學術界丘逢甲研究論著目錄

1.《先兄倉海行狀》，丘瑞甲，一九一二年三月，載《嶺雲海日樓詩抄》一九一三年初版粵刊本等。
2.《倉海先生墓誌銘》，丘復，一九一二年三月，載《南社文叢》第四卷，後收入《詩抄》。
3.《嶺雲海日樓詩抄・跋》，丘瑞甲，一九一三年秋，載《詩抄》一九一三年初版粵刊本。
4.《丘逢甲傳》，江山淵，一九一五年，載《小說月報》第六卷三號，後收入《詩抄》，更名《丘倉海傳》。
5.《丘逢甲傳》，連横：《台灣通史》（下冊），一九二〇年初刊，一九八三年，商務印書館出版。
6.《丘逢甲傳》，一九三一年，廣州《越華報》。
7.《丘逢甲傳》，一九三三年，廣州《國華報》。
8.《丘逢甲傳》，一九三四年，《教育年鑒》，南京教育部編。
9.《丘逢甲傳》，一九三四年，載中山大學《文史月刊》（五）。
10. 《丘逢甲傳》，羅香林，一九三四年，載中山大學文史研究所《月刊》第二卷第五期。
11. 《怙懷錄》，丘琮：《倉海先生丘公逢甲詩選》附錄，一九三五年。
12. 《倉海先生丘公逢甲年譜》，丘琮：《倉海先生丘公逢甲詩選》附錄，一九三五年。
13. 《倉海公詩選跋》，載丘琮：《倉海先生丘公逢甲詩選》，一九三五年。
14. 《丘逢甲謀保台灣》，徐珂輯（清末），載中華書局一九五八年版《甲午中日戰爭文學集》，阿英編。
15. 〈揮麈拾遺〉，丘菽園（清末），載中華書局一九五八年版《甲午中日戰爭文學集》，阿英編。
16. 《五百石洞天揮麈》，丘菽園（清末），一八九八年刊于廣州。
17. 《願豐樓雜記》，丘復。（未刊手抄本）
18. 《念廬文存》，丘復。（未刊手抄本）
19. 《念廬詩話》，丘復。（未刊手抄本）

20. 《念廬詩集》，丘復。（未刊手抄本）
21. 《倉海先生遺稿序》，丘冬友，載《丘倉海先生文集》，一九四一年。
22. 《倉海先生遺稿跋》，丘冬友，載《丘倉海先生文集》，一九四一年。
23. 《丘逢甲和他的台灣詩歌》，謝晉康，載《羊城晚報》，一九五八年十一月十五日。
24. 《丘逢甲的對聯》，潘聯芳，載《羊城晚報》一九六〇年三月三日。
25. 《台灣愛國詩人丘逢甲的詩歌》，艾揚，載《成都晚報》，一九六二年九月十三日。
26. 《愛國詩人丘逢甲》，濟華、雨桐，載《海江文藝》，一九七九年第二期。
27. 《血淚的詩篇，抗敵的號角——讀愛國詩人丘逢甲的詩》，丘鑄昌，載《中山大學學報》，一九七九年第一期。
28. 《從潮州到鎮平——小記清末愛國詩人丘逢甲》，楊匡漢，載《解放日報》，一九八〇年二月三日。
29. 《山河終一統》，許宗元，載安徽《藝譚》，一九八〇年第三期。
30. 《台灣愛國詩人丘逢甲》，雨桐、濟華，載《羊城晚報》，一九八〇年九月二日。
31. 《應該正確評價丘逢甲》，潘國琪，載《東岳論叢》，一九八一年第四期。
32. 《惠博行——羅浮山觀摩台灣詩人丘逢甲鍥石詩》，李松庵，載《廣東政協》，一九八一年第五期。
33. 《不要忘記愛國志士丘逢甲》，沐蘭，載《光明日報》，一九八一年九月一日。
34. 《台灣愛國詩人丘逢甲》，任光椿，載《人民日報》，一九八一年十一月十二日。
35. 《清末愛國詩人丘逢甲》，魏東海，載《梅江報》，一九八一年一月十一日。
36. 《英雄故鄉話滄桑》，徐放，載《梅江報》，一九八一年十月二日。
37. 《念台精舍情思》，王華，載《梅江報》，一九八一年十月二十七日。
38. 《丘逢甲先生軼事》，徐坤輝，載《梅江文藝》，一九八一年第五期。
39. 《丘逢甲憶上杭詩簡介》，文賓，載《上杭文化》，一九八一年第三期。
40. 《丘逢甲是近代民族英雄》，丘有俊，載《上杭文化》，一九八二年第二期。
41. 《台灣詩人丘逢甲的愛國詩》，吳世常，載上海《社會科學》，一九八二年第一期。
42. 《丘逢甲詠懷台灣》，劉學照，收入《中國近代愛國者的故事》，一九八二年上海人民出版社。
43. 《愛國志士丘逢甲》，張九洲等，載《河南師範大學學報》，一九八二年第二期。
44. 《台灣愛國詩人丘逢甲》，梁文，載蘇州大學《明清詩文研究叢刊》，一九八二年第一輯。
45. 《愛國志士丘逢甲》，李景光，載《歷史知識》，一九八二年第六期。
46. 《愛國詩人丘逢甲及詠懷台灣的詩作》，劉學照，載江西《上饒師專學報》，一九八二年第二期。

47. 《丘逢甲詩作中的愛國主義精神及其藝術特色》，丘鑄昌，載《華中師範學院學報》一九八二年第一期。
48. 《丘逢甲》，陳品珍、王志誠，載天津《歷史教學》，一九八二年第十期。
49. 《台灣省籍愛國詩人丘逢甲》，鍾鑄昌，載《人物》一九八二年第一期。
50. 《愛國詩人丘逢甲》，徐坤輝，載《中國建設》，一九八二年第二期。
51. 《致力於祖國統一事業的愛國志士丘逢甲》湯國雲，中共蕉嶺縣委、縣人民政府編印，一九八二年。
52. 《寄語台灣話統一——范壽康談丘逢甲》，羅自蘇，載《人民日報》，一九八二年十二月二日。
53. 《大九州成大一統，書生原有覺民權——訪丘逢甲淡定村故居》，丘鑄昌，載《羊城晚報》，一九八二年四月二日。
54. 《愛國詩人丘逢甲》，康群，載《河北日報》，一九八二年二月十四日。
55. 《台灣愛國詩人丘逢甲》，鄭海麟，載《廣州日報》，一九八二年二月二十八日。
56. 《〈春江〉詩與姚雨平》，丘晨波，載《南風》（廣州），一九八二年第四十六期。
57. 《丘逢甲營救姚雨平》，梁志，載《羊城晚報》，一九八二年五月二十一日。
58. 《丘逢甲贈鄭成功一副對聯》，何國華，載《梅江文藝》，一九八二年第二期。
59. 《丘逢甲和他的辭台詩》，陳國強，載《中國新聞》，一九八二年。
60. 《讀丘逢甲先生〈嶺雲海日樓詩抄〉》，黃海章，載《梅江文藝》，一九八二年第六期。
61. 《讀〈嶺雲海日樓詩抄〉有感》，賴仲昭，載《梅江文藝》，一九八二年第六期。
62. 《興寧近代教育的興起——丘逢甲在興寧辦學》，陳愛，載《興寧文藝》第二期。
63. 《丘逢甲禁賭軼事》，何國華，載《梅江報》，一九八三年二月十二日。
64. 《近代愛國先驅丘逢甲》，湯國雲，《梅江報》，一九八三年二月十九日。
65. 《畢生為台灣回歸而奮鬥的丘逢甲》，劉曉梅，載《羊城晚報》，一九八三年二月二十三日。
66. 《丘逢甲及其詩歌》，楊樺，載廣東《學術研究》，一九八三年第一期。
67. 《戎馬書生豪志在——清末台灣將領丘逢甲》，徐航，載《北京晚報》，一九八三年五月三十日。
68. 《發揚丘逢甲的愛國精神》，胡耀華、劉星，載《羊城晚報》，一九八三年七月二十日。
69. 《台灣抗日愛國志士丘逢甲》，李實，載《南方日報》，一九九三年八月八日。
70. 《戰血台澎心未死的丘逢甲》，唐豪，載《廣東畫報》，一九八三年第二期。

71. 《丘逢甲的〈靈光寺晚眺〉》，賴雨桐，載《梅江報》，一九八三年七月三十日。
72. 《丘逢甲的「家教」》，何國華，載《梅江報》，一九八三年九月十七日。
73. 《丘逢甲的自書詩軸》，史樹青，載《光明日報》，一九八三年九月二十四日。
74. 《銀燭纍詩罷，夜夜夢台灣》，丘應才，載《南方日報》，一九八三年九月二十五日。
75. 《丘逢甲年事小考》，路邊草，載《嘉應師專報》，一九八三年九月二十五日。
76. 《愛國志士丘逢甲》，湯國雲，載《梅江文藝》，一九八三年第五期。
77. 《愛鄉之情，躍然紙上》，丘波、路邊草，載《嘉應師專報》，一九八三年十月二十五日。
78. 《十年如不死，卷土定重來》，汪松濤，載華南師範大學《語文輔導》，一九八三年。
79. 《丘逢甲的復姓和改名》，徐博東，載《光明日報》，一九八三年十月二十九日。
80. 《台灣志士丘逢甲和他的〈嶺雲海日樓詩抄〉》，連燕堂，載北京《學習與研究》，一九八三年第五期。
81. 《近百年詩壇點將錄》，錢仲聯，載《中國近代文學研究》，一九八三年十一月第一輯，中山大學編，廣東人民出版社出版。
82. 《近代台灣愛國志士丘逢甲》，黃楊，載《台聲》，一九八四年第一期。
83. 《丘逢甲生平大事年表》，丘鑄昌，載《華中師範學院學報》，一九八四年第四期。
84. 《丘逢甲的教育思想和實踐》，何國華，載《華南師範大學學報》，一九八四年第一期。
85. 《試論丘逢甲的愛國主義思想》，張正吾、吳宏聰，載《中山大學學報》，一九八四年第四期。
86. 《台灣愛國志士丘逢甲》，古凡，《老人報》，一九八四年十一月十六日。
87. 《廣州、梅縣市和蕉嶺縣舉行活動紀念台灣愛國志士丘逢甲誕辰一百二十周年》，古凡，《人民日報》，一九八四年十二月二十二日。
88. 《蕉嶺縣紀念台灣愛國志士丘逢甲誕辰一百二十周年》，《人民日報》一九八四年十二月二十九日。
89. 《海島風光民俗畫，東寧史跡吟詠詩——評丘逢甲的〈竹枝詞〉》，李廷錦，載《中山大學學報》，一九八四年第四期。
90. 《試論丘逢甲的教育思想》，古嶺新，載《中山大學學報》，一九八四年第四期。
91. 《關於丘逢甲在台灣抗日的評價問題》，廖偉章，載《中山大學學報》，一九八四年第四期。

92. 《關於丘逢甲生平中若干問題的考證》，徐博東，載中國社科院歷史所編《中國歷史大辭典通訊》，一九八四年第一、二期合刊。
93. 《丘逢甲誕生一二〇周年》，楊奎章，載《人民日報》，一九八四年十二月五日。
94. 《關於丘逢甲的籍貫》，胡安權，載《近代史研究》，一九八四年第四期。
95. 《倉海先生精神不死》，吳莊，載《嶺南文史》，一九八四年第四期。
96. 《近代愛國先驅丘逢甲》，湯國雲，載《嶺南文史》，一九八四年第四期。
97. 《散論丘逢甲的詩》，丘鑄昌，載《嶺南文史》，一九八四年第四期。
98. 《丘逢甲〈台灣竹枝詞〉校注》，羅可群，載《嶺南文史》，一九八四年第四期。
99. 《愛國志士丘逢甲》，何國華，載《廣州研究》，一九八四年第五期。
100. 《丘逢甲抗日保台：紀念丘逢甲誕辰一百二十周年》，史斌，載《廣州日報》，一九八四年十二月十三日。
101. 《逢甲的〈念台詩〉》，林運來，載《南方日報》，一九八四年十二月二日。
102. 《為國為民，不圖自了：丘逢甲嶺東辦學活動簡說》，李景綱，載《嘉應師專學報》，一九八四年第一期。
103. 《丘逢甲乙未保台事蹟考》，戚其章，載廣州《學術研究》，一九八四年第四期。
104. 《愛國主義的強音：讀丘逢甲〈嶺雲海日樓詩抄〉》，吳穎、許崇群，載廣州《學術研究》，一九八四年第五期。
105. 《關於〈創設嶺東同文學堂〉緣起》，何國華，湯孟松，載廣州《學術研究》，一九八四年第五期。
106. 《甲午戰爭時期丘逢甲在台灣的抗日鬥爭》，關捷，《中日關係史論文集》，遼寧大學科研處一九八四年。
107. 《丘逢甲愛國思想的發展》，劉聖宜，載廣州《學術研究》，一九八四年第六期。
108. 《丘逢甲「挾款潛逃」辨訛》，徐博東，載廣州《學術研究》，一九八四年第六期。
109. 《廿載風塵兩鬢絲，英雄心性由來熱：論丘逢甲內渡後的生活、思想和詩作》，陳新偉，載《韓山師專學報》，一九八四年第二期。
110. 《丘逢甲在潮汕事蹟作品述略》，吳穎、許崇群，載《韓山師專學報》，一九八四年第二期。
111. 《甲午戰後反割台鬥爭中的愛國志士丘逢甲》，黃楊、丘晨波，載《羊城晚報》，一九八五年一月九日。
112. 《興學啟民智以強中國：丘逢甲對我國教育事業的貢獻》，史斌，載《廣州日報》，一九八五年一月三十一日。
113. 《丘逢甲學術討論會論點簡介》，史斌，載《學術研究》，一九八五年第一期。

114. 《丘逢甲祖籍不在商丘》，李鴻生，載《學術研究》，一九八五年第一期。
115. 《中國近代傑出的愛國主義者丘逢甲》，戚其章，載《人民日報》，一九八五年一月二十一日。
116. 《傑出的愛國者、教育家、詩人：紀念丘逢甲誕辰一百二十周年》，楊應彬，載《南方日報》，一九八五年一月十日。
117. 《學習和發揚丘逢甲的愛國主義精神》，王致遠，載《南方日報》，一九八五年一月十日。
118. 《丘逢甲〈台灣竹枝詞〉初探》，羅可群，載《暨南大學學報》，一九八五年第二期。
119. 《丘逢甲在台任職考辨》，戚其章，載《汕頭大學學報》，一九八五年第一期。
120. 《讀〈嶺雲海日樓詩抄〉安徽新版》，許崇群，載《汕頭大學學報》，一九八五年第一期。
121. 《丘逢甲乙未內渡考辨》，許崇群，載《汕頭大學學報》，一九八五年第二期。
122. 《丘逢甲〈創設嶺東同文學堂序〉考》，徐博東，《汕頭大學學報》，一九八七年第一期。
123. 《論愛國志士丘逢甲》，徐位發、黃展人，載《暨南學報》，一九八五年第二期。
124. 《略論丘逢甲抗日保台》，李明，載《暨南學報》一九八五年第二期。
125. 《晚年的丘逢甲是資產階級革命派》，徐博東，載《學術研究》，一九八五年第二期。
126. 《晚年的丘逢甲是維新派和立憲派》，郭漢民，載《學術研究》，一九八五年第二期。
127. 《愛國詩人丘逢甲》，丘晨波、黃楊，載《廣州文史資料》附刊《珠江藝苑》，一九八五年第一期。
128. 《從一首佚詩看丘逢甲與日本人士的關係》，丘鑄昌，載《華中師院學報》，一九八五年第四期。
129. 《潮汕山水長在，倉海業績永存：紀念丘逢甲誕辰一二〇周年》，蔡榮武，載《汕頭文史》，一九八五年三月第二輯。
130. 《廿載稱知己，巍巍泰斗顏：記丘逢甲和溫丹銘的交往》，溫原，載《汕頭文史》，一九八五年三月第二輯。
131. 《愛國志士丘逢甲》（一～四），博東、明華，載《北京青年報》，一九八五年二月——四月。
132. 《台灣詩人丘逢甲〈紅樓夢〉詩》，李夢生，載《社會科學戰線》，一九八五年第四期。
133. 《抗日志士愛國詩人教育家丘逢甲》，「蕉嶺縣紀念丘逢甲活動籌備委員會」編，一九八四年十二月。

134. 《黃遵憲與丘逢甲的友誼》，丘鑄昌，載《嶺南文史》，一九八三年第二期。
135. 《試析丘逢甲詩歌的藝術特色及其詩歌理論》，黃志平、徐博東，《台灣研究集刊》（廈門大學）一九八七年第一期。
136. 《丘逢甲研究》，吳宏聰、張磊主編，廣東人民出版社，一九八六年十一月出版。
137. 《丘逢甲傳》，徐博東、黃志平著，時事出版社，一九八七年四月。
138. 《丘逢甲的教育思想與實踐》，李鴻生、朱春燕，廣州《學術研究》，一九九五年第二期。
139. 《丘逢甲評傳》，丘鑄昌著，廣東人民出版社，一九八七年五月出版。
140. 《新發現的丘逢甲「大忠祠記」》，蔡金才，《汕頭特區報》，一九八八年八月二十日第四版。
141. 《丘逢甲與詩界革命》，張永芳，《遼寧師範大學學報》（社科版），一九九〇年第一期。
142. 《丘逢甲「捲餉內渡」質疑》，湯國雲、黃志平、徐博東，載《桂嶺藝文錄》，一九九一年十月，廣東蕉嶺縣誌辦編輯出版。
143. 《台灣愛國志士丘逢甲》，徐博東、黃志平著，河北教育出版社，一九九二年八月出版。
144. 《丘逢甲與日本》，趙春晨，廣州《學術研究》一九九五年第二期。
145. 《紀念丘逢甲誕辰一三〇周年學術研討會綜述》，曾燕，廣州《學術研究》，一九九五年第二期。
146. 《托物言志無限情：評丘逢甲的詠物詩》，李廷錦，《中山大學學報》一九九五年第二期。
147. 《遊覽山水情猶在，千秋筆鑄愛國心：丘逢甲內渡後所寫記遊詩的特點》，古嶺新，《中山大學學報》一九九五年第二期。
148. 《論丘逢甲詩作中的「台灣意識」》，黃志平，《湖南教育學院學報》一九九五年第四期。
149. 《一宗地方鄉紳密控丘逢甲重要檔案史料的介紹與考證》，徐博東，《北京檔案史料》一九九五年第三期。
150. 《丘逢甲傳》，徐博東、黃志平著，時事出版社，一九九六年一月修訂版。
151. 《丘逢甲與乙未抗日保台運動》，戚其章，《社會科學研究》（四川），一九九六年第四期。
152. 《丘逢甲乙未抗日保台若干問題之我見》，李祖基，廈門大學《台灣研究集刊》，一九九六年第四期。
153. 《九龍還是漢家山》，黃志平，《湖南教育學院學報》一九九七年第四期。
154. 《百年國恥今朝雪，九龍還是漢家山》，黃志平，《台聲》，一九九七年第八期。

155. 《丘逢甲研究——一九八四至一九九六年專集》，吳宏聰、李鴻生主編，廣東人民出版社，一九九七年。
156. 《丘逢甲與康有為》，黃志平等，《廈門大學學報》，一九九八年第六期。
157. 《丘逢甲內渡考》，戚其章，廣州《學術研究》，二〇〇〇年第十期。
158. 《丘逢甲和康詠的交往、唱和》陳新偉，韓山師院學報，一九九九年。
159. 《同一蒼黃路，英雄識所歸》，張筱琮，《韓山師範學院學報》，二〇〇〇年第四期。
160. 《丘逢甲己亥港澳行探論》，趙春晨，《廣州師院學報》，二〇〇〇年第六期。
161. 《略論丘逢甲愛鄉愛國精神的統一》賴雨桐，《嶺南文史》，二〇〇〇年第二期。
162. 《少年才子丘逢甲》，鄔和鎰，廣州《羊城晚報》，二〇〇二年十一月三日。
163. 《〈丘逢甲集〉序》，鍾敬文，廣州《羊城晚報》，二〇〇二年一月十七日。
164. 《喜讀〈丘逢甲集〉》，丘鑄昌，武漢長江日報，二〇〇二年四月三十日。
165. 《愛國愛台，黃鐘大呂》，陳斌華，北京《人民日報》海外版，二〇〇四年四月二十四日。
166. 《丘逢甲詩之台灣情結》，許宗元，《光明日報》二〇〇四年七月七日。
167. 《蕉嶺文史》第二十輯——紀念丘逢甲誕辰一百四十周年學術研討會論文專輯，政協廣東蕉嶺縣委員會編，二〇〇六年六月（內收海峽兩岸文史學者研究丘氏的論文三十篇）
168. 《丘逢甲交往錄》，丘鑄昌，華中師大出版社，二〇〇四年十月。
169. 《愛國志士浩氣長存》，《廣東歷史文化行》，二〇〇五年第 43 期。
170. 《丘逢甲的故事》，王華，花城出版社，二〇〇六年一月。
171. 《嶺雲海日行蹤》，湯國雲編著，廣東人民出版社，二〇〇六年六月。
172. 《愛國精神昭日月，故鄉猶在仰英風》，《梅州日報》，二〇〇六年十月二十七日。
173. 《書香撲鼻，堪慰鄉思——喜讀〈嶺雲海日行蹤〉》，黃志平，《梅州日報》，二〇〇七年六月二日。
174. 《紀念丘逢甲誕辰一百四十五周年學術討論會論文集》，廣東中山大學/臺灣逢甲大學合編，二〇〇九年十一月。
175. 《國族至上，為仁由已，自強不息——淺論丘逢甲祖孫三代對中華優秀傳統文化的傳承與實踐》，黃志平、徐博東，《臺灣研究》二〇〇九年第六期。
176. 《從培遠堂聯額看丘逢甲乙未內渡初期的心態與情志》，楊淑雲，《大眾文藝》二〇一〇年第六期。

注：

(1)本目錄僅限於收錄研究丘逢甲的專著、論文、生平事蹟介紹及回憶文字等；不包括涉及丘氏的有關論著、史料集、回憶錄及文藝小說、電視文學劇本等。

(2)本目錄不涵港台及海外丘氏研究目錄，大陸部分也因筆者涉獵所限，疏漏肯定難免。

(3)本目錄所收文章截止於二〇一〇年六月。

# 附錄七：台灣出版發表的有關「台灣民主國」和「乙未抗日」研究論著目錄（部分）

## 一、有關台灣民主國

### 專著與資料集

1. 《台灣民主國的兩位大總統》，茅鈍著，香港華南書室，一九四九年台灣版。
2. 《台灣前期武裝抗日運動有關檔案》，陳澤編，程大學譯，台灣省文獻委員會，一九七七年初版。
3. 《台灣民主歌》，陳憲國、邱文憲著，樟樹出版社，一九七七年八月初版。
4. 《甲午中日戰爭文學集》，廣雅出版有限公司編輯部編，廣雅出版，一九八二年初版。
5. 《台灣民主國的自主與潰散》，施家順，現代教育出版社，一九八四年。
6. 《一八九五年「台灣民主國」的成立經過》，吳密察著，台灣大學歷史系，一九八一年。
7. 《台灣民主國之研究》，黃昭堂著，財團法人現代學術研究基金會，一九九一年。
8. 《台灣民主國之研究》，黃昭堂著，廖為智譯，現代學術研究基金會出版，稻鄉經銷，一九九三初版。
9. 《中日甲午戰爭一百周年學術研討會與史料展覽會論文集》，國家建設文教基金會，國家建設文教基金會編印，一九九四年八月初版。
10. 《一八九五日軍侵台圖紀：台灣民主國抗敵實錄》，杜晴惠編輯，天下文化出版，一九九五年第一版。
11. 《台灣民主國的自主與潰散》，施家順著，高雄：復文圖書，一九九五年五月。

12. 《攻台戰記》，許佩賢譯，台北：遠流出版事業股份有限公司，一九九五年初版。
13. 《百年孤寂的台灣民主國》，羊恕著，麥田，一九九六初版。
14. 《攻台見聞》，許佩賢譯，台北：遠流出版事業股份有限公司，一九九七年初版。
15. 《日治時期文學作品所反映的台灣民主國形象》，洪博文著，二○○○年。
16. 《禮密臣細說台灣民主國》，陳俊宏著，南天書局，二○○三年一月初版。
17. 《「台灣民主國」研究：台灣獨立運動史的一斷章》，黃昭堂日文原著，廖為智譯，前衛出版，淩域國際總經銷，二○○六年初版。
18. 《黃虎旗的故事：台灣民主國文物圖錄》，李淑惠、李子甯、吳佰祿執行編輯，台灣歷史博物館籌備處，二○○六年初版。
19. 《台灣民主國旗——歷史調查研究報告》，許佩賢著，台灣博物館，二○○七年。

## 博、碩士論文

1. 〈光緒乙未之役與劉永福〉，國立成功大學歷史學系，87 碩士／087NCKU0493003 研究生：謝佳卿，指導教授：梁華璜。
2. 〈日治時期文學作品所反映的台灣民主國形象〉，台南師範學院鄉土文化研究所，88 碩士／088NTNTC64200 研究生：洪博文，指導教授：呂興昌。
3. 〈馬關割台與乙未抗日之詩壇評議研究〉，中國文化大學中山學術研究所，93 碩士／093PCCU0043004 研究生：王淳純，指導教授：王曉波。

## 期刊論文

1. 〈巴克禮宋忠堅——劉永福逃亡〉，前島信次，《台灣時報》，一九三六年（昭和十一年三月）台北台灣時報發行所。
2. 〈巴克禮宋忠堅——八重山艦追跡〉，前島信次，《台灣時報》，一九三六年（昭和十一年四月）台北台灣時報發行所。
3. 〈巴克禮宋忠堅——台南府恐怖的一日〉，前島信次，《台灣時報》，一九三六年（昭和十一年五月）台北台灣時報發行所。
4. 〈劉永福〉，木村秀嶽著，《台灣時報》，一九三七年，台北《台灣時報》發行所
5. 〈劉永福逃走始末〉，雉刀草履著，《台灣時報》，一九三七年，《台灣時報》發行所。
6. 〈領台之後物情詠漢詩——華麗島文學志〉，松風子，《台灣時報》一九四○年，《台灣時報》發行所。
7. 〈台灣民主國在台北〉，廖漢臣著，《台南文化》，台南市文獻委員會，一九五二年九月。
8. 〈台灣民主國在台南〉，綠珊盦著，《台南文化》，台南市文獻委員會，一九五二年九月。

9. 〈台灣民主國在台南二三事〉（上），朱鋒著，《台南文化》，台南市文獻委員會，一九五二年九月。
10. 〈台灣民主國在台南二三事〉（中），朱鋒著，《台南文化》，台南市文獻委員會，一九五三年一月。
11. 〈台灣民主國在台南二三事〉（下），朱鋒著，《台南文化》，台南市文獻委員會，一九五三年六月。
12. 〈乙未抗日雜記〉，謝雪漁著，《台北文物》，台北市文獻委員會，一九六〇年三月。
13. 〈台灣戰爭記〉，吳質卿著，收錄於《近代史資料》第 3 期一九六二年。
14. 〈台灣乙未抗日死難五統領〉，張雄潮著，《台灣文獻》17：2 南投台灣省文獻委員會，一九六六年六月。
15. 〈甲午戰爭前日本併吞台灣的醞釀及其動機〉，梁華璜著，《台灣文獻》26：2 南投台灣省文獻委員會，一九八五年六月。
16. 〈乙未割台與日本兵遣送清文武官兵始末〉，王世慶著，《台灣風物》38：2 台北縣台灣風物雜誌社，一九八八年六月。
17. 〈台灣民主國郵史外一章——台南官銀票之收藏與分類〉，黃明正，《郵史研究》，一九八九年四月。
18. 〈台灣民主國與劉永福〉，謝佳卿，《台灣文獻》，一九九〇年六月。
19. 〈台灣民主國郵票〉，林維繡，《少年台灣》，一九九一年八月。
20. 〈台灣民主國風雲〉，陳俊豪，《少年台灣》，一九九一年十月。
21. 〈搶救台灣的外交手段——台灣民主國〉，陳俊豪，《少年台灣》，一九九一年十月。
22. 〈甲午戰爭與台灣〉，林子候著，《台灣文獻》42：3—4 南投台灣省文獻委員會，一九九一年十二月；一九九二年三月。
23. 〈再談台灣民主國郵票發行日期〉，張敏生，《中國郵刊》，一九九二年八月。
24. 〈台灣民主國兩要角與法國淵源〉，吳錫德，《歷史月刊》，一九九二年十月。
25. 〈從獨立到日殖——論台南縣五位文學家〉，龔顯宗，《國文學志》，一九九三年六月。
26. 〈台灣民主國郵票之鑒別〉，張敏生，《中國郵刊》，一九九三年八月。
27. 〈台灣民主國在台南二三事〉，朱鋒，《文史薈刊》，一九九四年六月。
28. 〈『歷史』的建構與想像——以『台灣民主國』史事為例〉，許旭輝，《台灣風物》，一九九四年九月。
29. 〈乙未之役打狗的淪陷〉，張守真著，《史聯雜誌》第 24 期高雄中華民國台灣史跡研究中心，一九九五年一月。
30. 〈1895 年清廷割台與台灣命運的轉折〉，黃秀政，台灣文獻，一九九五年三月。
31. 〈乙未征台日誌〉，早川直義著，《史聯雜誌》第 25 期高雄中華民國台灣史跡研究中心，一九九五年十月。
32. 〈乙未之役劉永福議和始末〉，張守真著，《史聯雜誌》第 26 期高雄中華民國台灣史跡研究中心，一九九五年十一月。

33. 〈乙未台灣史事探析〉，吳密察著，收錄於《甲午戰爭一百周年紀念學術研討會論文集》台北國立台灣師範大學歷史研究所、歷史學系編印，一九九五年。
34. 〈劉永福與乙未反割台運動〉，黃秀政著，收錄於《甲午戰爭一百周年紀念學術研討會論文集》台北國立台灣師範大學歷史研究所、歷史學系編印，一九九五年。
35. 〈台灣民主國的官銀票發行一百年〉，曾澤祿著，《台灣文獻》47：3 南投台灣省文獻委員會，一九九六年九月。
36. 〈《攻台戰記》與台灣攻防戰〉，吳密察著，收錄于許佩賢譯《攻台戰紀—日清戰史・台灣篇》台北遠流出版公司，一九九六年十二月初版一刷。
37. 〈乙未之役黑旗軍在打狗的表現〉，張守真著，收錄于《台灣開發史論文集》台北國史館，一九九七年。
38. 〈日據初期台灣總督府的對外交涉——以收回四處通商港口之交涉為例〉，陳文添著，台灣總督府公文類纂專題研究論文單行本南投台灣省文獻委員會，一九九八年十一月。
39. 蘇軍瑋：〈金魚缸爭奪戰——台灣民主國與衛台之戰的開始〉未刊稿。
40. 蘇軍瑋：〈金魚缸爭奪戰——台灣民主國與衛台之戰的開始〉未刊稿。

## 二、有關乙未抗日

### 專著與資料集

1. 《中華民族乙未抗日史導論》，曾乃碩撰，南投市，台灣文獻委員會，一九五五年。
2. 《三峽地區乙未抗日史料》，王天縱撰，台北市，一九六七年。
3. 《光緒乙未台灣的交割與保台》，梁華璜，高雄，庚子出版社，一九七四年。
4. 《台胞抗日文獻選編》，王曉波，台北：帕米爾書店，一九八五年。
5. 《光緒乙未戰役麻豆鎮抗日志士略傳》，詹評仁，台南縣麻豆鎮，一九八九年。
6. 《台灣割讓與乙未抗日運動》，黃秀政著，台北市，台灣商務，一九九二年初版。
7. 《1895 年・決戰八卦山：乙未年抗日義軍浴血風雲錄》，陳文德著，台北市，遠流，一九九五年，實用歷史叢書 89－90 卷上，《孽海孤舟美麗島》卷下，《乙未煙塵台灣魂》。
8. 《台灣割讓與乙未抗日運動》，黃秀政，台北：台灣商務印書館，一九九六年，二刷。

9. 《台灣抗日秘史》，喜安幸夫，台北，武陵出版社，一九九七年。
10. 《乙未抗日史料彙編》，海峽學術出版社編，海峽學術出版社，一九九九年。
11. 《乙未抗日運動的構成及其行動》，王煒煌撰，二〇〇五年。

## 博碩士論文

1. 〈台灣割讓與乙未抗日運動〉，台灣師範大學歷史研究所，一九八六年／博士／075NTNU2493002 研究生：黃秀政，指導教授：林明德。
2. 〈乙未抗日運動的構成及其行動〉，中國文化大學中山學術研究所，一九九四年／碩士／093PCCU0043006 研究生：王煒煌，指導教授：王曉波。

## 期刊論文

1. 〈苗栗縣公館鄉人——賴襄臣昆仲的乙未抗日事蹟〉，黃榮洛，《苗栗文獻》，二〇〇一年三月。
2. 〈殖民統治下的協力關係——以李春生為例〉，陳立家，《洄瀾春秋》，二〇〇六年。
3. 〈乙未抗日的反思：該投降還是抵抗——陳映真先生《文明和野蠻的辯證》讀後感〉，張健豐《海峽評論》二〇〇六年六月。

注：本目錄由台灣學者蘇軍瑋小姐協助搜集整理，特此鳴謝！

# 附錄八：《丘逢甲傳》出版後新聞媒體的報導和學術界的評論（部分）

## （一）新聞媒體的報導

### 大陸第一部《丘逢甲傳》出版

（中新社北京八月十八日電）最近，中國大陸第一部《丘逢甲傳》出版。

我國台灣省籍著名抗日愛國志士、進步教育家和傑出詩人丘逢甲先生，是海峽兩岸同胞都十分尊崇的歷史人物。他畢生為了祖國的統一和繁榮昌盛奔走呼號，奮鬥不息。近幾年來，大陸學者在丘逢甲研究方面取得了豐碩成果，由徐博東、黃志平先生合作撰寫的《丘逢甲傳》已由時事出版社出版。該書由趙朴初題簽，這是大陸出版的第一部丘逢甲傳記。全書二十餘萬字，比較系統全面地記敘了丘逢甲一生感人的愛國業績。

另悉，散失多年的丘逢甲先生早年在台灣自編的詩集《柏莊詩草》，最近也由中國友誼出版公司出版。這部詩集的手稿於一九八零年在台灣發現後，被丘氏後人重金購得，輾轉寄回大陸。

——《中國新聞》《中國新聞社編》一九八七年八月十九日

### 《丘逢甲傳》在大陸首次出版
### 散失多年的《柏莊詩草》手稿重印問世

（中新社北京八月十八日電）最近，中國大陸第一部《丘逢甲傳》出版。

我國台灣省籍著名抗日愛國志士、進步教育家和傑出詩人丘逢甲先生，是海峽兩岸同胞都十分尊崇的歷史人物。他畢生為了祖國的統一和繁榮昌盛奔走呼號，奮鬥不息。近幾年來，大陸學者在丘逢甲研究方面取得了豐碩成果，由徐博東、黄志平先生合作撰寫的《丘逢甲傳》已由時事出版社出版。該書由趙朴初題簽，這是大陸出版的第一部丘逢甲傳記。全書二十餘萬字，比較系統全面地記敘了丘逢甲一生感人的愛國業績。

另悉，散失多年的丘逢甲先生早年在台灣自編的詩集《柏莊詩草》，最近也由中國友誼出版公司出版。這部詩集的手稿於一九八〇年在台灣發現，被丘氏後人重金購得，輾轉寄回大陸。

——《人民日報》（海外版）一九八七年八月十九日第四版

## 大陸出版《丘逢甲傳》

最近，由徐博東、黄志平合撰的大陸第一部《丘逢甲傳》，由時事出版社出版。全書約二十萬字，史料翔實，論述公允。特別值得提出的是，該書對於丘逢甲主謀籌建「台灣民主國」的真實情況，亦作出了較為客觀公正的評價。

丘逢甲是近代中國歷史上力謀抗日保台的愛國志士、清末有影響的教育活動家、著名的愛國詩人和資產階級民主革命派的真誠朋友。（阿敏）

——《台聲》雜誌　一九八七年十一、十二期合刊

## 《丘逢甲傳》首次出版

散失九十年的《柏莊詩草》重印問世。繼《丘逢甲研究》之後，一部由徐博東、黄志平合撰的《丘逢甲傳》在北京時事出版社出版。該書由名詩人趙朴初題簽，是大陸出版的第一部丘逢甲傳記，填補了學術界近代史研究領域的一項空白。全書二十餘萬字，比較系統全面地記敘了丘逢甲一生感人的愛國業績。既是一部有參考價值的學術專著，又是一部愛國主義教育的好教材。

丘逢甲於一八九二年創作並親手編訂的詩集《柏莊詩草》，在日軍侵台的戰亂中，沒來得及刊行而散佚了近九十年的詩稿，於一九八〇年在台灣發現，由丘氏後人重金購得，輾轉寄回大陸，最近也由中國友誼出版公司出版。（湯國雲）

——《梅江報》（廣東梅州市）一九八七年十月二十二日第三版

## 《丘逢甲傳》在京出版

最近，中國大陸第一部《丘逢甲傳》出版。

中新社北京八月十八日電，最近，中國大陸第一部《丘逢甲傳》出版。

我國台灣省籍著名抗日愛國志士、進步教育家和傑出詩人丘逢甲先生，是海峽兩岸同胞都十分尊崇的歷史人物。他畢生為了祖國的統一和繁榮昌盛奔走呼號，奮鬥不息。近幾年來，大陸學者在丘逢甲研究方面取得了豐碩成果，由徐博東、黃志平先生合作撰寫的《丘逢甲傳》已由時事出版社出版。該書由趙朴初題簽，這是大陸出版的第一部丘逢甲傳記。全書二十餘萬字，比較系統全面地記敘了丘逢甲一生感人的愛國業績。

另悉，散失多年的丘逢甲先生早年在台灣自編的詩集《柏莊詩草》，最近也由中國友誼出版公司出版。這部詩集的手稿於一九八零年在台灣發現後，被丘氏後人重金購得，輾轉寄回大陸。

——《大公報》（香港）一九八七年八月二十一日第六張第十九頁

## 大陸出版《丘逢甲傳》　徐博東　黃志平合撰<br>詳記其一生感人愛國業績

（中新社北京十八日電）　最近，中國大陸第一部《丘逢甲傳》出版。

我國台灣省籍著名抗日愛國志士、進步教育家和傑出詩人丘逢甲先生，是海峽兩岸同胞都十分尊崇的歷史人物。他畢生為了祖國的統一和繁榮昌盛奔走呼號，奮鬥不息。近幾年來，大陸學者在丘逢甲研究方面取得了豐碩成果，由徐博東、黃志平先生合作撰寫的《丘逢甲傳》已由時事出版社出版。該書由趙朴初題簽，這是大陸出版的第一部丘逢甲傳記。全書二十餘萬字，比較系統全面地記敘了丘逢甲一生感人的愛國業績。

另悉，散失多年的丘逢甲先生早年在台灣自編的詩集《柏莊詩草》，最近也由中國友誼出版公司出版。這部詩集的手稿於一九八〇年在台灣發現後，被丘氏後人重金購得，輾轉寄回大陸。

——《華僑日報》（美國）一九八七年八月二十一日

注：除以上報導之外，中央人民廣播電台對台灣廣播部和中國人民解放軍《海峽之聲》廣播電台，亦曾採訪本書作者徐博東

教授，並向海內外報導《丘逢甲傳》出版消息及寫作經過、大陸丘逢甲研究狀況等。

## （二）學術界的評論

### 樸實無華　翔實公允——評介《丘逢甲傳》

郭漢民

徐博東、黄志平合著的《丘逢甲傳》作為「台灣叢書」之一，已由時事出版社出版。該書是祖國大陸出版的第一本丘逢甲傳記，反映了近年活躍起來的丘逢甲研究的最新成果，值得一讀。

《丘傳》共分五章，前四章以時間先後為序，把丘逢甲的生平活動和思想發展劃分為四個階段，每個階段突出一個重點，條分縷析，據實鋪陳，最後一章，則對丘逢甲詩歌創作成就和藝術特色作了深入評述。關於丘逢甲評價中的幾個有爭議的問題，諸如倡立「台灣民主國」的是非曲直和所謂「動搖逃跑」、「捲餉內渡」等問題，作者為之嚴正辨誣，撰寫專門《考評》，放在後面的附錄中。全書結構合理，眉目清晰，較好地反映了丘逢甲與時俱進的光輝一生，和催人奮發的愛國主義精神。在具體論述上，兼顧言行，寓論於述，風格樸實無華，評價翔實公允。書後的附錄還收入了《丘氏五代簡表》、《丘逢甲生平大事簡表》、《丘逢甲詩文目錄》和《丘逢甲研究論著目錄》，給研究者檢索資料提供方便。這是一本頗有價值的學術著作。

丘逢甲是以倡導抗日保台的愛國壯舉而彪炳史冊的，內渡之後，一本愛國夙志，致力教育，興學育才，支持維新立憲，要求改革弊政，並隨著時代潮流的演進，傾向資產階級民主革命，是順應時代需要、勇於棄舊圖新的先進人物。且勤於創作，名震詩壇，為中華民族留下一份值得珍視的文化遺產，對於這樣一位為國家民族作出過重大貢獻的歷史人物，理應進行較多的研究，給予充分的評價。遺憾的是，在較長的時間內，由於「左」的思想嚴重影響，丘逢甲的形象多被歪曲，丘逢甲研究幾乎成了學術界的禁區，很少有人敢於問津。「文革」前，除了兩三篇談論丘氏詩歌聯語的短文之外，連一篇評論其生平與思想的學術論文都沒有。一九七八年之後，特別是進入八十年代以來，丘逢甲研究才受到人們的重視，這一研究熱潮的興起，對產生一部較高學術價值的丘逢甲傳記提出了客觀要求，同時也為它的產生準備了一定的條件。正是這種情況下，徐博東、黄志平二位同志認真汲取學術界已有的研究成果，努力挖掘新資料，進行了艱苦的探索，撰寫出這部傳記，填補了中國大陸近代史研究中的一項空白。從某種意義上可以說，他們做了一件很有價值的開拓性的工作。

丘逢甲研究雖然在大陸起步較晚，但在台灣卻早已是個熱門課題，且取得不少成果，出版了好幾本記述丘逢甲生平的傳記和年譜。在這個較高的起點上再前進一步是不容易的，既要吸收，更要創新。徐、黄二人當然注意到這些著作，並從中汲取過不少營養・誠如為該書作序的林增平所說，「是迄今較為翔實、揄揚較得體的丘逢甲傳記，比起台灣出版的三本同類著作來說，明顯的是後來居上。」平心而論，《丘傳》確實體現了目前大陸丘逢甲研究的廣度和深度，表明大陸學者起碼與台灣同行已呈並駕齊驅之勢。

以往有關丘逢甲的傳記、行狀、墓誌銘等，大都屬於「樹碑立傳」之作，浮現於人們眼前的只是一個表面的、孤立的、空泛的人物形象，缺乏歷史感與現代感，任何歷史人物不可能離開自己所處的時代和階級，丘逢甲也是一樣。他出生在資本帝國主義對華侵略日益擴大、清朝統治危機日益加深的年代。孤懸海外的台灣比內地更深切地感受到這種危機。丘逢甲自幼所接受的傳統教育，使他走上了封建士子科舉仕進的道路，並且一帆風順，連捷進士，但愛國世家的感染、台灣人民強烈民族意識的薰陶，對朝政的失望以及較早地接受西方影響等，又促使他在受任工部主事之後毅然棄官返台，致力於講學育人，開啟民智。甲午戰爭的急風驟雨，把他從書院的講壇推到抗日保台的前沿陣地。然而，大局已定，無力回天。「義不臣倭」的丘逢甲只好內渡，返回故里。此後，丘逢甲和他同時代的進步人士一樣，面臨著兩次重大的歷史轉折和嚴峻考驗。一次是變法維新，一次是辛亥革命。本來，台灣的割棄，家國的破碎，使他對腐敗的清廷滿懷積憤與憂怨，「欲覓山林寄此身」。然而，復土雪恥的強烈願望，仍然把他與祖國的興亡緊緊聯繫在一起，期待清政府變法維新，奮發圖強。當變法維新浪潮日漸高漲之時，他成了這一革新運動的熱情支持者。政變發生後的「自強不息」，堅定的選擇了教育救國的道路，支持光緒與康梁維新派。二十世紀的最初十年，資產階級革命浪潮逐漸高漲，丘逢甲再一次面臨著考驗。儘管他曾寄希望於清廷的和平「改革」，對革命黨人的態度有所保留，然而當他認清清廷腐敗至極而革命即將爆發的時候，就堅定不移地轉向支持革命，並為之鞠躬盡瘁，死而後已。《丘傳》的顯著特色之一就是能緊扣時代、環境和丘氏個人的生活實踐，較為深刻地揭示出其愛國思想的形成、發展和昇華的過程，力圖闡明丘氏思想的矛盾及其變化，乃是時代、社會的複雜矛盾和新舊思想鬥爭及其消長過程的折射和反映，從而避免了簡單化和表面化，使歷史人物富有時代感和歷史感，給讀者以啟迪。

《丘傳》的特色還在於它寫出了丘逢甲鮮明的思想個性。丘逢甲是出生在台灣的愛國志士，又是一個傑出的詩人。他那膾炙人口的《台灣竹枝詞》，表現了青少年時期的丘逢甲即懷有熱愛台灣、熱愛祖國的熾烈感情。後來棄官從教、服務桑梓；組織義軍，抗日保台，就是這種誠摯而熱烈的愛鄉愛國思想感情的發展和反映。他之所以支持維新、襄助革命，都是與期望祖國強盛、復土雪恥密切相關的。

他榜其廬為「念台」，其子丘琮命字「念台」，臨終留下的遺言仍是「葬須南向，吾不忘台灣也！」他寫了許多催人淚下、也使人感奮的痛台詩、夢台詩、念台詩，堅信台灣一定能夠回歸祖國，一個統一、獨立、光明的新中國必將屹立於世界民族之林。「重完破碎山河影，與結光明世界緣」。正是這種愛台憂國的思想情懷，使他能在故土淪陷、身世飄零的哀痛中抬起頭來，透過祖國上空的陰霾迷霧，從歷史與現實中去尋覓民族精神的閃光，在揭露滿目瘡痍的社會現實的同時，積極探索中華民族的光輝未來，這既不同於叱吒風雲的革命家，也不同於血染疆場的將士，更不同於出生入死的俠客式人物，但赤忱愛國卻是共同的。《丘傳》既寫了丘逢甲與其同時代愛國志士的共性，又把他與時俱進的共性寓於愛台憂國的個性中，著重寫其個性，較好地反映了丘逢甲之所以為丘逢甲的那些思想特色，從而避免了臉譜化、概念化，使歷史人物富有立體感和真實感。

傳記的第三個特色是資料豐富、治史嚴謹，具有較強的科學性，一部成功的傳記必須詳盡地佔有材料，並對之進行認真地鑒別、考訂，這是公允評價人物的基礎。應當說，《丘傳》的作者在這方面是頗下了一番功夫的。他們徵引的資料相當豐富，既充分利用了海峽兩岸和港澳地區乃至東南亞和日本已刊的大量資料，也發掘了不少鮮為人知的未刊史料，像未刊詩文稿和《丙午日記》等，儘管不完整，但十分寶貴。在鑒別材料方面，作者也做了許多工作，訂正了不少訛誤。例如，一九〇六年丘逢甲在廣州的任職問題，不少論者稱丘被聘為「兩廣學務處視學」或「兩廣學務公所參議」，《丘傳》依據丘逢甲未刊《丙午日記》和丘復《念廬居士歲記》（未刊稿），認為上述記載不確，應為「兩廣學務公所議紳和惠、潮、嘉視學員」。又如，不少論者稱：「丘逢甲得悉黃花崗起義失敗，急忙從鄉間趕回省城，不顧個人安危，設法營救。」這類溢美之詞雖然有助於把丘逢甲塑造成一個「自覺的革命者」，但因與事實不符，而為《丘傳》所指正。作者經過考查，認為一九一一年二月六日丘逢甲父親去世，當時他正好在鄉度假，編輯其內渡後的詩稿《嶺雲海日樓詩抄》，「至陽曆四月上旬，因粵省當局屢電來召，遂節哀動身返穗視事」，並非特意趕回省城設法營救起義志士。再如丘逢甲參加南京代表會議期間曾冒雪遊歷明孝陵，寫下了「鬱鬱鍾山紫氣騰，中華民族此重興；江山一統都新定，大纛鳴笳謁孝陵」等光輝詩篇，作者在敘述這一史事的同時，在相應的注釋中寫道：「不少論者云丘逢甲隨同孫中山先生等拜謁明孝陵，此說不確。孫中山謁明孝陵為二月十五日，其時，丘逢甲已告病南歸，臥病鎮平山居。因此，丘拜謁明孝陵當在一月中上旬，屬個人單獨行動。」根據筆者最近所看到的材料。丘氏《謁明孝陵》四首最初發表於一九一二年一月十一日的上海《民立報》上，寄稿人葉菊生在「附識」中說：「仙根先生，學問文章，海內推重，其近體詩尤擅勝場，今以奉使來甯，遊蹤所至，句滿奚囊，友人以先生近作數首見示，……亟錄以貽同好……。」可見《丘傳》對丘氏謁明孝陵時間的判斷大致上是準確的。這樣的例子還可以舉出許多，茲不贅述。

更可貴的是，作者經過慎重的審查和考訂史料之後，本著實事求是的精神，勇於修正乃至否定自己過去某些不夠成熟的看法。《丘傳》作者之一的徐博東，過去曾認為丘逢甲自一九〇六年後就轉變成為資產階級革命派，當時依據的多是後人一些並不完全確切的回憶。兩年前在丘氏學術討論會上，還就丘逢甲晚年的政治傾向和思想轉變問題與筆者進行過有益的爭論。如今筆者仔細拜讀《丘傳》，頗獲教益，同時也發現在關於丘氏是否參加過同盟會，是否營救過革命黨人姚雨平，是否特意趕回廣州營救黃花崗起義志士，一九〇六年後是否已完成了向資產階級革命派的轉變問題上，作者已經改變了原先的看法，將晚年的丘逢甲作為「革命民主派的朋友」來論述，對丘的思想矛盾與演變作了比較翔實和中肯的分析。講丘逢甲暗護革命黨人，力促廣東獨立的功績，據實而論，不加溢美之詞；講丘逢甲思想的矛盾、局限和他對革命黨人策劃武裝暴動所持的保留甚至反對的態度，秉筆直書，不為隱諱之筆。從而較為真實地恢復了丘逢甲作為那個特定時代歷史人物的本來面目。

當然，《丘傳》並非十全十美，由於史料不足，（一）對某些問題，如丘氏倡立「台灣民主國」、在台北後路和台中地區領導義軍抗日的情況以及辛亥廣東光復中的具體活動，交代就不很清楚。丘逢甲辛亥赴寧後的活動，記載也嫌含混，僅據台灣《傳記文學》的一條材料，就說他出席過各省代表會議投票選舉孫中山為臨時大總統，似缺乏佐證。（二）丘氏注意向西方尋找真理，但傳統的儒家思想文化即當時所謂的「國粹」，仍深深地影響著他，對於這後一方面，《丘傳》雖有所涉及，但未能予以足夠的論述。（三）此外，《丘傳》前後文風也有差異，某些文字還有精心潤飾的必要。（四）附錄中的《丘氏研究論著目錄》未能將港台部分收入，也屬美中不足。當然，這些與傳記的著述特色相比，自是些許微疵罷了。

——《近代史研究》一九八八年第三期

## 《丘逢甲傳》簡評

潘國琪

徐博東、黄志平合著的《丘逢甲傳》（以下簡稱《丘傳》），最近已由時事出版社出版。這是大陸第一部全面介紹和評價丘逢甲的學術著作。

丘逢甲是台灣省籍著名的愛國志士和傑出的詩人。他一生為捍衛祖國統一、振興近代教育和辛亥革命做出過很大貢獻。對這樣一位重要的歷史人物，過去，史學界很少研究，即使偶有涉及，評價也頗不公允。我認為，對丘逢甲真正進行深入研究，是從中共十一屆三中全會以後才開始的，《丘傳》的問世，就是其中的一個突出的成果。

《丘傳》對丘逢甲的評價，比較準確地把握了這樣兩點：其一，揚其功而不護其短。關於對丘逢甲在一八九五年抗日保台期間主謀籌建「台灣民主國」一事，是應該肯定、讚揚？還是應該批評、否定？這是關係到能否正確評價丘逢甲的一個關鍵問題。過去有的論者，指斥「民主國」是「分裂主義」的產物，並由此而一筆抹掉丘氏在抗日保台鬥爭中的重要地位和作用。但《丘傳》不囿於陳言，它以翔實可靠的史料為依據，認真分析當時的歷史環境，認為「民主國」的實質，「是在特殊歷史條件下被迫建立起來的一種地方性臨時抗日政權」。它在維繫人心、穩定局勢、組織抗日力量、打擊日軍侵略氣焰等方面，都發揮了重要作用。因此，「民主國」的建立，不是什麼「分裂主義」，而是一個保衛國土的愛國舉動。同時，《丘傳》又不為賢者諱。如對丘逢甲濃厚的尊孔思想以及他對待義和團運動的錯誤態度等等，都一一予以批評。其二，不苛求，也不拔高。舉例說，過去有些論者，對於丘逢甲一八九五年兵敗內渡之舉嚴加抨擊，責之為「動搖逃跑」。《丘傳》對此詳加辨析，認為丘逢甲和唐景崧不同，他不是不戰而逃，而是和劉永福相似，是在倡謀自主保台，繼而率部與日軍浴血奮戰均告失敗，處於兵潰無援、無法立足的困境之下，才被迫飲恨內渡的。所以，給丘氏扣上「動搖逃跑」的帽子，是不公正的，作者指出，那種「非戰死不英雄」的觀點，未免過苛於古人，難以令人信服。同時，《丘傳》在肯定丘氏一生功績時，並不任意美化他的形象。例如，它對丘逢甲晚年能順應時代潮流，由支持改良到傾向於幫助民主革命，給予了很高評價，認為這是他愛國思想在新的條件下質的飛躍，是他一生政治生活中的重大轉變，但又並未由此而將他拔高為一個民主主義革命者。相反，對他那時仍未能和立憲派真正徹底決裂等不堅定的表現，都給予了嚴肅批評，加以否定。

《丘傳》寫作歷時四載，作者多方收集，閱讀了大批文集、報刊、傳略、年譜、方志及回憶錄等；並前往丘逢甲活動過的嶺南地區進行調查、訪問，獲得了第一手材料，尤為難得的是，書中還引用了由丘氏後人提供的不少未刊手稿，這對作者全面評價丘氏，推翻種種有悖事實的陳說，提出自己的新見，至為重要。比如，關於丘氏「捲餉內渡」之說，沿襲已久，似成定論。《丘傳》經過對大量史料的考證，確定此實係叛將呂賡虞的誣衊之詞，殊不足信，應予推翻。

《丘傳》編寫上也還存在一些不足之處。如個別章節行文稍嫌枝蔓，有些史料引用多有重複等，希望將來能得到改進。《丘傳》的出版，受到海峽兩岸史學界的重視和廣大讀者的歡迎。足見它是一部頗有價值的成功之作。

——《人民日報》（海外版），一九八七年十二月二十日第二版。

（注：該評原載《人民日報》國內版一九八七年十二月十四日五版）

## 大陸第一部介紹丘逢甲的學術著作——《丘逢甲傳》出版

潘國琪

徐博東、黃志平合者的《丘逢甲傳》，最近已由時事出版社出版，這是大陸第一部全面介紹和評價丘逢甲的學術著作。

我國台灣省籍著名抗日愛國志士、進步教育家和傑出詩人丘逢甲先生，是海峽兩岸同胞都十分尊崇的歷史人物。他出生於晚清，經歷了中法戰爭、中日甲午戰爭、戊戌變法和辛亥革命的不平凡歲月，可謂歷盡滄桑。《丘逢甲傳》真實地再現了丘氏的一生，對他在一八九五年抗日保台鬥爭中的貢獻、振興近代教育的成就和支持辛亥革命的事蹟等，都作了詳盡而生動的記敘。

《丘逢甲傳》以歷史唯物主義為指導，以翔實可靠的史料為依據，公允切當地評價了丘逢甲的功過是非。如對他主謀籌建的「台灣民主國」，究竟是「分裂主義」的產物，還是保國衛土的愛國舉動？將他一八九五年兵敗內渡說成「動搖逃跑」，究竟是公正之論，還是苛責之言？所謂「捲餉內渡」是確有其事，還是誣蠛不實之詞？書中都一一詳加辨析，恢復了事物的本來面目。

《丘逢甲傳》二十餘萬字，正文共五章，前四章從縱向著筆，從容地勾畫了丘逢甲愛國主義思想發展的軌跡；第五章從橫向落墨，綜合歸納了丘氏詩歌的內容和藝術特色。全書結構嚴謹而富於變化。書後有問題考評、生平大事年表、詩文目錄、研究論著索引等五個附錄，可供研究者參考。

——《北京師範大學學報》一九八七年第六期

# 原版後記

一、本書寫作歷時四載，先由黃志平起草了一個約七萬字的初稿，後經徐博東重定章節，在初稿基礎上加以擴充、補正。第一至第四章及附錄部分的《大事簡表》由徐負責起草；第五章、結束語及附錄的其餘部分由黃負責起草。爾後，兩人多次共同商討修改，數易其稿。最後由徐通閱全書，負責定稿。

二、本書寫作得到丘逢甲嫡孫丘應樞和侄孫丘晨波的大力支持，他們給作者提供了不少珍貴的丘氏未刊手稿及海外親友輾轉寄來的一批寶貴資料。丘晨波同志始終關心本書的寫作，仔細審讀全部書稿，提供了許多重要意見，核對了若干具體史實。

本書寫作還得到許多前輩、專家和同行的指導、鼓勵和幫助。廣東社會科學院王致遠院長及中央人民廣播電台離休老幹部徐森源同志，抽空、帶病審閱書稿，指導寫作；著名書法家趙朴初先生，欣然命筆為本書題簽；中國近代史專家、湖南師範大學校長林增平教授和山東社會科學院歷史研究所戚其章研究員，在百忙中抽空審讀了全書的內容提要，給予了熱情的鼓勵和指導，並為本書撰寫序言。此外，北京大學歷史系徐萬民，福建師範大學歷史系王民、北京圖書館張明華、中國第一歷史檔案館李守郡、中國社會科學院近代史研究所劉麗、廣東潮州韓山師專陳新偉、汕頭工藝品進出口公司蔡榮武等同志，以及中共廣東蕉嶺縣委、縣委統戰部、台辦、縣文化局和丘逢甲陳列室、廣東梅縣市博物館、中國新聞社廣東分社等單位的有關領導，都曾為本書的寫作給予過大力支持，協助搜集資料或提供圖片，謹在此一併表示誠摯的謝意。

三、本書吸收了海峽兩岸學者丘逢甲研究的許多重要成果，但由於篇幅所限，未能一一注明，在此表示歉意；囿於我們的學識水平和資料條件，本書肯定存在不少缺點和疏誤，亟盼廣大讀者、專家給予批評指正。

四、本書的出版，如果對推動海峽兩岸的丘逢甲研究、對當前正在深入進行的愛國主義宣傳教育和祖國統一的偉業能夠起到一點點作用的話，那將是我們最大的欣慰！

五、在本書出版之際，我們熱切地盼望著海峽兩岸的丘逢甲研究工作者能夠早日歡聚一堂，交流心得、交換資料，以促進丘氏研究進一步推向深入。

徐博東　黃志平

一九八六年三月於北京

# 修訂版後記

本書自一九八七年由時事出版社首版發行以來，業已過去八個年頭了。作為中國大陸出版的第一部丘逢甲傳記，受到海內外輿論的重視和海峽兩岸學術界前輩、同仁的肯定與鼓勵，在此，作者表示深切的謝意。

丘逢甲先生是台灣學術界競相研究的歷史人物，有關著述頗豐，散見於各種報章雜誌上的評價文章不計，僅舉其較著者，至少有鄭喜夫編撰的《民國丘倉海先生逢甲年譜》、蔣君章等著《丘逢甲的一生》、郭兆華著《丘逢甲先生的生平》、丘秀芷著《剖雲行日——丘逢甲傳》、曾養甫著《丘逢甲事略》等多部著作出版問世，產生了較大的影響。相形之下，由於種種原因，大陸學術界對丘逢甲的研究卻起步較晚，八十年代以前只有少數幾篇評析丘詩的文章問世。但是進入八十年代以後，特別是圍繞著一九八四年十二月在廣東首次舉行全國性的紀念丘逢甲誕辰一二〇周年學術討論會，大陸學術界掀起了一股丘逢甲研究熱潮，湧現出一批較有學術價值的研究論文（請參見本書附錄五）。此前，上海、安徽還分別出版了重新標校的丘逢甲詩集《嶺雲海日樓詩抄》（分別由丘鑄昌、黃楊主校），廣東出版了《丘逢甲詩選》（李樹政選注）等。首版《丘逢甲傳》就是在廣泛參考、吸收了海峽兩岸學者上述學術成果，融彙了自己的研究心得，並充分利用了許多新發掘的珍貴史料，考證了若干訛誤的基礎之上撰寫出來的。因此，應該說，《丘逢甲傳》得以出版問世，乃是海峽兩岸學術界共同努力的結果，決非作者個人的能力可以濟事的。

拙著《丘逢甲傳》自一九八七年問世以來，學術界又相繼出版了一批有關丘氏的著作，如由黃楊（即黃志平）、丘晨波校點的丘氏早年詩集《柏莊詩草》、丘鑄昌著《丘逢甲評傳》、徐博東、黃志平合著《台灣愛國志士丘逢甲》和丘晨波主編的《丘逢甲文集》等；一九九四年十二月，在廣東梅州市舉行的首次有海峽兩岸學者參加的「紀念丘逢甲誕辰一三〇周年學術討論會」上，又有一批學術論文發表，丘逢甲研究得以進一步深入開展。《丘逢甲傳》（修訂版）即是以一九八七年時事出版社出版的《丘逢甲傳》為底本，吸收利用了近幾年來學術界丘氏研究的最新成果加以修訂而成的。全書框架和基本觀點沒有什麼變化，只是對一些史實上的明顯訛誤作了訂正，並補充了一些新發現的重要史料，許多地方在文字上也作了技術性的處理，以期能反映出當前海峽兩岸學術界在丘逢甲研究方面的基本面貌。但限於資料條件和作者的學識水平，書中許多地方仍感明顯不足，疏誤也肯定在所難免，敬希海峽兩岸文史界前輩、同仁和廣大讀者繼續不吝賜教。

今年是馬關割台和台灣人民反割台鬥爭一百周年，同時也是抗日戰爭勝利和台灣光復五十周年，此時此刻，我們愈加緬懷愛國先賢丘逢甲先生，謹以本書的出版以資紀念！

正值本書緊張修改之際，作者接獲台灣逢甲大學的邀請函，盛情邀請我們於一九九六年三月赴台參加該校首次舉辦的「丘逢甲與台灣歷史文化學術研討會」；與此同時，又欣聞財團法人台北市逢甲大學校友文教基金會發起「紀念丘逢甲先生研究」徵文活動，向海內外華人廣泛徵集記敘丘逢甲先生生平事蹟的文章。這些有益的活動，必將進一步推動丘逢甲研究的深入開展，有助於弘揚丘逢甲先生的愛國愛鄉精神和高貴品格，作者將不揣翦陋，撰文應徵，並熱切期待著能順利赴台，出席明春在逢甲大學舉行的盛會，以便和台灣同行歡聚一堂，共同切磋，領受教益。

在本書出版之際，令作者倍感難過的是，曾為本書寫作給予過很多鼓勵和指導的徐森源先生（徐博東先父），以及為本書原版作序的林增平教授已先後病逝，永遠離開了我們，在此，我們表示深切的哀悼！

最後，感謝台盟中央主席團主席、全國人大常務委員會常委蔡子民先生在百忙中為本書作序。

徐博東　黃志平

一九九五年八月於北京

史地傳記類　PC0132

# 丘逢甲傳【增訂本】

作　　者 / 徐博東、黃志平
責任編輯 / 邵亢虎
圖文排版 / 陳宛鈴
封面設計 / 陳佩蓉

發 行 人 / 宋政坤
法律顧問 / 毛國樑　律師
印製出版 / 秀威資訊科技股份有限公司
114 台北市內湖區瑞光路 76 巷 65 號 1 樓
電話：+886-2-2796-3638　傳真：+886-2-2796-1377
http://www.showwe.com.tw
劃撥帳號 / 19563868　戶名：秀威資訊科技股份有限公司
讀者服務信箱：service@showwe.com.tw
展售門市 / 國家書店（松江門市）
104 台北市中山區松江路 209 號 1 樓
電話：+886-2-2518-0207　傳真：+886-2-2518-0778
網路訂購 / 秀威網路書店：http://www.bodbooks.com.tw
國家網路書店：http://www.govbooks.com.tw
圖書經銷 / 紅螞蟻圖書有限公司
114 台北市內湖區舊宗路二段 121 巷 28、32 號 4 樓
電話：+886-2-2795-3656　傳真：+886-2-2795-4100

2011 年 4 月 BOD 一版
定價：370 元

國家圖書館出版品預行編目

丘逢甲傳 / 徐博東, 黃志平著. -- 一版. -- 臺北市：
秀威資訊科技, 2011. 4
面； 公分. -- (史地傳記類；PC0132)
BOD 版
ISBN 978-986-221-636-1(平裝)

1. 丘逢甲 2. 傳記

782.882 99019648

# 讀者回函卡

感謝您購買本書，為提升服務品質，請填妥以下資料，將讀者回函卡直接寄回或傳真本公司，收到您的寶貴意見後，我們會收藏記錄及檢討，謝謝！
如您需要了解本公司最新出版書目、購書優惠或企劃活動，歡迎您上網查詢或下載相關資料：http:// www.showwe.com.tw

您購買的書名：________________________________

出生日期：________年________月________日

學歷：□高中（含）以下　□大專　□研究所（含）以上

職業：□製造業　□金融業　□資訊業　□軍警　□傳播業　□自由業
　□服務業　□公務員　□教職　□學生　□家管　□其它_____

購書地點：□網路書店　□實體書店　□書展　□郵購　□贈閱　□其他

您從何得知本書的消息？
□網路書店　□實體書店　□網路搜尋　□電子報　□書訊　□雜誌
□傳播媒體　□親友推薦　□網站推薦　□部落格　□其他__________

您對本書的評價：（請填代號　1.非常滿意　2.滿意　3.尚可　4.再改進）
封面設計____　版面編排____　內容____　文／譯筆____　價格____

讀完書後您覺得：
□很有收穫　□有收穫　□收穫不多　□沒收穫

對我們的建議：________________________________

________________________________

________________________________

________________________________

請貼
郵票

11466
台北市內湖區瑞光路 76 巷 65 號 1 樓

**秀威資訊科技股份有限公司** 收

BOD 數位出版事業部

(請沿線對折寄回，謝謝！)

姓　　名：＿＿＿＿＿＿＿＿　年齡：＿＿＿＿　性別：□女　□男

郵遞區號：□□□□□

地　　址：＿＿＿＿＿＿＿＿＿＿＿＿＿＿＿＿

聯絡電話：(日)＿＿＿＿＿＿＿＿(夜)＿＿＿＿＿＿＿＿

E-mail：＿＿＿＿＿＿＿＿＿＿＿＿＿＿＿＿